불평등을
넘어

불평등을 넘어
INEQUALITY

정의를 위해
무엇을
할 것인가

What Can Be Done?

앤서니 B. 앳킨슨 지음 | 장경덕 옮김

글항아리

국민건강보험NHS에서 일하는 멋진 이들을 위하여

머리말

—

불평등은 이제 공개적인 토론의 중심에 서 있다. 1퍼센트와 99퍼센트에 관한 글들이 쏟아지고 있으며, 사람들은 불평등의 크기에 대해 어느 때보다 더 많이 알고 있다. 버락 오바마 미국 대통령과 크리스틴 라가르드 국제통화기금IMF 총재는 불평등 확대가 우선적으로 해결해야 할 과제라고 선언했다. 퓨 연구소가 2014년 글로벌 태도 조사 프로젝트Global Attitudes Project를 통해 응답자들에게 '세계에서 가장 큰 위험'에 관해 물었을 때 이 연구소는 미국과 유럽에서 '불평등에 대한 염려가 다른 모든 위험을 압도한다'는 것을 알아냈다.[1] 그러나 우리가 진정으로 소득불평등을 줄이려면 무엇을 할 수 있는가? 불평등에 대한 대중의 높아진 인식이 어떻게 실제로 불평등을 줄이는 정책과 행동으로 이어질 수 있는가?

이 책에서 나는 소득 분배의 불평등을 실질적으로 줄일 수 있으리라 여겨지는 구체적인 정책 방안들을 제시할 것이다. 특히 역사에서 교훈을 얻고—분배의 관점을 통해—이 문제에 관한 경제학을 새로운 시각으로 보면서 지금 불평등의 크기를 줄이기 위해 무엇을 할 수 있는지를 보여주고자 한다. 나는 낙관적인 태도로 그렇게 할 것이다. 세계는 엄청난 문제들과 마주하고 있다. 그러나 우리 통제 밖에 있는 힘들에 대해 함께 맞설 때 우리는 무기력하지 않다. 미래는 많은 부분 우리 손에 달려 있다.

이 책의 구성

—

이 책은 세 부분으로 나뉜다. 제1부는 진단에 관한 것이다. 우리가 말하는 불평등은 무엇을 의미하며 지금의 불평등은 어느 정도 수준인가? 여태껏 불평등이 줄어든 때가 있었던가? 그런 적이 있다면 우리는 그 사례들로부터 무엇을 배울 수 있는가? 경제학은 불평등의 원인에 관해 무엇을 말해줄 수 있는가? 하나의 장은 그에 대한 요약 없이 다음 장으로 이어지지만 제1부 끝에서는 '간추리기'를 두어 1부의 내용을 정리했다. 제2부는 각국이 불평등을 줄이기 위해 취할 수 있는 조치를 일러주는 열다섯 가지 제안을 담고 있다.

제2부 끝에는 열다섯 가지 제안에 더해 '실행해야 할 구상' 다섯 가지를 정리해두었다. 제3부에서는 이 제안들에 대한 다양한 반대에 대해 숙고해보았다. 우리는 일자리를 잃거나 경제성장을 늦추지 않고도 공정한 경쟁을 위해 경기장을 평평하게 할 수 있는가? 우리는 불평등을 줄이기 위한 계획을 실행에 옮길 여유가 있는가? 제3부 끝에 결론으로 제시하는 '앞으로 나아갈 길'에서는 각 제안을 요약하고 그것들을 실현하기 위해 할 일을 정리한다.

제1장은 불평등의 의미를 이야기하고 불평등의 정도를 보여주는 증거를 소개하며 문제를 설명한다. '불평등'에 관한 논의는 많지만 이 말이 저마다 다른 의미로 쓰이기 때문에 그에 따른 혼란 또한 상당하다. 불평등은 인간의 활동 중 많은 영역에서 발생한다. 사람들은 불평등한 정치적 힘을 갖는다. 사람들은 법 앞에서 불평등하다. 심지어 내가 여기서 초점을 맞추는 경제적 불평등에 대해서도 여러 해석이 가능하다. 사안의 본질 그리고 그것들과 사회적 가치의 관계는 명료해야 한다. 우리는 기회의 불평등을 염려하는가, 아니면 결과의 불평등을 걱정하는

가? 어떤 결과들에 관심을 두어야 하는가? 단지 빈곤에 초점을 맞춰야 하는가? 불평등에 대한 자료가 제시될 때 독자들은 언제나 이렇게 물어야 한다. 그 불평등은 어떤 이들에게서 나타나며 무엇이 불평등하다는 뜻인가? 이 장은 계속해서 경제적 불평등에 관한 첫 그림을 제시하고 지난 100년에 걸쳐 불평등이 어떻게 변화해왔는지를 보여준다. 이는 오늘날 불평등이 중요한 의제가 된 까닭을 부각시켜줄 뿐만 아니라 문제가 된 불평등의 핵심적인 특성을 소개한다. 이 책의 주제 가운데 하나는 과거에서 배우는 것의 중요성이다. 조지 산타야나가 『이성의 삶』에서 말한 것처럼 "과거를 기억하지 못하는 이들은 과거를 되풀이할 수밖에 없다"고 한다면 이는 상투적인 말로 들릴지 모른다. 하지만 많은 상투어가 그렇듯 이 말에도 대단히 많은 진실이 담겨 있다.[2] 과거는 우리가 불평등을 줄이는 데 있어 무엇을 이룰 수 있을지를 가늠할 잣대와 어떻게 그것을 달성할 수 있을지를 알려줄 실마리를 모두 제공한다. 다행히 소득 분배에 관한 역사적 연구는 최근 몇 년 동안 상당한 진전을 이뤄낸 경제학의 한 분야로 자리 잡았다. 또한 이 책을 쓸 수 있게 된 것은 제2장에서 설명하듯이 오랜 시간에 걸친 여러 나라의 경제적 불평등에 관한 실증 자료가 크게 개선된 덕분이다. 우리는 이들 자료에서 중요한 교훈, 특히 전후 수십 년 동안 유럽에서 나타난 불평등 감소에 관한 교훈을 얻을 수 있다. 이러한 불평등 감소는 제2차 세계대전의 와중에도 나타났지만, 1945년부터 1970년대까지 이어진 기간에 몇 가지 평등화의 힘이 작용해 이뤄진 것이기도 하다.

의식적인 정책들을 포함한 이러한 평등화 메커니즘은 그 후 1980년대에 나타난, 내가 '불평등 회귀Inequality Turn'라고 부르는 과정에서 더 이상 작동하지 않거나 거꾸로 되돌아갔다. 그때 이후 여러 나라에서 불평등은 커졌다.(그러나 중남미의 사례에서 보듯이 모든 나라에서 그런 것은 아니다.)

전후 수십 년 동안 불평등을 완화시킨 힘들은 미래 정책을 설계하는 데 길잡이가 되어주지만 그때 이후 세계는 극적으로 변했다. 제3장은 오늘날의 불평등 경제학을 검토한다. 그중에서도 기술 변화와 세계화라는 쌍둥이의 힘, 즉 선진국과 개발도상국들의 노동시장을 근본적으로 바꿔놓고 임금 분포에서 격차 확대를 초래한 힘들에 초점을 맞춘, 경제학 교과서에 대한 이야기로 시작한다. 그런 뒤 기존의 교과서에서 벗어난다. 기술 진보는 자연의 힘이 아니라 사회적이고 경제적인 결정들을 반영하는 것이다. 기업과 개인, 정부의 선택은 기술 진보가 나아가는 방향에 영향을 줄 수 있으며 따라서 소득 분배에도 영향을 미칠 수 있다. 수요와 공급의 법칙은 지불될 임금의 한도를 정할 수 있지만 그렇더라도 더 광범위한 고려 사항에 따라 임금이 변동할 많은 여지가 있다. 이 문제에 관해 경제적, 사회적 맥락을 고려하는 더 풍부한 분석이 필요하다. 교과서의 논의는 노동시장에만 집중되고 자본시장은 다루지 못한다. 과거에는 자본시장 그리고 그와 관련된 문제로 전체 소득에서 이윤이 차지하는 비중의 문제는 소득 분배 분석에서 핵심적인 요소였다. 오늘날에도 다시 그렇게 되어야 한다.

진단이 이루어진 다음에는 행동이 따라야 한다. 이 책의 제2부는 함께 작동할 경우 우리 사회를 불평등 수준이 현저히 낮은 쪽으로 옮겨가도록 해줄 일련의 제안을 보여주고 있다. 이 제안들은 여러 정책 분야에 걸쳐 있으며, 조세를 통한 재분배가 중요하긴 하지만 그런 정책에만 한정되지는 않는다. 불평등을 줄이는 것은 모두에게 우선적인 과제가 되어야 한다. 이는 정부 안에서 사회적 보호의 책임을 맡은 장관은 물론이고 과학 정책을 책임지는 장관에게도 중요한 문제다. 이는 노동시장 개혁은 물론 경쟁 정책의 문제이기도 하기 때문이다. 또 이는 납세자로서는 물론이고 근로자, 고용자, 소비자 그리고 저축하는 사람으로서 역할하는 개인에게 중요한 관심사가 되어야 한다. 불평등은 우리 사회와 경제 구조에 박혀 있는 문제이며 불평등을 크게 줄이려면 사회의 모든 측면을 검토해야 한다.

따라서 제2부의 첫 세 장은 경제의 다른 요소들을 다룬다. 제4장은 기술 변화와 그것이 분배에 주는 시사점을 다루며, 여기에는 기술 변화와 시장 구조의 관계, 기술 변화와 그에 대한 대항력 간의 관계도 포함된다. 제5장은 노동시장과 고용의 변화하는 특성을 다루고, 제6장은 자본시장과 부의 배분을 다룬다. 각각의 경우 시장의 힘은 중요한 역할을 하며, 그 힘이 어디에 있는지도 중요하다. 20세기에 걸쳐 부의 분배는 집중도가 낮아졌을 수 있지만 이것이 경제적 의사결정을 통제하는 힘의 이전을 뜻하지는 않는다. 최근 수십 년에 걸친 노동시장의 변화, 특히 노동시장의 '유연성' 증대는 근로자로부터 고용주에게로 권력이 넘어간 것과 관련이 있다. 다국적 기업들의 성장, 무역과 자본시장 자유화는 소비자, 근로자, 정부에 대한 기업의 입지를 강화했다. 제7장과 제8장은 누진 과세와 복지국가 문제를 살펴본다. 더욱 누진적인 소득세와 같은 여러 조치가 지금까지 광범위하게 논의되었다. 하지만 사회적 보호의 버팀목으로서 '참여소득participation income' 구상과 같은 다른 조치들은 뻔하게 여겨지지 않는 것들이다.

"늘어나는 불평등과 어떻게 싸울 것인가?" 이 물음에 대한 일반적인 대답은 교육과 기술에 대한 투자 확대를 지지하는 것이다. 나는 다른 주제에 비해 교육과 기술 투자 확대에 관해서는 거의 다루지 않는데, 이는 그러한 조치가 중요하지 않다고 여겨서가 아니라 그에 관해서는 이미 광범위한 토론이 이뤄져왔기 때문이다.[3] 나 역시 그처럼 가족과 교육에 대한 투자를 분명히 지지하지만, 우리에게 현대사회의 본질적인 면을 다시 생각하고 최근 수십 년 동안 지배적이었던 정치 이념을 벗어던지도록 요구하는 더 근본적인 제안들을 부각시키려 한다. 보통 이러한 것은 처음 보면 기이하거나 터무니없게 여겨질 수 있다. 그런 까닭에 제3부는 여기에서 제안한 조치들에 대한 반대 논리를 검토하고 그 조치들의 실행 가능성을 평가하는 데 할애했다. 가장 명백한 반대론은 우리가 필요한 조치들을 취할 여유가 없다는 것이다. 그러나 예산상의 셈법을 이야기하기에 앞서 나는 공평성과 효율성 사이에 피할 수 없는 충돌이 있다는 더 일반적인 반대론을 검토할 것이다. 재분배가 의욕을 꺾는다는 것은 꼭 맞는 말일까? 후생경제학과 '줄어드는 파이'에 대한 이러한 논의가 제9장의 주제다. 앞서 설명한 제안들에 대한 두 번째 유형의 반대론은 "좋은 제안들이긴 하나 오늘날 광범위하게 확산된 세계화 때문에 어느 한 나라가 그와 같은 급진적인 길로 나아갈 수 없다"는 것이다. 이처럼 심각하게 제기될 수 있는 주장은 제10장에서 논의한다. 제11장에서 우리는 그 제안들의 '정치적 셈법'을 만나게 된다. 구체적으로 영국의 사례를 살펴봄으로써 그 제안들이 정부 예산에 주는 시사점을 검토하는 것이다. 어떤 독자들은 이 장을 먼저 보려 할 수 있다. 나는 이 주제를 마지막으로 돌렸는데, 이는 이것이 중요하지 않아서가 아니라 그러한 분석은 반드시 더 구체적인 지역과 시기를 대상으로 해야 하기 때문이다. 제안된 세제에 따른 재정 수입과 사회적 이전 비용은 특정 국가의 제도가 갖는 구조와 그 밖의 다른 특성들에 달려 있다. 그래서 내 목표는 오늘날 영국에서 무엇을 할 수 있는가를 실례를 들어 보여줌으로써 경제학자들이 정책 제안의 실행 가능성을 평가하는 방식을 설명하는 것이다. 일부 제안에 대해서는 그런 계산을 하는 것이 불가능하지만 그 제안들이 공공부문의 재정에 어떤 영향을 미치는지에 관해 대략의 방향을 제시하려고 노력했다.

무엇을 기대할 것인가

—

이 책은 불평등의 원인과 그에 대한 처방에 관해 내 견해를 밝힌 것이다. 뿐만 아니라 현대 경제사상이 어떤 상황에 처해 있는지에 대한 생각도 밝혔다. 영국 소설가 스텔라 기번스는 1932년 『춥지만 편한 농장』을 펴내면서 (틀림없이 농담조로) "더 훌륭한 대목"에 별표를 하는 관례를 택했다. 그렇게 한 것은 "어떤 문장이 문학적인 것인지 또는 (…) 순전히 허튼소리에 지나지 않는지" 확신하지 못하는 독자를 돕기 위해서라고 했다.[4] 나도 그녀와 같은 방식을 택해 내 이야기가 전통적인 상식에서 벗어날 때 '허튼소리'를 싫어하는 독자들이 경계심을 가질 수 있도록 그 대목에 표시를 해볼까 생각한 적이 있다. 결국 그런 별표를 넣지 않기로 했지만 내 이야기가 주류에서 벗어날 때는 신호를 보냈다. 나는 여기서 택한 접근 방식이 반드시 더 낫다고 주장하는 게 아니라 경제학을 하는 데 한 가지 길만 있지는 않다고 주장하는 것임을 강조해야겠다. 나는 영국의 케임브리지와 미국 매사추세츠 주의 케임브리지에서 공부하면서 경제와 정책이 바뀔 때 "누가 얻고 누가 잃는가?"에 대해서 묻는 것을 배웠다. 이는 오늘날 미디어의 논의와 정책 토론에서 흔히 실종되는 질문이다. 많은 경제학 모형은 동질적인 대표적 경제 주체가 복잡한 의사결정을 한다고 가정한다. 이들 모형에서 분배 문제에 대한 논의는 억눌러지며 의사결정에 따른 결과의 공정성을 고려할 여지는 거의 없다. 내 견해로는 그러한 논의를 할 여지가 있어야 한다. 세상에는 단 하나의 경제학만 있지 않다.

이 책은 경제와 정치에 관심 있는 일반 독자를 위한 것이다. 기술적인 자료는 대부분 미주에만 실었고 책에서 쓴 주요 전문 용어 중 일부를 모은 용어풀이를 해두었다. 또 본문에는 여러 개의 그래프와 몇 안

되는 표가 있다. 모든 도표의 상세한 출처는 뒤에 따로 실어 찾아볼 수 있게 해두었다. 나는 "방정식이 하나씩 나올 때마다 독자 수는 절반으로 줄어든다"는 스티븐 호킹의 금언을 잊지 않았다. 이 책 본문에 방정식은 하나도 나오지 않는다. 독자들이 이 책을 끝까지 읽는 데 성공하기를 바란다.

제1부

불평등을
어떻게
진단할 것인가

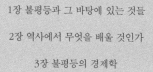

1장

불평등과
그 바탕에 있는
것들

이 책은 불평등의 크기를 줄이는 방식에 관해 다룬다. 우리가 불평등을 줄인다고 할 때 그 목표가 정확히 무엇을 의미하고 무엇을 의미하지 않는지 처음부터 명확히 할 필요가 있다. 이때 생길 법한 한 가지 오해를 없애는 것에서 시작하자. 나는 경제적 성과의 모든 차이를 제거하는 것을 추구하지 않는다. 절대적인 평등을 목표로 삼지 않는 것이다. 사실 경제적 보상에 있어서 어떤 차이들은 충분히 정당화될 수 있다. 내 목표는 완전한 평등이라기보다는 지금의 불평등 수준이 지나치다는 믿음에 따라 현재 수준 아래로 불평등을 **줄이는** 것이다. 나는 최종 목적지가 아니라 움직이는 방향이라는 뜻에서 이 명제를 신중하게 말했다. 독자들은 지금의 불평등 수준이 용인될 수 없거나 지속될 수 없다는 데에 동의하면서도 어느 정도의 불평등을 받아들일 수 있는지에 관해서는 동의하지 않을 수 있다.

이 장에서는 불평등에 대해 그리고 불평등과 그 밑바탕의 사회적 가치 사이의 관계에 대해 왜 염려해야 하는지를 살펴본다. 그다음에는 경험적 증거를 일차적으로 검토한다. 우리 사회는 정확히 얼마나 불평등한가? 불평등은 얼마나 커졌는가? 그러나 일단 대략의 패턴을 보고 나면 반드시 더 깊이 뜯어보아야 한다. 불평등 통계에 포함된 것은 정확히 무엇이며 빠진 것은 무엇인가? 소득 분포상에서 누가 어디에 위치해 있는가?

기회의 불평등 vs 결과의 불평등

—

'불평등'이라는 말을 들을 때 많은 사람이 '기회의 평등'을 달성한다는 면에서 생각을 한다. 기회의 평등이라는 문구는 정치 연설, 정당의 선언, 선거운동 수사에 자주 등장한다. 이 문구는 오랜 역사의 뿌리를 지닌 강력한 구호다. 리처드 토니는 『평등Equality』이라는 고전적 에세이에서 모든 사람은 "똑같이 그들이 소유한 힘을 최대한 이용할 수 있도록 해야 한다"고 주장했다. 존 로머의 저작을 따르는 최근의 경제 논문에서 경제적 성과의 결정 요인들은 집안 배경과 같이 개인의 통제를 넘어서는 '환경'에 기인하는 요인들과 개인에게 책임을 돌릴 수 있는 '노력'에 기인하는 요인들로 나뉜다. 기회의 평등은 전자의 변수들(환경 요인들)이 성과를 나타내는 데 아무런 역할도 하지 않을 때 이루어진다. 어떤 사람들이 학교에서 열심히 공부하고, 시험에 통과하고, 의과대학에 들어간다면 의사로서 그들이 받는 높은 급여 가운데 (꼭 전부는 아니더라도) 적어도 일부는 그들의 노력 덕분이라 말할 수 있다. 반면 의과대학에서 그들이 차지하는 자리가 부모의 영향력을 통해 (예를 들어 그 대학 동문의 자녀들에게 주어지는 우선권을 통해) 확보된 것이라면 기회의 불평등이 있는 것이다.[1]

기회의 평등이라는 개념은 매력적이다. 그러나 이것이 결과의 불평등은 상관없다는 것을 뜻하는가? 내 견해로 이 물음에 대한 대답은 "아니오"다. '평평한 경기장'에 대한 관심에서 출발한 이들에게도 결과의 불평등은 여전히 중요하다. 왜 그런지 보려면 우선 두 가지 개념의 차이에 주목하는 것으로 시작할 필요가 있다. 기회의 평등은 본질적으로 모두가 같은 출발점에 서야 한다는 사전적인 개념인 데 반해 많은 재분배 활동은 사후적 결과에 관한 것이다. 결과의 불평등이 상관없다고 생각하는 이들은 사후적 결과에 대한 염려를 불합리하다고 여기며, 일단 인생의 경주를 위한 평평한 경기장이 만들어지고 나면 결과를 캐물어서는 안 된다고 믿는다. 내가 보기에 이런 생각은 세 가지 이유로 잘못되었다.

첫째, 출발 신호가 울린 뒤 어떤 일이 일어나는지를 완전히 무시하는 것은 대부분의 사람이 받아들이지 못할 것이다. 개인들은 노력을 하지만 불운이 따를 수도 있다. 어떤 이들이 실수로 넘어져 가난에 빠진다고 해보자. 그 어떤 인간사회라도 그들에게 도움을 줄 것이다. 더욱이 많은 사람이 그러한 도움은 그 대상자가 어떤 이유로 어려움을 겪게 되었는지를 따지지 말고 주어야 한다고 믿는다. 경제학자 래비 캔버와 애덤 왜그스태프가 지적했듯이, 어떤 개인이 무료급식소에 줄을 서게 된 것이 환경 요인 때문인지 아니면 노력 부족 탓인지 따져보고 그에 따라 수프를 나눠준다는 조건을 거는 것은 도덕적으로 혐오스러운 일일 것이다.[2] 결과가 중요한 첫 번째 이유는 설사 기회의 평등이 존재하더라도 결과적으로 어려움을 겪는 이들을 무시할 수 없다는 데 있다.

그러나 결과의 중요성은 이보다 훨씬 더 깊은 곳에서 찾을 수 있으며 이는 결과의 불평등이 문제가 되는 두 번째 이유를 알려준다. 우리는 경쟁적인 상황과 비경쟁적인 상황을 구분해서 기회의 평등을 생각해야 한다. 비경쟁적인 기회의 평등은 모든 사람이 독립적인 삶의 계획을 실현해갈 수 있는 똑같은 기회를 갖도록 보장한다. 운동 경기에 비유하자면 모두가 수영을 배우고 인증서를 취득할 기회를 가질 수 있다. 이와 대조적으로 경쟁적인 기회의 평등은 모두가 경주(수영 경기)에 참가할 똑같은 기회를 갖는다는 것만을 의미한다. 이 경기에서는 서로 다른 상이 주어진다. 이와 같은 더 일반적인 상황에서는 사후적으로 불평등한 상이 주어지며 바로 이 지점에서 결과의 불평등이 등장한다. 이처럼 대단히 불평등한 상이 존재함에 따라 우리는 공정한 경주가 되도록 보장하는 데 그토록 중요한 가치를 두게 된다. 그리고 그 상의 구조는 대부분 사회적으로 만들어진 것이다. 우승자가 화환을 받을지 (2014년 전미오픈테니스대회에서 최고 상금으로 준 것처럼) 300만 달러를 받을지는 우리가 경제적으로, 사회적으로 어떤 제도에 합의하느냐에 따라 결정된다. 그 상의 구조를 결정하는 것이 이 책의 주요 관심사다.

마지막으로, 결과의 불평등을 염려하는 세 번째 이유는 그러한 불평등이 (다음 세대의) 기회의 불평등에 직접적으로 영향을 미친다는 데 있다. 오늘 사후적으로 나타난 결과는 내일 경기의 사전적인 조건이 된다. 오늘 결과의 불평등에서 이득을 얻는 이들은 내일 자녀들에게 불공평한 이익을 물려줄 수 있다. 지금까지 소득과 부의 분배가 더 불평등해짐에 따라 불평등한 기회와 제한적인 사회적 이동성에 대한 염려는 더 커졌다. 집안 배경이 성과에 미치는 영향이 배경과 성과 사이의 관계가 얼마나 강한지 그리고 집안 배경 자체가 얼마나 불평등한지에 달려 있기 때문이다. 현세대가 지닌 결과의 불평등은 다음 세대에 주어지는 불공평한 혜택의 원천이다. 우리가 내일의 기회의 불평등을 걱정한다면 오늘의 결과의 불평등을 걱정해야 할 것이다.

그러므로 기회의 평등을 궁극적인 목표로 삼는 이들에게도 결과의 불평등을 줄이는 것은 중요하다. 그렇게 하는 것은 어떤 목적을 이루기 위한 하나의 수단이다. 이와 마찬가지로 조지프 스티글리츠의 『불평등의 대가The Price of Inequality』, 케이트 피킷과 리처드 윌킨슨의 『수준기The Spirit Level』와 같은 영향력 있는 저서들도 우리가 결과의 불평등을 염려해야 하는 다른 이유들을 수단이라는 관점에서 밝히고 있다.[3] 이들은 결과의 불평등이 오늘날 사회에 나쁜 영향을 미치고 있기 때문에 그러한 불평등을 줄여야 한다고 주장한다.

그들은 사회적 통합 부족, 범죄 증가, 건강 악화, 십대 임신, 비만 그리고 온갖 사회적 문제를 불평등 증가 탓으로 돌린다. 정치학자들은 민주주의 선거의 결과를 규정하는 돈의 역할과 소득불평등 사이의 양방향 관계를 밝혀냈다. 이 관계는 "이데올로기와 불평등한 부가 어우러진 춤"으로 묘사된다.[4] 경제학자들은 경제 성과가 나빠지는 것을 늘어나는 불평등 탓으로 돌렸다. 2012년 국제통화기금과 세계은행 연차총회 연설에서 크리스틴 라가르드는 "세 번째 이정표: 불평등과 미래 세계의 성장의 질"에 대해 이야기했다. 그는 계속해서 "최근 IMF 연구는 불평등이 낮을수록 거시경제적 안정성과 지속 가능성은 높아진다는 것을 말해준다"고 밝혔다. 불평등을 줄이는 데 따르는 이득이 얼마나 될지에 관해서는 많은 논쟁이 벌어질 수 있다. 나는 제9장에서 불평등과 경제 성과 사이의 관계를 다시 논의할 것이다.

그러나 불평등을 줄여야 하는 까닭은 불평등이 지금까지 이야기한 것과 같은 불리한 결과를 가져온다는 점 때문만은 아니다. 지금 불평등의 정도가 지나치다고 믿을 만한 본질적인 이유들이 있다. 그것들은 정의에 관한 더 광범위한 이론의 관점에서 이야기할 수 있다. 100년 전 이런 문제에 관해 쓴 경제학자들에게는 공리주의적 관점에서 생각하는 것이 자연스러웠다. 그들은 각자가 갖는 효용의 수준이라는 면에서 개인의 복리를 이야기하면서 풍족한 이들에게는 추가적인 소득(또는 더 일반적으로 경제적 자원)의 가치가 더 낮기 때문에 지나친 불평등은 효용의 총합을 줄인다고 주장했다. 영국 경제학자이자 전후 노동당 정부의 재무장관이었던 휴 돌턴이 말한 것처럼 부자에게서 1파운드를 받아 덜 풍족한 이에게 이전하는 것은 다른 조건이 같다면 불평등을 줄이고 사회의 총효용을 높여준다.[5]

공리주의는 지금까지 많은 비판을 받아왔는데, 특히 오로지 개인의 효용의 합에만 관심을 가졌다는 비판이 많았다. 아마르티아 센에 따르면 "공리주의는 그 합이 사람들 사이에 어떻게 분배되는지에 대해서는 극히 무관심했다. 이는 공리주의가 불평등을 측정하거나 판단하는 데 쓰일 접근 방식으로는 특히 부적합한 것이 되게 했을 것이다."[6] 이러한 까닭에 불평등을 측정할 때 분배적인 가중치가 적용되며 불리한 지위에 있는 이들에게 더 큰 무게를 두는 것이다. 이러한 분배적인 가중치는 재분배에 대한 우리 사회의 가치들을 구체화하며 불평등에 관한 염려의 본질적인 바탕이 된다. 정확히 무엇이 분배적 가중치가 돼야 하는가는 경제학자 아서 오쿤이 묘사한 '새는 물동이 실험'에서 볼 수 있듯이 사람들이 견해를 달리하는 사안이다. 오쿤은 돌턴이 이야기한 1파운드 소득이전 때 일부를 길에서 잃어버린다면 어떤 일이 일어날까를 물었다. 이에 대한 대답에서 오쿤은 그 이전을 정당화하려면 기부자에 비해 이전을 받는 이의 소득에 얼마나 더 많은 가중치를 두어야 하는가를 추론했다. 이전소득의 절반이 물동이에서 새나간다면 우리는 주는 쪽의 소득에 비해 받는 쪽의 소득에 두 배의 가중치를 줄 필요가 있을 것이다. 소득을 이전받는 더 가난한 사람들에게 더 많은 가중치를 주는 이들은 재분배에 더 많이 찬성할 것이다. 그들은 불평등을 줄이는 쪽으로 더 나아갈 것이다. 극단적으로는 모든 가중치가 형편이 가장 좋지 않은 이들에게 주어질 것이다. 이러한 입장은 흔히 존 롤스의 『정의론A Theory of Justice』과 결부된다. 그러나 롤스의 이론에는 이처럼 제한적인 사례로 포착할 수 있는 것보다 훨씬 더 많은 것이 담겨 있다.[7]

가장 불리한 이들을 돕는 '롤스적인' 입장은 상당히 급진적인 것으로 들릴지 모른다. 그러나 이러한 입장은 소득세 인하가 경제활동을 활성화해 우리 중 가장 가난한 이들의 소득을 늘리는 데 쓸 수 있는 수입을 늘려주리라는 것을 근거로 소득세를 내리자고 주장하는 정치인들의 말과 그리 동떨어져 있지 않다. 이러한 논의가 보여주듯이 롤스적인 목표에서 본질적으로 평등주의적인 것은 아무것도 없다. 가장 불리한 이들의 복리를 극대화하는 것은 대단히 불평등한 분배로 이어질 수도 있다. 이런 의미에서 롤스보다 더 급진적인 주장을 한 이는 플라톤이다. 플라톤은 누구도 그 사회에서 가장 가난한 사람보다 네 배 넘게 부유해서는 안 된다는 견해를 나타냈다.[8] 이 평등주의적인 견해에 따르면 불평등은 부자와 가난한 이 사이의 격차 때문에 문제가 되며, 심지어 가장 가난한 이들에게 아무런 이득이 되지 않을 때에도 행동이 필요할 수 있다.

롤스의 정의론은 사회 정의의 본질에 관해 도덕철학자 사이에 광범위한 논쟁을 일으켰다. 여기서 특별히 생각해볼 만한 점은 롤스가 '기본재primary goods'에 대한 접근성이라는 관점에서 정의 원칙들의 틀을 짠다는 것이다. 이러한 가치는 "합리적인 사람이라면 다른 무엇을 원하든 간에 어차피 원할 것들"로서 "권리와 기회와 권력, 소득과 부"와 같이 커다란 범주로 열거된다.[9] 센이 주장한 것처럼 이는 우리가 공리주의의 한계를 크게 벗어날 수 있도록 해주지만 "기본재들을 좋은 삶으로 **바꿀** 수 있는 능력에 있어서 [사람들이] 지닌 커다란 차이들"을 고려하는 데에는 못 미친다.[10] 센은 사회 정의를 사람들에게 그들의 역할에 따라 열려 있는 기회라는 관점에서 정의하면서 우리 관심이 기본적 가치에서 '역량capabilities'으로 옮겨가야 한다고 제안했다. 역량을 중시하는 접근 방식은 롤스의 접근 방식과 두 가지 면에서 차이가 있다. 이 방식은 기본재가 사람들에게 그들의 특별한 환경에서 무엇을 해줄 수 있는가에 초점을 맞춘다. 예컨대 장애를 가진 사람들은 몸이 성한 이들에 비해 통근 부담이 더 클 수 있다는 점을 고려하는 것이다. 이 방식은 단지 성취한 결과뿐만 아니라 센이 개인의 자유에 필수적인 요소로 여기는 다양한 기회에 관심을 갖는다.(그래서 센의 책 제목은 『자유로서의 발전Development as Freedom』이다.)[11] 실제로 역량 접근 방식은 검토할 사회적, 경제적 성과의 차원을 넓혔다. 이는 특히 25년 전 마후브 울 하크가 시작한 인간개발지수Human Development Index에 영향을 미쳤다.(이 지수는 소득뿐만 아니라 개발 교육과 기대수명을 함께 보면서 각국의 개발 수준에 따라 국가 순위를 매긴다.)[12] 지금과 같은 맥락에서 역량 접근 방식은 우리가 경제적 자원의 불평등에 대해 염려하는 수단적 이유로 되돌아가게 해준다. 그러나 이제 통일성 있는 일련의 정의 원칙들 안에서 그렇게 할 수 있다.[13] 이러한 체계 안에서 소득은 단지 한 가지 측면일 뿐이며 소득 격차는 어떤 환경과 그에 따른 기회의 차이라는 관점에서 풀이해야 한다. 그러나 성취한 경제적 자원이 불공평의 중요한 원천이라는 것은 여전히 맞는 주장이다. 내가 불평등의 경제적 측면에 집중하는 까닭도 여기에 있다.

그렇다면 경제학자들은 불평등에 관해 무엇을 말해야 하는가?

경제학은 왜 불평등을 다루지 않는가

—

약 20년 전에 나는 영국 왕립경제학회 회장으로서 '소외된 소득 분배 논의를 받아들이기'라는 제목으로 연설을 했다.[14] 이 제목은 경제학에서 소득불평등이라는 주제가 어떤 식으로 하찮게 여겨지는지 강조하기 위해 택한 것이다. 20세기 대부분의 기간에 이 주제는 무시됐지만 나는 소득불평등이 경제학 연구에 있어 핵심적인 주제가 되어야 한다고 믿었다. 그래서 20세기 초 돌턴이 같은 염려를 드러낸 것을 인용하면서 연설을 시작했다. 그는 학생 시절 소득 분배에 특히 관심이 많았다면서 "하지만 나는 점차 '분배 이론'이 거의 전적으로 '생산요소들' 사이의 분배와 관련된 것임을 알아차렸다"고 말했다. 그는 이어 "더 직접적이고 명백한 관심사인 사람들 사이의 분배 문제는 교과서에서 완전히 빠져 있거나 지나치게 짧게 다뤄져 이 문제가 아무런 의문도 제기하지 않는다는 것을 시사하는 듯했는데, 이 문제는 생산요소들에 관한 이론을 일반화함으로써 답할 수도 없고 경제학 이론을 연구하는 교수들이 더 보잘것없는 이들에게 기꺼이 남겨놓은 통계 조사를 끈질기게 계속함으로써 답할 수도 없는 것이다"라고 지적했다.[15] 내가 1990년대에 경제학 논문들을 논평할 때도 여전히 그러했다. 아그나르 산드모는 소득 분배에 관한 경제사상사를 정리한 글에서 "자원 배분과 소득 분배 사이의 연관성은 현대 일반균형이론에서 많은 주목을 받지 못했다"며 "(노벨경제학상 수상자인) 제라르 드브뢰의 영향력 있는 이론 발표에서 '분배'라는 용어는 심지어 색인에도 나오지 않는다"고 밝혔다. 나중에 그는 경제학자들이 "소홀히 다뤘던 소득 분배 결정이론 연구에 속도를 높이기" 시작했다고 지적했다. 그러나 책들이 원론 수준의 교과서와 미시경제 이론에 지면을 할애하는 것을 보면 이 같은 소홀함은 여전히 눈에 띈다.[16] 지금 가장 잘 팔리는 교과서들을 흘끗 보기만 해도 불평등에 관한 논의가 생산 및 거시경제에 관한 핵심적 장들과 분리돼 있는 구조는 여전히 과거와 거의 마찬가지임을 알 수 있다. 예를 들어 하버드대 교수 그레고리 맨큐의 『미시경제학 원리Principles of Microeconomics』에는 '소득불평등과 빈곤'이라는 제목의 훌륭한 장이 있지만 이 장은 앞 장들(그리고 이 책과 한 쌍이 되는 『거시경제학 원리Principles of Macroeconomics』)과 분리돼 있다. 아마도 이 점을 더 확실히 말해주는 것은 이 책을 맨큐의 『핵심경제학Essentials of Economics』으로 압축할 때 불평등에 관한 장이 내용에서 빠졌다는 사실일 것이다. 저자의 말에 따르면 책에 포함될 내용을 선정하는 기준은 "학생들이 경제를 공부하는 데 흥미를 가질 만한 내용을 강조하기 위한" 것이었다.[17] 불평등은 확실히 그 기준에 맞지 않는다는 것이다.[18]

이는 분배 문제가 경제학자에게 핵심적인 관심사가 아님을 시사한다. 실제로 어떤 경제학자들은 전문적으로 경제학을 하는 이라면 불평등에 전혀 관심을 가져서는 안 된다는 견해를 지니고 있다. 이는 노벨경제학상 수상자인 시카고대학의 로버트 루커스가 다음과 같이 강력히 표명한 바 있다. "건전한 경제학에 해를 끼치는 여러 경향 가운데 가장 유혹적이고, 내 생각에 가장 유독한 것은 분배 문제에 초점을 맞추는 것이다. (…) 현재의 생산을 분배하는 다른 방식들을 찾음으로써 가난한 이들의 삶을 향상시킬 가능성은 생산 증대를 통해 얻을 수 있는 확실히 무한한 가능성과 비교할 것이 못 된다."[19]

루커스가 전 세계에서 가난하게 사는 많은 사람의 삶을 개선하는 데 경제성장이 커다란 기여를 한다는 점을 강조하는 것은 옳다. 만약 지속 가능한 형태로 이뤄진다면(이는 중요한 '가정'이다) 미래의 성장은 국제적인 불평등을 줄이고 국내에서 가장 혜택을 받지 못한 이들을 도울 가능성을 열어준다. 그러나 나는 두 가지 점에서 그와 의견을 달리한다. 첫째, 현재의 총소득의 분배와 재분배는 개인들에게 **참으로** 중요하다. 소득 격차의 크기는 우리 사회의 본질에 깊은 영향을 미친다. 어떤 사람들이 우주여행 티켓을 살 수 있는 반면 다른 사람들은 푸드뱅크에 줄을 서 있는 것은 분명히 중요한 문제다. 누구도 개인적으로 우주여행을 할 여유가 없는 사회, 그리고 모두가 평범한 가게에서 음식을 살 수 있는 사회는 더 응집력 있고 이해관계를 공유한다는 의식을 더 많이 가질 수 있다. 둘째, 총생산은 분배로부터 영향을 받는다. 소득 분배를 이해하는 것은 경제의 작동을 이해하는 데 필수적이다. 우리가 최근의 경제 위기에서 배웠듯이 단순히 거시경제 총량들만 보는 것으로는 불충분하다. 사람들 사이의 경제적 격차는 일차적인 중요성을 갖는다. 노벨경제학상을 받은 매사추세츠공과대학의 로버트 솔로는 현대 거시경제학을 지배해온 이론 모형에 대한 비평에서 다음과 같이 말했다. "이질성은 현대 경제의 요체다. 실제 삶에서 우리는 경영자와 주주, 은행과 대출자, 근로자와 고용주, 벤처자본가와 기업가 사이 또는 그 밖에 무엇이든 간에 그 사이의 관계들에 대해 관심을 갖는다. 우리는 이질적인 주체들이 때로 충돌하는 서로 다른 목표, 서로 다른 정보, 목표를 실현하는 서로 다른 능력, 서로 다른 기대, 경제가 어떻게 작동하는지에 대한 서로 다른 믿음을 갖고 있다는 것을 확실히 알고 있다. 경제 이론 모형들은 이 모든 차이를 배제한다."[20] 분배 문제와 개인의 성과 차이의 문제들은 그저 경제학에서 꼭 필요하지는 않은 것처럼 제시되어도 좋은 한 부분이 아니라, 본질적인 부분이다.

분배 문제는 이 책의 핵심을 차지한다. 나는 그 문제가 경제의 작동 방식에 대한 우리의 이해와 어떤 관련이 있는지 보여주려 한다. 그전에 먼저 나와 동료들이 참여한 '꾸준한 통계 조사'의 결과를 검토할 필요가 있다. 우리 사회는 정확히 얼마나 불평등한가? 최근 몇십 년 동안 불평등은 얼마나 커졌는가?

불평등의 핵심적인 증거들

—

영국과 미국의 지난 100년에 걸친 경제적 불평등의 큰 흐름이 도표 1.1(미국)과 1.2(영국)에 요약돼 있다. 먼저 전체적으로 가구별 소득 분배의 불평등이 시간이 흐름에 따라 어떻게 달라졌는지에 관해 살펴보자. 가구소득에 대한 정의는 다음 절에서 더 상세하게 설명한다. 지금은 일단 미국의 경우 어떤 개인이 소득세 신고 때 기입할 금액을 뜻하는 것으로 생각할 수 있다. 불평등은 지니계수로 측정된다. 이 계수는 0부터 100퍼센트 범위 내에서 하나의 숫자로 요약된 불평등 지수로, 이탈리아 통계학자 코라도 지니가 보급한 것이다.[21] 이러한 지수에는 위에서 논의한 분배적 가중치가 함축돼 있지만, 이는 지니계수를 활용하는 수많은 연구자에게 명백하지 않을지도 모른다. 사실 연구자들은 지니계수를 사용함으로써 암묵적으로 소득 분포상 맨 밑에서부터 위쪽으로 4분의 1 지점에 있는 사람에게 주어진 추가적인 1파운드에 대해 맨 위에서부터 아래쪽으로 4분의 1 지점에 있는 사람에게 주어진 추가적인 1파운드의 세 배에 이르는 가중치를 부여하는 것이다.[22] 새는 물동이 실험의 관점에서 보면 이전하는 소득의 3분의 2를 잃더라도 여전히 그 이전을 값어치 있는 것으로 여길 수 있다. 나는 이 책에서 지니지수를 활용한다. 이 지수는 광범위하게 쓰이며 이용할 수 있는 통계들이 그 지수 형태로 주어지기 때문이다. 그러나 이 지수는 소득 분포 전체를 하나의 숫자로 바꾼 것이며 그러한 전환이 이뤄질 수 있는 다

른 여러 방식이 있다는 것을 기억할 필요가 있다.[23]

전체적인 불평등을 보여주는 도표 1.1의 그래프는 장기적인 관점을 제공한다. 이 도표에서 우리는 미국의 소득 분배가 엄청난 변화를 겪었음을 볼 수 있다. 20세기 중반에 소득은 시간이 지날수록 더 고르게 분배되는 듯 보였다. 1966년 미국 통계조사국Census Bureau의 허먼 밀러는 "창 자루 끝에 단 하나의 머리도 높이 들어올려지지 않고 단 하나의 기차역도 점거되지 않았지만" 분배 혁명이 일어났다는 『포춘』 지의 기사를 인용하면서 "이러한 견해는 저명한 경제학자들이 견지하며 영향

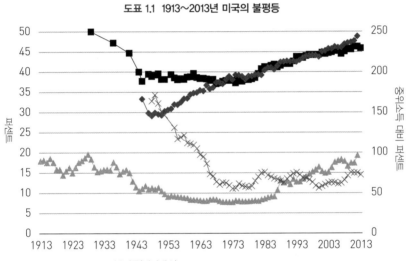

도표 1.1 1913~2013년 미국의 불평등

- ■ 불평등(지니계수)
- ▲ 전체 소득 중 상위 1퍼센트의 몫
- ✕ 공식 빈곤선 이하 계층의 비중
- ◆ 중위소득 대비 상위 십분위 소득 비율

전체적인 불평등(사각형)은 지니계수로 측정한 것이다. 지니계수는 가구의 크기를 고려해 균등화(조정)한 가구별 총소득을 기초로 계산했다. 전체 인구의 (자본이득을 제외한) 총소득 중 상위 1퍼센트에게 돌아가는 몫은 삼각형으로 표시했다. 공식적인 빈곤선 아래에 있는 인구의 비중은 X표로 나타냈다. 오른쪽 눈금을 적용하는 다이아몬드 표시는 전일제 근로자의 중위(소득 분포상 중간에 있는 사람)소득에 비해 상위 십분위(위로부터 10퍼센트 떨어져 있는 사람) 소득의 비율을 보여준다.

력 있는 작가와 편집자들이 공유하는 것"이라고 말했다.[24] 지니계수는 1929년 정점에 이른 뒤 약 10퍼센트포인트 떨어졌다. 제2차 세계대전이 끝난 다음 전반적인 불평등이 거의 변하지 않는 기간이 한동안 이어졌다. 그러자 미국 경제학자 헨리 에런은 미국 소득 분배 통계를 쫓아가는 것은 "풀이 자라는 것을 지켜보는 것 같다"는 유명한 농담을 했다. 그런 다음 1980년대에 이르자 그 풀은 훌쩍 자랐다. 이것이 바로 미국에서 나타난 '불평등 회귀'다. 1977년부터 1992년 사이에 지니계수는 약 4.5퍼센트포인트 높아졌고 1992년 이후 다시 3퍼센트포인트 더 높아졌다. 전반적인 불평등이 재즈시대(1920년대를 일컬음 – 옮긴이)에 이르렀던 수준으로 돌아가지는 않았지만 현재 그 길로 절반 이상을 가 있다.

소득 분포 최상위에 있는 1퍼센트가 전체 총소득에서 차지하는 몫은 1979년에서 1992년 사이에 절반이 늘었으며, 2012년까지는 1979년의 두 배를 넘는 수준으로 늘어났다. 소득세 제도의 변화에 따른 효과(1986년 세제개혁법 때문에 세금을 신고하는 기업과 개인 부문 간에 소득이 옮겨가는 현상이 나타났다)를 고려하더라도 이러한 증가는 놀라운 것이다. 우리는 최상위 계층의 몫이 첫 50년 동안 전반적으로 줄어든 것을 보기 위해 제2차 세계대전 이전 시기로 거슬러 올라갈 수 있다. 처음에 그들의 몫이 줄어든 것은 제1차 세계대전 중이었다. 그들의 몫은 포효하는 1920년대 말에 회복됐지만 1929년 대폭락 이후와 제2차 세계대전 중에 다시 줄어들었다. 오늘날 상위 1퍼센트의 몫은 100년 전 수준으로 되돌아갔다. 미국의 상위 1퍼센트는 이제 전체 총소득의 5분의 1 가까이를 가져간다. 이는 그들이 평균적으로 인구 비중에 비례하는 몫의 20배를 차지한다는 뜻이다. 상위 1퍼센트 내에서도 상당한 불평등이 존재한다. 상위 1퍼센트 내의 상위 1퍼센트(즉 상위 0.01

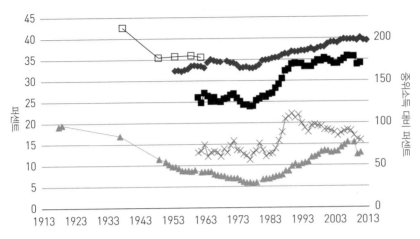

도표 1.2 1913~2013년 영국의 불평등

- ■ 불평등(지니계수, 최근 통계)
- □ 불평등(지니계수, 초기 통계)
- ▲ 전체 소득 중 상위 1퍼센트의 몫
- ✕ 공식 빈곤선 이하 계층의 비중
- ◆ 중위소득 대비 상위 십분위 소득 비율

전체적인 불평등은 지니계수로 측정한 것이며 사각형으로 표시했다. 초기 통계(흰 사각형)에서 지니계수는 과세 단위의 크기에 따라 조정하지 않은 세후 소득을 기초로 한 것이다. 최근 통계(검은 사각형)에서 지니계수는 가구의 크기에 따라 균등화(조정)한 가구별 가처분소득을 기초로 한 것이기 때문에 초기 통계에 비해 더 낮다. 전체 인구의 총소득 중 상위 1퍼센트에 돌아가는 몫(삼각형)은 1980년대와 1990년대 사이에 늘어났음을 보여준다. 이는 부분적으로 과세 단위를 부부에서 개인으로 바꾼 1990년대의 과세 체계 변화 때문일 수 있다. 빈곤선 아래에서 사는 이들의 비중(X표)은 균등화 가처분소득이 영국 중위소득의 60퍼센트에 못 미치는 가구에 속하는 개인들의 비중이다. 오른쪽 눈금을 적용하는 다이아몬드 표시는 성인 전일제 근로자의 중위(소득 분포상 중간에 있는 사람)소득에 비해 상위 십분위(위로부터 10퍼센트 떨어져 있는 사람) 소득의 비율을 보여준다.

퍼센트)의 몫 역시 이 집단의 전체 소득 중 약 5분의 1이다. 이는 전체 인구의 1만 분의 1이 전체 소득의 25분의 1을 차지한다는 뜻이다. 소득 분포의 위쪽 꼬리는 러시아 마트료시카 인형과 닮은 면이 있다. 소득 분포의 일부를 잘라낼 때마다 그 부분의 최상위층에서 똑같은 불평등이 되풀이해 나타나는 것을 발견하게 된다.[25]

영국의 경험은 미국에서 나타난 불평등의 변화와 어떻게 비교되는가? 흔히 영국의 상황은 미국에서 일어나는 일의 옅은 그림자이며 영국의 불평등을 보여주는 그래프를 얻는 데는 단순히 제목에서 'US'를 'UK'로 바꾸면 된다고 말한다. 여기에는 어느 정도 진실이 담겨 있다. 도표 1.2에서 볼 수 있듯이 1938년에 시작되는 영국의 전반적인 불평등 통계 시리즈는 제2차 세계대전 후 그 시리즈가 다시 시작됐을 때 약 7퍼센트포인트 떨어졌음을 보여주었다.(이 그래프를 볼 때 독자들은 **시간상의 변화**에 초점을 맞춰야 한다. 미국과 영국의 소득은 다른 방식으로 측정되므로 이 두 나라의 불평등 수준을 완전하게 비교할 수는 없다.) 그 후 전반적인 불평등은 1980년대에 높아졌다. 영국에서도 미국과 비슷한 1979년 이후의 '불평등 회귀'가 나타난 것이다. 최상위층의 몫은 1970년대 후반까지 떨어진 다음 다시 높아지기 시작했다. 총소득에서 상위 1퍼센트의 몫은 1919년 19퍼센트였으나 1979년까지 약 6퍼센트로 떨어졌다가 그 후 두 배 이상으로 늘어났다. 영국에서 상위 1퍼센트의 몫은 미국에서보다 낮았지만 이 집단은 여전히 전체 총소득의 8분의 1을 가져갔다.

그러므로 로버트 솔로가 1960년 소득 분배에 관해 쓰면서 "20세기에 영국과 미국이 비슷한 경험을 한 것"에 대해 주의를 환기시킨 것은 놀라운 일이 아니다.[26] 그러나 그 후 차이가 나타났다. 1980년대에 영국에서 전반적인 불평등은 미국에서보다 훨씬 더 큰 폭으로 증가했다. 1979년부터 1992년 사이에 영국의 지니계수는 약 9퍼센트포인트 높아졌는데 이는 미국의 지니계수 증가 폭의 두 배였다. 이와 대조적으로 1992년 이후에는 이러한 증가가 거의 없었다. 2011년 지니계수는 20

년 전과 사실상 같은 수준이었다. 불평등이 전반적으로 늘어나는 가운데서도 시간상 흐름에 차이를 보이는 것은 영국과 미국이 똑같은 길을 따라가지 않는다는 것을 보여주며, 이런 차이는 우리에게 불평등의 밑바탕에 있는 힘들에 관한 귀중한 정보를 제공한다. '차이들 중의 차이'(**시간적인 변화**에서 국가 간의 **차이**)를 연구하는 것은 증가하는 불평등을 설명하는 우리 연구에서 값진 통찰력의 원천이다.

영국의 상황에 대해 염려하는 독자들은 지난 20년 동안 지니계수로 측정한 소득불평등이 증가하는 모습을 보이지 않았다는 사실에서 위안을 얻을 수도 있다. 그러나 영국의 불평등이 1960년대와 1970년대 수준 위에서 완강히 버티고 있는 것은 사실이다. 우리는 비틀즈가 연주하던 때의 상황으로 되돌아가려면 지니계수를 약 10퍼센트포인트 낮춰야 한다. 이는 무엇을 의미하는가? 이해를 돕기 위해 우리가 세금과 소득이전을 통해서만 지니계수를 그만큼 낮추려 한다고 생각해보자. 세율과 정부 지출에 관한 합리적인 가정을 바탕으로 할 때 가처분소득의 지니계수를 35퍼센트에서 25퍼센트로 낮추기 위해 높여야 할 세율은 소득의 16퍼센트포인트에 이를 것이다.[27] 이처럼 큰 폭의 세율 인상이 필요하다는 것은 불평등 축소가 재정적 수단들만으로는 이뤄질 수 없음을 의미한다. 그러한 세율 인상이 유인에 미칠 수 있는 영향을 고려하면 이 결론은 더 확고해진다. 이 책에서 제안하는 여러 정책 수단이 시장소득 분배의 불평등을 줄이는 쪽으로 방향을 잡은 것도 이 때문이다. 또한 불평등을 줄이는 근본적인 정책을 추진하려면 정부 전체가 함께 일해야 하는 이유도 여기에 있다. 그러나 지금 당장은 우리가 중요한 도전에 직면해 있음을 알 수 있다.

일단의 국가 간에 소득불평등을 비교해볼 때 그 도전의 심각성은 분명
해진다. 도표 1.3은 알파벳순으로 호주부터 우루과이까지, 그리고 1인
당 종합소득을 기준으로 인도부터 미국까지 각국의 균등화 가구 가처
분소득의 지니계수를 보여준다. 이러한 비교는 간단치 않은데, 다음 장
에서는 자료의 출처에 대해 훨씬 더 자세히 논의할 것이다.

　도표 1.3에서 보여주는 중국과 인도의 지니계수는 50퍼센트에 가깝
다. 이는 그래프 위쪽에 있는 북유럽 국가들의 약 두 배 수준이다.(남
아공의 지니계수는 60퍼센트에 가깝다.) 지니계수는 브라질과 멕시코
같은 중남미 국가들에서도 40퍼센트를 웃돌 정도로 높다. 불평등은
균등화 가구 가처분소득(세금과 이전소득을 뺀 소득)을 기초로 한 지
니계수로 측정했다. 스웨덴의 지니계수는 23퍼센트이며 이는 남아프리
카공화국의 59.4퍼센트와 비교될 수 있다. 그다음 (이스라엘을 뒤따라)
미국이 나오고 영국이 그 뒤를 잇는다.(이 도표에서 미국의 지니계수는
도표 1.1의 수치보다 낮은데 이는 도표 1.1의 지니계수가 세금을 빼기
전의 소득을 기준으로 측정됐기 때문이다.) 이들 앵글로색슨 국가는 유
럽 대륙 국가들에 비해 전반적인 소득불평등이 훨씬 더 크고 그래프의
맨 위쪽에 있는 북유럽 국가들에 비해서는 차이가 더 크다.[28]

　이 같은 국가 간 비교는 1970년대 이후 심해진 소득불평등을 이전
으로 되돌리는 과제가 무엇을 의미하는지 보여준다. 영국의 경우 지니
계수를 10퍼센트포인트 줄이는 과제는 영국을 네덜란드와 같은 나라
로 만든다는 것을 뜻한다. 미국이 지니계수를 7.5퍼센트포인트 줄이는
것은 미국을 프랑스와 같은 나라로 바꾼다는 의미다. 다른 경제협력개
발기구OECD 회원국들은 그 차이가 더 적다. 호주의 지니계수는 1980년

도표 1.3 2010년 세계 주요 국가의 불평등

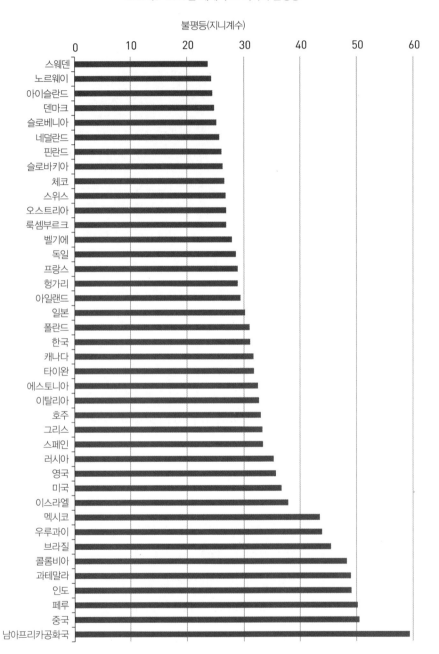

불평등(지니계수)

이후 4퍼센트포인트 높아졌으며, 프랑스 수준으로 낮추는 게 다시 목표가 될 것이다.

빈 곤 에   초 점 을   맞 추 는   것 의   함 정

지금까지 나는 소득불평등의 증거에 관해 논의했다. 사회보장에 관한 경제학 연구를 선도한 하버드대 경제학자인 마틴 펠드스타인은 "전반적인 소득 분배나 전체적인 불평등의 크기가 아니라 빈곤을 없애는 데 초점을 맞춰야 한다"고 강력히 주장했다.[29] 나도 그처럼 소득 구간의 가장 낮은 계층에서 일어나는 일에 대해 염려한다. 내가 빈곤을 주제로 연구하고 첫 책 『영국의 빈곤과 사회보장 개혁Poverty in Britain and the Reform of Social Security』을 쓰도록 이끈 것은 1960년대 영국에서 이루어진 빈곤의 재발견으로, 무엇보다 브라이언 아벨스미스와 피터 타운센드가 1965년 성탄절 전야에 출간한 『빈곤층과 최빈곤층The Poor and the Poorest』이었다.[30] 그로부터 50년 후 빈곤에 맞서는 싸움은 이제 각국 정부가 명시적인 목표로 설정할 만큼 정치적 의제에서 확고하게 자리를 잡았다. 1995년 코펜하겐에서 열린 유엔 사회개발정상회의에 부응해 아일랜드 정부는 1997 국가 빈곤 퇴치 전략의 일환으로 국가적인 빈곤 감축 목표를 정했다. 1999년 토니 블레어가 이끄는 영국 정부는 아동빈곤을 퇴치하기 위한 공식 목표를 채택했다. 2020년까지 아동빈곤을 뿌리 뽑겠다는 목표였다. 블레어의 뒤를 이은 고든 브라운은 이러한 야심찬 목표를 2010년 아동빈곤법에 담았다. 유럽연합EU은 유럽 2020 계획Europe 2020 Agenda에서 빈곤에 빠질 위험이 있거나 물질적으로 심각한 결핍을 겪거나 "일자리 없는 가구"에서 사는 사람들을 적어도 2000만 명 줄이려는 목표를 세웠다.(현재 유럽연합 국가 총인구는 약 5억 명

이다.)[31]

이처럼 좋은 취지에도 불구하고 부유한 국가들의 빈곤 축소는 지금까지 매우 더디게 이뤄졌다. 미국과 영국에서 시간 흐름에 따라 빈곤의 상황이 어떻게 변화했는지는 도표 1.1과 1.2에서 볼 수 있다. 미국에서 빈곤의 기준선은 구매력 기준으로 일정하게 유지됐는데, 이는 영국 및 유럽연합의 기준선과 대조적이다.[32] 그러므로 미국에서 공식적인 빈곤율poverty rate이 1948년 33퍼센트에서 린든 존슨 대통령이 빈곤과의 전쟁을 시작한 1964년 19퍼센트로 떨어진 것도 놀라운 일은 아니다. 빈곤율은 1960년대 후반까지 계속 떨어졌지만 그 이후 전반적인 빈곤율 개선은 거의 이뤄지지 않았으며, 인구가 늘어남에 따라 빈곤층의 절대적인 숫자는 증가해 오늘날에는 약 4500만 명이 공식적인 빈곤선poverty line 아래에 살고 있다.

영국에서는 (도표 1.2에서 보듯이) 빈곤율을 중위소득에 대비한 비율로 나타낸 기준선에 따라 측정하며 이러한 빈곤율은 1992년부터 2011년 사이에 22퍼센트에서 16퍼센트로 줄었다. 존 메이저의 보수당 정부 때 시작된 이러한 빈곤율 감소는 상당히 큰 폭으로 이뤄졌다. 이는 빈곤이 줄어들 수 있음을 증명했다. 그렇다면 이는 '빈곤에 초점을 맞추는' 전략을 정당화하는 것인가? 영국에서 빈곤 감소는 최상위 소득계층의 몫이 두드러지게 늘어나는 현상과 동시에 나타났다. 신노동당 정부는 사람들이 부유해지는 것에 대해 '아주 관대'했다.(이는 모순적인 말이 아닌가?) 그러나 지난 20년 동안 이룬 빈곤 감축에도 불구하고—그 공은 인정받아야 한다—현재 영국의 빈곤율은 여전히 1960년대와 1970년대 수준을 웃돌고 있다. 당시에는 그 빈곤율 수준이 대단히 충격적인 것으로 여겨졌다. 1965년 아동빈곤행동그룹Child Poverty Action Group이 조직됐을 당시의 빈곤율은 지금보다 3퍼센트 낮았다.

유럽연합에서는 최근 빈곤선에 근접한 사람들의 비율이 높아졌다.[33] 사회적보호위원회는 2014년 "유럽연합의 역내 생활과 소득 조건에 관한 최근 통계는 유럽연합이 빈곤과 사회적 소외를 줄이는 유럽의 2020년 목표를 달성하는 데 아무런 진전도 이루지 못하고 있음을 보여준다"고 보고했다. 사실 완전히 거꾸로 가고 있다. "유럽연합 28개국에서 빈곤과 사회적 소외를 겪으며 사는 이들이 2008년 이후 670만 명 늘어나 총 1억2420만 명에 이르렀다. 2012년 유럽 인구 네 명 가운데 한 명 꼴이다. 2011년과 2012년 모두 회원국 가운데 3분의 1이 넘는 나라에서 빈곤과 사회적 소외가 늘어났다.[34]

아직도 갈 길이 멀다. 내 판단으로는 부유한 나라들이 가난을 뿌리뽑으려면 지금까지 채택한 전략들을 뛰어넘어 더 야심찬 생각을 할 필요가 있다. 우리는 사회를 하나의 전체로 보아야 하며 사회에는 중요한 상호 연결성이 있다는 것을 인정해야 한다. 경제학자들은 개인 간(또는 가구 간) 경제적 운의 상호 의존성을 하찮게 여기거나 아예 없는 것으로 가정하는 경향이 있다. 그러나 "누구든, 그 자체로 온전한 하나의 섬은 아니다no man is an Iland, intire of it selfe"라고 쓴 존 돈(17세기 영국 성직자이자 시인—옮긴이)이 맞다. 소득계층의 맨 꼭대기에서 일어나는 일은 맨 밑바닥의 사람들에게 영향을 미친다. 리처드 토니가 100년 전에 썼듯이 "사려 깊은 부자들이 가난의 문제라고 생각하는 것을 사려 깊은 가난한 사람들이 부자들의 문제라고 여기는 것은 똑같이 타당하다."[35]

더 실용적으로 이야기하자면 우리는 어떤 나라들이 최상위 소득계층의 몫을 높게 가져가면서 동시에 빈곤율을 낮추는 것이 가능한지 물어볼 수 있다. 그것이 가능한 일인지 검토하기 위해 도표 1.4에 OECD 15개국의 사례를 모았다. 그래프 안의 선들은 각 나라를 중위 국가의

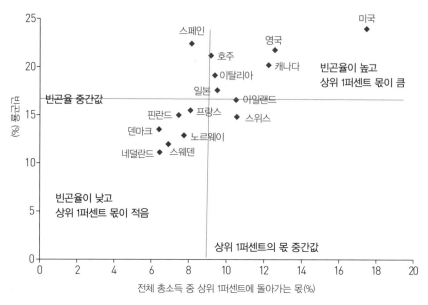

도표 1.4 2010년 주요국의 빈곤율과 소득 최상위 계층의 몫

빈곤율(%)

빈곤율 중간값

빈곤율이 높고
상위 1퍼센트 몫이 큼

미국

스페인

영국

호주

이탈리아

캐나다

일본

아일랜드

핀란드 프랑스

스위스

덴마크

노르웨이

네덜란드 스웨덴

빈곤율이 낮고
상위 1퍼센트 몫이 적음

상위 1퍼센트의 몫 중간값

전체 총소득 중 상위 1퍼센트에 돌아가는 몫(%)

2010년 미국의 상대적 빈곤율(중위소득의 60퍼센트 미만 소득으로 사는 이들의 비율)은 24.7퍼
센트였으며, 전체 인구의 (자본이득을 뺀) 총소득 가운데 상위 1퍼센트 소득자에게 돌아가는 몫은
17.5퍼센트였다.

위쪽 또는 아래쪽에 속하느냐에 따라 서로 다른 그룹으로 나눈다. 15
개국 가운데 11개국이 위쪽 오른편이나 아래쪽 왼편에 있다. 스위스만
최상위층 소득이 중간 수준을 웃도는 가운데 중간 이하 수준의 빈곤
율을 보여준다. 높은 빈곤율은 높은 최상위층 분배율과 함께 가는 경
향이 있다.

소득 격차는 확대되는데
왜 소득불평등은 줄어드는가

이 절의 제목에서는 경제적 성과의 모든 차이가 부당한 **불평등**을 나타내는 것은 아니라는, 명백하지만 흔히 간과되는 사실을 강조하기 위해 '격차dispersion'라는 표현을 썼다. 어떤 사람들은 더 많은 시간을 일하거나 불유쾌한 일을 하거나 더 많은 책임을 떠안는 것과 같은 흠잡을 데 없이 정당한 이유로 다른 사람들보다 더 많은 보상을 받는다. 어떤 사람들은 더 많은 기술이 필요한 직업을 얻으려고 훈련에 투자한다는 것이 벌이의 차이를 정당화하는 가장 중요한 논리다.

이처럼 '인적 자본'을 들어 급여의 차이를 설명하는 것은 예로부터 이어지는 고전적인 논리다. 애덤 스미스는 『국부론』에서 이 점을 분명히 말했다. "많은 노동을 희생하고 시간을 들여 교육을 받은 사람은 (…) 교육에 들어간 비용 전부와 더불어 적어도 같은 값어치의 자본에서 나오는 이익을 더해 (…) 통상적인 임금 수준을 웃도는 (…) 벌이를 기대할 수 있어야 한다." 대학 졸업자 임금 프리미엄의 근거를 일러주는 이 단순한 이야기는 왜 모든 격차가 반드시 불평등을 의미하지는 않는지 **그리고** 왜 눈에 보이는 차이를 모두 이런 식으로 설명할 수 있다는 것이 꼭 옳지는 않은지, 두 가지 다를 말해준다. 더 많은 교육을 받은 근로자가 인적 자본에 투자해서 통상적인 자본 수익보다 많이 (혹은 적게) 버는 것은 충분히 가능한 일이다. 노벨경제학상 수상자인 밀턴 프리드먼과 사이먼 쿠즈네츠는 1930년대 미국의 전문직 소득에 관한 선도적인 연구에서 "전문직과 비전문직 근로자 사이의 실제 소득 격차는 교육에 필요한 추가적인 자본 투자를 보상해줄 차이보다 확실히 큰 것으로 보인다"고 결론지었다. 그 차이는 그만큼 불평등을 만들어낸다.[36]

미국과 영국에서 근로소득 분배의 장기적인 변화는 도표 1.1과 도표 1.2(최상위 십분위 소득)에 묘사돼 있다. 이 그래프는 벌이가 있는 모든 사람이 각자 얼마를 버는지를 따져 그 순서대로 행진하려고 줄지어 선 것을 상상하면 가장 잘 이해할 수 있다. 그런 다음 통계 전문가가 그들을 사람 수가 같은 10개 조로 나누어 각 조의 맨 앞에 있는 사람에게 한발 앞으로 나서라고 부탁한다. 여섯 번째 조의 맨 앞에 있는 사람이 바로 **중위**소득자로 이 줄의 중간에 있는 사람에 해당되며 최상위 조의 첫 번째 사람이 **최상위 십분위** 소득자다. 이 그래프가 보여주는 것은 연도별 중위소득 대비 최상위 십분위 소득의 비율이다. 따라서 1952년 미국의 최상위 십분위는 중위소득의 약 150퍼센트를 벌었다. 임금 격차에 관한 연구는 보통 1970년대 이후 어떤 일이 일어났는지에 초점을 맞추는 경향이 있는데, 이 그래프는 그런 통상적인 경우에 비해 분석 대상 기간을 과거로 더 확장한다. 그러나 최근 몇십 년의 경험을 역사적인 맥락 속에서 이해하는 것이 중요하다. 미국에서 최상위 소득이 늘어나기 시작한 시점은 1970년에 이르기 훨씬 전이라는 것을 볼 수 있다. 1952년에서 1972년 사이에 최상위 십분위의 상대적인 우위는 중위소득의 150퍼센트에서 194퍼센트로 높아졌는데, 이는 1972년에서 2012년 사이에 나타난 것과 같은 큰 폭의 상승이다. 영국의 경험은 다르다. 1950년대와 1960년대 초에 근로소득 격차는 커지고 있었지만 1960년대 중반부터 1979년까지 최상위 십분위 소득은 중위소득에 비해 상대적으로 떨어졌다. 어떻게 이런 일이 일어났는지는 다음 장에서 더 논의할 것이다. 시간상의 경로가 다를 뿐만 아니라 미국에 비해 영국에서 이 비율은 전체적으로 증가 폭이 더 작았다. 이는 전반적인 소득불평등의 경우에서 우리가 본 것과 대조적이다. 미국에 비해 영국에서 근로소득 격차는 덜 증가했지만 전반적인 소득불평등은 더 크

표 1.1 전후 미국과 영국의 불평등의 간략한 역사

	1950년~1960년대 중반	1960년대 중반 ~1970년대 말	1980년대	1990년~현재
개인 근로소득 격차	영국 확대	영국 축소	영국 확대	영국 확대
	미국 확대	미국 확대	미국 확대	미국 확대
가구소득 불평등	미국 안정	미국 안정	미국 증가	미국 증가
	영국 안정	영국 감소	영국 큰 폭 증가	영국 안정

게 증가했다.

　그러므로 우리는 지금 단순히 "커지는 불평등"이라고 할 수 있는 것보다 더 미묘한 차이를 이야기하고 있는 것이다. 표 1.1에 요약한 것처럼 시기와 국가에 따라 그리고 개인의 근로소득과 가구소득 사이에 차이가 있다. 이런 차이들은 우리가 불평등의 결정 요인들을 이해하는 데 도움을 준다. 우리는 표 1.1에 둥근 선으로 묶여 있는 항목들을 통해 배울 수 있다. 미국은 1950년대와 1960년대에 근로소득 격차가 확대되는데도 불구하고 어떻게 가구소득 불평등을 대체로 안정적인 수준으로 유지했을까? 영국은 1965년부터 1979년까지 어떻게 근로소득 격차를 줄였을까? 1980년대에 왜 영국에서 소득불평등이 훨씬 더 가파르게 높아졌을까? 이런 질문들은 OECD 국가들의 경험과 더불어 논의할 다음 장의 주제다.

지금까지 다뤄지지 않은 불평등의 중요한 측면들

—

지금까지 불평등의 증거들을 일차적으로 살펴보았다. 더 나아가기 전에 한발 물러서서 그 통계의 바탕에 깔려 있는 개념을 명확히 할 필요가 있다. 불평등에는 여러 측면이 있으며 지금까지 일부 중요한 면이 다뤄지지 않았다. 사실 이미 다뤄진 분야에서도 독자들은 무엇이 포함되고 무엇이 포함되지 않는지 궁금했을 것이다. 도표 1.1과 도표 1.2 같은 그래프들을 보면 어떤 이들 사이의 무슨 불평등을 뜻하는 것인지 의문이 들 수 있다.

어떤 이들 사이의 불평등인가?

지금까지 나는 가구소득에 관해 이야기했으며 각자의 벌이를 논의할 때는 개인 근로소득에 관해 이야기했다. 그러나 분석 대상이 될 만한 다른 단위들도 있다. 가구 안에는 구별되는 가족이 있을 수 있고, 가족 안에는 구별되는 세대들이 있을 수 있다. 이들 가운데 어느 것을 분석 단위로 써야 하는가? 그에 대한 답은 부분적으로 가구 구성원들이 자원을 얼마나 평등하게 공유하는가에 달려 있다. 자원의 완전한 공유가 이뤄진다면 위에서 설명한 것처럼 전체 가구소득을 바탕으로 한 계산들이 적절할 것이다. 공유가 불완전한 경우에는 다른 지출 단위, 또는 가구를 구성하는 핵가족들을 고려해야 한다고 주장할 수 있다. 가족을 기준으로 할 경우에는 여전히 한집에 살고 있는 장성한 자녀들을 별도로 다룰 것이며, 자녀들과 함께 살고 있는 나이 많은 부모들은 가구 내에서 별도의 가족 단위를 이룰 것이다. 영국에서는 여러 해 동안 빈곤율이 이와 같은 가족 단위를 기준으로 계산됐으며, 따라서 그 수치는 도표 1.2에서 보여주는 것보다 더 높았지만 덜 가파른 증가세를 나타냈다. 그 수치가 더 높았던 것은 가구 내 각 가족 단위가 각자의 소득으로 살아가는 것으로 가정했기 때문이다. 반면 오늘날의 계산 방식은 가족 단위가 자원을 완전히 공유한다고 가정하기 때문에 이 방식에 따르면 실제 빈곤의 정도를 과소평가할 수 있다. 이 방식은 가구 내의 불평등에서 생기는 빈곤을 드러내지 않는다. 달리 말하면 경제 여건이 악화될 때 젊은 성인들이 가족의 둥지로 돌아올 경우 가구를 기초 단위로 한 측정 방식으로는 불평등 증가의 심각성을 볼 수 없는 것이다.

측정 단위의 선택은 얼마나 많은 소득이 공유되는지뿐만 아니라 자원에 대한 통제와 관련해 우리가 어떤 관념을 갖는지, 우리가 개인적인 의존도를 염려하는지에 따라 달라진다. 예컨대 우리가 젊은 성인들은 그들의 부모에게서 독립해야 한다고 믿는다면 이는 가구 안의 가족 단위를 분석 대상으로 채택할 이유가 된다. 성인들과 그들에게 의존하는 자녀들만 포함하고 여전히 한집에 살고 있지만 다 큰 자녀들은 제외한 가족 단위를 바탕으로 분석하는 것이다. 이렇게 측정 방식을 바꾸면 그에 따라 측정된 소득불평등과 빈곤율은 높아질 것이다. 설사 각자의 소득을 한데 모은다 하더라도 자원의 공유는 고려되지 않을 것이기 때문이다. 이 문제는 공개 토론에서 흔히 소홀하게 다뤄진다. '복지 혜택에 대한 의존'은 이야기되지만 가구 내 다른 구성원들에 대한 의존 문제는 제기되지 않는다. 그러나 과거에는 고령자들이 그들의 자녀에게 의존하지 않도록 재정적 독립을 확보하는 것이 공공정책에서 하나의 목표였다. 이렇듯 순전히 통계적인 문제로 보일 수도 있는 사안 뒤에는 사회적 가치와 기대에 관한 쟁점이 깔려 있다. 우리는 불평등과 빈곤을 가구 단위로 측정해야 하는가, 아니면 가족 단위로 계산해야 하는가?

어떤 종류의 불평등인가?

도표 1.2에서 영국의 전반적인 불평등은 가구의 크기와 구성에 따라

조정한 가구 가처분소득을 기준으로 측정한 것이다.(도표 1.1에서 미국의 불평등은 세전 소득을 기준으로 측정한 것이다.) 가구소득의 구성은 도표 1.5에서 체계적으로 볼 수 있다. 나는 이것을 '가구소득에 대한 가이드'라고 일컬었다. 이 서로 다른 개념들이 혼란스러운(그럴 만하다) 독자에게는 이 가이드가 책의 여러 단계에서 도움이 될 것이다.(이 용어들에 대한 정의는 책 뒤쪽의 용어풀이에도 나온다.)

우리는 지금 가구 전체를 기준으로 생각하고 있기 때문에 먼저 가구 내 모든 개인의 벌이를 다 더해야 한다. 벌이가 적은 사람이 훨씬 더 많은 급여를 받는 누군가와 결혼할 수도 있다. 교회 목사가 투자은행가인 부인을 둘 수도 있는 것이다. 이 가이드는 가구 내에 두 사람이 있

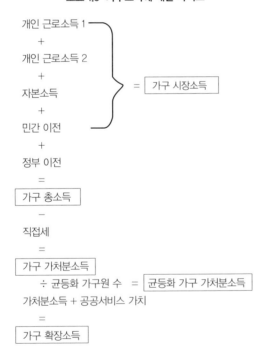

도표 1.5 가구소득에 대한 가이드

는 경우를 보여주지만 물론 여럿이 있을 수도 있다. 벌이는 고용된 근로자가 받는 임금과 봉급뿐만 아니라 자영업을 하는 이들의 소득도 포함한다.(이런 소득의 원천은 투입한 노동과 자본 둘 다에 대한 보상이라는 점에서 다르다.) 여기에 저축에서 나오는 소득을 더한다. 이 소득은 은행 예금이나 채권의 이자 형태를 취할 수도 있고 주식의 배당 또는 소유한 부동산에 대한 임대료일 수도 있다. 또한 연금과 같이 민간 기관에서 받는 이전 지급 그리고 정부가 주는 이전 지급을 더한다. 이렇게 전체 가구 총소득이 산출된다. 여기서 소득세, 사회보장세와 같은 직접세를 빼면 가처분소득이 나온다. 이 가이드에서 보여주는 다음 단계는 가구의 크기와 구성의 차이를 고려하는 것이다. 한 가구의 소득으로 두 자녀가 있는 가족에게 필요한 것들을 공급해야 한다면 같은 소득을 한 사람에게 쓰는 경우에 비해 값어치가 더 적다는 것을 의미한다. 내 동료 한 사람은 "자녀가 둘 있으니 1페니짜리 과자빵을 사려면 4펜스가 든다"고 말하곤 했다.(부인도 하나를 먹는다.) 실제로는 가족 규모의 차이를 고려하기 위해 이루어지는 조정이 일인당 소득을 기준으로 이뤄지는 것은 아니다. 규모의 경제가 있기 때문이다. 내 동료가 네 개의 중앙난방 보일러를 설치한 것은 아니다. 대신 모든 지출이 식구 수대로 늘어나는 것은 아니라는 사실을 고려한 '균등화 지수 equivalence scale'가 적용된다. 한 가지 간단한 지수는 가구 규모의 제곱근으로 구한다. 식구가 넷인 가족의 소득은 (4의 제곱근인) 2로 나누는 것이다. 그러나 앞서 제시한 통계들은 (수정된 OECD 지수로 알려진) 조금 더 복잡한 지수를 이용하는데, 첫 번째 성인에게는 1, 그다음 성인에게는 0.5를 부여하고 각 자녀에게는 0.3씩 부여하는 것이다.[37]

이 가이드의 목적은 독자들이 가구 규모와 구성을 고려해 조정한 가구 가처분소득의 구성을 이해할 수 있도록 돕는 것이다. 지금부터 이를 균등화 가구소득household equivalised income으로 일컬을 것이다. 하지만 이 가이드는 그 이상으로 쓰임새가 있다. 우리는 도표 1.5에 나오는 구성도에서 가구소득의 변화를 설명하는 데 도움이 되는 서로 다른 요소들을 볼 수 있다. 그러나 여기서 먼저 도표에 열거된 각종 소득의 바탕에 있는 원리들이 무엇인지부터 물어야 한다. 경제학자들이 일반적으로 택하는 정의에 따르면 소득은 돈이든 현물이든 주어진 기간에 생긴 모든 수령액의 합계다. 또는 그와 같은 값어치를 갖는 것으로서, 그 가구가 보유한 자원의 순가치를 일정하게 유지하면서, 다시 말해 자산에서 부채를 뺀 금액을 줄이지 않고 소비할 수 있는 자원의 최대한의 양이다. 이 같은 정의는 그 적용 범위에서 **포괄적인** 것이며 흔히 소득세를 걷기 위해 정의하는 소득의 범위를 뛰어넘는다. 원칙적으로 이는 모든 현물소득을 포함한다. (보통 세무 당국이 관심을 갖는 것은 아니지만) 당신의 집 마당에서 자란 채소도 포함된다. 고용 조건의 일부로 제공되는 각종 혜택은 확실히 포함되며 이는 상당히 큰 금액일 수 있다. 원칙적으로 주택 소유자들이 그 집에 살면서 거주 서비스로 얻는 소득의 상당액도 포함된다. 집을 소유하는 것은 현금 소득을 낳지는 않지만 집주인은 임대료를 낼 필요가 없기 때문에 그에 상당하는 금액을 절약하는 효과를 낸다. 이런 까닭에 소득을 포괄적으로 정의하면 '귀속 임대료'라 일컫는 것을 소득으로 돌려야 함을 알 수 있다. 이와 같은 항목은 국민계정(다음 절 참조)에 포함되며 상당한 금액에 이른다. 1912년 영국에서 이 항목은 국내총생산Gross Domestic Product, GDP의 10퍼센트가량을 차지했다. 이러한 고려는 가구, 가정용 정보기술 장비, 내구소비재와 같은 다른 자산들에도 적용되지만 그 중요성은 훨씬 더 적을 것이다. 앞서 인용한 분배 통계에는 귀속 임대료가 포함되지 않았다. 그러나 이는 주택시장에 영향을 주는 각종 정책 개혁과 확실히 관련성이 있는 것이다.

분배 통계에서 빠진 것 중에는 더 중요한 현물소득의 원천이 있다. 의료, 교육, 사회적 돌봄과 같은 공공서비스의 가치가 바로 그것이다. 이런 것은 도표 1.5에 나타나며 이를 가구 가처분소득에 더하면 가구의 '확장소득extended income'이 산출된다. 공공서비스는 값을 매기기가 쉽지 않지만 가계가 쓸 수 있는 자원을 늘려준다는 점에는 의심할 나위가 없다. 예컨대 공교육이 제공되지 않는다면 학부모들은 자녀를 사립학교에 보낼 자금을 대기 위해 가처분소득에서 돈을 빼내야 할 것이다. 나라마다 공공서비스의 제공 범위가 다르기 때문에, 그것들이 빠지면 국가 간 불평등 비교에 영향을 미친다. 이 책 뒷부분에서 보겠지만 공공지출이 적은 나라들은 더 많은 민간지출을 하는 경향이 있다. 그 분배 상태는 다르겠지만 민간지출은 더 많을 것이다. 공공서비스를 정부가 부담하는 비용으로 평가할 때 유럽 국가들의 확장소득을 기준으로 측정한 불평등은 가처분소득을 기준으로 했을 때보다 상당히 줄어든다.[38]

소득의 포괄적인 정의를 택한다는 것은 자산가치의 변동을 충분히 고려한다는 것을 의미한다. 측정 기간에 자산가치가 늘어나거나 줄어든 사실을 반영하는 것이다. 자산가치 변동은 국민소득 측정에는 들어가지 않는다. 하지만 가계의 대차대조표를 따질 때는 자산가치 변동이 분명히 지출 여력에 영향을 미친다. 어떤 해에 당신이 가진 주식의 가치가 오른다면 당신은 순자산가치를 줄이지 않고도 그만큼을 지출할 수 있다. 우리는 발생한 이익과 실현된 이익(그리고 손실)을 구분할 필요가 있다. 앞의 것은 서류상의 이익이고 뒤의 것은 그 자산을 팔아 현금으로 바꾼 이익이다. 일반적으로 세금을 물고 소득 분배 통계에 나타나는 것은 실현이익이다. 자본이득은 특히 최상위 계층의 몫을 따질 때 뚜렷한 차이를 만들어낼 수 있다. (도표 1.1에서 보듯이) 2012년 미국에서 자본이득을 제외한 소득 가운데 상위 1퍼센트의 몫은 19.3퍼센트였지만 실현된 자본이득을 포함하면 그들의 몫은 약 3퍼센트포인트 높은 22.5퍼센트에 이른다.[39] (자산을 가진 많은 사람이 그것을 팔지 않아서) 실현된 이익이 발생한 이익에 못 미치는 한 불평등 증가는 실제보다 과소평가된다. 다른 한편으로 이 계산은 인플레이션을 고려하지 않으며, 화폐적인 이득만 셈에 넣음으로써 실질적인 이득을 과대평가하게 된다. 그 기간에 물가가 올랐다면 당신 자산의 ('실질가치'라고 표현하는) 구매력은 떨어진 것이다. 그래서 당신이 가진 1000달러어치의 주식 가치가 1200달러로 올랐다면 당신은 200달러의 화폐적인 자본이득을 얻었지만 물가가 10퍼센트 상승했다면 실질적인 이득은 100달러밖에 안 된다. 이는 더 일반적인 논점을 제기한다. 소득의 포괄적인 정의는 순자산 가치를 일정하게 유지한다는 조건을 말하는데 이는 실질가치로 따진다는 뜻이다. 자산을 가진 이는 누구나 인플레이션 때문에 자본손실을 볼 수 있다. 제로 금리를 지급하는 은행 계좌를 가진 이도 이와 같은 구매력 감소를 겪고 있다. 반대로 부채가 있는 경우 상환 의무가 구매력 면에서 줄어들기 때문에 이득을 볼 것이다. 인플레이션에 따라 이러한 조정을 하는 일에 사람들이 관심을 거의 기울이지 않는다는 점은 언제나 놀라운 일이다. 이러한 인플레이션 효과는 물가 상승률이 낮을 때에도 상당한 부가 잠식되는 것을 지켜보아야 하는 소액저축자들에게는 아주 명백한 것이다.

소 비 의 불 평 등 은 어 떤 가 ?

지금까지 소득과 수입이라는 면에서 결과의 분배를 논의했다. 그러나 이런 것들은 그 자체가 목적이라기보다 그를 위한 수단으로 여겨질 수 있고 이는 꽤 타당한 생각이다. 조지 엘리엇의 소설 『사일러스 마너』에 나오는 사일러스 마너는 그가 가진 황금에서 기쁨을 얻었을지 모르지만 대부분의 사람은 그들의 은행 계좌 너머의 것을 보며, 마너 역시 나중에는 그랬다.[40] 많은 경제학자가 마음에 두고 있는 목적은 소비다. 경제학자들만 그런 것은 아니다. 토마 피케티의 『21세기 자본』에 대한 서평에서 빌 게이츠는 이 책의 주된 결론들에는 동의하면서도 저자가 "소비를 전적으로 무시했다"고 비판했다.[41] 우리가 소득 대신 소비를 고려한다면 불평등과 빈곤에 관해 발견한 것들도 달라질 수 있다. 하버드대의 데일 조겐슨은 "가구소득에 바탕을 둔 미국의 공식적인 빈곤 통계는 빈곤과의 전쟁이 실패로 끝났음을 시사한다. (…) 그러나 가구 소비에 기초한 빈곤 측정치는 이 전쟁이 성공적이었음을 의미한다"고 주장했다. 브루스 마이어와 제임스 설리번은 "빈곤을 측정하는 데 소득을 바탕으로 하는 전통적인 방식에서 소비를 기초로 하는 방식으로 바꾸고 결정적으로 물가지수의 편향을 조정하면 빈곤율은 1960년에서 2010년 사이에 26.4퍼센트포인트 떨어지고 이 중 8.5퍼센트포인트는 1980년 이후에 하락했다는 결론에 이르게 된다"고 밝혔다.[42] 전반적인 불평등에 관한 한 더크 크루거와 파브리지오 페리는 "최근 미국에서 소득불평등이 늘어날 때 그에 상응하는 소비의 불평등이 함께 늘어나지 않았다"는 점을 제시했지만 다른 저자들은 그와 상이한 결론에 이르렀다. 오라치오 아타나시오, 에릭 허스트, 루이지 피스타페리는 "미국에서 1980년에서 2010년 사이에 소비의 불평등은 소득불평등과 거의 같은 폭으로 늘어났다"는 점을 발견했다.[43]

소비에 기초한 연구는 값진 것이지만 소득불평등에 대한 연구에서처럼 몇 가지 질문을 던져야 한다. 첫째, 소비동향 조사에서 측정하는 것은 무엇인가? 우리가 관찰하는 것은 소비가 아니라 소비지출이며, 위에서 논의한 자가 주택 거주자가 얻는 서비스가 보여주듯이 소비와 소비지출은 같은 것이 아니다. 이 경우 소비는 소비지출을 초과한다. 이와 달리 가계가 내구재를 들여왔다면 주어진 기간에 지출은 소비를 초과할 수 있다. 저자마다 교육 관련 지출과 의료서비스 관련 지출에 대해 서로 다른 접근 방식을 택한다. 둘째, 소비지출은 얼마나 정확히 측정되는가? 술과 담배처럼 어떤 품목들은 소비 조사에서 실제보다 줄여 보고된다는 것은 잘 알려진 사실이다. 총액은 어떤가? 핵심적인 문제는 축소 보고의 정도가 시기에 따라 달라졌는가 하는 것이다. 마크 A. 아기아와 마크 빌스가 지적했듯이 미국에서 소비의 불평등이 소득 불평등보다 덜 증가했다면 이는 "고소득 가구에 유리한 쪽으로 저축의 격차가 커졌음"을 거울처럼 반영하는 것이다. 이들은 "보고된 소비지출을 바탕으로 계산할 때 저소득층은 1980년에서 2007년 사이에 저축률을 대략 −30퍼센트로 유지한 반면 고소득층은 같은 기간에 저축률을 25퍼센트에서 38퍼센트로 높였다"고 지적했다. 이들은 이어 여기에 함축된 저축률은 "믿기 어려운" 것이라고 밝혔다.[44] 사실 소비동향 조사에서 보고된 총소비지출은 국민계정에서 추산한 소비에 대비할 때 그 비율이 줄어들었다. 연방준비제도이사회Federal Reserve Board의 연구는 1992년과 2000년대 초 사이에 이 비율이 약 10퍼센트포인트 하락했음을 밝혔다. 소비 조사에서 보고된 소비지출의 비율은 이제 약 78퍼센트 수준에서 안정돼 있지만 이는 오랜 기간에 걸친 서로 다른 결과들을 부분적으로 설명할 수 있다.[45]

우리는 조사 대상 인구의 범위에 대해서도 비슷한 질문을 던질 수 있다. 소비불평등이 덜 늘어났다는 것을 밝힌 크루거와 페리의 연구는 전체 인구 중 시골지역 가구 전부, 가구주가 21세 미만이거나 65세 이

상인 가구 전부, 세후 근로소득과 이전소득을 합한 금액이 제로인 가구 전부, 주급이 최저임금의 절반에 못 미치는 가구 전부를 제외한 하위 표본에 국한된 것이었다. 이는 전체 인구를 대상으로 한 소득불평등 통계와 비교할 수 없다. 전체 인구를 대상으로 분석한 조너선 피셔, 데이비드 존슨과 티머시 스미딩은 "1985년과 2006년 사이에 소득불평등과 소비불평등은 거의 같은 속도로 늘어났지만 2006년부터 2010년까지의 대침체Great Recession 기간에는 속도 차이가 나타났다"는 것을 발견했다. 2010년의 소비불평등은 2006년보다 낮은 수준이었다.[46]

소비와 소득 중 무엇을 택하느냐는 분석의 목적에 달려 있다. 빈곤을 측정하는 경우 그 답은 우리가 두 가지 다른 개념 가운데 어느 쪽을 믿느냐에 따라 달라진다. 첫 번째 개념은 **생활수준**과 관련된 것이다. 두 번째 개념은 **최소 수준의 자원에 대한 권리**와 관련이 있다. 역사적으로 빈곤 연구는 첫 번째 접근 방식을 채택했다. 소득을 측정한 연구는 소득 수준이 낮으면 저축할 여력이 거의 없으며 그래서 소득은 소비를 측정하는 데 훌륭한 바탕을 제공한다는 것을 근거로 그렇게 했다. 20세기 초 영국 사회를 연구한 (또한 초콜릿 제조업자이기도 한) 시봄 라운트리는 가구소득을 "단지 신체적인 효율성을 유지하기 위한 최소한의 필수품을 얻는 데" 충분한 수준으로 설정된 빈곤선과 비교했다.[47] 그러나 시간이 지나면서 사회생활에 참여하는 능력에 바탕을 두고 빈곤을 폭넓게 정의하는 쪽으로 주안점이 옮겨가기 시작했고, 이와 함께 자원에 대한 최소한의 권리라는 개념에 관심이 높아졌다. 그 자원의 처분은 개인이 결정할 문제다. 이 두 접근 방식의 차이는 남성과 여성의 빈곤을 측정하는 데서 잘 드러난다. 생활수준을 중시하는 접근 방식에 따르면 평균적으로 여성이 더 적은 영양을 필요로 한다는 점을 근거로 남성과 여성의 빈곤선을 달리 정하는 것이 합리적이다. 이는 실제로 미국이 초기에 공식적인 빈곤선을 정할 때 적용한 논리였다. 몰리 오션스키가 정한 1963년의 빈곤선은 65세 미만 비농업 독신 남성의 경우 1650달러였지만 독신 여성의 경우 1525달러에 불과했다.[48] 최소 권리 접근 방식에 따르면 그러한 차별은 받아들여질 수 없을 것이다.

　소비자의 지출을 빈곤이나 전반적인 불평등의 지표로 활용하는 것은 소득과 마찬가지로 지출도 목적을 위한 하나의 수단이라는 반대에 부딪힐 수 있다. 결정적인 불평등은 소비 과정에서, 다시 말해 돈을 상품과 서비스로 바꾸는 활동 중에 생길 수 있다. 여기에는 가격 차이 때문에 상품과 서비스에 대한 접근이 차별적인 경우가 포함된다. 예컨대 가난한 이들은 도시 외곽 슈퍼마켓보다 동네 골목 가게를 이용하기 때문에 "가난한 사람들이 더 비싸게 산다"는 주장이 제기돼왔다. 또 다른 예를 들자면 집주인들의 임대 관행에 따라 저소득층 세입자들은 에너지를 공급받기 위해 동전 미터기를 써야 하기 때문에 이러한 관행은 이들이 더 높은 에너지 비용을 물도록 할 수도 있다. 불평등은 상품과 서비스 이용이 불가능해짐에 따라 결과적으로 나타난 것일 수도 있다. 사회가 더 부유해짐에 따라 가게들은 값이 더 싸고 품질이 떨어지는 여러 제품의 재고 확보를 중단했을지도 모른다. 어떤 지역에서는 은행 거래와 같은 서비스를 이용하지 못할 수도 있다. 가난한 사람들은 신용평점에 따라 은행 대출에서 배제될 수도 있다. 우리가 소비불평등의 패턴이 바뀌는 것에 대한 결론에 이르려면 그전에 이 모든 문제를 주의 깊게 검토할 필요가 있다.

　상품과 서비스의 접근성에 대한 고려는 우리가 "어떤 특수한 희소 상품"의 분배에 대해 깊이 생각해봐야 한다는 제안으로 이어졌다. 이는 노벨경제학상을 받은 예일대학의 제임스 토빈이 "구체적 평등주의specific egalitarianism"라는 개념으로 표현한 것이다. 그는 여러 상품 중에서도 식료품, 주택, 교육, 의료서비스를 예로 들었다.[49] 유럽은 이와 같은 방식에 따라 2009년부터 빈곤과 사회적 소외를 측정할 때 물질적 결핍을 나타내는 지표를 포함시켰다. 빈곤과 사회적 소외에 대한 유럽 2020 목표의 세 가지 구성 요소 가운데 하나는 "심각한 결핍"에 대한 조치다. 이는 아홉 가지 항목 가운데 네 가지에 대해 강요된 결핍이 있는 경우로 정의된다. 이 아홉 가지에는 "주거비용의 연체를 피할 것"과 "고기, 닭고기 또는 생선이 있는 식사를 할 수 있을 것" 그리고 "집을 적당히 따뜻하게 유지할 것"이 포함된다.[50] 토빈과 유럽연합의 목록에서 볼 수 있는 흥미로운 차이는 토빈이 교육과 의료를 포함시켰다는 점이다. 유럽 사람들은 이런 서비스의 공급을 원래 국가의 책임이라고 여길 것이다. 반면 부유한 이들은 국가가 제공하는 서비스를 마다하고 사립학교 교육과 민간 의료서비스를 선택할 능력을 보유하고 있으며, 이는 소득계층의 맨 위에서 나타나는 '자발적 배제'를 뚜렷이 보여준다. 영국 철학자 브라이언 배리의 말에 따르면 "한 사회의 가장 부유한 일부가 그들 스스로 보통 사람들의 운명에서 벗어날 수 있고 돈을 들여 보통 사람들의 제도에서 벗어날 수 있다고 느낀다면 그것 역시 사회적 고립의 한 형태다."[51]

여러 얼굴을 하고 있는 소비의 특성과 그것이 불러일으키는 서로 다른 관심들은 소비지출 측정치가 하나의 지표로서 소득에 비해 명백히 우월한 것은 아님을 뜻한다. 나는 계속해서 자원에 대한 통제의 가능성을 보여주는 지표로서 소득에 초점을 맞출 것이다. 소득을 지표로 활용하는 것은 자원의 이용이 단순한 소비 이상의 의미를 지님을 진정으로 인정하는 것이다. 불평등을 측정할 때 우리는 단지 부자들의 소비에만 관심을 갖는 것이 아니라—이는 물론 중요할 수도 있지만—그들의 부가 가져다줄 수 있는 권력에도 관심을 기울인다. 그들은 이 권력을 상속자에게 부를 물려줄 때처럼 그 가족에 대해 행사할 수도 있고, 아니면 더 일반적으로 미디어를 통제하거나 정당에 영향력을 미치는 식으로 행사할 수도 있다. 자선 기부가 좋은 사례를 제공한다. 모금함에 동전을 집어넣는 것은 그와 같은 힘을 거의 전달하지 않지만 자선 재단을 설립하는 것은 실제로 게이츠재단이 잘 보여주듯이 다른 사람들의 삶에 커다란 영향을 미칠 수 있다. 그 영향은 대단히 유익할 수도 있지만 그럼에도 불구하고 이는 소비를 측정하는 것으로는 포착할 수 없는 방식으로 권력 행사가 이뤄짐을 보여준다. 소득은 실제로 어떤 목적을 위한 하나의 수단이지만 이는 소비보다 훨씬 더 폭넓은 영향을 미친다.

소득 분포에서 누가 어떤 위치에 있는가?

—

영국 경제학자이면서 사회운동가인 바버라 우튼은 그가 『임금 정책의 사회적 기초The Social Foundations of Wage Policy』를 쓰도록 이끈 사건 가운데 하나는 영국 휩스네이드 동물원에서 사람들을 태워주는 코끼리가 대학의 고참 교수로서 그가 버는 것과 같은 액수의 돈을 번다는 사실을 발견한 것이라고 썼다.[52] 나는 이 특별한 비교가 타당한 것인지에 대해 의문을 품긴 했지만 사람들이 자신은 소득 분포상 어느 위치에 있는지 알고 싶어한다는 데에는 의심할 나위가 없다.[53] 또한 많은 사람이, 특히 그 분포상 최상위층에 가까운 이들이 실제 자신들의 위치보다 더 낮은 곳에 있다고 믿는다는 데에도 의심할 여지가 거의 없다. 소득 분포를 보여주는 '소득순 행렬' 비유를 만들어낸 네덜란드 경제학자 얀 펜은 이런 말을 했다. "소득 피라미드에서 아마도 상위 0.3퍼센트에 속할 의료 전문가에게 그보다 위쪽에 있는 인구가 얼마나 되리라고 생각하는지 물어본 적이 있다. 그는 그 질문에 대해 생각한 다음 20퍼센트라고 대답했다."[54] 더 최근에는 폴리 토인비와 데이비드 워커가 런던 금융가 시티의 일급 변호사와 은행가들에게 비슷한 질문을 했다. 그들은 소득 상위 1퍼센트에 너끈히 들어가는 이들이었다. 그 변호사와 은행가들은 소득 상위 10퍼센트에 드는 데 필요한 소득을 네 배나 과대평가했다. 빈곤층으로 넘어가는 경계선을 정해보라고 했을 때는 이 엘리트 집단이 "총소득의 중간값에 조금 못 미치는" 것으로 밝혀진 수준에 경계선을 정했으며, "이는 그들이 보통 수준의 소득을 빈곤층의 벌이로 여긴다는 것을 의미했다."[55]

소득 분포상의 숫자들은 대단치 않은 인플레이션에도 금세 낡은게 되어버리지만 독자들이 2013년 소득 분포에서 누가 어디에 위치하고 있는지 알아보는 일은 도움이 될 것이다. 그 당시 미국 통계조사국은 중위 가구 연간 소득을 5만1939달러로 잡았으며, 4인 가구가 빈곤에 빠졌는지를 판단할 문턱은 (중위소득의 46퍼센트인) 2만3834달러였다.(그 아래에 전체 인구의 14.5퍼센트가 살고 있었다.) 이 숫자들은 세금을 내기 전의 화폐적 소득을 나타내며 푸드 스탬프처럼 현금이 아닌 혜택들은 포함하지 않는다. 통계조사국 자료에 따르면 가구소득이 이분포에서 위쪽으로 올라가 중위소득의 약 세 배인 15만 달러에 이르면 상위 10퍼센트에 든다는 것을 알 수 있다. 버클리대학의 이매뉴얼 사에즈는 조금 다른 기준을 적용해 40만 달러 근처에서 상위 1퍼센트가 시작된다고 추정한다.[56]

영국에서 공식 통계는 2012~2013년 가구의 크기와 구성에 따라 조정한 중위 가구 가처분소득이 독신 가구 기준으로 연간 1만5300파운드였음을 보여준다. 부부만 사는 가구의 경우 2만2950파운드, 부부와 두 자녀가 있는 가구는 3만2125파운드였다.(이 숫자들을 미국의 통계와 비교할 때는 영국의 소득이 직접세를 뺀 것인 반면 미국은 그렇지 않다는 점을 고려해야 한다.) 빈곤의 문턱은 중위소득의 60퍼센트, 즉 독신 가구라면 연간 9180파운드로 정해졌다. 영국에서는 소득 분포상 위쪽 꼬리 부분이 덜 분산돼 있다. 그래서 어떤 가구가 중위소득의 두 배(부부와 두 자녀가 있는 가구의 경우 한 해 6만4250파운드)를 벌면 상위 10퍼센트로 막 진입할 수 있을 것이다.[57]

지금까지 나는 불평등의 수직적 차원—부유층과 빈곤층—에 초점을 맞춰왔다. 그러나 불평등에는 중요한 수평적 차원들도 있다. 지니계수나 소득 상위 1퍼센트의 몫에서 사람들은 익명으로 나타난다. 하지만 우리는 성, 지역, 또는 인종별로 다양한 집단 사이의 불평등한 소득에 관심을 가질 수도 있다.[58] 이때 각자 필요한 것들의 차이를 고려하는 것이 가능하다. 예를 들어 위에서 보여준 소득불평등 통계들은 지역별 물가 차이를 고려하지 않는다. 가령 보스턴의 생활비용 지수는 132.5인데 비해 캔자스 주 토피카의 지수는 91.8에 불과하다.[59] 또 다른 중요한 차이는 장애에 따른 요구에 있다. 이 문제에 관한 값진 연구들은 균등화 소득을 계산할 때 쓰이는 균등화 지수에 이러한 요구를 포함해야 한다는 논거를 만들어준다. 아스가르 자이디와 타니아 부르카르트는 영국의 경우 장애에 따른 비용들을 고려하지 못하면 장애를 가진 이들이 처한 빈곤의 심각성을 얼마나 과소평가하게 되는지 보여주었다. 다음에는 불평등의 세 가지 수평적 차원을 검토할 것이다. 성별, 세대 간 불평등 그리고 글로벌 불평등이 그것이다.

소득의 격차를 보여주는 위의 통계들은 남성과 여성을 구분하지 않거나 성별 임금 격차에 관해 우리에게 아무것도 말해주지 않는다. 미국의 경우 조사통계국 자료들은 연중 계속해서 일하는 전일제 근로자들 가운데 (중간값으로 측정한) 평균적인 남성의 소득에 대비한 여성의 소득 비율을 보여준다. 1960년 이 비율은 60퍼센트였으나 2013년까지 78퍼센트로 높아졌다. 이는 뚜렷한 변화다. 그러나 여전히 남성이 여성보다 평균적으로 5분의 1을 더 번다는 것을 뜻한다. 더욱이 이 비율은 꾸준히 올라가지 않았다. 이 비율은 1960년부터 1980년까지 안정적이었다가 그다음 20년 동안 상승했다. 2000년 이후에는 거의 변화가 없었다.[60] 소피 폰티엑스와 도미니크 뮤어스는 OECD 8개국의 자료를 검토한 후 "성별 임금 격차는 1990년대 이후 (격차가 계속해서 같은 속도로 줄어든 영국과 일본을 빼고는) 더 느리게 줄어들었거나 정체되었고 이탈리아에서는 커지기까지 했다"고 결론지었다.[61]

성별 소득 격차의 추세를 고려할 때 우리는 일반적인 소득 분배의 경우와 마찬가지로, 임금 차이를 정당화할 수 있는 교육적인 성취와 같은 특성에 기인하는 차이와 남녀 차별을 나타내는 격차를 구별할 필요가 있다. 역사적으로 여성들의 교육 수준 향상은 성별 임금 격차가 전반적으로 축소되는 요인이었다. 미국에서 1950년 대학을 졸업한 여성의 비율은 남성의 약 절반에 그쳤다.(그러나 흥미롭게도 1930년대 이후에만 이런 현상이 나타났다. 1910년 이전에 태어난 집단에서는 그 차이가 적었다.) 1950년 이후 대학 졸업 여성의 비율은 높아지기 시작했으며, 여성은 이제 미국 대학 졸업자의 다수를 차지하고 있다. 이러한 남녀 간 교육 격차의 역전은 대부분의 OECD 국가에서 나타났다. OECD 32개국 가운데 29개국에서 여성이 남성을 앞질렀다.[62] 도리스 바이첼바우머와 루돌프 윈터에브머는 1960년대부터 1990년대까지의 기간에 63개국을 대상으로 한 1500건 이상의 연구를 검토한 후 여기서 밝혀진 교육과 노동시장 관련 특성들의 역할을 다음과 같이 요약했다. "[성별 임금 격차 감소의] 대부분은 노동시장에 참여하는 여성이 더 나은 교육과 훈련을 받고 일에 애착을 가짐으로써 나타난 자질 향상에 기인한다. 임금 격차의 차별적인 (또는 설명되지 않은) 요소에 대해 발표된 추정치들을 보면 전망은 그리 밝지 않다. 시간이 지남에 따라 격차가 줄어드는 양상은 없다."[63] 데이터 선택과 통계 방법을 표준화하면 "조금 더 낙관적인 그림이 나타나지만", 여전히 '차별' 탓으로 돌릴 수 있는 격차가 10퍼센트포인트 줄어드는 데에는 대략 60년이 걸릴 것임을 보여준다.

남녀 간 격차는 우리가 염려해야 할 중요한 문제다.

시 간 과 세 대 의 차 이

미국과 영국의 불평등에 관한 도표 1.1과 1.2는 연속적인 '스냅사진들'을 보여준다. 연도별로 당시에 살던 전체 인구의 상황을 보여주는 것이다. 우리가 영화의 전체를 보게 되는 것은 아니다. 우리는 소득 상위 계층에 있는 이들이 그다음 해에도 여전히 그곳에 있을지는 알지 못한다. 또한 빈곤층에 있던 가족들이 빈곤에서 얼마나 탈출할 수 있었는지는 알지 못한다. 이는 세 가지 이유에서 중요하다. 첫째, 해마다 소득계층 간 이동이 있으며, 불평등이 늘어난 것으로 관찰되더라도 이는 늘어난 변동성 때문일 수도 있다. 거시경제학자들은 바로 이런 식으로 최상위 소득자들의 몫이 늘어난 것을 풀이하곤 했다. 영국에서는 스티븐 젱킨스가 소득계층 간 이동성을 조사했는데, 그는 "어느 한 해와 그다음 해 사이에 상당한 정도의 소득계층 간 이동이 이루어졌다"는 것을 발견했다. 그렇지만 "대부분의 이동은 멀리 가지 못하고 가까운 곳으로 옮겨 간 것이었다"는 단서를 달았다. 그는 그 바탕에서 이뤄지는 과정을 상세히 묘사했다. "각 개인의 소득은 장기적으로 비교적 고정된 평균 수준 근처에서 오르내렸다. 이 평균 수준은 소득 분포상 어떤 위치에 사람들을 [마치] 고무 밴드처럼 붙들어 매는 한계였다. 그들은 해가 지나면서 그 범위에서 멀어진 곳으로 이동할 수도 있지만, 밴드에 매여 있기 때문에 그리 멀리 갈 수는 없다. 그리고 그들은 처음의 범위 근처로 되돌아가는 경향이 있다."[64] 이동성은 증가했는가? 미국에서 피터 곳쇼크와 로버트 모핏은 소득의 일시적인 변동이 1970년대 후반과 1980년대 초 늘어난 소득 격차의 절반을 설명할 수 있었지만 그 후 그러한 효과는 없어졌다는 것을 발견했다.[65] 보이치에크 코프추크, 이매뉴얼 사에즈와 송재는 1970~2004년 기간 전체적으로 "사실상 모든" 소득 변동 증가가 상시적인 소득의 변동성이 커진 데 따른 것이라고 결론지었다. 그들은 "소득 분포상 최상위층의 이동성은 안정적이며 1970년대 이후 연간 소득 집중도의 극적인 증가를 누그러뜨리지 못했다"고 밝혔다. 이는 소득의 불안정성이 높아진 것은 기술 수준이 가장 낮은 계층에 집중된 현상이어서 도표 1.1이 보여준 최상위 십분위의 소득 비율과는 관련성이 적다는 곳쇼크와 모핏의 결론과 일치한다.[66] 영국에서 젱킨스는 일시적인 변동성이 1990년대 초와 2000년대 중반 사이에 그다지 달라지지 않았다는 점을 발견했다. 적어도 미국과 영국에서는 변동성 증가가 그리 대단치 않은 이야기에 불과한 것으로 보인다.

우리가 시간에 따라 사람들을 추적해야 할 두 번째 이유는 예측할 수 있는 생활 주기에 따른 소득 변동이 있기 때문이다. 많은 사람에게 소득은 크게 보아 둥근 언덕 모양의 패턴을 따라간다. 그들의 경력이 쌓이면서 소득은 올라가며 그들이 은퇴하고 저축을 다 써버림에 따라 소득은 떨어진다. 인구 구조에 변화가 있었다면 이 같은 체계적인 생애주기 차이가 눈에 보이는 불평등 증가를 부분적으로 설명할 수 있다. 여기에 특히 한부모가정이 늘어난 것을 비롯해 가족 구성의 변화도 추가할 수 있다. 1960년 미국 통계국은 어린이들 중 9퍼센트가 한부모가정에서 살고 있다고 보고했다. 2010년 이 비율은 27퍼센트로 증가했다. 오늘날 영국에서도 이 비율은 비슷한 수준이다. 어린이 넷 중 한 명은 한부모가정에서 산다. 미국의 노동경제학자이면서 오바마 정부의 각료였던 리베카 블랭크는 인구와 가족의 구조가 1979년에서 2007년 사이에 지니계수 증가를 어느 정도나 설명해줄 수 있는지를 연구했다. 그는 인구 변화가 일정한 역할은 했지만 그 기여도가 작았다는 것을 발견했다. 1.25퍼센트포인트 정도였다.[67] 영국에서는 1971년부터 1986년 기간에 걸쳐 인구 변화는 대단치 않은 기여를 했을 뿐임을 확인했다. 인구와 가족 구조의 변화는 정책을 설계할 때 중요한 조건임이 틀림없다. 그러나 다시 말하지만 그 변화가 불평등 증가를 설명하는 데에는 큰 기여를 하지 못한다.

개인의 일생을 따라가야 할 세 번째 이유는 세대 간에 커다란 불평등이 있을 수 있기 때문이다. 과거에 그랬던 것처럼 시간이 지나면서 실질소득이 늘어난다면 늦게 태어난 이들은 더 높은 평생소득을 누린다. 이러한 소득 증가는 공공투자 결정을 평가하는 표준적인 접근 방식에 반영돼 있다. 정부가 장기 프로젝트 또는 기후변화를 누그러뜨리는 정책으로 얻을 효과를 검토할 때 사회적 할인율social discount rate을 적용하는데 이 할인율은 두 가지 구성 요소로 이뤄져 있다. 시간상의 거리에 대한 순수한 할인 요소와 미래 세대들이 더 잘살게 될 것이라는 기대를 반영하는 요소가 그것이다.[68] 달리 말하면 어느 한 시점에서 불평등을 측정할 때 더 잘사는 이들에게 더 낮은 가중치를 적용하는 것과 똑같이 미래 세대의 소득에도 더 낮은 가중치를 매기는 것이다. 그러나 그러한 기대는 더 이상 확실히 실현되지 않을 수 있다. 우리가 이제 평균 소득 증가 속도가 느려지거나 아예 늘어나지 않을 것으로 예상한다면, 미래 세대에 대해 이런 식으로 할인을 적용해서는 안 된다. 지속 가능한 성장을 추구할 때도 마찬가지다. 우리는 그들이 오늘날의 우리보다 더 잘살게 되리라고 가정해서는 안 되며, 그러므로 그들이 "값어치가 덜한"(이는 할인이 의미하는 바다) 세대라고 여기지 말아야 한다. 그들은 더 잘살지 못할 수도 있으며 더 못살게 될지도 모른다. 그러므로 세대 간 정의의 문제는 이제 우리가 "삶은 더 나아지기만 할 것"이라고 믿었던 때보다 더 높은 우선순위를 갖게 됐다. 이는 또한 우리가 현재의 소득불평등을 줄이기 위한 수단들을 선택할 때 고려해야 할 요소들 가운데 하나가 돼야 한다.

글로벌 불평등

전 세계 시민 사이의 불평등은 국가 내 불평등과 국가 간 불평등의 영향을 종합적으로 반영한다. 이렇게 볼 때 지난 100년에 걸친 글로벌 불평등을 단순화한 이야기는, 처음에 부자 나라들 안에서의 불평등은 줄어들지만 국가 간 불평등이 확대되는 시기가 있었으며 그다음에는 부자 나라 안의 불평등은 커지지만 국가 간 불평등이 축소되는 시기가 왔다는 것이다. 국가 내 불평등은 U자 모양을 따라갔으며, 국가 간 불평등은 거꾸로 뒤집은 U자(∩) 모양을 따라갔다.

국가 간 격차가 확대됐다가 수렴되는 역 U자(∩) 모양은 도표 1.6의

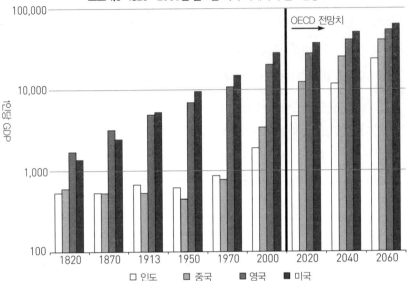

도표 1.6 1820~2060년 글로벌 격차 확대와 수렴: 1인당 GDP

OECD 전망치 →

100,000

10,000

1,000

100

1인당 GDP

1820 1870 1913 1950 1970 2000 2020 2040 2060

□ 인도   ■ 중국   ■ 영국   ■ 미국

1820년 PPP(구매력평가, 구매력 차이에 따라 조정한 환율) 기준 1인당 GDP는 인도가 533달러,
중국이 600달러, 미국이 1376달러, 영국이 1706달러였다.

네 나라에서 분명히 나타난다. 이 도표는 인도, 중국, 영국, 그리고 미
국의 일인당 국민소득GDP의 절대적인 차이를 역사적으로 드러난 대로,
그리고 OECD가 앞으로 변화할 것으로 추정하는 대로 나타낸다. 각각
의 경우 국민소득은 구매력 기준으로 표시된다. 이는 시간에 따라 올
라가는 생활 비용과 나라에 따라 다른 구매력을(1달러로 뉴욕에서보다
델리에서 더 많은 것을 살 수 있다는 점을) 고려한다. 시간과 공간에 걸
친 이러한 비교는 단지 근사치일 수밖에 없지만 큰 그림을 보여주는 데
에는 충분하다는 것을 강조할 필요는 없다. 1820년부터 1970년까지 한
편으로 인도와 중국, 다른 한편으로 영국과 미국 사이의 격차는 벌어
졌다. 미국의 일인당 소득은 10배 이상 높아졌다. 이 기간 중 영국은
앞서 출발했지만 나중에 미국에 추월당해 성장이 더 느렸다. 1970년부

터 지금까지 인도와 중국은 그 격차를 좁혀왔으며 OECD는 그러한 추세가 이번 세기 내내 계속될 것으로 전망했다.

국가 간 불평등의 역 U자(∩) 모양은 보통 미래에 글로벌 소득 분포가 더 낮은 불평등을 나타내리라는 낙관론의 근거를 마련해주는 것으로 제시된다. 그러나 신중히 생각해야 할 두 가지 이유가 있다. 첫째, 상대적인 기준으로는 격차가 줄어들고 있지만 구매력의 절대적인 차이는 계속해서 확대되고 있다. 중국은 속도로 보면 빠르게 성장하고 있을지 몰라도 그 성장은 훨씬 더 작은 기반에만 적용된다. OECD가 전망했듯이 중국과 미국 간 일인당 소득의 절대적인 차이는 2057년까지 더 확대될 것이다. 둘째, 중국과 인도가 빠르게 성장해오는 동안 다른 개발도상국들은 더 느린 성장을 이루었다. 내 제안의 대부분이 국가 내 불평등과 관련되지만 제8장에서 국가 간에 현재 소득을 재분배하기 위해 더 많은 일을 해야 하는 OECD 국가들의 글로벌 책임을 논의한 것도 바로 이런 이유에서다.

2장

역사에서
무엇을
배울 것인가

소득불평등은 최근 여러 나라에서 높아졌지만 늘 오르기만 하는 추세는 아니었다. 이런 이유 하나만으로도 우리는 지난날을 돌아보고 불평등의 역사적 기록을 검토할 필요가 있다. 과거 어느 때 불평등이 줄었는가? 우리는 그런 시기에서 무엇을 배울 수 있는가? 이런 물음에 답하기 위해서는 소득불평등을 가늠하는 장기간의 자료가 필요하다. 다행히 우리는 이제 그런 자료를 보유하고 있다. 연구자들은 오늘날의 방법을 써서 역사적인 기록들을 조사하고 100년 넘는 기간에 걸친 소득불평등 추정치를 만들었다. 역사적 관점은 우리에게 지금의 불평등이 어떻게 생겼는지 그리고 미래에 소득불평등을 어떻게 줄일 수 있는지를 더 잘 이해하도록 해주기 때문에 이러한 연구는 우리를 설레게 한다.

우리가 불평등에 관한 통계에서 교훈을 이끌어내려고 할 때는 활용하는 자료의 질에 대해 자신할 수 있어야 한다. 바로 그 때문에 나는 불평등을 연구하는 학자들이 교훈을 이끌어낼 증거 자료의 출처를 설명하고 평가하는 것으로 이 장을 시작하려 한다. 이러한 정밀 조사는 필수적이다. 경제학자들은 너무나 자주 그 자료가 적합한 것인지 묻지도 않고 우연히 마주치는 숫자들에서 결론을 끌어내며 앞서 달려나간다. 자료가 폭발적으로 늘어난 것을 고려할 때 이는 더욱더 중요한 문제다. 노벨경제학상을 받은 하버드대 경제학자 사이먼 쿠즈네츠가 1950년대 중반에 수행했던 시기별 소득불평등의 변화에 관한 유명한 연구는 몇몇 국가에 대한 얼마 되지 않는 자료를 바탕으로 한 것이었다.[1] 오늘날에는 풍부한 일단의 자료들이 있다. 이는 불평등 연구 환경이 크게 개선됐음을 보여주며 통계기관들과 개인 연구자들이 많은 노력을 기울인 덕분이다. 이와 동시에 우리가 자료에 압도될 위험도 있다. 한 가지 예를 들자면, 『저널 오브 이코노믹 인이퀄리티Journal of Economic Inequality』 2012년 12월호는 미국의 소득불평등이 일본보다 크다는(미국의 지니계수가 일본보다 7퍼센트포인트 높게 나타난 도표 1.3이 보여주는 것과 같은) 관찰로 시작하고 이어서 그 원인을 설명하는 한 논문을 실었다. 그러나 이 저널의 독자가 같은 호에 실린 또 다른 논문에서 미국(37.2퍼센트)과 일본(36.6퍼센트) 두 나라의 지니계수에 아무런 실질적인 차이도 없음을 보여주는 일단의 자료를 쓰고 있다는 점을 발견하면 혼란스러울 것이다. 우리는 다른 자료가 어디에서 나왔는지 그리고 왜 그 자료가 이 경우처럼 때로 다른 이야기를 들려주는 듯 보이는지 물어야 한다.[2]

불평등의 증거는 어디에서 나오는가

—

오늘날 소득불평등에 관한 증거의 주된 출처는 가구조사다. 미국 통계 조사국이 소득불평등과 재정적 빈곤의 정도에 관해 해마다 9월에 발표 하는 통계는 인구 현황 조사Current Population Survey에서 나온 것이다. 이 는 다달이 정례적으로 하는 가구조사와 매년 3월에 전년도 가구소득 에 대한 정보를 모으는 연례적인 보충 조사다. 미국 독자 가운데 일부 는 이 조사에 참여했을 수도 있다. 그러나 해마다 약 6만 가구만 조사 대상으로 선정되므로, 선택받지 못했다고 해서 크게 실망할 필요는 없 다. 도표 1.2에서 보여준 영국의 통계는 가족 자원 조사Family Resources Survey에서 나온 것이다. 이 조사는 2만 가구 이상을 상대로 미국과 비 슷하게 소득과 가계 환경에 관해 상세한 질문을 한다. 소득과 생활 조 건에 관한 유럽연합 통계EU-SILC는 모든 회원국을 (그리고 아이슬란드, 노르웨이, 스위스, 터키를) 대상으로 하며, 빈곤이나 사회적 소외의 위 험을 안고 사는 사람들의 비율과 같은 유럽연합의 사회적 지표들을 산 출하는 바탕이 된다.

각국의 통계기관과 다른 기구들이 투자한 덕분에 우리는 이제 내가 1960년대에 연구를 시작할 때보다 이들 가구조사로부터 소득불평등에 관해 훨씬 더 많은 것을 알 수 있다. 당시에는 요즘에 비하면 수집된 정보가 거의 없었고 자료가 수집되더라도 연구자들에게 공개되는 일 은 드물었다. 국가 간 비교를 하는 것은 거의 불가능했다. 오늘날 우리 는 30개국 이상을 대상으로 한 EU-SILC와 같이 이 목적을 위해 설계된 자료원을 갖고 있다. 룩셈부르크 소득연구소Luxembourg Income Study, LIS와 같은 독립적인 연구센터들은 50개 가까운 나라를 대상으로 서로 조화되는 기준에 따라 만든 자료를 연구자들이 이용할 수 있도록 해준다.(이들 자료는 앞서 제시한 도표 1.3에서 활용했다.) 유엔대학–세계개발경제학연구소UNU-WIDER가 취합한 세계 소득불평등 데이터베이스와 같은 이차적 자료의 모음은 아프가니스탄부터 짐바브웨까지 150개 이상의 나라를 대상으로 한다.

비교 가능성은 이 연구의 열쇠다. 한 나라의 불평등이 다른 나라에 비해 낮다는 말은 그 바탕에 있는 통계가 비교 가능한 기준에 따라 수집된 것이 아니라면 제한적인 의미만 갖는다. A라는 나라의 소득 통계가 각각의 가구를 전체적으로 보는 가구조사에서 기록한 것인 데 비해 B라는 나라의 통계는 개인 소득세 기록에서 나온 것이라면 두 나라 사이의 불평등의 차이에 관해 곧바로 결론을 이끌어낼 수 없다. 어떤 나라에서 임금 통계가 모든 농업 근로자나 공공부문에 고용된 이들을 제외한다면, 혹은 임금 조사가 도시 지역에만 한정된 것이라면 우리는 임금 격차가 덜하다고 말할 수 없다. 이다음에 나오는 내용에서 나는 국가 간 비교가 가능한 정의를 사용하고, 그럴 수 없을 때는 그 차이로 인해 나타날 수 있는 영향을 함께 제시하려고 노력했다. 물론 100퍼센트 비교 가능한 것은 있을 수 없다. 모든 나라에서 같은 정보가 수집될 수는 있지만 그 의미는 각각의 맥락에 따라 다르다. 국가가 교육과 의료 같은 서비스를 모두에게 무료로 제공하는 곳 그리고 주거비와 교통비에 보조금을 주는 곳에서는 화폐적인 소득의 불평등이 덜 걱정스럽다. 더욱이 통계 출처 간의 차이는 언제나 남아 있을 것이며 그 차이가 두드러진 것인지는 판단의 문제다. 나는 언젠가 한 특정 국가가 집에서 키우는 벌들에게서 생산되는 꿀의 가치를 가구소득에 포함시킨다는 이야기를 들었다. 벌 치는 이의 아들인 나도 그것이 영국과의 소득 통계 비교에 실질적인 영향을 미칠 것이라고는 생각하지 않았다.

비교 가능성은 시기별로도 똑같이 중요하다. 우리가 오늘날 불평등에 관해 더 많은 이야기를 할 수 있는 것은 단지 통계 조사가 향상되고 그 어느 때보다 비교 가능성이 높다는 사실뿐만 아니라 그 조사가 몇십 년 동안 실시돼왔다는 사실에도 힘입은 것이다. 더욱이 그 통계들을 시기별로 널리 비교할 수 있도록 만들기 위해 자원이 투자됐다. 거듭 말하지만 완전한 비교는 가능하지 않다. 조사 방법은 시간이 지나면서 향상되며 1970년대의 조사를 다시 하러 그때로 되돌아갈 수 없다. 방법론의 변화는 도출된 결론에 영향을 준다. 미국의 인구 현황 조사는 1993년에 종이와 연필로 하는 방식에서 컴퓨터의 도움을 받는 인터뷰 방식으로 바뀌었다. 입력할 수 있는 금액의 최고 한도도 달라졌다. 1993년 이전에는 소득 최고액이 29만9000달러로 프로그램되어 있었다. 이는 대부분의 사람에게 영향을 미치지 않을 만큼 높은 수준이었지만 최고소득이 지나치게 낮게 설정되었던 것이다.(1993년 이후 그 상한은 99만9999달러로 높아졌다.)

그 기간 중 방법론상의 다른 많은 변화가 있었다. 미국 자료의 출처는 서로 다른 해의 변화를 자세히 알리는 각주를 적어도 스무 개쯤 달고 있다. 이들 변화의 누적 효과는 평가하기 어렵지만 1993년에는 불평등이 큰 폭으로 증가한 것으로 기록됐기 때문에 그해의 변화들이 가장 중요하다. 미국 통계조사국은 사용자들에게 1993년 전과 후를 비교할 때는 "신중을 기해야" 한다고 조언하고 있으며, 그에 따라 나는 도표 1.1을 조정했다.[3]

가 구 조 사 의 한 계

—

가구조사 자료는 이제 불평등 연구에 널리 쓰이고 있으며, 앞서 도표 1.3에서 나타낸 서로 다른 나라들의 통계는 대체로 이 자료에 바탕을 두고 있다. 그러나 여기에는 몇 가지 한계가 내재되어 있다. 먼저 이들은 **가구**를 대상으로 한 조사이기 때문에 가구에 들어가지 않는 사람들은 제외된다. 조사에서 빠지는 이들은 학생, 학교 기숙생, 군대 요원 그리고 병원, 호스텔, 보호소, 피난소나 공공수용 시설과 같은 기관에서 살고 있는 사람들이다. 가구조사는 양로원이나 요양원에 사는 노인들, 돌봄 시설에 들어간 어린이들, 거리에 사는 사람들은 제외한다. 조사 범위에 들지 않는 집단 가운데 일부는 소득 분포에서 낮은 계층에 몰려 있을 가능성이 크기 때문에 이 같은 제외는 문제가 된다. 이러한 문제는 표본을 추출하기 위해 작성한 명단이 전체 가구를 대표하지 못할 때 생기는 편의로 인해 더 커진다. 과거 전화가 보편적으로 쓰이기 훨씬 더 전에 전화 인터뷰 방식으로 조사한 것이 전형적인 사례다. 이는 미국 대통령 선거에서 공화당 표를 과대평가하는 여론조사로 이어졌다.[4]

대부분의 나라에서 조사 참여는 자발적인 것이며 사람들은 참여를 거부할 수 있기 때문에 포괄 범위 면에서 완전한 조사는 이뤄지기 어렵다. 영국의 2010, 2011년 가족자원조사에서 무응답 비율은 41퍼센트였다. 이는 조사에 여섯 명이 참여할 때마다 다른 네 명에게서는 아무것도 알아낼 수 없었음을 뜻한다. 응답을 거절하는 이유를 묻자 23퍼센트가 "귀찮아서 굳이 대답하고 싶지 않다"고 말했다. 무응답이 늘어나는 것은 걱정스럽다. 1990년대 후반 무응답 비율은 34퍼센트였다. 미국에서는 응답률이 훨씬 더 높다. 2013년 무응답 비율은 10퍼센트를 조금 웃돌았다. 하지만 미국에서도 최근 몇 해 동안 무응답이 늘어났다. 응답률이 떨어지는 것은 통계기관들이 우려해야 할 문제다.

무응답이 왜 문제가 되는가? 낮은 응답률은 그 자체만으로 우리가 조사 결과들을 버려야 한다는 뜻은 아니다. 주제와 관련된 특성에 있어 무응답자들이 응답자들과 다르지 않다면 응답률이 낮은 조사에서도 전체를 대표하는 특성을 찾아낼 수 있다. 그러나 소득과 부에 대한 질문에서는 더 잘사는 이들 중에서 무응답 비율이 체계적으로 높다고 생각할 충분한 이유들이 있다. 재정적인 사정이 더 복잡한 이들은 부와 소득에 대한 상세한 질문들에 답하는 데 필요한 시간을 기꺼이 들이려 하지 않을 수도 있다. 이는 납득할 만한 이유다. 미국 연방준비제도는 소비자금융조사를 실시할 때 지리적 분포를 바탕으로 한 일반적인 무작위 표본과 소득세 신고에서 나온 통계 기록을 가지고 (비밀 보호를 위한 엄격한 규칙에 따라) 선정한 특수한 '목록 표본list sample'을 함께 추출했다. 이는 법인이 아닌 사업체나 세금이 감면되는 채권과 같이 드물게 보유하는 자산을 상대적으로 많이 가진 가족들을 불균형적으로 포함시키기 위한 것이다. 연준은 이렇게 밝혔다. "2010년과 2013년 모두 지역 확률 표본으로 선정된 가구들 가운데 70퍼센트가 실제로 인터뷰를 다 마쳤다. 목록 표본의 대체적인 응답률은 약 3분의 1이었다. 가장 부유한 가족들을 포함하는 목록 표본에서는 응답률이 그 절반 수준에 그쳤다."[5] 그러므로 소득 분포상 위쪽 꼬리 부분은 가구조사에서 실제보다 적게 나타날 것으로 가정할 충분한 이유가 있다. 제1장의 도표 1.2에 나타난 영국의 전반적인 불평등 추이는 재정연구소의 작업 결과를 가져온 것이다. 이는 매우 부유한 개인들을 대상으로 한 가구조사에서 많은 응답을 받아내는 데 따르는 문제와 그들이 보고한 소득의 변동성에 따른 문제를 바로잡기 위해 소득세 신고에서 나온 자료(다음 절 참조)를 써서 조정한 것이다.

가구조사 자료에 대한 조정은 또한 사람들이 조사에 참여는 하지만 불완전하거나 부정확한 응답을 할 때 나타나는 '응답 편향'을 바로잡기 위해 필요하다. 어떤 경우에는 이 문제가 그들의 통제를 벗어나 있을 수도 있다. 나는 몇 년 전 영국에서 한 공식 조사에 참여했을 때 앞에서 나온 질문에 답하면서 한 가지 소득을 빠트린 것을 나중에 깨달았지만, 컴퓨터를 이용한 인터뷰에서는 앞서 나온 질문으로 돌아가는 것이 허용되지 않는다는 단호한 답을 들었고, 당초 응답을 그대로 둘 수밖에 없었다. 소득 분배를 검토하기 위해 설문조사 자료를 이용할 때는 기록된 소득 총액들이 외부 출처에서 파악된 숫자와 얼마나 일치하는지를 따져보는 것이 중요하다. EU-SILC의 경우 (서로 다른 정의를 고려하여) 국민계정과 비교해보년 2008년 임금과 봉급이 가장 높은 포착률을 보였고 그다음이 현금으로 주어지는 사회보장 혜택과 세금이었다. 자영업자 소득과 부동산 소득은 포착되는 비율이 낮았다. 이런 종류의 소득은 평균적으로 소득 분포상 위쪽을 차지한다. 따라서 이런 소득이 실제보다 낮게 기록되는 가구조사는 불평등을 과소평가하는 결과를 초래하는 경향이 있다.[6]

가구조사는 없어서는 안 될 자료의 출처이며, 통계기관들이 그 조사를 시행하고 개발하는 데 계속해서 투자하는 것은 반드시 필요한 일이다. 이 조사를 통해 얻는 정보는 불평등을 줄이는 정책을 세우는 데 필수적이다. 그럼에도 불구하고 우리는 이 조사에서 나온 결과들을 적절한 정도로 신중하게 다뤄야 한다. 그런 까닭에 이러한 자료들은 행정상의 자료와 함께 활용하는 경우가 갈수록 늘어나고 있다.

소득 분포 자료가 가구조사에서 나오지 않는다면 어디서 이것을 얻을 수 있을까? 그에 대한 답은 주로 행정 기록들이며 이는 과거에 개별적인 가족들이 어떻게 살아가는지를 알려주는 주된 정보원이었다. 그레고리 킹이 잉글랜드와 웨일스의 (1688년) 소득 분포를 보여준 것과 같이 일찍이 선구자들이 만든 '사회표social table'들이 있었지만 이는 개인에 관한 자료에 바탕을 둔 것이 아니었다. (19세기 초 영국에서) 개인 소득세가 도입되고 나서야 개인의 소득에 관한 검증된 자료로 진정한 소득불평등 추정치를 만들 수 있었다. 이러한 분배에 관한 자료는 인구 자료와 국민계정에서부터 전체 소득 중 각 집단이 차지하는 몫의 추정치에 이르기까지 외부적인 통제가 이뤄지는 총계와 결합할 수 있다. 이런 식으로 도표 1.1과 도표 1.2에 나오는 상위 1퍼센트의 몫을 성인 인구 총수(또는 적절한 경우 납세자 총수)와 관련지어 그들이 국민계정에서 추정한 가구소득 총액에서 차지하는 몫을 계산할 수 있다. 그 총액은 납세자들이 신고한 소득에 한정되지 않는다.[7]

처음에 개인 소득세는 전체 인구 중 얼마 되지 않는 이들만 대상으로 했으며, 상위 소득자들의 몫에 관한 자료가 나오기 시작한 후에야 인구 전체의 불평등 추정치(지니계수)를 만들 수 있게 됐다. 그 후 소득세 자료의 포괄 범위는 확대됐으며 특히 제2차 세계대전 도중과 이후에 크게 늘어나 이제 행정 자료는 인구의 대다수를 포괄한다. 심지어 세금 신고 자료를 내지 않는 개별 납세자들에 대해서도 소득세 원천징수가 이뤄진다는 사실은 과세 기록의 포괄 범위가 넓다는 것을 뜻한다. 그럼에도 불구하고 소득세 기록에서 나온 자료를 활용할 때 그 기록들이 이 목적에 따라 설계된 것이 아니라는 점을 기억해야 한다. 그 자료들은 행정 절차의 부산물일 뿐이다. 그 자료의 형식과 내용은 조세에 관한 법률을 반영한다. 예를 들어 미국에서 과세 단위는 부부 (그리고 그들에게 의지하는 이들의) 합산소득을 말하는 데 비해 영국에서는 1990년 이후 개인별로 세금을 매기며 그에 따라 개인 소득에 대한 분포가 나타난다.[8] 과세 목적으로 정의한 소득은 앞 장에서 설명한 포괄적인 정의와 상당한 차이를 보일 수 있다. 과세 목적의 소득은 집을 사거나 개인적으로 쓸 돈을 빌리면서 낸 이자를 공제하도록 허용할 가능성이 있다. 어떤 경우에는 과세 소득이 가구조사에서 나타난 소득보다 포괄적인 정의에 더 가까워질 수 있다. 예컨대 (영국에서 그랬던 것처럼) 자기 집에 사는 사람들의 귀속 임대료나 실현된 자본이득을 소득에 포함하는 경우에 그렇다. 어떤 경우든 조세 회피나 탈세가 이뤄지는 과정에서 나타나는 납세자의 '무응답'은 소득세 자료의 포괄 범위에 심각한 영향을 미친다. 소득세 기록에 바탕을 둔 최상위 소득 연구들은 보통 조세 회피와 탈세의 잠재적인 영향에 상당한 주의를 기울인다.[9]

풍부하지만 일관성 떨어지는 근로소득 자료

가구조사와 행정 기록들은 개인 소득에 관한 자료의 공급원이 된다. 행정 기록들은 일반적으로 사회보장세를 징수할 때 작성된다. 근로소득의 경우 노동시장의 양쪽에서 모을 수 있기 때문에 가능한 자료 공급원의 범위가 더 넓어질 수 있다. 나라마다 다른 공급원을 택할 수 있다. 도표 1.1의 미국 근로소득에 관한 자료는 소득불평등 추이를 보여주는 통계와 같은 출처, 즉 가구조사인 인구현황조사에서 나왔다. 이에 비해 도표 1.2의 영국 자료는 고용자 쪽의 근로 시간과 소득 연례 조사Annual Survey of Hours and Earnings에서 나온 것이다. 이 장에 나오는 프랑스의 근로소득 자료는 세금 신고에서 나온 것이다. 같은 나라의 서로 다른 출처에서 나온 자료들을 비교해보면 각각의 자료에서 밝혀진 것들이 상당히 일관성 있다는 시사점을 얻게 된다.[10] 그러나 근로자를 고용한 쪽과 고용된 쪽의 관점 차이는 어떤 변수들에 대해 체계적인 차이를 낳을 수 있다. 특히 근로 시간이 그러한데, 고용자들은 계약된 근로 시간을 보고하는 데 비해 근로자들은 실제로 일하는 데 쓴 시간을 보고하기 때문이다. 포괄 범위에서도 중요한 차이가 나타날 수 있다. 프랑스 세금 신고를 바탕으로 한 통계의 포괄 범위에는 농업 부문에서 일하는 이들과 공무원, 가정에서 일하는 사람들, 전일제로 일하지 않는 이들이 제외되며, 그 결과 예컨대 1995년에는 이 통계의 포괄 범위가 전체 피고용자의 약 3분의 2에 그쳤다. 유럽연합의 소득 구조 조사 EU Structure of Earnings survey는 근로자 10인 미만의 기업들뿐만 아니라 공공행정 부문을 제외한다.

자료의 출처가 다양하다는 것은 근로소득에 관한 자료가 흔히 가구조사에서 캐낸 자료보다 더 풍부함을 뜻하지만 또한 국가 간에, 그리고 시기별로 일관성을 확보하기가 더 어렵다는 의미가 될 수도 있다. 이런 자료를 이용하는 이들은 서로 같은 종류의 자료를 비교하고 있는지 늘 점검해야 한다.

부자들에게 관심이 집중되는 부에 관한 자료

부에 관해서는 훨씬 더 넓은 범위에 걸친 자료 공급원들이 있다. 개인의 부를 파악하는 가구조사로 미국 연방준비제도가 실시하는 것과 같은 조사도 있고 유럽중앙은행이 최근에 도입한 것과 같은 조사도 있다. 영국의 부와 자산 조사 Wealth and Assets Survey는 유럽중앙은행 조사의 한

부분이다. 앞서 지적했듯이 이런 조사에서는 무응답 문제가 생기며, 이 문제가 부유층을 표본에 상대적으로 많이 포함하는 방식으로 완전히 극복되기는 어렵다. 대단히 부유한 사람들은 다른 종류의 조사 대상이 된다. 『포브스』지의 세계 억만장자 순위와 영국의 필립 베리스퍼드가 수집해온 『선데이타임스』의 '부자 순위'와 같은 거대한 부를 소유한 사람들의 명단에 오르는 것이다. 행정 자료의 잠재적 공급원에는 여러 가지가 있다. 여기에는 해마다 부유세를 내는 나라에서는 그와 관련된 세금 신고 기록이 포함되며, 소득세 신고 자료에 기록된 투자 소득과 같은 간접적인 정보도 포함된다. 이때 그 바탕이 되는 재산을 추정하기 위해 소득을 어떤 배수로 곱하는데, 그 배수는 재산의 규모와 다른 특성들에 따른 과세 대상 수익의 차이를 고려한 것이다. 간접적인 증거는 사망 시점의 재산에 관한 행정 자료를 통해서도 얻을 수 있으며, 이는 흔히 상속세나 유산세 납부와 관련된 자료들이다. 이 경우 다른 종류의 배수가 적용된다. 사실상 어떤 주어진 해에 사망하는 사람들은 살아 있는 인구의 표본으로 취급된다. 죽음은 무작위적인 것이 아니므로 나이와 성에 따라 배수가 달라진다. 그 배수는 또한 부유한 사람들은 일반적으로 사망률이 더 낮다는 사실을 고려한 것이다. 이런 방식으로 어떤 해의 유산 분포를 살아 있는 사람들의 부의 추정치로 전환한다. 그 배수를 곱하는 과정에서 오차가 생길 수 있다는 점은 명백하다. 또한 소득세 자료를 이용할 때와 마찬가지로 그 결과는 법체계에 반영된 정의에 따라 달라지며 조세 회피와 탈세로부터 영향을 받을 수 있다. 소득세 자료의 경우처럼 과세 자료로 추정한 부도 개인의 부의 총액에 관한 외부 정보를 이용해 국민계정상 총액에 대한 비중으로 표시할 수 있다. 영국에서는 개인 부의 총액에 대한 추정치가 국민계정의 한 부분을 이루는 국민대차대조표에서 나온다.

지금까지 자료의 원천에 대해 현재의 상황에 따라 설명했지만 최근 연구가 이룬 중요한 공헌 중 하나는 지난날로 돌아가 과거의 자료를 부활시킨 것이었다. 어떤 연구에서는 과거의 각 개인에 관한 자료를 이용하기도 하지만 이 과정은 대개 많은 시간이 필요하므로 잘 이용되지 않는다.[11] 더 일반적으로는 공개된 통계표를 활용하는데, 이 표들은 서로 다른 소득 구간에 몇 사람이 들어가는지를 보여준다. 이 정보는 여러 나라에서 소득세 과세 당국이 정기적으로 발표하는 것으로, 상당히 상세할 때가 많다. 예를 들어 네덜란드의 소득세 과세 자료는 1993년에 단한 쌍의 결혼한 부부가 80만에서 90만 길더 사이의 소득 구간에 있다는 사실을 보여준다. 이 구간에는 단 한 쌍만 있으므로 우리는 이 표의 가로줄에 있는 평균을 보고 그들의 과세 대상 소득이 정확히 87만4000길더였다는—또는 평균 소득의 800배가 넘는다는—사실을 알수 있다.[12] 초기에(대략 20세기 초반에) 경제학자들은 소득세 통계표를활용했지만 그 뒤 오랫동안 이를 소홀히 했다. 최근에 와서야 이 풍부한 자료의 원천이 이용되고 있다. 이러한 표에 나오는 자료와 새롭게만들어진 소득 총계control totals(통제 합계—옮긴이)를 결합함으로써 어떤나라에서는 100년 이상을 거슬러 올라가는 연속적인 통계를 만들 수있게 됐다.[13]

　요약하자면 우리는 전체 소득과 근로소득, 부의 분포에 관해 알아낼수 있는 여러 가지 정보 원천을 가지고 있다. 당신이 다음에 나오는 통계에 등장한다면 이는 당신이 가구조사에 참여했기 때문일 수도 있고, 당신의 고용자가 조사의 한 부분으로서 응답했기 때문일 수도 있다. 당신의 소득세나 사회보장세 기록들이 계산에 들어갔을 수도 있고, 아니면 당신이 '부자 순위'에 들어갔을 수도 있다! 증거의 바탕에 있는 자료의 원천에 대한 이 설명에서 이끌어내야 할 중요한 결론은 모든 자료가 완전하지 못하며 우리는 이 결함 있는 자료를 될 수 있는 한 가장 잘 활용해야 한다는 것이다. 나는 하버드대의 경제학자 즈비 그릴리치스가 묘사한 경제 관련 자료의 이미지를 좋아한다. "우리가 이용할 수 있는 경제 관련 통계들은 경제적인 행동을 내다볼 수 있는 주된 창이다. 여기저기 긁혀 있고 줄곧 뿌옇게 흐려져 있더라도 그것을 통해 밖을 응시하면서 무슨 일이 일어나고 있는지 이해하려고 노력하는 것을 멈출 수는 없다."[14]

언제 불평등이 줄어들었는가?

—

이 장에서 나는 불평등이 뚜렷이 줄어든 시기로부터 교훈을 얻으려 한다. 이 말은 무엇을 뜻하는가? 무엇이 불평등의 '뚜렷한' 변화로 여겨지는가? 우리는 지니계수와 같이 불평등을 간략하게 보여주는 수치가 한 해 한 해 달라진다는 것을 안다. 만약 불평등이 뚜렷이 감소했다고 말하려면 그 수치는 얼마나 하락해야 하는가? 이 질문에 대해 사람들이 내놓는 일반적인 답은 표본 오차 안에 있다. 모집단 전체가 아니라 표본에 대한 정보만 수집함에 따라 예상할 수 있는 편차 안에 있는 것이다. 예컨대 캐나다 통계청은 약 3만 5000가구를 대상으로 조사할 때 지니계수가 1퍼센트포인트 이상 변하면 통계적으로 의미가 있는 것으로 간주할 수 있다고 밝혔다.[15] 그러나 내가 여기서 관심을 갖는 것은 정책적인 차원에서 말하는 현저함이다. 앞 장에서 했던 것처럼 전반적인 세율 변화와 지니계수 변동을 연결짓는 계산을 해보면, 세율이 5퍼센트포인트 오를 때 지니계수가 3퍼센트포인트 떨어지는 것을 볼 수 있다.[16] 세율을 5퍼센트포인트 올리는 것은 어느 재무장관에게나 중대한 조치일 터이므로 지니계수가 3퍼센트포인트 떨어지는 것을 현저함의 기준으로 삼는 것은 비합리적으로 보이지 않는다. 따라서 여기서는 이 기준을 채택한다. 물론 이는 단지 하나의 눈금일 뿐이다. 도표 1.3의 국가별 지니계수 비교를 다시 보면, 지니계수가 3퍼센트포인트 떨어지면 영국은 호주보다 덜 불평등하게 되고 프랑스와 독일은 핀란드보다 덜 불평등하게 된다는 것을 알 수 있다.

다른 불평등 지표들은 어떤가? 빈곤율에 관해서는 2020년까지 빈곤과 사회적 소외에 맞서 싸우기 위한 유럽 2020 목표가 그 수치를 대략 6분의 1 줄이는 것이라는 점에 주목할 수 있다. 이러한 목표를 (빈곤과 사회적 소외에 대한 폭넓은 측정치보다는) 빈곤선에 근접한 사람들의 비율에 적용하면, 이 역시 대략 3퍼센트포인트 줄이는 것을 의미한다. 최상위 소득자의 몫에 관해서는 명백한 가늠자가 없지만 나는 여기서도 같은 3퍼센트포인트 기준을 채택한다. 마지막으로, 중위소득에 대한 비율로 표시한 근로소득 상위 십분위 소득에 대해서는 5퍼센트를 뚜렷한 변동의 기준으로 삼는다. 이는 이를테면 이 비율이 200퍼센트에서 190퍼센트로 떨어지면 뚜렷한 변동을 나타내는 것이라는 뜻이다. 각각의 경우 변화는 해당 지표가 분명한 방향으로 나아가는 어떤 기간에 걸쳐 측정되며 그 기간이 길고 짧은지는 상관하지 않는다. 나는 변화의 속도가 아니라 변화의 시기를 찾는 것이다.

1914～1945년 전쟁이

일으킨 불평등의 변화

토마 피케티는 『21세기 자본』에서 자기 나라 프랑스에 대해 이렇게 말한다. "소득불평등의 축소가 매우 뚜렷한 한 시기, 즉 1914~1945년에 집중되었다는 것은 놀라운 일이다. (…) 20세기에 불평등을 감소시킨 요인은 상당 부분 전쟁의 혼란과 그에 뒤따른 정치적, 경제적 충격이었다. 더 높은 수준의 평등을 향한 점진적이고 합의된, 갈등에서 자유로운 변화는 없었다. 20세기에 과거를 지워버린 것은 조화로운 민주적 합리성 또는 경제적 합리성이 아니라 전쟁이었다."[17] 피케티가 이 기간에 대한 결론을 이끌어내는 근거로 삼은 것은 프랑스에서 최상위 소득자들이 차지하는 몫이다. 1914년과 1945년 최상위 소득자의 몫에 관한 자료를 보유한 여덟 개 나라가 있는데, (노르웨이와 남아프리카공화국) 둘을 제외한 모든 나라에서 1945년 전체 총소득 중 상위 1퍼센트의 몫이 1914년에 비해 적어도 3퍼센트포인트 줄었다.[18] 일본에서는 상위 1퍼센트의 몫이 18.6퍼센트에서 7.4퍼센트로 줄어들었는데, 이는 (그몫이 18.3퍼센트에서 7.4퍼센트로 감소한) 프랑스의 경우와 사실상 똑같다. 더욱이 이 두 나라에서 1914년과 1945년 사이에 줄어든 몫은 20세기 전 기간에 걸친 감소의 거의 전부를 차지한다. 그러나 한편으로 프랑스와 일본, 다른 한편으로 우리가 그 기간에 걸친 자료를 보유하고 있는 일곱 나라 사이에 차이가 나타나기 시작했다. 덴마크, 네덜란드, 노르웨이, 남아공, 스웨덴, 영국, 미국에서 1945년 이후 최상위 소득계층의 몫이 뚜렷이 줄어들었다. 불평등 감소는 1914년부터 1945년까지의 기간에만 나타나지 않았다.

세계대전의 역할을 좀더 분명하게 이해하려면 1914년부터 1945년까지의 기간에 무슨 일이 일어났는지 더 자세히 따져볼 필요가 있다. (1914년부터 1918년까지 이어진) 제1차 세계대전부터 살펴보면, 영국에서 최상위 소득계층의 몫은 전쟁 후 더 낮아졌음을 알 수 있는데 이는 무엇보다 해외 자산의 손실이 반영된 것이었다. 상위 0.1퍼센트의 몫은 1914년 10.7퍼센트에서 1918년 8.7퍼센트로 줄어들었다. 그러나 일본이나 미국같이 다른 교전국들에서는 상위 소득자들 몫에 뚜렷한 감소가 나타나지 않았다. 프랑스에서는 상위 1퍼센트의 몫이 1915년에는 18.3퍼센트, 1920년에는 17.9퍼센트였다. 교전국이 아니었던 덴마크와 네덜란드 같은 나라에서는 최상위 소득계층의 몫이 사실 제1차 세계대전 중 늘어났다. 1914년에 발발한 전쟁의 100주년을 기록하기 위한 행사에서도 보여주었듯이 그 전쟁은 엄청난 변화를 일으켰지만 부유한 사람들의 몫을 가져가는 중대한 재분배는 그 변화에 포함되지 않았다. 전후 영국과 다른 나라들에서 전쟁 통의 부당이득을 처리하기 위한 자본과세에 대한 요구도 실제로 있었다. 조사이어 스탬프 경은 『전쟁의 재정적 여파The Financial Aftermath of War』에 관한 강연에서 "전쟁 중에 이뤄진 자본과 부의 **증가**를 공격하라는 엄청난 요구가 있었다"고 말했다.[19]

두 차례 세계대전 사이의 기간에 대해서는 더 많은 나라의 실증 자료가 있다. 1920년부터 1939년까지의 기간에 대해서는 인도와 짐바브웨(당시 남로디지아)에 이르기까지 열다섯 나라의 최상위 소득계층의 몫에 관한 실증 자료가 있다. 열다섯 나라 가운데 앵글로색슨 국가 넷(호주, 캐나다, 영국, 미국)과 덴마크, 일본, 스웨덴은 1920년과 1939년 사이에 최상위 계층의 몫에서 전반적으로 뚜렷한 변화가 나타나지 않았다. 단 네 나라에서만 이 기간 전체에 걸쳐 뚜렷한 감소가 나타났다. 프랑스, 네덜란드, 뉴질랜드, 남아공이 그들이다. 프랑스의 경험을 논의하면서 피케티는 두 전쟁 사이의 기간에 나타난 복잡성과 전반적인 변화의 경향에 겹쳐진 반대 방향의 움직임이 있었다는 점을 강조한다. 그중 하나는 1929년에서 1935년 사이의 디플레이션이었다. 디플레이션이 분배에 미치는 영향은 인민전선Front Populaire의 1936년 총선 승리와 그에 따른 세제 개편, 노동자 권리에 관한 마티뇽 협정으로 상쇄됐다.[20] 1929년에 시작된 대공황이 분배에 미치는 영향은 나라마다 상당한 차이가 있었다.[21]

(1939년부터 1945년까지 이어진) 제2차 세계대전 중에는 제1차 세계대전 때와는 대조적으로, 불평등이 광범위하게 감소했다. 우리가 최상위 계층의 몫에 대한 자료를 갖고 있는 열일곱 나라 가운데 둘만 빼고 모든 곳에서 1939~1945년에 불평등이 줄어들었다.(예외적인 두 나라는 남아공과 남로디지아였다.) 열일곱 나라 중 여덟은 감소 폭이 뚜렷하다고 하기에 충분했다. 불평등이 줄어든 것은 단지 점령당하거나 패전한 나라들만이 아니었다. 도표 2.1은 주요국들에서 나타난 그 시간상의 경로를 보여준다. 그래프에 나타난 것처럼 여기에 나온 모든 나라에서 상위 1퍼센트의 몫은 비슷한 폭으로 줄어들었다. 스위스만 예외였다. 또한 도표 2.1에서 실선으로 보여준 지니계수의 형태로 전반적인 불평등 감소에 관한 증거를 보여줄 수도 있다. 영국에서 제2차 세계대전 후 지니계수는 1938년에 비해 무려 7퍼센트나 떨어졌다. 미국에서도 1936년과 1944년 사이의 감소 폭이 이와 비슷했다.

제2차 세계대전은 소득불평등 감소가 더 일반적으로 나타났다는 점에서 달랐다. 어떤 경우 이는 전쟁과 점령에 따른 '혼란'의 산물이거나 전후 합의에 따라 강요된 구조적 변화의 결과였다. 그러나 기존 정부가 지속된 나라에서도 새로운 사회적 태도와 더 강해진 사회 연대의식이 나타나면서 중요한 변화들이 일어났다. 영국에서 이는 이미 전쟁 기간

도표 2.1 주요국의 불평등과 제2차 세계대전

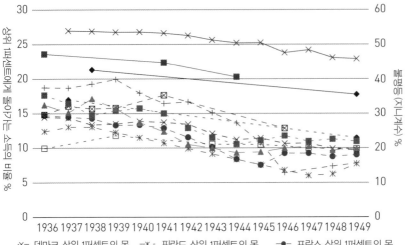

전체 총소득 중 상위 1퍼센트에 돌아가는 몫(왼쪽)과 지니계수로 측정한 전반적인 불평등(오른쪽)은 제2차 세계대전 중 대부분의 나라에서 감소했다.

인 1944년에 교육법 제정과 같은 변화를 불러왔다. 리처드 티트머스는 전쟁 기간 중 사회정책의 역사를 기술하면서 더 일반적인 변화를 이야기했다. "제2차 세계대전 끝 무렵에 이르러 정부는 이미 (…) 국민의 보건과 복지에 직접 관련된 조치들을 취하고 개발했으며, 이는 1930년대 정부가 했던 역할과 달리 거의 놀라운 수준의 것이었다."[22] 1945년 선거로 전후 노동당 정부가 들어섰으며, 이 정부는 베버리지가 제안한 정책 방향에 맞춰 국민건강보험National Health Service과 통일된 국민연금보험National Insurance 체계를 도입했다. 미국에서 임금 격차가 줄어든 것을 '대압축Great Compression'이라고 묘사하는 클로디어 골딘과 로버트 마고는 국가전시노동위원회National War Labor Board의 형태로 노동시장에 개입한 정부의 역할을 집중 부각시켰다.[23] 더 일반적인 변화 요인으로 폴 크루그먼은 루스벨트 대통령의 뉴딜과 제2차 세계대전 중의 다른 정책들, 노동조합의 강화를 들었다.[24] 그러나 우리는 이런 질문을 던질 수 있다. 이런 변화는 얼마나 오랫동안 이어졌는가?

제2차 세계대전 이후의 미국을 주목해야 하는 까닭

그다음에 어떤 일이 일어났는가? 미국에서는 얼마 지나지 않아 소득 격차가 커지기 시작했다. 제1장에서 보았듯이 미국 최상위 계층의 소득이 늘어난 시점은 1951년으로 거슬러 올라간다. 이는 세계화나 새로운 컴퓨터 기술과 아무런 상관이 없는 것이었다. 임금 격차는 단 한 대의 상업용 컴퓨터도 가동되기 전에 이미 벌어지기 시작했다. 첫 상업용 컴퓨터(영국의 페란티 마크 1에 이어 미국의 유니박 원)는 바로 그해에 보급됐다. 그러나 놀라운 것은 이처럼 임금 격차가 커지는 동안 가구소득 불평등이 함께 커지지 않았다는 점이다. 가구소득 불평등이 증가하기 시작한 것은 한참 뒤(1980년대)의 일이다. 우리는 임금 격차가 벌어지면 자동으로 소득불평등이 커지는 것처럼 말하는 경향이 있지만, 전쟁이 끝난 직후 몇십 년 동안 미국의 이 같은 경험은 그 연결고리가 끊어졌음을 말해준다.

이것은 어떻게 이뤄졌는가? 여기서 잠시 도표 1.5의 가구소득 가이드로 돌아가보면 도움이 될 것이다. 이 가이드를 보면 개인 간 근로소득 격차가 커지더라도 전체적인 소득의 지니계수는 높아지지 않도록 하는 몇 가지 다른 요소가 개입했다는 점을 볼 수 있다. 그 첫째 단계는 개인의 근로소득에서 가구 전체의 근로소득으로 옮겨가는 것이다.

이 단계에서 전후 기간에 중요한 발전이 이뤄졌다. 1980년 전미경제연구소National Bureau of Economic Research는 『전환기의 미국 경제The American Economy in Transition』라는 연구보고서를 통해 "노동시장에서 가장 중요한 변화는 여성들, 특히 자녀를 가진 결혼한 여성들이 일자리 시장에 쏟아져 들어온 것"이라고 밝혔다. 1947년 (남편들과 함께 사는) 기혼 여성의 5분의 1(22퍼센트)이 급여를 받는 노동력이었다. 30년 후 이 숫자는 전체의 절반 가까이(47퍼센트)로 늘어났다.[25] 이에 따라 가구소득의 구성이 달라지고 있었다. 이는 불평등에 어떤 영향을 미쳤을까? 합산한 가구 근로소득의 분포는 남편과 아내의 근로소득이 얼마나 높은 상관관계를 갖느냐에 달려 있다. 같은 이유로 노동시장 참여가 늘어난 것의 영향은 누가 노동시장에 들어오고 있느냐에 따라 달라진다. 불평등은 누그러질 수도 있고 커질 수도 있다. 전쟁 직후 기간에는 노동시장 참여가 늘어나면서 소득 분포의 더 낮은 부분에 있는 가구의 소득이 증가한 것으로 보인다. 낸 맥스웰은 전후 미국의 경험을 요약하면서 "1970년 이전 남편과 아내가 사는 가족의 소득불평등이 줄어든 것은 저소득 남성과 결혼한 여성의 노동시장 참여율이 상대적으로 높았다는 사실에 따른 것"이라고 썼다. 그러나 1970년 이후에는 상황이 달라졌다. "노동시장 참여가 늘어난 것은 주로 고소득 남성과 결혼하고 소득 증가율이 평균 이상인 여성들이 일자리를 찾았기 때문이다. 그러므로 여성의 노동시장 참여가 계속 늘어난 것은 남편과 아내가 맞벌이를 하는 가족들 간 불평등을 키웠을 것이다."[26] 린 캐롤리와 게리 버틀리스는 어떻게 남성과 여성 근로소득의 상관관계가 1959년에는 마이너스였다가 1989년까지 플러스로 바뀌었는지를 보여주었다. 그렇다면 "남편과 아내의 근로소득 간 상관관계가 커지면 이는 가구 전체 소득의 불평등을 부추기는 경향이 있다"는 것은 사실이었다.[27] 한때 불평등을 줄였던 힘이 반대 방향으로 작용하기 시작했다. 하지만 이런 추세는 계속되지 않았다. 제프 래리모어에 따르면 남편과 아내 소득의 상관관계 변화는 더 이상 불평등을 키우는 쪽으로 작동하지 않는다.[28]

미국에서 전쟁이 끝난 직후의 기간에 노동시장의 변화는 가구소득 불평등을 줄이는 쪽으로 작용했다.(다른 OECD 국가들에서도 비슷한 힘이 작동하고 있었다.) 가구소득 가이드의 다음 단계는 비근로소득을 더하는 것이다. 이는 세 가지 주된 구성 요소로 이뤄져 있다. 자본소득, 민간 이전소득, 정부 이전소득이 그것이다. 자본소득의 경우 미국에서는 부의 분배 추이에 대해 지금까지 많은 논의가 이뤄졌다. 특히 서로 다른 자료원 때문에 그랬다. 어떤 자료들은 (유산을 기준으로 한 통계에서처럼) 개인에 관해 말하고, 다른 자료들은 (투자소득에 바탕을 둔 통계와 같이) 과세 단위에 관해 말하거나 (가계동향조사에 바탕을 둔 통계처럼) 가구에 관해 말하며, 또 다른 자료들은 (최고 부자 명단과 같이) 더 넓은 가족 단위에 관해 말한다. 그러나 제2차 세계대전 후 미국에서 부의 분배는 1920년대보다 덜 불평등했다는 점이 명백해 보인다. 유산을 바탕으로 한 추정에 따르면 1920년대에 상위 1퍼센트의 몫은 3분의 1을 웃돌았다.(1920년부터 1929년까지 평균 36퍼센트였다.) 그에 비해 1950년대에는 이 비율이 4분의 1을 밑돌았다.(1950년대 전 기간 평균은 24퍼센트였다.)[29] 그러나 전후 몇십 년에 걸쳐 최상위 부자들의 몫이 그보다 더 줄어드는 뚜렷한 추세를 보인 적은 별로 없었으며, 그런 만큼 자본소득은 근로소득 격차 확대를 상쇄하는 데 기여하지 못했다.

미국에서 전쟁 직후 몇십 년 동안 전반적인 불평등이 커지지 않도록 막은 것은 무엇일까? 빠르게 늘어난 정부 이전이 중요한 역할을 했다. 1955년에서 1970년 사이에 개인에게 지급되는 연방정부 지출은 국민소득 대비 비율 면에서 두 배로 늘어났다.[30] 뉴딜 프로그램(1935년)이 노령, 유족, 장애보험(장애보험은 1954년에 추가됐다)으로 발전한 것을 포함해 이전지출 증가는 가구소득 불평등을 줄이는 쪽으로 작용했다. 캐롤리와 버틀리스는 "정부 이전지급이 주를 이루는 비근로소득의 대단한 증가"를 거론했다. 이렇게 늘어난 이전지급은 전후 몇십 년의 초기에 평균 소득이 빠르게 늘어난 것과 더불어 도표 1.1에서 보여주듯이 공식적인 빈곤선 아래에 사는 인구 비중을 크게 줄이는 데 기여했다. 캐롤리와 버틀리스는 이어 "그러나 1969년 이후에는 늘어난 비노동소득 분배가 잘사는 사람들에게 유리하게 기울었다"며 "자본소득과 사적연금에 따른 급여는 가난한 이들을 겨냥한 정부의 현금 이전보다 빠르게 늘어났다"고 말했다.[31] 이 경우 그 변화는 사회적 또는 경제적 변화가 아니라 정책 선택에 따른 것이었다.

개인의 근로소득에서 가구의 가처분소득으로 가는 길의 마지막 단계는 정부 살림의 다른 한쪽과 관련이 있다. 세금을 매기는 것이다. 전후 몇십 년의 기간 중 1950년부터 1979년까지는 세율이 계속 높은 수준을 유지했다. 미국에서 근로소득에 대한 최고세율은 평균 75퍼센트였다.(이에 비해 그다음 30년 동안, 즉 1980년부터 2009년까지는 평균 39퍼센트였다.) 도표 1.1에서 지니계수의 숫자들은 (최상위 계층의 몫을 나타내는 숫자와 마찬가지로) 세전 소득과 관련된 것이다. 그러므로 높은 소득세율의 영향은 반영하지 않는다. 당시에는 그 영향에 관해 많은 논의가 있었다. 조지프 슘페터에 따르면, 재분배를 위한 과세를 통해 "뉴딜은 심지어 전쟁 전에도 상위 계층의 소득을 수용할 수 있었으며" 또한 "엄청난 소득이전"을 이루었다. 반면 어빙 크래비스는 "세율 체계의 누진성을 높인 것이 [1929년 이후] 소득 분배의 불평등을 줄이는 데 어떤 역할을 했다 해도, 적은 수준"이라며 통계 연구로 밝혀낸 것을 요약했다. 브루킹스연구소를 위해 소득세를 재검토한 리처드 구드는 중간적인 입장을 취했다. 그의 연구는 "소득세가 가혹한 재분배 수단이라는 견해를 입증하는 것도 아니고 소득세의 평등 제고 효과가 하찮은 것이라는 평가절하를 정당화하지도 않는다."[32]

누진 과세의 영향을 검토할 때 과세 기반이 세율만큼 중요하며 높은 세율이 제한적인 효과만 내는 까닭은 과세 기반이 침식됐기 때문임을 기억해야 한다. 과세 기반 침식으로 이 시기 미국의 '실효세율'은 명목세율에 비해 누진성이 상당히 낮았다.[33](명목세율은 세율표에 따라 전체 소득에서 세금으로 내야 하는 금액의 비율이다. 실효세율은 특정 소득 항목들에 대해 낮은 세율이 적용된다는 점을 고려해 실제로 낸 세금이 넓은 의미의 소득에서 차지하는 비율로 표시한다. 넓게 정의된 소득에는 중앙과 지방정부가 발행한 증권의 이자와 같이 세금이 감면되는 소득이 포함된다.) 더욱이 우리는 소득세가 전혀 없었다면 얻었을 총소득을 가처분소득과 비교하는 방식을 통해서만 그 영향을 평가할 수 있다는 점에 주의해야 한다. 이러한 조건을 성립시키기는 쉽지 않다. 세금에 따라 달라지는 행동을 예상해야 하기 때문이다. 높은 소득세율을 반대하는 이들은 최고세율이 높지 않으면 사람들이 더 오래 더 열심히 일할 터이므로 총소득이 더 늘었을 것이라고 주장한다. 이 문제는 나중에 계속 논의할 것이다.

이 과정의 최종적인 결과는 전쟁 직후 몇십 년 동안 미국에서 최상위 십분위의 근로소득이 중위소득에 비해 꾸준히 늘어났지만 이렇게 근로소득 격차가 커진 것이 지니계수로 측정한 전체적인 소득불평등 확대를 의미하지는 않았다는 것이다. 상위 1퍼센트의 몫에서도 뚜렷한 감소가 나타났다. 노동시장의 보상은 더 불평등해졌지만 이것이 곧 전체 소득의 더 큰 불평등을 뜻하지는 않았다. 그런 일이 일어나지 않은 것은 부분적으로 사회적 이전이 확대됐기 때문이며, 부분적으로 여성의 노동시장 참여가 늘어난 것이 불평등을 줄이는 방향으로 작용했기 때문이다. 임금 격차 확대에 대항해 반대로 작용한 이런 힘들은 20세기 마지막 25년 동안은 발휘되지 않았다.

전후 유럽은 불평등에 어떻게 맞서왔나

바로 앞에서 보았듯이 1970년대 말 미국에서 지니계수로 가늠한 전체적인 소득불평등은 1940년대 후반과 거의 같은 수준이었다. 이와 대조적으로 유럽의 여러 나라는 전쟁 직후 몇십 년 동안 전반적인 불평등이 크게 줄어드는 경험을 했다. 이 절에서 나는 이러한 불평등 감소를 설명하고 그것이 어떻게 이뤄졌는지를 밝힐 것이다. 당시의 환경은 지금과 달랐지만 전후의 경험은 오늘날 우리에게 값진 교훈을 준다.

전후 수십 년 동안의 유럽: 두 가지 질문

영국에서는 1970년대에(1972년부터 1977년까지) 지니계수로 측정한 전반적인 불평등이 약 3퍼센트포인트 줄어 현저한 감소의 기준을 충족시켰다. 한편 유럽의 다른 나라들에서는 불평등 감소가 더 두드러지고 더 오랜 기간 이어졌다. 도표 2.2는 스칸디나비아 제국의 전반적인 불평등과 최상위 소득계층의 몫이 시간의 흐름에 따라 어떻게 달라졌는지를 보여준다. 이 추정치들은 꼭 국가 간 비교가 가능한 것은 아니기 때문에(우리는 덴마크가 다른 나라들보다 더 불평등하다고 결론 내릴 수 없다) 불평등의 수준이 아니라 시간상의 경로에 초점을 맞춰야 한다.

도표 2.2 제2차 세계대전 후 스칸디나비아 제국의 불평등

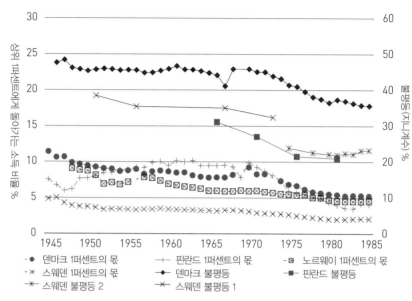

제2차 세계대전 이후 총소득 중 상위 1퍼센트에 돌아가는 몫(왼쪽)과 불평등(오른쪽).

시간상의 추이를 보면 네 나라 모두 1960년대 중반부터 1980년대 말까지 두드러진 불평등 감소를 보여준다. 핀란드가 전형적인데 이 나라의 지니계수는 1966년 31퍼센트에서 1980년 21퍼센트로 떨어졌다. 덴마크에서도 지니계수 하락 폭이 핀란드와 비슷한 10퍼센트포인트였다. 스웨덴에서는 두 가지 자료를 종합하면 1950년대 이후 하락 폭은 모두 8퍼센트포인트였다. 유럽 대륙의 경험은 도표 2.3에 나타냈다. 독일에서는 지니계수 하락 폭이 4퍼센트포인트로 더 작았고 그 하락은 1960년대에 국한됐다. 프랑스와 네덜란드에서는 1960년대부터 1970년대에 8퍼센트포인트 떨어졌다. 이탈리아의 지니계수 하락 폭은 모두 10퍼센트포인트였다. 영국에서는 하락이 더 제한적이었지만 1972년부터 1977년까지 3퍼센트포인트의 하락이 있었다.

누가 이득을 얻고 누가 잃고 있었는가? 어떤 나라들은 가장 낮은 소득계층을 돕는다는 면에서 분명한 향상을 보여주었다. 프랑스에서는 전체 인구 중 소득 수준이 (현재 유럽연합에서 재정적 빈곤의 지표로 삼는) 중위소득의 60퍼센트에 못 미치는 가구에서 살고 있는 이들의 비율이 1970년 18퍼센트에서 1990년 14퍼센트로 줄어들었다. 핀란드에서는 이 비율이 1971년 21퍼센트에서 1985년 13퍼센트로 떨어졌다.[34] 그러나 독일과 이탈리아에서는 빈곤이 줄어드는 기미가 별로 없었으며 다른 여러 나라에서는 필요한 입증 자료를 이용할 수 없다. 우리는 최상위 소득에 대해서는 더 많이 알고 있다. 상위 1퍼센트의 몫은 도표 2.2와 도표 2.3에서 (각각 그래프 아랫부분의 점선으로) 보여준다. 스칸디나비아 제국의 경우 최상위 소득자들의 몫은 1950년대 초 7~9퍼센트 범위에 있다가 1980년대 초 4~5퍼센트 가까운 수준으로 떨어

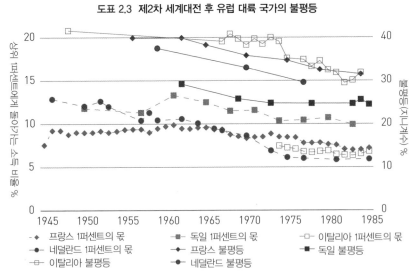

도표 2.3 제2차 세계대전 후 유럽 대륙 국가의 불평등

- ◆ 프랑스 1퍼센트의 몫 　　■ 독일 1퍼센트의 몫 　　□ 이탈리아 1퍼센트의 몫
- ● 네덜란드 1퍼센트의 몫 　　◆ 프랑스 불평등 　　■ 독일 불평등
- □ 이탈리아 불평등 　　● 네덜란드 불평등

제2차 세계대전 이후 총소득 중 상위 1퍼센트에 돌아가는 몫(왼쪽)과 불평등(오른쪽).

졌다. 노르웨이와 스웨덴에서는 이 비율이 상대적으로 조금씩 떨어진 데 비해 덴마크와 핀란드에서는 1970년대에 한꺼번에 하락했다. 후자는 1950년대에 상승한 후 다시 떨어진 것이다.

프랑스에서 상위 1퍼센트의 몫은 피케티가 "꽤 안정적"이라고 설명했듯이 실제로 이 비율의 하락 폭은 뚜렷한 것이라고 판단할 수 있는 기준에 조금 못 미쳤다. 1961년 9.9퍼센트에서 1983년 7.0퍼센트로 떨어진 것이다.[35] 독일에서도 하락 폭은 그와 비슷했다. 네덜란드에서는 하락 폭이 더 컸는데, 상위 1퍼센트의 몫은 1950년대 초에서 1980년대까지 절반 수준으로 줄었다. 영국에서도 이들의 몫이 똑같이 절반으로 줄어들었다. 1949년 12퍼센트에서 1970년대 초 6퍼센트로 감소한 것이다. 이처럼 전쟁 직후 몇십 년 동안 유럽 여러 나라에서 소득불평등은 줄어들었다. 이 사실에서 두 가지 질문이 제기된다. 1945년부터 1970년대까지 불평등 감소는 어떻게 이룰 수 있었는가? 평등화 과정은 왜 1980년대에 끝났는가? 이 물음에 답하기 위해 (도표 1.5의) 가구소득 가이드에서 설정한 단계들을 다시 밟아가보겠다. 이 경우에는 반대로 올라가야 한다.

불평등 줄이기: 복지국가와 누진 과세

전후 유럽의 불평등 감소를 설명하는 데 첫째로 꼽을 수 있는 명백한 요인은 이때가 복지국가와 사회적 급여가 확대된 시기라는 점이다. 그 재원은 적어도 부분적으로는 누진적인 소득세로 조달됐다. 국가연금제도가 성숙함에 따라 노인층 빈곤은 줄어들었고, 장애가 있는 이들을 비롯해 다른 부문으로 사회적 이전이 확대되면서 사회안전망의 효과가 커졌다. 동시에 인구 구조의 변화, 특히 인구 고령화로 사회적 보호가 더욱 필요해졌다. 부양해야 할 인구가 늘어나면서 시장소득(근로소득, 자영업 소득, 임대료, 배당금, 이자, 그리고 사적연금과 다른 민간 이전소득) 분배도 더 불평등해졌다. 많은 이가 노동시장을 떠났기 때문에 근로소득이 전혀 없는 사람이 늘어났다. 실제로 확대되는 복지 혜택과 급증하는 수요 사이에 경주가 벌어졌다.

서로 다른 유럽 국가들의 가구조사에서 드러난 사실은 이 경주에서 복지국가가 상당 기간 밀리지 않고 자기 자리를 지켰지만 그 후에는 급증하는 수요를 따라가지 못했음을 시사한다. 영국에서 정기적으로 이뤄지는 세금과 복지 혜택의 영향에 관한 공식 연구는 1961년부터 시장에서 얻는 소득의 불평등이 꾸준히 증가했음을 보여준다. 1970년대 말까지 시장소득의 지니계수는 약 5퍼센트포인트 높아졌다. 이에 비해 시장소득에 현금 이전과 현물 급여를 더하고 직접세와 간접세를 뺀 후 최종적으로 손에 쥐게 되는 소득의 지니계수는 1961년부터 1980년대 중반까지 상승 추세를 보이지 않는다. 세금과 이전의 산술적인 기여인 그 '차이'는 시장소득의 불평등 증가를 상쇄할 만큼 커졌다. 1970년대에는 세후 소득의 불평등이 줄어들었다.(이 역시 순수하게 산술적인 계산이다. 정부의 이전과 세금이 없다면 시장소득도 충분히 달라질 수 있다.) 세금 그리고 특히 현금 이전 덕분에 복지국가는 급증하는 복지 수요와의 경주에서 자기 자리를 지키는 것 이상으로 잘해나갈 수 있었다.[36]

그렇다면 그런 상황은 왜 끝나버렸을까? 1984년 이후 영국의 사정은 크게 달라졌다. 시장소득의 불평등은 계속해서 커졌지만 세금과 이전의 기여는 그 전과는 반대 방향으로 움직여 세후 소득의 불평등이 가파르게 증가하는 결과를 낳았다. 도표 1.2는 1980년대 후반 영국에서 불평등이 얼마나 가파르게 증가했는지를 보여준다. 1984년부터 1990년 사이에 지니계수를 떨어뜨리기 위한 세금과 이전의 재분배 효과는 8퍼센트포인트나 줄어들었다. 이는 국가연금의 보험 요율을 올리고 실업보험 혜택을 다시 줄이는 것과 같은 정책 결정의 결과였다. 1980년대 후반 집으로 가져갈 수 있었던 평균 보수에 대비한 연금 급여 수준을 따질 때 이러한 요율 인상으로 독신자의 기초적인 연금은 거의 5분 1이 줄어들었다. 나중에 어느 정도 따라잡기는 했지만 재분배 효과에 따른 '차이'는 주어진 시장소득의 변화에 대해 가처분소득의 지니계수를 1984년 이전 수준으로 되돌리는 데 필요한 수준에 여전히 6퍼센트포인트 모자라는 게 사실이다.

　서독의 자료를 보면 영국과 마찬가지로 처음에는 시장소득의 불평등이 크게 확대됐지만 이러한 변화에 따라 그에 상응하는 가처분소득의 불평등이 함께 늘어나지는 않았다. 리처드 하우저의 말을 빌리면 "독일의 조세와 소득이전 체계는 시장소득의 불평등을 상당히 큰 폭으로 줄였으며 (…) 갈수록 불리해지는 조건에도 불구하고 1973년부터 1993년까지 대체로 목표에 이르렀다."[37] 핀란드에서는 시장소득 불평등이 1960년대와 1970년대 초반에 떨어졌다는 점에서 여느 나라의 경험과 다르지만 시장소득과 가처분소득 간 '차이'가 커졌다는 점에서는 비슷했다. 그 결과 가처분소득의 불평등은 시장소득 지니계수 하락 폭의 두 배나 줄어들었다. 이러한 추세는 1980년대 내내 계속됐지만 다른 나라들처럼 핀란드에서도 반전이 있었다. "경기 침체가 가장 극심했던 (…) 1990년대에는 현금 이전을 통한 재분배가 여러 요소 소득의 불평등이 늘어나는 것을 상쇄했기 때문에 소득불평등의 수준은 달라지지 않았다. 그러나 침체 이후에는 (…) 소득불평등이 늘어났는데, 이는 요소 소득의 불평등이 계속해서 커지는 가운데 현금 이전을 통한 재분배가 줄어들었기 때문이다."[38]

　이들 나라에 대한 사례 연구는 소득불평등을 줄이는 데, 그리고 시장소득 불평등이 늘어나기만 하면 곧바로 가처분소득 불평등에 반영되는 것을 막는 데 복지국가가 한 역할을 잘 보여준다. 전쟁 직후 몇십 년은 유럽 복지국가들에게 성공적인 시기였다. 그러나 복지국가 모두가 경주에서 결국 졌으며, 더 일반적으로 말하자면 OECD 국가의 재분배 정책들은 거꾸로 되돌아갔다. 이는 분배에 심각한 악영향을 미쳤다. OECD 사무총장은 2011년에 낸 보고서 『우리는 갈라서 있다Divided We Stand』의 서문에서 "1990년대 중반부터 2005년까지 조세와 급여 체계의 재분배 기능이 줄어든 것은 때로 가구소득 격차를 늘리는 주된 원인이 된다"고 간결하게 설명했다.[39] 마이클 푀스터와 이슈트반 토트는 그러한 견해를 다음과 같이 요약했다. "재분배를 위한 복지국가의 역량은 1990년대 중반부터 2000년대 중반까지 크게 약화됐다. 1980년대 중반부터 1990년대 중반까지 늘어난 시장소득 불평등 가운데 세금과 소득이전으로 상쇄된 부분이 거의 60퍼센트 수준으로 추정됐지만 2000년대 중반까지 이 비율은 약 20퍼센트로 줄어들었다."[40] OECD 보고서는 현금 이전의 역할과 "재정지출이 불평등에 미치는 영향"이 중요하다고 강조한다. 핵심적인 요소는 급여 수준이라기보다는 소득이전을 받을 수 있는 사람들의 비율이다. 예를 들어 실업 급여의 대상은 1995년부터 2005년까지 오스트리아, 벨기에, 체코, 덴마크, 에스토니아, 핀란드, 헝가리, 이탈리아, 네덜란드, 폴란드, 슬로바키아, 스위스, 스웨덴, 영국, 미국에서 줄어들었다. 적용 대상이 줄어든 것은 "자격 조건에 대한 규정이 더 엄격해진 탓도 있고, 비표준적 근로자non-standard workers 비중이 크게 늘어난 데에도 원인이 있다."[41] 따라서 우리는 앞서 제기한 두 가지 질문에 대한 답을 얻을 수 있다. 전쟁 직후 몇십 년 동안 복지국가는 시장소득 불평등이 늘어나는 속도를 따라잡기 위한 경주에서 앞서갔지만 1980년대 이후에는 그렇게 하지 못했다. 이는 대개 복지 혜택과 적용 대상을 줄이는 명시적인 정책 결정에 따른 것이었다.

임금의 몫이 미치는 영향

그러나 전후 유럽에서 불평등이 줄어든 것은 오로지 재분배로 성취된 것이 아니다. 때로는 임금과 자본소득 모두에서 분배의 불평등이 줄어들었다. 어떻게 그런 일이 일어났는지 알아보기 위해 임금과 자본소득이 불평등 감소에 기여할 수 있는 다음과 같은 경로들을 고려하고자 한다.

· 전체 소득 중 임금의 비중이 늘어난다
· 자본소득 분배의 불평등이 줄어들게 된다
· 임금소득 분배의 불평등이 줄어들게 된다

각각의 경우에 있어 이 세 가지 다른 요소는 서로 관련되어 있으며 한 요소가 바뀌는 데 따른 효과는 다른 요소들에 달려 있다는 점을 기억할 필요가 있다. 예를 들어 전체 소득 중 임금 비중이 늘어나는 데 따른 영향은 임금이 얼마나 불평등하게 분배돼 있느냐에 달려 있다.(네 번째 요소도 있다. 같은 사람의 임금과 자본소득이 모두 높은 경우 그 정도에 관한 것이다. 나는 다음 장에서 이 문제로 돌아갈 것이다.)

여러 해 동안 국민소득 중 임금의 몫은 경제학에서 핵심적인 변수들 가운데 하나로 여겨졌다. 경제학자들은 이 주제에 분명한 의견을 갖고 있었으며, 임금의 몫은 오랫동안 변하지 않는 것들 중 하나라고 보는 견해가 많았다. 케임브리지대학의 내 스승들 중 한 사람인 니콜라

스 칼도어는 1957년 "국민소득 중 임금의 몫과 이윤의 몫은 미국과 영국 같은 '선진' 자본주의 경제에서 19세기 후반부터 놀라운 불변성을 보여주었다"고 말했다. 여기에는 나중에 "정형화된 사실"이라는 꼬리표가 붙었다.[42] 전후 기간에 임금의 몫이 증가하고 있다는 증거가 있었다. 1969년 열일곱 나라를 대상으로 한 연구에서 클라우스 하이덴손은 1948년부터 1963년에 이르는 기간에 걸쳐 아주 많은 나라에서 "국민소득 중 노동자들에게 돌아가는 몫이 상대적으로 늘어나는 추세"를 보였다는 것을 확인했다.[43] 노동의 몫은 오스트리아와 덴마크(둘 다 5퍼센트포인트), 핀란드와 아일랜드(둘 다 6퍼센트포인트), 벨기에와 네덜란드(7퍼센트포인트)에서 늘어났으며, 노르웨이와 스웨덴에서는 10퍼센트포인트 넘게 늘어났다. 도표 2.4는 토마 피케티와 게이브리얼 주크먼이 작성한 1950년대와 1970년대의 10년 평균을 보여준다. 이는 1950~1959년 중 노동의 몫을 1970~1979년의 그것과 비교할 수 있도

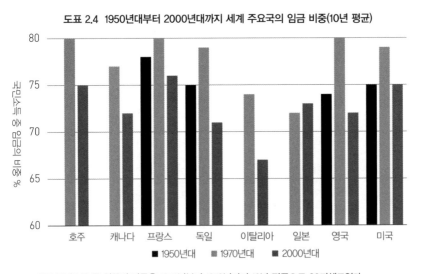

도표 2.4 1950년대부터 2000년대까지 세계 주요국의 임금 비중(10년 평균)

호주 국민소득 중 임금의 비중은 1970년부터 1979년까지 10년 평균으로 80퍼센트였다.

록 해준다. 증가 폭은 더 작지만 서독, 영국, 미국에서 노동의 몫이 4퍼센트포인트 이상 올랐음을 볼 수 있다. 피케티-주크먼의 자료는 또한 늘어났던 노동의 몫이 그 후에 다시 줄어든 것을 보여준다. 일본만 빼고 모든 나라에서 1970년대부터 2000년대까지 임금의 몫은 줄어들었다. 피케티가 요약했듯이 "이용할 수 있는 자료는 1970년과 2010년 사이 대부분의 선진국에서 전체 소득 중 자본의 몫이 증가했음을 말해준다."[44] 이는 선진국에만 국한되지 않았다. 루카스 카라바보우니스와 브렌트 니먼은 그들이 1975년부터 2012년까지의 기간에 대해 적합한 자료를 갖고 있는 59개국 중 42개국에서 노동의 몫이 줄어드는 추세를 확인했다. 그들의 추정 결과는 이 기간 중 세계적으로 기업소득 중 노동의 몫이 5퍼센트포인트 줄었음을 보여주었다.[45]

임금의 몫이 늘어났다는(줄이들었다는) 것은 곧 소득 분배가 덜(더) 불평등해졌음을 뜻할까? 전통적인 경제학자들이 그리는 세계에서 그에 대한 답은 "그렇다"이다. 그들은 인구의 대부분(근로자들)이 재산 소득은 전혀 없고 나머지(자본가와 부동산 소유주)는 임대료, 배당, 이윤 형태의 소득으로 살아간다고 가정했다. 19세기 경제학자인(또한 국회의원인) 데이비드 리카도가 "정치경제학에서 주된 문제"는 "땅에서 나오는 생산물"이 어떻게 임대료, 이윤, 임금으로 나눠지는지 결정하는 것이라고 말했을 때 그는 각자 특유의 소득원을 가진 세 부류의 사회 계급을 상정했다.[46] 이에 비해 오늘날 우리는 그와 같이 분명한 분류를 할 수 없다. 사람들은 세 가지 원천 모두에서 소득을 얻을 수 있다. 어떤 한 사람이 임금을 받으면서 또한 저축에서 나오는 이자와 집을 소유해서 생기는 혜택을 함께 얻을 수도 있다. 실제로 주택과 관련된 소득은 극적인 변화를 보였다. 100년 전에는 많은 사람이 세입자였고 집은 보통 지주들이 소유했다. 1918년 잉글랜드와 웨일스에서는 전체 가구의 77퍼센트가 살 집을 임차했다. 1981년까지 이 비율은 42퍼센트로 떨어졌으며 공공주택이 늘어나면서 민간주택을 임차하는 비율은 11퍼센트에 그쳤다.[47]

리카도가 살던 잉글랜드와 같은 계급사회에서는 임금의 몫이 1퍼센트포인트 늘어나면 지니계수가 1퍼센트포인트 줄어들었을 것이다.[48] 오늘날에는 소득의 종류와 개인 간 분배 사이의 관계가 그다지 분명하지 않고 임금의 몫이 늘어남에 따라 기대되는 지니계수 감소 폭도 더 작다. 그럼에도 불구하고 임금의 몫이 달라진 데 따른 영향은 여전히 클 수 있다. 다니엘 체치와 세실리아 가르시아 페날로사는 1970년부터 1996년까지 OECD 회원국 열여섯 나라를 대상으로 한 분석에서 임금의 몫이 1퍼센트포인트 늘어나면 지니계수가 0.7퍼센트포인트 줄어드는 것으로 추정했다.[49] 이를 바탕으로 계산하면 노동의 몫이 5퍼센트포인트 늘어날 때 지니계수는 두드러진 수준인 3.5퍼센트포인트 줄어들 것이다. 그러므로 전후 몇십 년 동안 국민소득 중 임금의 몫이 늘어난 것은 불평등을 줄인 하나의 메커니즘이었던 것으로 보인다. 임금의 몫은 그 후 다시 줄어들었다.

불평등 줄이기: 자본의 공유

이와 함께 자본소득 분배도 덜 불평등해졌다. 개인별 부(자본과 토지 모두)의 분배에 관해서는 소득의 경우에 비해 국제적으로 비교할 만한 자료를 바로 이용할 수 있을 때가 적지만 제스퍼 로인과 대니얼 발덴스트룀은 10개국에서 상위 1퍼센트의 몫에 대한 장기적인 연속 자료를 모았다.[50] 그들의 통계는 최상위 부자들의 몫이 크게 줄어들었음을 보여준다. 프랑스에서는 전체 개인의 부에서 상위 1퍼센트가 차지하는 몫이

1950년에서 1980년 사이에 33퍼센트에서 22퍼센트로 3분의 1이 줄어들었다. 덴마크에서도 그들의 몫이 1945년에서 1975년 사이에 같은 비율로 줄어들었다. 스웨덴에서는 감소 폭이 더 컸다. 1945년 38퍼센트에서 1975년 17퍼센트로 줄어든 것이다. 영국에서는 1950년에서 1975년 사이의 감소 폭이 17퍼센트포인트에 이르렀다.[51]

이처럼 전체 부에서 최상위 부자들의 몫이 줄어든 결과 전체 자본소득 중 최상위 소득계층에게 돌아가는 몫은 줄고 그 아래 99퍼센트가 받아가는 몫은 늘어났다. 그러나 이는 단순한 이전이 아니었다. 부유한 사람들은 단순히 주식 증서를 넘겨준 것이 아니었다. 영국에서 하위 99퍼센트의 몫이 늘어난 것을 설명하는 중요한 근거 중 하나는 자기 집에 사는 이들이 늘어났다는 사실이다. 정치인들이 영국은 "자산 소유 민주주의"로 가고 있다고 말할 때 이는 흔히 주택 자산을 의미한다. 그러나 주택은 귀속 임대료의 형태로 수익을 창출한다는 점에서 상당히 특별한 자산이다. 저축과 예금계좌 또는 연금펀드와 같은 다른 일반적인 부의 형태는 금융기관을 통해 보유하는 것이다. 주식 증서는 금융기관이 갖고 있다. 그에 따라 자본소득의 일부는 이제 이들 펀드를 관리하는 금융서비스 부문에 발생한다. 자본의 수익률과 저축하는 사람들이 받는 소득 사이에는 틈새가 있다. 대중적인 부의 증가가 경제의 '금융화'를 진전시키는 데 기여했다.(이는 다시 수익을 얻는 소유권과 기업에 대한 통제권의 분리에 대한 시사점을 갖는데 이 문제는 나중에 다시 다룰 것이다.)

최상위 부자들의 몫이 줄어드는 추세는 계속됐을까, 아니면 그 후에 역전됐을까? 로인과 발덴스트룀이 만든 시계열 자료를 보면 프랑스의 경우 전체 개인의 부에서 상위 1퍼센트의 몫은 1980년대 초와 2000년대 사이에 22퍼센트에서 24.4퍼센트로 늘어났고, 영국에서는 2퍼센트포인트, 스웨덴에서는 1.1퍼센트 증가했다. 이는 그전 몇십 년의 기준으로 보면 작은 변화이며, 부의 집중도가 다시 높아지고 있다는 결론을 이끌어내는 데에는 신중할 필요가 있다.[52] 그보다는 부의 집중도가 감소하는 추세가 끝났다고 결론 내릴 수 있는데, 그렇다 해도 이것이 전쟁 직후 몇십 년 동안 일어난 것과 상당히 다른 상황임은 말할 것도 없다.

임금과 노동시장 제도가 일으킨 변화

미국의 임금 분포에서 격차가 벌어진 시기는 1950년대로 거슬러 올라가며, 영국과 프랑스도 마찬가지다. 이 두 나라에서 상위 십분위의 근로소득은 1950년대 중반부터 1960년대 중반까지 늘어났다. 이는 도표 2.5에서 첫 번째 수직선의 왼쪽에 해당되는 기간이다. 그러나 미국에서는 그렇지 않았지만 유럽에서는 근로소득 격차가 1960년대 중반 이후 좁혀지기 시작했으며 이는 도표 2.5의 중간 부분에 나타난다. 1960년대 후반과 1970년대는 유럽 노동시장의 격동기였다. 1968년 5월 프랑스에서 사회 불안이 널리 확산된 후 이 나라에서 임금 차이는 좁혀졌지만, 1968년 5월의 효과는 프랑스에만 국한되지 않았다. 크리스토퍼 에릭슨과 안드레아 이치노에 따르면 "1970년대에 이탈리아는 임금 격차의 인상적인 압축을 경험했다." 이 압축의 주된 요소 하나는 스칼라 모빌레Scala Mobile, SM다. 이것은 근로자와 사용자들이 협상을 통해 생활 비용 증가와 연계해 임금을 정하는 데 합의한 것이다. 현재 이탈리아 중앙은행 총재인 이냐치오 비스코는 1979년에 쓴 글에서 "근로소득 격차가 좁혀지는 뚜렷한 경향"이 있다고 밝혔다. 노르딕 국가들에서는 단체교섭의 역할이 중요했다. 마그누스 구스타브손이 모은 자료는 스웨덴

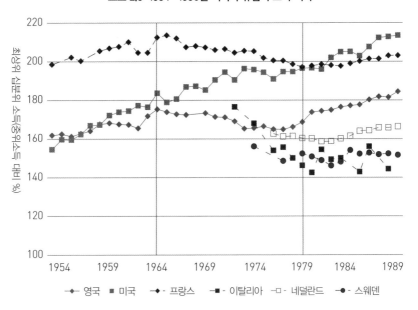

도표 2.5 1954~1990년 미국과 유럽의 소득 격차

최상위 십분위 소득(중위소득 대비 %)

→ 영국 ■ 미국 →· 프랑스 →■· 이탈리아 ─□─ 네덜란드 →●· 스웨덴

이 그래프는 전일제 근로자의 소득 분포에서 중위(중간에 있는 사람)소득에 대비한 최상위 십분위(맨 위에서 10퍼센트 떨어진 곳에 있는 사람) 소득을 보여준다.

에서 1968년부터 1976년까지 남성의 5분위 배율(하위 20퍼센트 대비 상위 20퍼센트 소득 배율—옮긴이)이 떨어졌음을 보여준다. 그가 지적했듯이 이 기간은 주요 노동조합들의 연맹Landsorganisationen, LO이 추구한 '연대 임금 정책'의 전성기와 겹쳤다. 토르 에릭손과 마르쿠스 젠티는 "핀란드에서 근로소득불평등은 1971년부터 1975년까지 극적으로 줄어들었고 1985년까지 계속 감소했다"는 사실을 확인했다.[53] 도표 2.5가 보여주듯이 영국에서 최상위 십분위의 소득 수준은 떨어졌다. 동시에 중위 소득에 대비한 최하위 십분위의 소득 수준은 1968년부터 1977년까지 5분의 1이 올랐다. 이러한 변화들이 함께 작용해 최하위 십분위 대비 최상위 십분위 소득의 비율은 떨어졌다. 체치와 가르시아 페날로사의 연구에서 이 변수와 지니계수의 관계를 추정한 결과를 적용할 때, 이는 전체 소득의 불평등을 나타내는 지니계수를 4에서 7퍼센트포인트 떨어뜨릴 수 있을 정도였다.[54]

근로소득 격차를 확실히 줄어들게 한 요인은 노동조합들이 조합원을 대신해 단체교섭을 하고 정부가 노동시장에 개입한 것이다. 정부는 최저임금에 관한 법을 만들어 임금 분배에 영향을 미쳤다.(그러나 모든 나라에서 그랬던 것은 아니다. 영국에서는 1999년까지 전국적인 최저임금이 도입되지 않았다.) 피케티는 프랑스에서 소득 분배의 방향이 바뀐 것은 "국가의 임금 정책, 특히 최저임금 정책의 방향이 바뀐 결과"라고 말한다.[55] 네덜란드에서는 1974년에 최저임금을 크게 올렸고, 정부는 격차를 줄이는 정책을 추진했다.[56] 여기에 남녀 간 근로소득 격차가 줄어들어 전체적인 소득불평등을 줄이는 데 기여했다는 사실을 덧붙여야 한다. 이 기간에 여러 나라에서 임금 차별을 없애는 법이 발효됐는데, 우리는 가끔 무엇을 이루어냈는지 잊어버리곤 한다. 영국에서 남녀 간 임금 차이는 절반 이하로 줄어들었다. 단체행동에 의한 임금 규제도 있었다. 영국의 임금 규제 가운데 놀라운 사례는 축구 선수들인데, 1961년까지 그들의 임금은 (당시 이 나라의 평균 근로소득과 거의 같은) 주당 최고 20파운드로 묶여 있었다. 이는 오늘날 자유시장에서와 견줄 때 엄청난 차이다. 지금 영국의 축구 선수들은 평균 근로소득의 500배 이상을 벌 수 있다.

1960년대 중반부터 1970년대 후반까지 근로소득 격차를 줄이는 것은 또 다른 정책 수단의 목표였다. 이제는 영미권 국가에서 대부분 잊힌 국가 소득 정책들이다. 이 정책들은 본래 거시경제 정책이었으나, 그에 대한 사회적 협력자(사용자와 노동조합들) 사이의 협상은 이 정책들이 뚜렷한 분배적 요소를 지님을 의미했다. 1989년 노르웨이에서는 노동조합 연맹과 사용자 단체가 협상을 통해 시간당 임금을 일률적으로 3크로네 올릴 수 있도록 하는 데 합의했다.(수출 산업에 대해서는 보충 조항을 두었다.) 영국에서는 보수당 정부 시기인 1973년 2단계 소득 정책을 통해 1파운드+4퍼센트의 점진적인 급여 인상 공식과 개인별 급여 인상의 절대적인 상한선을 정했다. 노동당 정부의 1975년 "인플레이션과의 전쟁" 때는 소득 정책 관련 법에 따라 허용되는 급여 인상이 일주일에 6파운드로 일률적이었고 일정한 금액 이상을 받는 이들에게는 인상이 허용되지 않았다. 이제 소득 정책은 일반적으로 시대착오적인 것으로 여겨진다. 소득 정책에 대한 위키피디아의 설명은 특히 인상적인 역사적 사실을 소개한다. "소득 정책들은 흔히 전쟁 통에 시행됐다. 프랑스혁명 때에는 '가격제한법'에 따라 (어길 때는 사형에 처하는) 가격 통제를 실시했는데 인플레이션을 잡으려는 시도는 성공하지 못했다."[57] 그러나 이들 정책은 오늘날 적합성을 갖는다. 뒤에서 논의하겠지만 나는 사회적 동반자의 역할을 강화하는 노력의 일환으로 소득의 변화에 관해 '국민적 논의'를 할 필요가 있다고 믿는다.

두 가지 질문에 대한 답

이 절을 시작하면서 던진 두 가지 질문은 유럽에서 종전 직후 몇십 년간 왜 불평등이 줄어들었는가, 그리고 1980년 이후 왜 다시 늘어났는가 하는 것이었다. 그에 대해 말할 수 있는 것은 훨씬 더 많지만 그 기간 중 유럽의 소득불평등이 줄어든 사실을 설명할 수 있는 것으로 여겨지는 주된 요인은—표 2.1의 가운데 열에 요약돼 있듯이—복지국가와 소득이전이 확대된 것, 국민소득 중 임금의 몫이 증가한 것, 개인부의 집중도가 하락한 것, 정부 개입과 단체교섭으로 근로소득 격차가

표 2.1 불평등의 변화를 불러온 메커니즘

메커니즘	제2차 세계대전 후부터 1970년대 말까지	1980년대 이후
임금 격차	임금 격차는 때로 단체교섭과 정부의 노동시장 개입에 따라 줄어듦.	많은 OECD 국가에서 근로소득 분포상 최상위층에서 격차가 커짐.
실업자 및 노동시장에 참여하지 않는 인구	노동시장에 참여하지 않는 인구 비중 증가와 인구 고령화는 시장소득 불평등 증가를 불러왔으며 사회적 이전이 이를 상쇄함.	높은 실업률이 계속됨.
국민소득 중 임금의 몫	임금의 몫이 늘어나는 경향을 보였으며, 이는 전체적인 소득 불평등 감소로 이어짐.	임금의 몫이 줄어드는 경향을 보임.
자본소득 (이윤과 임대료)의 집중도	최상위 부자들의 몫이 상당히 줄었지만 "대중적인 부"가 늘어난 것의 시사점을 고려할 필요가 있음.	최상위 부자들의 몫이 줄어드는 시기는 끝난 것으로 보임.
이전소득의 비중	재분배 차원의 사회적 이전이 시장소득 불평등 증가를 상쇄하고도 남음.	재분배 차원의 사회적 이전을 다시 줄임.
누진적인 직접세의 영향	누진적인 소득세가 최상위층 근로소득 증가의 영향을 누그러뜨림.	최고소득세율은 큰 폭으로 인하됐음.

줄어든 것이다. 그리고 평등화 추세가 끝나게 된 주된 이유는—표 2.1의 오른쪽 열에서 볼 수 있듯이—이들 요인이 거꾸로 뒤집혔거나(복지국가 축소, 임금 분배율 하락, 근로소득 격차 확대) 아예 끝나버린(부의 재분배) 데 있는 것으로 보인다.

　두 번째 물음에 답하는 데 있어 우리가 논의하지 않은 중요한 문제는—사실 어떤 독자들은 이를 방 안의 코끼리에 대한 비유처럼 명백하지만 말하고 싶지는 않은 문제로 여길 텐데—실업이 늘어났다는 사실이다.[58] 최근 몇십 년을 제2차 세계대전 후의 몇십 년과 구분짓는 가장 뚜렷한 한 가지 특징은 높은 실업률이다. 1960년대 초에 실업 문제가 있는 나라는 미국이었다. 미국에서 전체 노동 인구 중 실업자 비율은 1960년부터 1973년에 걸쳐 평균 4.8퍼센트였는데, 이는 프랑스의 2.0퍼센트, 영국의 1.9퍼센트, 독일의 0.8퍼센트와 비교된다. 실제로 OECD 국가 중 많은 나라에서 실업률은 매우 낮았다. 뉴질랜드의 한 총리는 자국의 실업자들을 개인적으로 모두 안다고 주장했다. 실제로 그랬을 가능성은 충분하다. 국제노동기구ILO 통계에 따르면 1955년 그 나라에서 일자리가 없는 이는 단 55명밖에 안 됐기 때문이다.[59] 이 모든 것은 바뀌게 된다. 1990년부터 1995년까지의 기간에는 미국의 평균 실업률이 6.4퍼센트였으며, 이는 프랑스의 10.7퍼센트, 영국의 8.6퍼센트, 독일의 7.1퍼센트와 비교된다. 미국은 여전히 실업 문제를 안고 있었지만—영국의 실업률이 1.4퍼센트에 지나지 않을 때 경제학 공부를 시작한 누군가에게는 그렇게 보인다—유럽도 같은 문제를 안게 되었고 실제로 유럽의 실업이 더 심각한 수준이 됐다.[60]

그렇다면 코끼리는 얼마나 큰 것일까? 실업이 늘어난 것은 불평등 증가에 얼마나 영향을 미쳤을까? 그 관계는 복잡하다. 이를 알아내려면 개인의 시장소득에서 시작해 가구의 가처분소득에 이르기까지, (가구소득 가이드를 따라) 그 과정을 추적해야 한다. 개인별 임금의 분배를 보는 대신 고용된 근로자뿐만 아니라 실업 상태의 근로자들까지 포함한 시장소득의 분배를 보면 불평등이 더 크게 나타나며, 실업이 늘어나면 그 차이도 커진다.[61] 노동시장에 들어오지 않은 사람들까지 더해서 일할 수 있는 연령의 인구 전체를 대상으로 하면 불평등의 크기는 고용률에 달려 있으며, 높아진 고용률은 실업률과 반대 방향으로 작용한다.[62] 다음 단계는 개인 소득을 합쳐 가구소득에 이르는 과정인데, 여기서 가구 내 실업자를 포함한 소득 분포를 고려해야 한다. 만약 모든 남성 실업자가 일자리를 가진 전문직 여성들과 결혼했다면 실업이 소득에 미치는 영향에 대해 걱정을 덜 해도 될 것이다. 이런 이유로 지금까지 일자리를 갖지 못한 가구에 주의를 집중해왔다. 시장소득에서 가처분소득으로 옮겨갈 때 실업에 대한 정부의 이전지급을 통한 대응을 고려해야 한다. 실업보험 적용 대상에서 빠지는 이가 없고 소득대체율이 높으면 불평등 증가는 덜할 것이다. 제8장에서 그러한 사실을 보겠지만, 사회적 보호가 완전한 수준에 훨씬 못 미친다면 실업은 실제로 재정적 곤란으로 이어질 것이다. 마지막으로, 불평등의 증거는 주로 연간 소득과 관련이 있고 사람들은 그해의 일부 기간에만 실업 상태에 있을 수 있다는 점을 생각해야 한다. 그만큼 측정된 효과는 약하게 나타나고 재정적 어려움은 과소평가된다.

그러므로 실업과 불평등 사이에는 신중한 검토를 요하는 복잡한 관계가 있음이 분명하다. 1980년 이후 소득불평등이 늘어난 데에 실업이 얼마나 영향을 미쳤는지를 간단히 설명할 길은 없다.[63] 그럼에도 불구하고 비자발적 실업은 그 자체로 걱정거리이며, 그 이유 하나만으로도 다음에 나오는 내용에 상당한 주의를 기울여야 한다. 실업은 그리고 그에 따르는 일자리 불안은 그 자체로 불평등의 원천이다. 노동시장에서 거부당한 사람은 어떤 형태의 사회적 소외를 겪는다. 심지어 실업 기간 중 그나 그녀의 생활수준을 유지할 수 있도록 충분한 소득 대체가 이뤄졌다 하더라도 그 개인을 둘러싼 상황은 악화됐을 것이다. 이는 행동주체에 관한 문제이며 무엇보다도 무력감이 문제다.[64] 거의 20년 전에 아마르티아 센은 한 논문을 이렇게 끝맺었다. "현대의 유럽에서 그토록 많은 실업이 그토록 쉽게 용인되는 것은 놀랄 만한 일이다."[65] 이는 오늘날에도 마찬가지다.

중요한 사례: 21세기의 중남미

유럽에서 전후 몇십 년은 불평등이 줄어드는 기간이었지만 이는 그곳에서만 일어난 현상이 아니었다. 불평등이 줄어든 더 최근의 기간이 있었다는 사실을 놓치지 말아야 한다. 중요한 사례는 2000년대의 중남미다. 이 지역의 전반적인 불평등과 빈곤이 줄어든 것은 1980년대와 1990년대의 불평등 증가 후에 나타난 현상임에 틀림없지만 이 경험은 불평등 축소가 이뤄질 수 있는 일임을 보여주었다.

중남미 일곱 나라에서 불평등이 놀라울 만큼 줄어든 것은 도표 2.6에 잘 나타난다. 실선은 전체적인 불평등을 표시한 지니계수의 움직임

도표 2.6 최근 중남미 국가의 불평등과 빈곤 감소

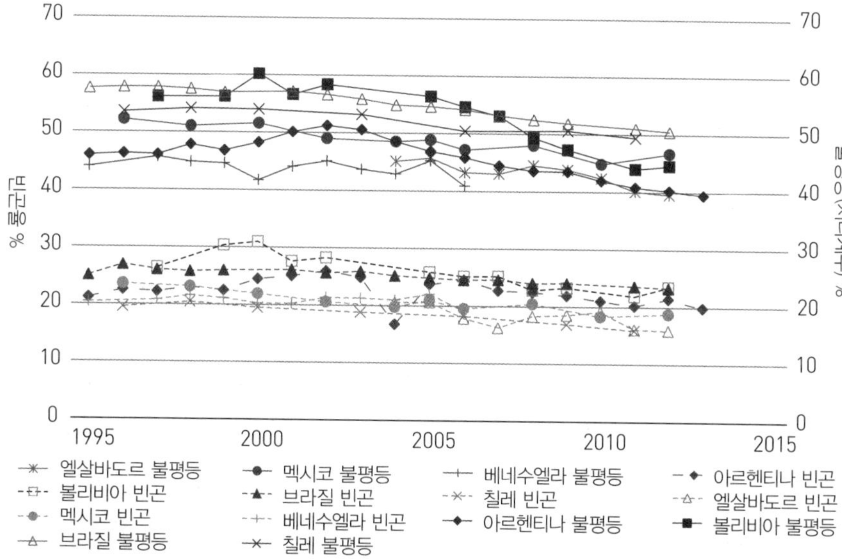
70
60
50
40
30
20
10
0
빈곤율 %
불평등(지니계수) %
1995
2000
2005
2010
2015
엘살바도르 불평등
볼리비아 빈곤
멕시코 빈곤
브라질 불평등
멕시코 불평등
브라질 빈곤
베네수엘라 빈곤
칠레 불평등
베네수엘라 불평등
칠레 빈곤
아르헨티나 불평등
아르헨티나 빈곤
엘살바도르 빈곤
볼리비아 불평등

이 그래프는 최근 지니계수(퍼센트)로 측정한 전반적인 불평등(오른쪽)과 빈곤 상태에서 사는 개인의 비율(왼쪽)이 감소한 것을 모두 보여준다. 1995년 브라질의 지니계수는 58퍼센트였으며, 국민 25퍼센트는 빈곤 속에 살고 있었다.

을 나타내며, 점선은 중위 가구 균등화 소득의 50퍼센트 아래 인구 비중을 의미하는 상대적 빈곤율을 보여준다.[66] 2001년(칠레와 멕시코는 2000년)에서 2011년(멕시코는 2010년) 사이에 지니계수는 칠레에서 7 퍼센트포인트 떨어졌고, 브라질에서는 6포인트, 멕시코에서는 7포인트, 아르헨티나에서는 9포인트 하락했다. 엘살바도르에서는 2004년부터 2012년 사이에 6퍼센트포인트 하락했다. 당시 이 지역에는 중대한 변화가 나타났으며 이는 이 도표에서 보여준 나라들에만 국한된 것이 아니었다. 파쿤도 알바레도와 레오나르도 가스파리니는 중남미 17개국을 대상으로 한 연구에서 1990년대에는 이들 나라 가운데 약 4분의 1에서만 지니계수가 떨어진 데 비해 2000년대에는 거의 모든 나라에서 불평등이 감소했다는 사실을 밝혀냈다.[67] 알바레도와 가스파리니는 각국의 가구조사에서 소득 분포상 최상위층 소득은 제대로 반영되지 않았을 수도 있다는 점을 지적하면서 그 결론에 단서를 달았지만 이들 나라의 경험에는 상당한 공통점이 있었다. 안드레아 코르니아는 최근 중남미 국가들의 분배 상태 변화에 대한 분석에서 "각국의 가구조사에서 자본소득과 '일하는 부자'의 소득에 대한 정보가 부족하다는 점을 고려하면 그러한 분배 상태 변화가 (…) 소득 분포상 최상위층에도 해당된다고 공식적으로 확증하는 것은 [가능하지 않다]"고 지적했다.[68] 이를 대신할 수 있는 정보원으로서 세금 자료는 역시 최상위 소득을 과소평가하는 문제가 있지만 가구조사와 달리 경고음을 내고 있다. 알바레도와 가스파리니가 추정한 결과는 아르헨티나에서 총소득 중 상위 1퍼센트의 몫은 2000년대 초반 늘어났다가 그 후 줄어들어 2007년에 이르러서는 다시 2000년 수준 가까이로 돌아갔다는 사실을 보여준다. 콜롬비아에서 상위 1퍼센트의 몫은 2000년과 2010년 사이에 17퍼센트에서 21퍼센트로 늘어났다.

최상위 계층의 소득에 관한 정보가 불충분하다는 단서를 달아야 하지만 중남미에서 불평등이 줄어드는 것은 여러 나라에 걸쳐 널리 퍼진 현상임을 볼 수 있다. 노라 루스티그, 루이스 로페즈칼바와 에두아르도 오르티즈후아레즈는 이러한 불평등 감소를 설명하는 논문을 다음과 같은 사실을 지적하면서 시작한다. "불평등 감소와 경제성장 사이에는 분명한 연결고리가 없다. 불평등은 칠레, 파나마, 페루처럼 빠른 경제성장을 경험한 나라들에서 줄어들었으며 브라질과 멕시코처럼 저성장기를 경험한 곳에서도 줄어들었다. 불평등 감소와 정치 체제의 방향 사이에도 관련성이 없다. 불평등은 아르헨티나, 볼리비아, 칠레와 베네수엘라처럼 좌파 정권이 통치하는 나라들에서도 줄어들었고, 멕시코와 페루처럼 중도와 중도우파 정당이 집권한 나라들에서도 감소했다."[69] 이들은 그보다는 더 많은 교육을 받은 근로자들의 임금 프리미엄이 줄어든 것과 정부의 누진적인 소득이전이 불평등 감소를 불러왔다고 주장했다. 알바레도와 가스파리니는 브라질에 대한 연구 결과를 요약하면서 그런 요인들 외에도 최저임금이 큰 폭으로 오른 것이 "가구소득 불평등을 줄인 중요한 힘이었다"고 밝혔다. 이들은 "최저임금은 기술 수준이 낮은 근로자들의 소득과 사회보장 혜택의 하한을 설정한다"고 밝혔다. 최저임금 인상과 더불어 "가난한 이들을 겨냥한 정부의 현금 이전 대상자가 빠르게 늘어났으며, 주로 노령자와 장애인에 대한 이전(지속적인 현금 지급 프로그램Benefício de Prestação Continuada : 노령자와 장애인에 대한 최저생계 보장 제도—옮긴이)과 브라질 특유의 조건부 현금 이전 프로그램인 보우사 파밀리아Bolsa Familia의 대상자가 확대됐다."[70] 이 지역 전체적으로, 특히 중상위 소득 국가들에서 사회부조가 늘어났다. 이는 기존의 사회보험과 달리 "논리와 제도화, 재원 조달 방식이 서로 다른 일련의 제도들이 도입됨으로써 작동했다." 이렇게 설명한 아르만도

바리엔토스는 이어 "중남미에서 사회보험기금이 정체된 것은 자유화된 노동시장의 새로운 조건들이 야기한 고용관계의 변화와 관련 있다"고 밝혔다.[71]

요컨대 중남미에서는 전후 몇십 년 동안 유럽에서 그랬던 것처럼 시장소득 변화와 재분배 확대가 결합되면서 불평등 축소가 이뤄진 것이다.

불평등의 현주소

—

우리는 중남미의 경우에 대해 최근의 흐름까지 포함해 불평등 주제를 다루었다. 이 장 앞부분에서 논의했던 OECD 국가들에 관해서는 우리 논의가 어디까지 와 있는가? 앞서 보았듯이 당초 유럽에서 소득불평등을 감소시켰던 요소들은 거꾸로 뒤집혔거나 끝나버렸다. 그 결과는 어떻게 됐는가?

짧게 답하자면 OECD 국가들 중 전부는 아니더라도 많은 나라에서 오늘날 소득불평등이 1980년대보다 더 크다. 불평등이 더 커지는 쪽으로 되돌아가는 뚜렷한 '회귀'가 나타났다. 도표 2.7은 전체적인 불평등을 가늠하는 지니계수의 변동을 보여준다. 불평등이 커진 것은 이 도표에서 볼 수 있듯이 미국과 영국에만 국한된 현상이 아니었다.[72] 영국과 미국은 불평등이 가장 크게 증가한 나라이지만 다른 OECD 국가 중 몇몇도 지금의 지니계수가 1980년보다 3퍼센트포인트가량 높은 수준이다. 이 수치는 내가 두드러진 불평등 증가의 기준으로 택한 것이다. 이 그래프는 OECD 보고서가 "큰 그림: 대부분의 OECD 국가에서 증가하는 불평등"이라는 제목으로 요약한 내용을 뒷받침해준다.[73] 이는

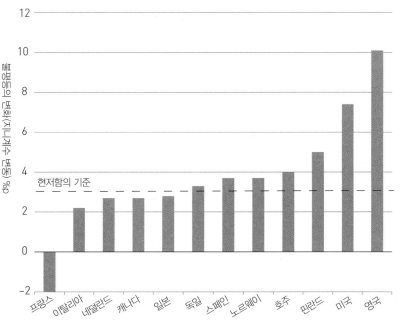

도표 2.7 1980년 이후 세계 주요국의 전반적인 소득불평등 변화

이 그래프는 1980년부터 2000년대 말까지의 기간 중 전반적인 불평등을 가늠하는 지니계수의 변동 폭을 퍼센트포인트로 표시해 보여준다. 영국의 경우 이 기간이 끝날 때까지 지니계수 증가 폭은 10퍼센트포인트를 조금 웃도는 수준이었다.

동시에 2000년대 말 전반적인 불평등이 그 30년 전보다 높지 않았던 프랑스 같은 나라들도 있다는 사실을 보여준다. 이 나라의 지니계수는 2004년 28.9퍼센트에서 2011년 30.6퍼센트로 높아졌지만, 이는 프랑수아 미테랑이 집권하기 전인 1979년의 수치보다 여전히 2퍼센트포인트 낮다.

역사에서 배우려 할 때 우리는 언제나 물음표에 맞닥뜨리게 된다. 물론 가장 중요한 것은 세계가 얼마나 변했는가 하는 것이다. 그 변화는 어느 한 시기에 이끌어낸 결론이 오늘날에는 부적합한 것이 되게 한다. 예를 들어 전후 유럽의 경험들을 21세기에 얼마나 일반화할 수 있을까? 다음 장에서 나는 경제적 환경이 어떤 식으로 바뀌어왔는지, 그리고 그러한 변화가 불평등에 대한 정책을 설계하는 데 어떤 영향을 미쳤는지를 탐구한다.

3장

불평등의
경제학

경제학자들은 흔히 변화를 따라가지 못한다는 비판을 받는다. 그들의 분석 모형은 세계가 우리 눈앞에서 어떤 식으로 바뀌고 있는지를 너무나 자주 무시하며, 그들 자신은 직업적인 관심사에 지나치게 깊이 빠져 있다는 말을 듣는다. 앞으로 논의하겠지만, 현대 경제학에 대한 타당한 비판들이 있음에도 불구하고 심화되는 불평등에 초점을 맞추고 다음과 같은 여러 불평등 증가 요인을 밝혀낸 경제학자들의 공 또한 인정해야 한다.

· 세계화
· (정보와 통신 기술을 비롯한) 기술 변화
· 금융서비스 부문의 성장
· 달라지는 보상 규칙
· 노동조합의 역할 축소
· 재분배를 위한 세금과 이전 정책의 후퇴

이 목록은 인상적이다. 이 모든 요소는 이 책의 어느 대목에서든 집중적으로 다룰 것이다.[1] 그러나 그 메커니즘을 밝혀내다 보면 우리 통제 바깥에 있는 힘들 때문에 불평등이 커지고 있다는 인상을 줄 위험이 있다. 이 요소들이 우리가 영향력을 미칠 수 있는 범위를 벗어나 있다거나 경제와 사회 체계의 외부적인 요소라는 것은 사실이 아니다. 세계화는 국제기구, 각국 정부, 기업, 근로자와 소비자로서 개인들이 내린 결정의 산물이다. 기술 변화의 방향은 기업, 연구자들 그리고 각국 정부가 내린 결정에 따라 정해진 것이다. 금융부문은 은퇴 후를 대비하기 위한 금융 수단을 필요로 하는 늙어가는 인구의 수요에 맞춰 자연스럽게 성장해왔을 수도 있지만, 금융부문이 취한 형태나 금융산업 규제는 정치적, 경제적 선택에 따른 것이었다.

그러므로 우리는 더 꼼꼼히 살펴보면서 핵심적인 결정들이 어디에서 이뤄졌는지 따져볼 필요가 있다. 나는 불평등이 커진 까닭은 많은 경우 결국 직접 또는 간접적으로 힘의 균형이 바뀐 데서 찾을 수 있다고 본다. 그게 맞는다면 불평등을 줄이기 위한 조치들은 대항력이 발휘될 때에만 성공할 수 있다. 그러나 이는 이야기를 앞서가는 것이다. 지금은 불평등 증가가 왜 세계화와 기술 변화의 힘에 따른 것인지를 설명하는 표준적인 교과서 같은 이야기에서 시작하자.

세계화와 기술에 관한 표준적 이야기

—

세계화와 기술 진보는 어떻게 분배의 지도를 다시 그리고 있는가? 첫 노벨경제학상을 공동으로 수상한 얀 틴베르헌은 1975년 교육받은 근로자에 대한 수요의 증가와 교육받은 인구의 증가 사이에 벌어지는 '경주'에 관해 유명한 비유를 했다.[2] 세계화와 기술 변화의 힘들이 교육받은 근로자에 대한 수요 증가를 이끌어가는 오늘날 이러한 설명은 상당한 울림을 갖는다.

세계화의 관점에서 이 '경주'를 볼 때, 경제 선진국들은 비숙련 근로자의 임금이 낮은 나라들과 더 많은 경쟁에 직면해 있다. 비숙련 근로자에게 크게 의존하는 산업들은 갈수록 경쟁이 버겁고 일자리는 없어지거나 아웃소싱으로 저임금 국가들에 넘어가고 있다. 동전의 다른 면을 보면 생산의 균형이 첨단 기술 부문으로 옮겨가면서 교육 수준이 높은 근로자들에 대한 수요도 늘어난다. 이에 대한 이론은 근로자들을 숙련과 비숙련 두 그룹으로 나눠 이야기하며, 이때 같은 그룹 안의 근로자들은 모두 같은 임금을 받는 것으로 가정한다. 이 가정은 분명히 현실과는 맞지 않지만 이야기를 더 단순하게 할 수 있게 해준다. 이는 비숙련 근로자 임금에 대한 숙련 근로자 임금의 비율로만 임금 차이를 나타낼 수 있다는 것을 의미한다. 숙련 근로자 임금 중 비숙련 근로자 임금을 초과하는 부분을 일반적으로 '임금 프리미엄'이라 일컫는다. 이에 관한 가설에 따르면 숙련 근로자들에 대한 수요가 공급을 웃돌아 노동시장의 수요가 상대적으로 숙련 근로자들 쪽으로 옮겨갈 때 그들의 프리미엄은 높아진다.

근로소득 격차 확대를 '수요와 공급' 원리로 풀이하는 설명은 모든 초급 경제학 교과서에서 찾아볼 수 있지만 중요한 것은 수요와 공급의 바탕에 있는 요인이다. 세계화의 경우 그 바탕에는 (흔히 스웨덴 경제학자인 엘리 헤크셰르와 베르틸 올린의 이름을 딴 헤크셰르-올린 모형Heckscher-Ohlin model이라 부르는) 표준적인 국제무역 이론 모형이 있다. 이 모형에 따르면 숙련과 비숙련 두 부류의 근로자들은 각각 두 가지 생산 부문을 가진 완전경쟁 관계에 있는 두 나라 경제에 고용돼 있다. "완전경쟁"이라는 말은 누구든 주어진 가격을 받아들인다는(시장 지배력이 없다는) 뜻으로 쓰이며, 이 가정과 관련해서는 나중에 논의할 것이다. 각국 경제의 두 생산부문 중 한쪽은 상대적으로 숙련노동을 집중 활용하는 첨단 제조업 상품이나 서비스를 생산한다. 다른 한쪽은 상대적으로 비숙련노동을 집중 투입해 더 기초적인 제품을 생산한다.(이 단계에서 자본은 이야기되지 않는다.) 보통 OECD 국가들은 첨단 제품을 수출하고 기초 상품을 수입한다. 상품과 서비스는 국제 시장에서 자유롭게 거래되며, 운송 비용은 없는 것으로 가정한다. 노동력은 이 나라에서 저 나라로 옮겨갈 수 없지만 한 나라 안에서 각 부문 간에는 자유롭게 이동할 수 있다. 어느 시점에서든 숙련 근로자와 비숙련 근로자 수는 정해져 있다.

이 경제 모형에서 한 가정은 매우 제한적이지만 국제무역을 연구하는 경제학자들은 이 틀 안에서 어떤 강력한 결론들을 증명할 수 있었다. 어떤 추가적인 가정 아래서는 두 생산품의 상대적인 가격과 숙련, 비숙련 근로자들의 상대적인 임금 수준 사이에 독특한 관계가 나타난다.(상대적인 가격만 설명이 된다.) 숙련 근로자들의 임금 프리미엄이 높을수록 숙련노동에 크게 의존하는 상품의 상대적인 가격도 높다. 소득 분배 연구에 중요한 것은 그 반대 또한 성립한다는 점이다. 숙련노동에 크게 의존하는 상품의 상대적인 가격이 높을수록 숙련 근로자들의 임금 프리미엄도 높다. 우리는 여기서 세계화가 어떤 나라에서 더 값나가는 첨단 기술 서비스를 수출해 번 돈으로 기초적인 공산품을 더 싸게 수입할 수 있다는 것을 뜻한다면 숙련 근로자 임금은 비숙련 근로자에 비해 상대적으로 올라간다고 추론할 수 있다. 시장에서 균형을 이루는 임금 수준은 비숙련 근로자들에게 불리한 쪽으로 기울게 된다.

기술의 관점에서 이 '경주'를 보는 것은 기술 진보가 숙련 근로자들에게 유리하게 치우쳐 있다는 견해에 바탕을 두고 있다. 이것이 숙련편향적 기술 변화 가설이다. 그 주장에 따르면 정보와 통신 기술ICT이 발전하면서 기술 수준이 낮은 근로자들은 밀려나고 더 나은 교육을 받은 이들에 대한 수요가 새로 창출된다. 이 이론은 가장 단순한 형태에서는 두 가지 노동의 생산성을 높이는 기술 진보라는 면에서 나타나며, 기술과 노동은 생산요소로 결합돼 산출물을 만들어낸다. 이때 기술 진보는 비숙련 근로자보다 숙련 근로자들의 생산성을 더 높여준다는 면에서 숙련편향적이라고 가정한다. 정보통신 기술 덕분에 숙련 근로자들은 이제 두 배의 일을 할 수 있는 데 비해 비숙련 근로자들은 생산성이 더 이상 높아지지 않는다. 우리는 여기서 다시 그 분석을 신중하게 살펴봐야 한다. 기술 진보 때문에 숙련 근로자에 대한 수요가 늘어난다는 것은 명백한가? 그에 대한 답은 "아니오"다. 그 말이 맞으려면 추가로 가정을 해야 한다. 답을 망설이는 까닭은 기술 변화로 사용자 입장에서 노동 한 단위는 더 싸지지만 그는(그녀는) 어느 한 근로자에게서 더 많은 단위의 노동을 얻는다는 데 있다. 모든 것은 노동의 단위당 가격이 싸짐에 따라 사용자가 얼마나 더 많은 단위의 노동을 구매하려 하느냐에 달려 있다. 이는 결국 비숙련노동을 숙련노동으로 대체하는 것이 얼마나 쉬운가에 달려 있으며, 경제학자들은 이를 **두 요소 간 대체 탄력성**으로 측정한다.[3] 탄력성이 1보다 크면 비숙련 근로자들을 숙련 근로자들로 대체하는 것이 상대적으로 쉽고 숙련 근로자에 대한 상대적인 수요는 늘어난다. 탄력성이 1보다 작으면 사용자는 그 반대 방향으로 노동력의 균형을 다시 맞추고 싶어하고, 더 많은 비숙련 근로자에 대한 수요가 생긴다.(탄력성이 1일 때는 기술 진보에서 생산요소에 대한 편향은 구별할 수 없다.) 그러므로 근로소득 격차 확대에 대한 기술 변화 이론의 설명력은 1보다 큰 대체탄력성에 달려 있다.[4]

지금까지는 숙련 근로자에 대한 수요가 늘어나고 있을 가능성에 대해 두 가지 이유를 설명했지만 공급 면에서 어떤 일이 일어나는지에 관해서도 생각해볼 필요가 있다. 통상적인 대답은 더 높은 수준의 교육을 받으려는 의지는 숙련 근로자들의 임금 프리미엄에 좌우된다는 것이다. 임금 프리미엄은 교육비로 들어간 투자와 학교에 다니는 기간에 포기한 근로소득에 대한 보상을 만들어낸다. 이 인적 자본 모형에 따라 가장 단순하게 이야기하자면, 교육을 통해 필요한 자격을 얻는다는 것은 노동시장 진입을 늦춰서 그 자격을 갖췄을 때 얻는 소득이 실세 금리로 할인한 평생소득의 현재가치 면에서 교육 투자를 하지 않았을 때의 소득과 같아지게끔 하는 데 필요한 금액만큼 정확히 더 올라야 한다는 것을 의미한다.[5] 교육 수준이 높은 근로자들의 임금이 올라가서 필요한 금액에 비해 투자 수익률이 더 높아지면 그들의 노동 공급이 늘어날 것으로 예상할 수 있다. 그렇다면 우리는 그 과정을 살펴봐야 한다. 세계화와 숙련편향적 기술 변화의 힘이 계속해서 작동하면 공급과 수요가 모두 늘어나고, 그 둘 사이의 차이는 계속 존재하며, 그 차이가 얼마나 될지는 공급이 얼마나 빨리 반응하느냐에 달려 있다.

여기서 우리는 정책에 관련된 두 가지 결론을 이끌어낼 수 있다. 그중 하나는 이 분석에서 곧바로 도출할 수 있다. 어떤 나라의 노동력의 기술 수준을 높이면 그 나라는 세계화 과정에서 더 많은 이득을 볼 수 있게 된다. 이득을 보는 나라는 늘어나고 손실을 보는 나라는 줄어들 것이다. 기술 수준이 높은 노동력을 보유한 나라는 실제로 첨단 제품과 서비스 생산에 완전히 특화할 수 있다. 이 경우 이 나라는 상대적으로 낮은 가격에 중간재를 수입할 수 있기 때문에 세계화에서 오로지 이득만을 얻게 된다. 이러한 결론은 유럽연합과 다른 선진국들이 채택한 것처럼 교육에 대한 투자를 높은 우선순위에 두는 전략과 완전히 일치하는 것으로 보인다. 유럽연합은 유럽 2020 계획의 한 부분으로 "오늘과 내일의 일자리를 위해 사람들을 적절한 기술로 무장시키는" 전략을 갖고 있다. 그러나 우리가 그동안 '기술'과 '교육' 사이의 관계에서 빠트린 점이 있음을 알아차리는 것이 중요하다. 미국에서는 거의 모든 실증 연구가 대학과 고등학교 졸업자의 임금 프리미엄에 관한 것이며, 이때 '기술'은 넓은 개념으로 꼭 교육과 완전히 일치하는 것은 아니다. 구글의 인사관리를 맡은 수석부사장은 『뉴욕타임스』와 인터뷰할 때 "GPA(성적)는 채용 기준으로 가치가 없다"며 "구글에서는 대학 교육을 전혀 받지 않은 직원의 비중이 갈수록 늘고 있다"고 말했다.[6] 동기 부여와 공감, 자기 조절 같은 비인지적 기술은 교육과정의 시험으로 측정하는 인지적 기술만큼 중요할 수 있다.

정책과 관련한 두 번째 결론은 그다지 주목받지 못하는 점이다. 인적 자본에 대한 투자에 요구되는 임금 프리미엄 수준은 실세 금리에 달려 있다. 학생이나 학부모들이 교육비를 대기 위해 은행이나 대출기관에서 돈을 빌릴 경우에 이는 명백한 사실이다. 학부모들이 자녀가 대학을 나오도록 지원하기 위해 스스로 저축한 돈을 쓸 때도 마찬가지다. 학부모들의 돈이 다른 곳에 투자되지 않고 묶여 있기 때문이다. 그 비용은 그들의 저축에서 얻을 수 있는 투자수익률이다. 그러므로 노동시장과 자본시장 사이에는 결정적인 연결고리가 있다. 1980년대 대학 졸업자 임금 프리미엄이 올라간 데에는 당시 실질금리가 올랐던 것이 분명히 하나의 이유가 될 수 있다. 금리 상승으로 교육 기간에 들어가는 돈을 빌릴 때 이자 비용이 늘어났고 그래서 더 높은 임금 프리미엄이 요구된 것이다.(최근 이러한 상황은 끝났지만 교육에 따른 다른 비용들이 늘어났다. 특히 영국의 경우 수업료가 오르고 장학금 지원이 줄어들면서 교육비가 늘었다.) 불평등이 커져가는 현상을 반전시킬 조치들을 찾을 때 우리는 교육에 대한 의사결정과 자본시장 간의 연결을 고려해야 한다. 노동시장만 쳐다봐서는 안 된다.

기 술 변 화 의 경 제 학

지금까지는 많은 경제학 논문이 그랬듯이 기술 변화는 마치 (신이 결정하는) 외생적 요인처럼 다루어졌다. 심지어 어떤 이들은 기술 발전을 "하늘이 내린 행운" 덕분으로 돌리기도 한다. 그러나 대부분의 기술 발전은 누구보다도 과학자, 연구 관리자, 기업가, 투자자, 정부, 소비자들이 한 결정들을 반영한다. 그리고 이 의사결정들은 기술 변화를 내생적인 것으로 만드는, 다시 말해 기술 변화가 경제 사회 체계 안에서 결정되도록 하는 여러 경제적인 고려로부터 영향을 받는다. 오래전에 옥스퍼드대학 경제학자로 일찍이 노벨경제학상을 수상한 존 힉스 경은 "생산요소들의 상대적인 가격이 변하는 것은 그 자체로 발명의 자극제이며 (상대적으로 비싸진 생산요소를 더 경제적으로 활용할 수 있도록 유도하는) 특별한 종류의 자극제"라고 밝혔다.[7] 이런 동기는 유도된 혁신의 이론을 개발한 1960년대 경제학자들이 탐구한 주제다. 이 이론에서 기업들은 기술 변화에 따르는 편향성의 정도를 **선택**한다. 기업들은 가장 빨리 비용을 줄일 수 있도록 여러 기회 중에서 선택을 한다. 이는 무엇을 시사하는가? 숙련 근로자들에게 유리한 쪽으로 치우친 지금과 같은 기술 변화의 시대가 끝나게 되리라는 것을 의미하는가? 숙련 근로자들이 더욱더 비싸지면 기업들은 그들을 대체할 길을 찾을까? 그에 대한 답은 "반드시 그렇지는 않다"는 것이다. 왜냐하면 (앞에서 보았듯이) 숙련 근로자들이 더 비싸지는 동안 그들의 생산성이 높아지므로 숙련노동의 단위당 비용은 떨어지기 때문이다. 앞서 논의한 것처럼 그 결과는 한 부류의 근로자들을 다른 부류로 얼마나 쉽게 대체할 수 있느냐에, 다시 말해 대체탄력성에 달려 있다. 숙련 근로자와 비숙련 근로자들을 대체하기가 비교적 쉽다고 가정하면 장기적인 결과는 비용 최소화를 추구하는 기업들이 숙련편향적 기술 진보에 집중하게 되는 것이다. 시장이 저절로 숙련 근로자들에게 유리한 편향을 필연적으로 반전시키는 방식으로 돌아가고, 그래서 경제 전체의 소득 분배를 이전 상태로 되돌린다는 것은 사실이 아니다.[8]

혁신에 대한 기업의 결정은 앞을 내다보는 것이어야 한다. 오늘의 결정은 장기적인 성과에 영향을 미친다. 그러한 영향은 조지프 스티글리츠와 내가 1960년대부터 또 하나의 경제학 논문에서 강조한 것이다.[9] 우리는 기술 변화에 대해 특정 근로자들의 생산 능력 증대가 아니라 생산 기술에 바탕을 둔 다른 접근 방식을 택했다. 또한 기술 진보는 흔히 특정 기술이나 생산활동에 **한정된다**고 주장했다. 이는 일반적인 것이 아니라 고도로 자본집약적인 철강 공장과 같은 특정 생산 과정에서 근로자들의 생산성을 높여준다. 그렇다면 앞을 내다보면서 우리가 미래의 생산활동에서 어떤 생산 기술을 실현하고 싶어하는지 질문하는 것이 중요하다. 더욱이 생산활동 중심의 접근 방식은 기술 진보와 임금 분배 사이의 관계를 더 풍부하게 설명할 수 있도록 해준다. 이는 '직무 과업job task' 접근 방식과 비슷한 점들이 있다. 데이비드 오터와 그의 동료들이 개발한 이 접근 방식에서 "하나의 과업은 생산물을 만들어내는 하나의 작업활동 단위"다.[10] 이들은 기술 변화가 서로 다른 과업들뿐만 아니라 그 과업들을 수행하는 상이한 기술을 가진 근로자들의 능력과 그 과업에 투입된 자본의 생산성에도 차별적인 영향을 미친다는 점을 인정하면서, 일상적인 일이나 표준화할 수 있는 과업들을 수행하는 데 중급 기술을 보유한 근로자들을 기계가 대체해왔다고 주장했다. 일자리 분포에서 중간 부분의 '공동화'가 진행됐던 것이다.

기술 발전이 연구와 개발을 통해 이뤄질 때뿐만 아니라 일하면서 배운 결과로 나타날 때에도 선택은 중요하다. 기업들은 특별한 생산 방식을 활용함으로써 어떻게 하면 그 일을 더 잘하고 생산 비용을 계속해서 줄일 수 있을지를 배운다. 경제학에 "실행을 통한 학습learning by doing"이라는 개념을 도입한 스탠퍼드대학의 노벨경제학상 수상자 케네스 애로는 항공기 기체 하나를 만드는 데 몇 시간이 필요한가를 보여주는 자료를 인용했다. 미국 공군은 다음과 같은 계산을 바탕으로 생산 계획을 세웠다. "주어진 기종의 N번째 기체를 생산하기 위해 필요한 노동량은 첫 생산이 시작될 때부터 계산할 때 N의 3분의 1제곱에 비례한다."[11] 스탠퍼드대의 또 다른 노벨상 수상자이면서 미국 에너지장관을 지낸 스티븐 추는 원자력발전소 건설을 예로 들었다. "한국에 10기의 똑같은 원자력발전소를 지었는데 열 번째 발전소를 짓는 데 든 비용은 첫 번째 발전소의 60퍼센트에 불과했다."[12] 기술 발전이 특별한 생산 기술과 관련돼 있을 때 미래 세대에 열려 있는 가능성은 단지 연구 개발에 관한 선택뿐만 아니라 어느 상품과 서비스를 생산할 것이며 그것들을 어떻게 생산할 것인지에 관한 선택들에도 좌우된다. 생산과 관련된 오늘의 결정은 장기적인 영향을 미친다. 우리는 그 분배적인 차원에 초점을 맞춤으로써 생산활동에 관해 오늘 내린 결정들이 미래 세대 근로자들의 임금과 소득에 영향을 미친다는 것을 알 수 있다. 그러므로 이러한 결정들이 자동적으로 이뤄지는 것이 아니라 의식적으로, 그리고 광범위한 이해관계자들에 의해 이뤄지는 것이 중요하다.

시장의 힘과 사회적 맥락

—

교과서적인 이론의 수요-공급 분석에서 당신의 임금은 다른 어떤 것이 아니라 생산에 대한 당신의 기여도에 따라 결정된다. 교역과 기술 변화로 당신이 가진 기술의 값어치가 떨어지면 (당신 가족들이 사서 쓰는 수입 제품들에 대해 더 적은 값을 치르고 PC가 해마다 더 싸지더라도) 당신의 소득은 줄어든다. 이 절에서 나는 시장의 힘들은 의심할 나위 없이 강력한 것이지만 다른 결정 요인들이 힘을 발휘할 상당한 여지를 남겨두며, 더 근본적으로 말하자면 시장은 결과적으로 소득 분배에 영향을 미치는 사회적 맥락 안에서 작동한다고 주장한다.

—————————— **사회적 제도로서의 노동시장**

'노동labour'의 철자가 다른 것만 빼면 이 절의 제목은 1990년 로버트 솔로가 낸 책의 제목과 같다. 솔로는 이 책 도입부에서 "특히 거시경제학에서 전통적으로 지배적인 견해는 노동시장이 거의 모든 측면에서 다른 시장들과 똑같다는 생각을 고수한다"고 지적한다.[13] 위에서 설명한 수요-공급 모형에서도 그러한데, 이 모형은 노동시장을 우유 시장과 같은 방식으로 다룬다. 우유 시장은 대개 단순한 문제다. 우리는 우유 판매점과 슈퍼마켓의 우유 진열대가 어디에 있는지 알고, 병 안에 어떤 우유가 들어 있는지 비교적 확실히 알 수 있다. 그러나 솔로의 말에 따르면 "이와 달리 상식적으로 볼 때 하나의 상품으로서 노동에는 뭔가 특별한 점이 있다는 생각이 당연하게 여겨지는 것 같다." 실제로 노동 시장은 우유 시장과 크게 다르다. 근로자들은 일자리를 찾아야 한다. 사용자들은 근로자를 찾아야 한다. 어느 쪽도 무엇을 얻을지 확실하지 않으며, 일단 둘 사이의 관계가 시작되고 나면 대부분의 경우 그 관계를 끝내기란 단순히 다른 슈퍼마켓으로 가는 것보다 쉽지 않다. 일자리를 갖는 것은 현금 거래 이상의 의미를 지니며, 그러므로 그 사회적 맥락이 대단히 중요하다. 솔로가 말했듯이 노동시장은 특히 "양쪽 참여자들 모두가 무엇이 공정하고 무엇이 불공정한지에 대한 잘 발전된 관념을 갖고 있다는 사실을 고려하지 않고는 이해할 수 없다."

사람들은 노동시장의 짝 찾기에 비용이 많이 든다는 것을 오래전부터 이해하고 있었다. 에릭 뉴비는 제2차 세계대전 전에 항해를 하면서 교역하던 마지막 시기를 기록하면서 취역 중인 배를 찾는 선원들과 적합한 승무원을 구하려는 그 배의 선장들이 맞닥뜨린 문제들을 생생하게 묘사했다.[14] 경제학자들은 더 최근에 와서야 그 과정을 분석하는 이론 모형을 개발했다. 이러한 노동시장의 '탐색' 모형들에서 기업들은 장래를 내다보고 경쟁을 하기 때문에 빈 일자리를 채우더라도 그에 따라 얻을 이득의 기댓값은 일자리를 만들어내는 데 따른 비용 수준으로 떨어질 수 있다. 하지만 시장의 마찰이 있으면 실제로 어떤 근로자를 빈 일자리에 채워넣을 때 그 비용을 초과하는 이득이나 지대rent를 만들어낼 수 있다. 일자리를 제안받은 근로자는 어느 정도 협상력을 지니고 있다. 그가 일자리 제안을 거절하면 사용자는 확실히 짝을 찾지 못하게 될 위험을 안고 구직자들이 모여 있는 곳으로 다시 돌아가야 하기 때문이다. 그 위험의 크기와 그에 따라 생기는 근로자의 지렛대는 노동시장의 공급이 얼마나 빠듯한지에 달려 있다. 근로자의 지렛대는 또한 실업 상태로 남아 있는 데 따른 비용에 달려 있다. 그러나 요지는 노동의 공급과 수요가 시장의 임금을 완전히 결정하지는 않는다는 점이다. 공급과 수요는 단지 임금의 한계를 정할 뿐이며, 채용에 따른 이득을 나누는 문제에서는 협상의 여지를 준다. MIT의 노벨경제학상 수상자인 피터 다이아몬드는 이렇게 말했다. "일단 서로 합치고 나면 기업과 근로자는 이득을 공유한다. (…) 근로자가 그 일자리를 받아들이거나 다음 일자리를 기다리는 것 사이에 아무런 차이가 없도록 하는 어떤 임금 수준이 있다. 기업이 그 근로자를 고용하거나 채용할 수 있는 다음 근로자를 기다리는 것 사이에 차이가 없도록 하는 임금 수준도 있다. 협상해야 할 문제는 이 두 한계 사이에 있는 임금에 합의하는 것이다."[15]

잉여의 분배와 그에 따른 임금은 양쪽의 상대적인 협상력으로부터 영향을 받지만 임금을 결정하는 과정에 다른 요소들이 끼어들 여지도 있다. 여기에는 공정한 보상에 대한 규범에 호소하는 것도 포함되며 이는 결국 관례와 실행으로 구체화된다. 헨리 펠프스 브라운 경은 그의 책 『임금 불평등The Inequality of Pay』을 경제학자와 사회학자의 접근 방식을 대비시키는 것으로 시작한다. 경제학자들은 인간을 개인의 인격과 무관한 거래에 참여하는 합리적인 존재로 본다. 이에 비해 사회학자들은 그들을 상호작용하며 사회적 실체를 이루는 존재로 본다.[16] 그러나 이 두 접근 방식은 경쟁적인 것이 아니라 보완적인 것으로 보면 더 좋다. 임금은 두 종류의 힘에 영향을 받는다. 공급과 수요는 가능한 임금의 범위를 결정하고 사회적 합의는 그 범위 안의 지점을 결정한다. 임금 격차가 얼마나 될지는 이 두 요소 모두에 달려 있다. 더 정확히 말하자면, 공정성이라는 관념과 사회 규범들을 끌어들이면 벤틀리 매클라우드와 제임스 맬컴슨이 말한 것처럼 "노동시장에서 개인적인 유인들이 그 자체로는 단 하나의 균형 수준 임금을 결정하는 데 전반적으로 충분하지 않을 때" 그러한 결정 불능 상태에서 벗어날 길을 마련할 수 있다.[17]

사회 규범을 지키는 것은 개인적인 합리성과 일치할 수 있으며, 사회의 규칙들은 근로자와 사용자들의 평판에 영향을 미침으로써 경제적 행동에 직접적으로 끼어들 수 있다. 예를 들어 같은 자격을 갖춘 근로자들의 집단 안에서 개인의 근로소득이 실제 생산성에 따라 늘어날 때 그 범위를 제한하는 보상 규칙이 있다고 하자. 이를 더 구체화하기 위해 이 규칙을 따르는 기업에서 근로자들은 그들 생산성의 (전부가 아닌) 일부에 일률적인 금액을 더한 임금을 받는다고 추가로 가정하자. 트루먼 뷸리는 그러한 관행을 "임금 평준화"라고 불렀으며, 미국에서 이루어진 면접조사에서 그는 "임금 차이는 대개 생산성 차이를 완전히 반영하지 않는다는 충분한 증거들이 있다"는 것을 밝혀냈다.[18] 이런 임금 정책은 어느 정도 재분배를 위한 것이며, 생산성이 낮은 근로자들은 그 보상 규범에 동의할 것으로 예상할 수 있다. 그러나 다른 근로자들 또한 설사 이 규범을 깨트림으로써 더 많은 보상을 받을 수 있을지라도 규범을 받아들인다. 이 규범을 믿는 이들은 그것을 어길 때 평판이 손상되리라는 것을 안다. 물론 사회 규칙에서 벗어남에 따라 평판이 얼마나 손상될지는 얼마나 많은 사람이 그 사회 규칙을 믿느냐에 달려 있다. 사람들이 더 이상 지키지 않으면 그 규칙의 토대는 무너진다. 사용자들 또한 그들의 평판을 염려한다. 그들 역시 전체 노동인구가 사회규범의 지배를 받을 때 일에 더 전념하고 헌신적인—그래서 더 생산적인—근로자들을 유치할 수 있다고 믿을 것이다. 이러한 이유로 기업들은 임금과 고용정책에서 공평성의 원칙들을 구체화한다.[19]

이런 상황에서는 시장에서 나온 결과가 하나 이상일 수 있다. 어느 한 시점에 어떤 사회는 공정한 보상의 규범을 강력히 지킨 덕분에 비교적 적은 임금 차이를 보일 수도 있고, 아니면 사회 규칙을 잘 따르지 않아 커다란 임금 격차를 나타낼 수도 있다. 어떤 사람들은 규칙을 지키고 어떤 사람들은 거부하는 중간적인 상황은 불안정하다. 균형점에서 벗어나면 격차가 걷잡을 수 없이 확대되기 때문이다. 외생적인 충격은 사회를 다른 어떤 상황으로 바꿔놓을 수 있다. 한 사회는 보상 관련 규범을 매우 잘 지켜서 상대적으로 임금 격차가 적은 상황에서 훨씬 더 많은 근로자가 개별적 기준을 바탕으로 임금을 받는 상황으로 옮겨 갈 수 있는 것이다. 그와 같은 과정이 개별적인 경제부문에서도 나타날 수 있다. 영국의 대학들이 하나의 실례다. 1971년 내가 에식스대학에 자리를 얻었을 때 그곳에는 (내 기억으로는) 교수 급여 수준을 다섯 단계로 나눈 표가 있었다. 협상의 여지는 별로 없었고, 교수로 몇 년 동안 재직하면 한 단계씩 올라갔다. 오늘날 전형적인 영국 대학에서 교수 급여는 넓은 범위에 걸쳐 있으며, 그중 어느 수준의 급여를 받을지는 개별 협상에 따라 결정된다.

이런 유의 동태적인 과정에서는 한동안 어떤 방향으로 움직이던 것이 갑자기 반대로 돌아갈 수도 있다. 이런 '충격'은 정치 환경 변화의 결과로 나타날 수 있다. 이는 다른 나라에서 벌어진 일에 영향을 받아 재분배를 위한 임금 규범에 대한 근로자들의 지지도가 떨어진 결과일 수도 있다. 그게 아니면 사용자 쪽에서 변화가 일어날 수도 있다. 사용자들이 평판을 얼마나 중시할지는 그들이 미래를 어떻게 보느냐에 달려 있다. 기업들이 미래 이익을 현재가치로 환산할 때 더 큰 폭으로 할인하게 되면 임금 규범들을 지키는 데 따른 평판 면에서의 이익에도 그만큼 낮은 가중치를 매긴다. 실제로 기업들이 점점 더 주주 가치를 강조하기 때문에 할인율이 올라갔을 가능성이 있다. 자본시장의 변화는 이런 식으로 임금 분배에 영향을 미친다. 추가로 고려해야 할 사항은 과거에 정부는 공공부문의 고용을 통해 임금 수준과 상대적인 임금 격차에 영향을 미치려 했지만 이러한 지렛대는 최근 몇십 년 동안 민영화의 결과로 약화됐다는 점이다. 국영기업들이 민간 주주들에게 넘어가면서 사용자들의 집단적인 행동도 바뀌었다. 그 결과 분배의 격차는 더 벌어지게 되었다.

요컨대 시장의 힘들은 단지 노동시장에서 나타날 수 있는 결과의 한 계만 정해줄 뿐이라는 점을 일단 인정하고 나면 공정의 관념이 개입될 여지가 있음을 볼 수 있다. 우리는 또한 그러한 관념이 영향력을 발휘 하도록 함으로써 임금 분배를 바꿀 수 있다. 그러나 이는 단지 개별적 으로 협상해야 할 문제만은 아니다. 따라서 이제 단체교섭으로 눈을 돌려보자.

"우리는 갈라서 있다"

임금 격차의 증가가 노동조합과 단체교섭의 역할이 줄어듦과 동시에 일어났다는 데에는 일반적인 의견 일치가 존재한다. OECD 보고서 『우 리는 갈라서 있다』에서 보여주는 그래프는 스페인을 빼면 모든 OECD 국가에서 2008년 노동조합 가입률이 1980년보다 낮아졌다는 사실을 나타낸다.[20] 그러나 노동조합이 임금 격차에 얼마나 영향력을 미치는지 에 관해서는 상당한 논쟁이 있다. 한편으로 스티브 니켈과 리처드 레이 어드는 "OECD 국가 전반에 걸쳐 최근 실업과 임금 분배의 큰 특징들 중 대부분은 수요와 공급의 변화로 설명할 수 있는 것으로 보이며, 노 조와 최저임금 같은 특수한 제도적 특성들이 미친 영향은 상대적으로 미미하다"고 결론 내렸다.[21] 다른 한편으로 옐러 비서르는 "단체교섭이 (…) 시장이 임금을 결정하는 경우에 비해 상대적으로 근로소득 격차를 줄였다는 것은 하나의 일관된 연구 결과"라고 결론지었다.[22] 노조 가입 률 감소가 임금 격차 확대에 얼마나 많은 영향을 미쳤는지 확인하려는 연구들 중에서도 이견이 표면에 드러났다. 데이비드 카드, 토마 르미외와 크레이그 리델은 캐나다와 영국, 미국에 대한 연구에서 노조 가입률이 큰 폭으로 하락한 것이 "미국과 영국에서 임금 불평등이 심화된 것 가운데 큰 부분을 설명한다"고 밝힌다. 그러나 이 결론은 남성에게만 적용되며, 이에 비해 "여성의 단체협약 적용률이 조금 떨어진 것은 여성의 임금 불평등에 거의 영향을 주지 않았다." 또한 이들의 결론은 캐나다에는 맞지 않는데, 캐나다에서는 남성의 단체협약 적용률이 떨어졌는데도 임금 불평등에는 변화가 거의 없었다.[23] 이 장 첫 부분에 제시한 목록 중 다른 항목들이 그렇듯 노조의 영향력이 줄어든 것은 불평등을 부분적으로 설명한다. 그러나 단지 부분적으로만 그럴 뿐이다.

노조의 힘이 줄어든 것은 정치적 사건들로부터 많은 영향을 받았다. 이런 맥락에서 우리는 노조를 조직하기 위한 법적 권리를 확립하는 과정에서 길고도 흔히 폭력적인 역사가 있었음을 잊어서는 안 된다. 이제 노조활동은 점점 더 적대적으로 바뀌는 법적 체계의 지배를 받고, 최근 몇십 년 동안 근로자들의 권리가 다시 축소되는 추세가 나타났다는 사실을 무시해서도 안 된다. 영국의 노동조합대회Trade Union Congress는 "오늘날 영국 노동조합 가입자들은 1906년 지금의 노동쟁의 관련 법체계가 도입됐을 때보다 노동쟁의 행위를 할 권리를 더 적게 가지고 있으며 합법적인 노동쟁의에 참여하는 이들이 여전히 해고당하거나 희생양이 되기 쉬운 처지에 있다"고 본다.[24] 그러나 노조의 쇠퇴는 경제에서 일어나고 있는 일과도 관련이 있다. 제5장에서 나는 고용의 변화하는 속성을 논의한다. 하지만 이 장 앞부분에서 검토한 숙련편향적 기술 변화에 관한 교과서적 이론과의 직접적인 연결 가능성에도 주목해야 한다. 대런 에이스모글루, 필리프 아기옹과 조반니 비올란테는 노동시장 제도의 분석 모형을 만들려는 통찰력 있는 논문에서 노동조합 가입률이 떨어진 것은 기술 변화가 숙련 근로자들에게 치우친 결과라고 주장했다. 숙련 근로자들에게 편향된 기술 변화는 노조 협상력의 바탕이 돼주는 숙련 근로자와 비숙련 근로자 사이의 연합을 침식하며, 그에 따라 노조 가입률이 떨어지고 이는 임금 격차 확대를 더욱 증폭시킨다.[25]

임금 분배에 대한 노동조합의 영향을 확인하려는 실증적 연구에서 명백한 문제 하나는 노조 협상력을 계량적 지표들로 압축해 보여주기가 어렵다는 점이다. 표준적인 측정치로 노동조합 가입률이 채택되지만 2003~2008년 노조 가입률에 관한 유로파운드Eurofound 보고서는 "노조 가입률 통계는 어려운 주제이며 (…) 수많은 방법론적 문제와 개념적 문제가 있는 분야"라고 경고하는 것으로 시작한다.[26] 노동조합과 조합원 자격을 어떻게 정의하고 자료는 어떻게 모을지에 관한 문제들이 있었다. 특히 프랑스와 스페인 같은 나라에서 노조 가입률과 그보다 넓은 개념인 단체협약 적용 범위 사이에는 명백한 차이가 있다. 단체교섭의 영향은 결정적으로 제도적인 체계에 달려 있다. 이 체계는 나라마다 상당히 다르며 노조 조직률과 같은 하나의 거시경제 변수로 적절히 파악할 수 없는 것이다. 임금 결정이 얼마나 중앙으로 집중되는지는 중요한 측면인데, 시간이 지나면서 집중도가 높아지기보다는 떨어지는 것으로 나타나는 나라가 늘어나고 있다. 마이클 푀스터와 이슈트반 토트에 따르면 "중앙에 집중된 교섭은 근로자들의 협상 지위를 개선하며, 이는 분배 정의의 규범을 확산시키는 데 도움이 될 수 있다."[27]

자본과 독점의 힘

—

토마 피케티가 최근에 펴낸 책은 '21세기 자본'이라는 제목을 달았지만, 사실 이 책은 '부wealth'와 '자본capital' 모두에 관한 것이며 이 둘을 계속해서 구분하는 것이 중요하다. 부는 이제 매우 광범위하게 분배돼 있지만 그중 대부분은 생산적인 경제활동에 대한 통제력을 그 부를 가진 사람들의 대문 너머로는 거의 전달하지 않거나 아예 전달하지 못한다. 자가 주택 거주자들이 거주 서비스를 창출하는 자산을 통제하는 것은 사실이다. 하지만 그들이 연금저축 가운데 일부를 임대 부동산을 보유한 헤지펀드에 투자한다고 해서 그 주택이나 아파트에 대해 통제력을 발휘하는 것은 아니다. 세입자를 어떻게 다룰지 결정하는 것은 펀드 매니저들이다. 마찬가지로 기관투자가들을 통해 보유하는 부는 상장회사들의 주식자본 대부분에 투자될 수 있어도 저축자들은 그들 회사의 의사결정에 발언권을 갖지 못한다. 생산활동에 자본을 대는 것은 부를 소유하면서 수익을 얻는 것과는 다르다.

이 익 공 유

우리가 경제를 거시적으로 보며 소득 분배를 생각할 때 적합한 것은 **자본**이다. 앞 장에서 보았듯이 불평등을 줄이는 데 기여한 요소 가운데 하나는 전후 국민소득에서 임금소득의 몫이 늘어난 것이었다. 그 추세는 이제 역전됐다. 지난 몇십 년 동안 늘어난 것은 이윤의 몫이다.

이윤의 몫이 늘어나는 것을 검토할 때는 대부분의 대학에서 거시경제학자들이 공통적으로 그렇게 하듯이 총생산함수를 자연스러운 출발점으로 삼을 만하다. 이 함수는 자본의 총량과 노동력의 규모에 따라 나라 전체의 생산이 결정되는 것을 말한다.[28] 이는 경제성장에 관한 솔로 모형의 핵심이며, 이 모형은 시간이 지나면서 자본총량과 노동력이 늘어남에 따라 경제가 발전한다는 것을 보여준다.(이 논의에서 나는 경제가 닫혀 있으며, 그래서 해외에서 자본이나 노동이 유입되지 않고 수출과 수입도 없다고 가정한다.) 그렇다면 시간이 흐르면서 축적된 자본의 총량은 늘어나는데 노동력은 변하지 않은 채 남아 있으면 무슨 일이 일어나게 될까? 어떤 경제에서 완전경쟁이 이뤄져 자본의 수익률이 자본의 한계생산성과 같은 경우 근로자 한 사람당 자본총량이 늘어나면 자본수익률은 떨어진다. 그러므로 자본총량 증가가 이윤의 몫에 미치는 영향은 자본수익률이 얼마나 떨어지는가에 달려 있으며, 이는 결국 근로자 한 사람당 추가되는 자본이 얼마나 쉽게 흡수되느냐에 따라 결정된다. 따라서 다시 한번 자본 증가가 소득 분배에 미치는 영향은 대체탄력성—이 경우는 자본과 노동 사이의 대체탄력성—에 의해 결정되는 것으로 나타난다.(이 장 앞부분에서 설명한 것은 숙련 근로자와 비숙련 근로자 사이의 대체관계였다.) 노동력을 자본으로 대체하기가 쉬워서 대체탄력성이 1보다 크다면 근로자 일인당 자본이 늘어남에 따라 자본의 수익률은 조금 떨어지고 이윤의 몫은 늘어나게 된다.[29]

이윤의 몫에 어떤 변화가 일어났는지 확증하는 것은 자본과 노동 사이의 대체탄력성을 구하는 문제로 보인다. 이와 관련해 경제학자 사이에 일정 수준의 합의가 이뤄져 있다. 대런 에이스모글루와 제임스 로빈슨에 따르면 "기존 추정치들 중 압도적인 다수는 단기적인 대체탄력성이 1보다 훨씬 작다는 것을 나타낸다." 로버트 치링코는 미국에서 나온 31건의 연구를 검토한 후 "여러 증거가 [총대체탄력성]은 0.40과 0.60 사이에 있음을 제시한다"고 결론 내렸다.[30] 그게 사실이라면 근로자 일인당 자본이 늘어나면 이윤의 몫은 늘어나는 것이 아니라 줄어들 것이다. 그러나 문제는 결코 이렇게 단순하지 않다. 시간에 따라 이윤의 몫이 달라지는 것은 자본의 축적 비율뿐만 아니라 기술 변화의 속성과도 상관이 있다. 기술 발전은 우리가 앞서 숙련, 비숙련 노동과 관련해 논의한 것과 똑같은 방식으로 자본에 유리한 쪽으로 치우칠 수 있다. 예컨대 알폰소 아르파이아, 에스터 페레즈와 칼 피철먼은 "유럽연합 15개 회원국 중 아홉 나라에서 노동의 몫이 줄어드는 경향이 나타났는데, 이는 대부분 자본 증가를 불러오는 기술 진보 그리고 여러 기술 분야에 걸쳐 노동이 자본으로 대체되는 현상과 더불어 자본의 심화[다시 말해 근로자 일인당 자본이 늘어나는 것]에 좌우된다"고 결론 내렸다.[31] 그것이 사실이라면 우리는 앞서 한 질문과 같이 기술 발전의 방향을 결정하는 요인들에 관해 물어야 한다.

대체탄력성은 틀림없이 단기에서보다 장기에서 더 크다. 더 일반적으로 말하자면 과거는 미래를 위한 좋은 가이드가 아닐 수도 있다. 우리는 총생산함수에 대해 더 대담하게 생각할 필요가 있다. 미국 재무장관을 지낸 하버드대 경제학자 로런스 서머스는 하나의 흥미로운 가능성을 제시했다. 자본은 두 가지 역할을 하는 것으로 볼 수 있다. 즉 자본은 생산함수의 첫 번째 항목을 통해서 생산에 직접적인 역할을 할 뿐만 아니라, 자본이 인간의 노동을 보완해주는 한 간접적인 역할도 한다.[32] 이때 보완적인 역할이란 로봇 활용 같은 형태를 생각할 수도 있지만 다른 형태를 취할 수도 있다. 생산함수에 따르면 자본은 첫 번째 용도로는 늘 쓰이지만 노동을 보완하는 데에는 쓰일 수도 있고 쓰이지 않을 수도 있다. 로봇이나 다른 형태의 자동화가 인간의 노동을 보완하는 데 쓰일 수 있는 조건은 우리가 예상하듯이 노동과 자본의 상대적인 비용에 달려 있다. 자본 비용 대비 임금 비율에 있어 로봇을 쓰는 것이 경제적인 행위가 되는 임계점이 있다.[33]

이런 정식화는 하나의 은유처럼 보일 수 있지만 그 밑바탕에는 실제적인 것이 깔려 있다. 칼 베네딕트 프레이와 마이클 오즈번은 미래에 미국의 일자리가 컴퓨터화될 가능성에 관한 연구에서 미국 일자리 중 47퍼센트가 고위험 직군에 속한다는 결론을 내렸다. 이들 직업이 앞으로 몇십 년 동안 자동화될 가능성이 크다는 뜻이다. 프레이와 오즈번의 분류는 앞서 이야기한 것처럼 일상적/비일상적인 일로 나누거나 앞선 연구에서처럼 육체적/정신적 작업으로 구분하는 것을 넘어 컴퓨터화에 대한 특별한 장애 요인들을 검토한다. 고위험 직업은 특히 사무와 관리, 세일즈, 서비스 직군에 있다. 자동화 위험이 낮은 일자리들은 보건, 교육, 교육/법률/공공서비스와 예술, 미디어 분야에 있다. 이들 일자리가 사회적 지각, 협상, 설득, 창의성과 같은 인간의 특별한 기술을 요구하는 분야라는 것은 놀랍지 않다.[34]

그러므로 우리는 당초 솔로 모형을 적용했던 거시경제적 발전에 관해 한 가지 이야기를 할 수 있다. 이런 맥락에서 자본-노동 비율이 늘어나면 임금은 오르고 자본수익률은 떨어지게 된다. 자본의 몫은 대체탄력성이 1보다 클 때만 늘어난다. 그러나 어떤 수준을 넘어가면 임금/수익률 비율은 임계점에 이르고 로봇이 인간의 노동을 밀어내기 시작한다. 그렇게 되면 일인당 자본이 늘어나면서 경제는 더 성장하지만 임금/수익률 비율은 변하지 않고 그대로임을 볼 수 있다. 자본의 몫은 대체탄력성과 무관하게 늘어날 수 있다. 이런 식으로 탄력성에 관한 어떤 가정도 없이 경제성장의 표준적인 모형을 간단하게 수정해 분배상의 핵심적인 딜레마를 부각시킬 수 있다. 성장의 과실은 이제 점점 더 이윤 증가를 통해 생겨난다. 이 딜레마는 실제로 약 50년 전에 내 스승 제임스 미드가 상당한 예지력을 갖고 자동화가 불평등을 키울 것이라고 주장한 그의 책 『효율, 평등과 재산 소유권Efficiency, Equality and the Ownership of Property』에서 강조한 것이다.[35] 당시에는 그에 대해 의문이 제기됐다. 그의 책에 대한 서평에서 폴 새뮤얼슨은 "늑대가 온다고 소년이 외치지 않았는가"라고 묻고는, 미국에서는 "우리의 두툼한 통계자료에서 아직 누구도 임금의 몫이 줄어든다는 것을 발견하지 못했다"고

덧붙였다.[36] (1965년) 당시에는 새뮤얼슨이 옳았다. 하지만 우리가 도표 2.4에서 보았듯이 임금의 몫은 이제 줄어들고 있다. 노벨경제학상 수상 자들(새뮤얼슨은 1970년, 미드는 1977년 수상—옮긴이)의 견해가 이같이 충돌한 후 약 반세기가 지난 다음 미드는 자본과 그 소유권의 중요성 에 대해 우리에게 경고한 것이 정당했음을 증명한 것으로 보인다.

기 업 과 시 장 지 배 력

지금까지 한 이야기에서는 경제 무대에서 활동하는 중요한 배우들이 단역만 맡아왔다. 기업, 회사, 사업체가 바로 그들이다. 어떤 면에서 이 는 기업들이 고용주로서 등장하는 노동시장에 주의가 집중됐기 때문 이다. 이 시장에서는 제품과 서비스의 판매자로서 기업의 활동이 고려 되지 않는다. 그러나 임금과 다른 여러 가지 소득의 구매력을 결정하는 것은 이들 제품의 가격이다. 노동조합들은 더 높은 임금을 받기 위해 협상할 수 있지만, 이는 단순히 물가를 더 올리는 결과를 낳을 수도 있 다. 총생산액에서 근로자들의 몫은 늘어나지 않는 것이다. 기업들은 **완 전경쟁**을 한다는 가정 때문에 그들이 무대의 배경에만 머물러 있었던 측면도 일부 있다. 다시 말해 사람들은 지금까지 기업들이 생산물을 팔 수 있는 가격이 주어지고 그들이 이를 그대로 받아들인다고 가정해 왔다. 이는 기업들이 상당한 시장 지배력을 갖고 그들 스스로 가격 정 책을 결정할 수 있는 현대 경제에서 실제와 동떨어져 있다. 기업들은 경쟁에 직면하기 때문에 그들 가운데 순수한 독점기업은 거의 없지만, 얼마나 팔 수 있을지는 자신들이 책정하는 가격에 달려 있다는 점을 그들도 안다. 이들은 **독점적 경쟁**을 하는 것이다.

시장 지배력을 인정하면 이야기가 달라진다. 기업들이 완전경쟁을 한다는 가정은 하나의 악의 없는 단순화가 아니다. 이는 출발점부터 매우 잘못된 방향으로 이야기를 이끌어갈 수 있다. 폴란드 경제학자 마이클 칼레츠키가 말한 것처럼 "완전경쟁은, 이것이 손쉽게 쓸 수 있는 이론 모형이라는 그 실제적 특성이 잊히면 위험한 신화가 된다." 칼레츠키는 「계급투쟁과 국민소득의 분배」라는 논문에서 이렇게 주장했다. "완전경쟁 아래서는 임금 수준이 달라져도 국민소득 중 임금의 몫은 확실히 바뀌지 않을 것이다. 그러나 과점적 시장 구조, 초과 생산능력 그리고 가격 인상은 성공적인 임금 협상의 바탕이 된다. 노동조합의 힘이 셀수록 그들은 더 강력하게 가격 인상을 억제할 수 있고 그래서 국민소득 중 임금의 몫을 늘릴 수 있을 것이다."[37] 당초 칼레츠키가 했던 분석을 넘어 오늘날 노동시장에서 협상을 하는 독점적 경쟁 기업들의 행태에 대한 이해를 결합시키면 우리는 실제로 근로자들의 힘이 세질수록 기업들이 자기네 제품의 가격을 정할 때 시장 지배력을 이용하는 정도가 줄어드는 것을 볼 수 있다.[38]

이러한 상호연관성들을 완전히 이해하려면 경제의 일반 균형을 살펴봐야 한다. 많은 경우에, 예를 들어 우유 시장과 같은 경제의 한 부분, 다시 말해 '부분 균형partial equilibrium'만 봐도 목적을 이루기에 충분하다. 그러나 소득 분배를 조사하려면 노동시장, 자본시장과 더불어 (이미 지적한 것처럼) 상품시장을 종합적으로 볼 필요가 있다. 우리는 경제를 전체적으로 봐야 한다. 이와 같은 시장경제의 일반 균형을 이루는 데 있어 사람들은 몇 가지 서로 다른 역할을 하며, 그 결과는 그들이 각각의 시장에 무엇을 가지고 오느냐, 시장에서 그들이 차지하는 지위로부터 어떤 힘을 이끌어내느냐에 달려 있다. 오늘날 거대 다국적기업들의 지위에서 나오는 힘에 관해 많은 우려가 있지만 이는 새로운 것이 아니다. 현대 기업들의 지배력에 대한 우려는 존 케네스 갤브레이스가 1952년에 낸 책 『미국 자본주의American Capitalism』에서 근로자와 소비자 집단의 '대항력' 개념을 모색하도록 했다.[39] 경제의 균형을 다시 맞추는 힘은 제2부에서 내놓는 제안들 중 하나다.

거시경제학과 사람들

—

이 책에서 내 관심은 개인과 그 가족들에게 무슨 일이 일어났는가에 관한 것이다. 이 같은 관심은 때로 국민소득이나 국내총생산GDP과 같은 거시경제적인 총계로 말하는 경제정책 결정자들의 관심사와 굉장히 동떨어진 것으로 보인다. 뉴스 단신과 정책 토론들을 압도하는 경향을 보이는 것은 후자—거시경제적 숫자—다. 그러나 이 둘은 서로 관련돼 있으며, 경제의 성장과 생산 수준은 개개인에게 일어나는 일들을 결정하는 주요한 요인들이다. 이 장에서 지금까지 주로 관심을 기울여온 자본과 기술 투자에 대한 수익률도 마찬가지다. 우리는 거시경제와 소득 분배 사이의 점들을 이어줄 필요가 있다.

국 민 소 득 에 서   가 계 소 득 으 로

그 점들을 잇는 것은 쉽지 않다. 우리가 경제학자가 아닌 이웃집 사람에게 표준적인 GDP 통계를 설명하려 한다면 국민계정에 나오는 이 숫자들과 우리 이웃이 소득세 과세 당국에 제출할 숫자들을 연결하기는 어려울 것이다. 국민계정을 연구하는 것은 미로에 들어가는 것과 같다. 우리는 (도표 3.1에 나오는) 임금과 봉급 같은 알아볼 수 있는 지표들에서 출발한다.(하지만 그조차도 간단하지 않다. 이 지표들은 사회보장과 민간 복지 혜택을 위한 사용자의 기여금을 포함하고 있으며, 그래서 급여 봉투로 받는 금액과 같지 않기 때문이다.) 그다음에 우리는 생산적인 경제와 가계부문 사이에 있는 기관들을 거쳐 길을 찾아가야 한다.

이 과정에 개입하는 가장 큰 기관은 국가다. 우리가 이미 검토한 대로 가계는 세금을 내고 이전 혜택을 받기 때문이다. 이는 도표 1.5에 나타나 있다.(그리고 도표 3.1에서는 점선으로 보여준다.) 그러나 국가는 불평등 정도에 영향을 미치는 다른 중요한 역할도 한다. 여기서는 특히 두 가지가 의미를 지닌다. 첫째, 제1장에서 논의했듯이 많은 국가가 의료와 교육 등 개인들이 소비하는 대량의 서비스를 제공한다. 이들 서비스의 범위와 배분은 분배에 커다란 영향을 미칠 가능성이 있다. 주어진 화폐 소득은 무료로 이용할 수 있는 보편적 의료 혜택이 있는 나라에서는 그 값어치가 다르다. 이와 관련해서는 영국과 미국만 비교

도표 3.1 국민소득에서 가계소득으로

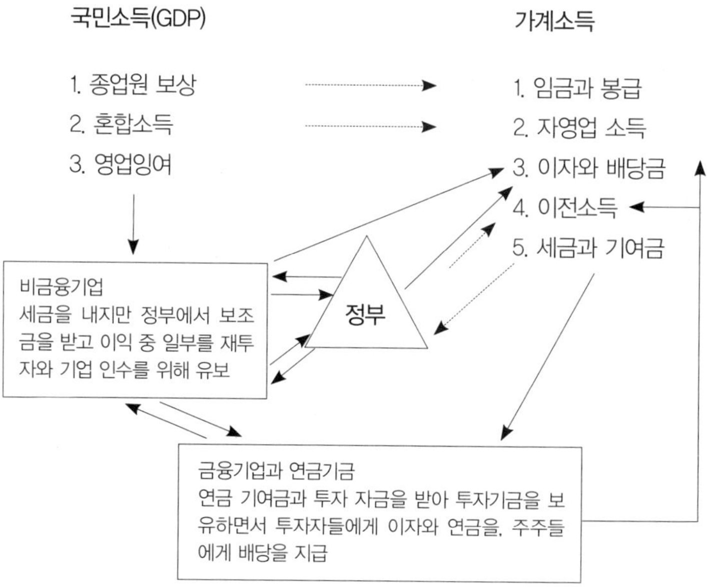

해봐도 된다. 둘째, 우리가 아주 잘 알고 있듯이 국가는 부채를 발행한다. 국가채무에 대한 이자는 다른 누구보다 가계에 지급되며 이는 도표 3.1에서 실선으로 보여주듯이 가계소득의 일부를 형성한다. 우리는 요즘 국가 대차대조표의 자산 쪽에 관한 이야기를 별로 듣지 못한다. 그러나 국가는 확실히 자산을 소유하며 이는 국가채무에 대한 평형추다. 여기에는 도로, 학교, 정부 소유 건물과 같이 국가가 직접적으로 통제하는 자산들이 포함된다. 그뿐만 아니라 대부분의 나라에서 기업에 대한 국가 소유 주식도 포함된다. 예를 들어 독일의 니더작센 주는 폴크스바겐그룹에 상당한 지분을 갖고 있는데, 2013년에는 의결권의 20퍼센트를 보유하고 있었다.

(비금융) 기업들은 국민소득에서 가계소득으로 옮겨가는 과정에 개입하는 두 번째로 큰 기관이다. 기업 이익의 일부는 배당과 이자로 가계에 지불되지만 일부는 재투자나 기업 인수를 위해 사내에 유보된다. 재투자나 인수가 성과를 올리면 이 유보된 기업 이익은 미래에 더 많은 배당을 낳게 된다. 주식시장에서 그와 같은 배당 증가가 예상되는 한 그 기업의 주가는 올라간다. 미래의 배당 증가가 즉시 자본화돼 주가가 오르는 것이다. 우리가 보았듯이 소득의 포괄적인 정의를 채택하면 실현되지 않은 자본이득과 손실이 가계소득에 포함된다. 동시에 이는 확실히 간접적이고 불확실한 메커니즘이다. 기업부문과 정부 사이에서 양방향으로 가는 화살표들이 있다. 기업은 정부보조금 혜택을 받고 법인세와 다른 세금들을 낸다. 여기서 외국으로 가는 흐름은 드러나지 않는다. 오늘날 세계화된 경제에서는 외국 투자자들이 기업부문의 주요 지분을 소유할 수 있다. 영국의 경우 2012년 보통주의 수익적 소유권beneficial ownership 조사 결과 전체 지분의 절반 이상이 '국외' 투자자 소유로 나타났다.(이는 1998년 3분의 1에도 못 미쳤던 것보다 늘어

난 것으로, 세상이 어떻게 바뀌는지 보여주는 두드러진 지표다.)[40]

이 과정에 개입하는 세 번째 부류로 연금기금과 생명보험회사들을 포함해 '금융서비스'라는 딱지를 붙인 기관들이 존재함에 따라 도표는 더 복잡해진다. 이 기관들은 기업의 주요 주주들이다. 국내 보유 주식 가운데 3분의 2는 금융서비스 부문의 손안에 있다. 개인들이 직접 소유하는 주식은 5분의 1을 조금 웃돌 뿐이다. 따라서 기업 소득의 대부분은 가계소득과의 연결고리가 더욱 불명확해진다. 예를 들어 연금기금이 미래 연금 지급 의무를 이행하기 위해 투자 수익을 쌓아둘 경우 그 수익을 실제 지급하는 시기는 오랫동안 지연될 수 있다. 뒷부분에서 자본소득의 몫이 늘어나는 것의 시사점을 검토하면서 전체적인 투자수익률과 소액 저축자들의 은행 계좌에 실제로 입금되는 금액 사이의 차이를 살펴보겠다.

분 석 에   대 한   시 사 점

국민계정에서 가계소득에 이르는 경로에 대한 이상의 짧은 안내로부터 두 가지 일반적인 교훈을 이끌어낼 수 있다. 첫 번째는 이 둘을 똑같은 것으로 볼 수는 없다는 점이다. 전체 가구소득은 (GDP와 같은) 전체 국민소득보다 상당히 적은 금액이다. 국민소득 중 많은 부분이 중간에 개입하는 기관들에 흡수된다. 국가는 공공행정과 국방, 공공재를 제공하기 위한 자원을 필요로 한다. 기업들은 투자를 위해 이익을 유보한다. 미래를 내다보면 가구소득 증가율이 GDP 성장률보다 낮으리라는 것을 알 수 있다. GDP 중 일부는 기반시설을 유지하고, 기후변화를 누그러뜨리며, 교육에 투자하고, 늙어가는 인구를 돕는 데 들어가야 한다. 나라와 정부에 따라서는 이러한 요구들을 충족시킬 책임을 민간부문에 넘길 수도 있지만 실제 부담은 가계가 마음대로 쓸 수 있는 소득 (민간 의료와 교육에 드는 비용을 지불한 후 쓸 수 있는 소득)을 줄이는 형태로 남는다. 어느 쪽이든 미래에 가계가 쓸 수 있는 소득의 증가율은 과거에 보았던 것보다 낮을 것으로 예상된다.

두 번째 교훈은 전체 가계소득과 그 분배는 거시경제 요인들뿐만 아니라 안드레아 브란돌리니가 '정당한 권리의 규칙entitlement rules'이라고 일컬은 것들에도 달려 있다. 이 규칙은 "경제의 생산물을 전용할 권리를 규정하는 메커니즘 (…) 또는 생산과 사람 사이의 분배를 연결하는 '여과장치'"로 정의할 수 있다.[41] 이 규칙들은 매우 구체적인 것일 수 있다. 기업이 파산하는 경우에는 남은 자산에 대한 청구권의 우선순위가 있으며, 연금기금의 경우 발생한 수익을 기존 가입자와 미래 가입자들이 나누도록 하는 조항들이 있다. 이 권리들은 실업 근로자가 받을 수 있는 정부의 지원처럼 일반적인 권리일 수도 있다. 중요한 점은 이 권리 규칙들은 우리가 소득 분배를 이해하기 위해 살펴볼 필요가 있는 사회적, 경제적 상호작용의 산물이라는 것이다. 달리 말하면 거시경제적 조건들이 같은 두 나라가 권리 규칙들의 차이 때문에 소득불평등 정도에서 커다란 차이를 나타낼 수 있다. 권리 규칙을 바꾸는 것은 중간에 개입하는 기관들을 거친 후 가계에 이르는 소득의 불평등을 줄이는 하나의 수단이 될 수 있다.

정당한 권리는 소득의 수령과 그 소득의 처분에 대한 결정권 두 가지 다를 이야기한다. 경제는 소득 흐름의 패턴뿐만 아니라 통제권의 소재라는 면에서 봐야 한다. 영국 재무장관인 조지 오즈번은 2014년 보수당 전당대회 연설에서 부지불식간에 이 문제를 드러냈다. 당시 그는 "사람들이 한 번의 클릭만으로 그들의 투자 자금을 한 나라에서 다른 나라로 옮길 수 있고 기업들이 하루아침에 일자리를 다른 곳으로 이전

해버릴 수 있는 현대의 글로벌 경제에서는 높은 세율을 주장하는 경제 이론이 과거의 것이 됐다"고 말했다. 고율 과세 문제에 관해 그가 옳은 지 아닌지는 제7장에서 택한 주제다. 그러나 그의 말은 오늘날 영국에서 일자리에 관한 핵심적인 의사결정들을 근로자나 소비자, 또는 그 회사들이 자리 잡은 곳의 지방정부나 중앙정부가 아닌 기업이 내리고 있다는 것을 인정한다는 면에서 흥미로운 사실을 드러낸다. 이는 소유와 통제를 구분할 필요가 있다는 점을 뒷받침한다. 영국에서 부에 대한 소유권은 다른 선진국에서와 마찬가지로 지난 세기에 걸쳐 그 형태가 바뀌었다. 소수의 자본가 계급이 있을 때 소유권은 집중돼 있었다. 오늘날 소유권은 훨씬 덜 불평등하게 분배돼 있다. 그러나 이러한 소유권의 변화는 경제적 권력의 평등화를 불러오지 않았다. 대부분의 인구가 가진 부의 큰 부분을 이루는 주택 소유권은 일자리나 투자에 대한 통제력을 갖지 않는다. 연금저축에 투자된 부는 그 소유자들에게 그들의 돈이 어디에 쓰일지에 대한 결정권을 주지 않는다. 이제 부와 자본 사이에는 중요한 차이가 있다. 자본의 힘은 수익을 얻는 소유자들이 아니라 펀드 운용자들이 행사한다.

의사결정 권한이 어디에 있는가 하는 문제는 제2부에서 불평등을 줄이기 위한 방안들을 제시할 때 상당히 중요하게 다루겠지만, 여기서는 먼저 임금과 자본소득 간의 연결고리에 대해 앞서 했던 분석을 더 상세하게 살펴보려 한다.

근로자 집단의 소득에서 개인 소득으로

앞서 행한 임금 분석은 대부분 (숙련 근로자와 비숙련 근로자처럼) 특정 부류의 근로자 집단을 대상으로 한 것이었는데, 이는 임금이 가계

소득불평등에 미치는 영향을 이해하는 데 한계를 갖는다. 따라서 우리는 개인 소득을 검토해야 한다.[42] 대학을 졸업한 근로자와 그보다 교육 수준이 낮은 근로자를 구분하는 것은 전체 노동인력을 대단히 큰 두 부류로 나눈다. 2013년 미국에서는 25세에서 64세 사이의 인구 중 44퍼센트가 대졸자였다.[43] 다른 나라들의 경우 고등교육을 받은 노동력 비중을 보여주는 세계은행 표에 따르면 벨기에, 키프로스, 에스토니아, 핀란드, 아일랜드, 리투아니아, 룩셈부르크, 노르웨이, 영국에서 그 비율은 40퍼센트에 가깝다.[44] 개인별 근로소득에서 관찰되는 더 미세하게 변해가는 패턴을 교육 수준 하나로만 설명하기에는 충분하지 않다. 우리는 교육 수준이 같은 사람 사이의, 다시 말해 집단 내 구성원 사이의 근로소득 차이를 설명할 수 있어야 한다.

　근로소득 분배에 대해 더 풍부한 설명을 하기 위해서는 대학 졸업자 임금 프리미엄이나 숙련 근로자와 비숙련 근로자의 임금 비율 같은 단일 통계를 넘어설 필요가 있다. 도표 3.2에서 영국의 경우를 보여주듯이 우리는 소득 분포를 전체적으로 봐야 한다. 이 도표를 작성하기 위해 나는 먼저 근로소득 분포상 아홉 단계의 십분위를 설정했다. P10, P20 하는 식으로 표시한 십분위들은 (전일제) 노동인력을 그들의 근로소득 순위에 따라 열 개 집단으로 나누는 구분선을 나타낸다. 여기서 한가운데 있는 이는 중위소득(P50)을 얻는 사람이며, 다른 이들의 소득은 이 중위소득에 대한 비율로 표시된다. 따라서 P50=1이다. 그런 뒤 이를 1977년의 비율과 비교해 표시하는 방식으로 이 비율의 변화를 계산했다. 따라서 도표 3.2에서 이 값이 1.1이라면 그 십분위의 소득은 중위소득보다 10퍼센트 더 늘어났다는 뜻이다. 모든 십분위는 1에서 출발하며, (특별한 표시가 없는 선으로 나타낸) 중위소득은 정의에 따라 시간이 지나도 그대로 1로 남는다. 다른 십분위들은 이런 식으로 표

중위소득 대비 분위별 소득수준의 변화 (1977년=1)

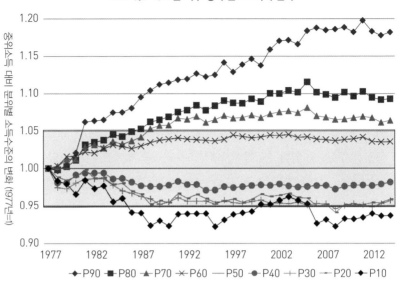

도표 3.2 1977년 이후 영국 근로소득의 변화

◆ P90 ■ P80 ▲ P70 ✕ P60 ─ P50 ● P40 ┼ P30 ╌ P20 ◆ P10

이 그래프는 영국에서 전일제 근로자의 근로소득이 1977년 이후 어떻게 변해왔는지를 보여준다. 각각의 선은 어떤 시점에서 중위소득(소득 분포상 중간에 있는 사람의 소득)과 비교할 때 각 십분위의 소득 수준이 얼마나 되는지를 나타내며 1977년을 1로 하는 지수로 표시된다. 이 그래프는 소득 분포상 상위 50퍼센트(P90, P80, P70, P60)에 속하는 사람들의 소득 수준은 1977년부터 2014년 사이에 상대적으로 높아진 데 비해 하위 50퍼센트(P40, P30, P20, P10) 사람들의 상대적인 소득 수준은 떨어졌음을 보여준다.

시될 때 그대로 남아 있을 까닭이 없다. 예를 들어 P20은 한동안 P30 위에서 움직였다. 이는 두 번째 십분위에 속한 사람이 세 번째 십분위에 속하는 사람보다 더 많이 번다는 뜻은 아니다.(이는 용어의 정의에 맞지 않는다.) 두 번째 십분위의 근로소득이 세 번째 십분위와의 격차를 좁혔다는 뜻이다. 그러나 대개 각 십분위는 순위에 맞게 움직인다.

도표 3.2에서 회색 부분은 중위소득과 비교한 각 십분위의 상대적인 소득 수준이 5퍼센트 이상 변하지 않은 범위를 보여준다. 거의 40년 동안 아홉 개의 십분위 중 다섯 개가 이 범위 안에서 움직였다는 것은 놀

라운 일이다. 소득 분포상 중간 부분은 대체로 중위소득과 같이 움직였다. 이러한 경향을 벗어난 것은 끝부분이다. 맨 아래쪽 십분위의 근로소득은 1980년대에 중위소득에 비해 상대적으로 떨어졌다. 2000년대 전후에 잠깐 회복됐지만 이제 되찾은 부분을 다시 잃어버렸다. 그러나 가장 놀라운 변화는 중위소득 윗부분에서 나타났다. 소득 분포에서 더 높은 곳을 볼수록 중위소득에 비해 상위 십분위들의 입지가 향상됐음을 알 수 있다. 맨 꼭대기에서 5분의 1쯤 떨어진 위치에 있는 사람(P80)의 근로소득 수준은 중위소득에 비해 상대적으로 10퍼센트가량 올랐고, 최상위 십분위(P90)의 소득 수준은 중위소득에 비해 상대적으로 20퍼센트쯤 올랐다. 근로소득 분배에서 '위쪽으로 치우친' 현상이 나타난 것이다. 상위 10퍼센트 계층(맨 위 십분위보다 소득 수준이 높은 사람들)을 들여다보면 그 차이가 훨씬 더 뚜렷해진다. 모든 사람을 그들의 근로소득에 따라 오름차순으로 줄을 세우는 '행렬'을 상상해본다면 꼭대기 부분에서 기울기는 훨씬 더 가팔라진다. 1970년대 후반 영국에서 상위 10퍼센트에 이른 이들은 그 위쪽에 있는 사람들의 평균 소득이 자신보다 약 30퍼센트 많다는 사실을 알았을 것이다. 2003년이 되자 그들의 우위는 56퍼센트로 높아졌다. 다른 식으로 이야기하면 1977년 근로소득 분포상 맨 위쪽 십분위에 있는 사람이 상위 1퍼센트에 이르려면 소득을 67퍼센트 늘려야 했을 것이다. 2003년에는 그나 그녀가 상위 1퍼센트에 들고자 하면 소득을 128퍼센트나 늘려야 했을 것이다.[45]

근로소득 분포상 윗부분에서 나타나는 이러한 상향 편중 현상은 영국만의 이야기가 아니다. 미국의 상황은 제이컵 해커와 폴 피어슨이 생생하게 묘사했다. "미국의 불평등은 주로 교육을 잘 받은 이들과 나머지 사람 사이의 격차에 관한 문제가 아니다. 실제로 일반적인 교육 격차에 관한 문제도 아니다. 최상위층이 엄청나게 빨리 다른 사람들에게서 떨어져 나가고 있는 것에 관한 문제다. 최상위층에 있는 이들은 대개 높은 수준의 교육을 받지만 그들 바로 밑에 있으면서 상대적으로 뒤처진 이들 역시 교육 수준이 높다. 달리 말하면 지난 25년에 걸쳐 대학을 마치거나 더 높은 학위를 따는 사람이 늘어났고 교육의 증대에 따른 이득은 경제성장에 따른 이득에 비해 훨씬 더 널리 분배됐다. 새로운 교육 엘리트 중 아주 적은 수의 사람만이 신흥 경제 엘리트층에 진입했다."[46] 이런 식의 전개는 전 세계가 아니더라도 OECD 국가들에서 매우 광범위하게 나타난 현상이다.[47]

오늘날의 최상위 근로소득자

이처럼 근로소득 분포가 위쪽으로 치우침에 따라 최상위 근로소득자들이 전체 소득 기준 상위 1퍼센트로 밀려 들어갔다. 최상위 근로소득자들은 자본소득으로 살아가는 이들을 따라잡거나 추월했다. 배당 쿠폰을 오려내던 자본소득자들이 있던 자리를 헤지펀드 운용자들, 최고경영자들, 축구 선수들이 차지했다.(축구 선수들은 이제 더 이상 주당 20파운드로 급여가 제한되지 않는다!) 실제로 최상위 소득의 구성에 커다란 변화가 나타났다. 영국에서는 상위 1퍼센트의 소득 중 투자소득이 차지하는 비중이 1949년 41퍼센트에서 2000년 13퍼센트로 떨어졌다.[48] 토마 피케티와 이매뉴얼 사에즈는 미국의 상위 0.5퍼센트의 소득을 조사해 (자본이득을 제외한) 자본소득이 "1922년에는 전체 소득의 약 55퍼센트를 차지했지만 1950~1960년대에는 35퍼센트, 1990년대에는 15퍼센트를 차지했다"고 밝혔다.[49](자본이득은 보통 자산의 시세차익, 자본소득은 이자와 배당을 말한다—옮긴이) 욘 바키자, 애덤 코울과 브래들리 T. 하임은 2004년 미국의 상위 0.1퍼센트의 납세자를 직업에 따라 분류했는데, 그중 41퍼센트는 비금융기업의 경영자, 관리책임자였고 18퍼센트는 금융 직종에 있었다고 밝혔다.[50]

그러므로 최상위층의 근로소득에 주의가 집중되는 것은 놀라운 일이 아니다. 여기서 우리는 소득계층 피라미드의 맨 꼭대기에 맞게 '슈퍼스타' 이론의 형태로 다양하게 변형된 거래와 기술에 관한 이론을 마주치게 된다. 100년 전 케임브리지대 정치경제학 교수였던 앨프리드 마셜은 최고의 성과를 내는 이들이 어떻게 관련 시장의 규모에 따라 정해지는 높은 수준의 보상을 요구할 수 있는지를 설명했다. 시장 규모는 결국 기술에 달려 있다. 그는 당시 "새로운 통신 설비 발달"이 얼마나 중요한지를 보았다. 그는 "일단 지배적인 위치를 차지한 사람들은 그 기술로써 일찍이 없었던 더 방대한 일을 더 넓은 지역으로 확대하는 데 자신의 건설적이고 투기적인 재능을 활용할 수 있게 됐다"고 밝혔다. 마셜은 미술품에 대해서는 "그런대로 괜찮은 유화가 지금보다 더 싸게 팔리고 최고의 그림이 이토록 비싸게 팔렸던 적은 한 번도 없었다"고 말했다.[51] 근로소득 분포도의 기울기는 슈퍼스타들에게 유리한 쪽으로 기울어져왔다. 단지 통신기술 때문만은 아니다. 세계화 또한 시장의 규모를 확대시켰다.

최상위 근로소득이 위쪽으로 치우치는 현상은 이 장에서 앞서 설명한 두 번째 메커니즘 때문에 더욱 두드러졌다. 급여가 정해진 임금 표에 따라 대부분 결정되던 체제에서 주로 개인적인 성과를 바탕으로 결정되는 체제로 바뀐 것이다. 미국에서 최상위 십분위 소득이 늘어난 것은 토마 르미외, W. 벤틀리 매클라우드와 대니얼 패런트가 보여주었듯이 성과와 연계된 보상이 증가한 데 따른 것이다. 이들은 "성과 보상이 불평등 증가에 미친 영향의 대부분은 소득 분포상 최상위층에 집중돼 있다"고 밝혔다.[52] 최고위 경영자들의 보상이 늘어난 것은 또한 소득세 최고세율이 낮아진 것과도 관련 있다. 세율이 높았을 때는 경영자들이 더 많은 보상을 얻어내려고 협상하는 데 에너지를 거의 투입하지 않았으며, 사업활동 규모나 성장률에서 더 많은 만족을 얻었다. 그러나 최근 몇십 년 동안 최고세율이 상당히 큰 폭으로 인하되자 경영자들은 더 나은 보상을 확보하는 데 다시 힘을 쏟게 되었다. "매우 높은 소득에 대한 실질적인 세율이 가파르게 떨어진 것이 경영자 보수를 늘리도록 자극했을 수 있다. 경영자에 대한 보상이 늘기만 하면 그것을 받는 이들은 그중 훨씬 더 많은 부분을 손에 넣을 수 있기 때문이다."[53]

정치적인 힘들도 중요한 역할을 했다. 해커와 피어슨은 "승자 독식의 정치"에 관한 연구에서 미국의 조직화된 이익집단들이 규제의 틀, 회계 기준, 세법 규정들을 확실히 바꾸려고 어떤 식으로 로비를 해왔는지를 정리했다. 그들은 전 증권거래위원회SEC 위원장인 아서 레빗의 말을 빌렸다. 레빗은 어떻게 "월가의 기업, 뮤추얼펀드 회사, 회계법인 또는 기업 경영자들을 대변하는 이익집단들이 작은 위협만 생겨도 재빨리 물리치려고 드는지"를 묘사하면서 "워싱턴에서 자신들의 견해를 대변하는 조직화된 노동단체나 거래 단체를 갖고 있지 않은 개인 투자자들은 무엇이 자신들을 후려치는지 결코 알지 못했다"고 말했다.[54] 대항력의 필요성에 대해 이보다 더 명확하게 말할 수는 없을 것이다.

근로소득 최상위층에 초점을 맞추더라도 자본에서 나오는 소득을 무시해서는 안 된다. 투자소득은 과거에 비해 상위 1퍼센트의 소득 가운데 작은 부분을 차지하지만 그 중요성을 지나쳐버려서는 안 된다. 특히 투자소득이 근로소득과 밀접하게 연계돼 있을 때는 그렇다. 근로소득과 자본소득의 결합 분포라는 측면은 실제로 명백히 드러내놓고 검토한 적이 드물다. 그러나 같은 사람들이 두 분포에서 모두 최상위에 오르는지를 밝히는 것은 중요하다. 우리가 전체 인구에 대해 먼저 방 한쪽에서 그들의 근로소득에 따라 오름차순으로 줄을 서도록 하고, 다른 한쪽에서는 자본소득에 따라 순서대로 줄을 서도록 요청한다고 상상해보자. 그들은 두 줄에서 같은 순서대로 설까? 그들의 순서는 얼마나 바뀔까? 리카도의 계급 모형에서는 순서가 완전히 바뀐다. 자본가들은 한쪽(자본소득)에서는 맨 위를 차지하지만 다른 쪽(근로소득)에서는 맨 아래에 서게 된다. 그러면 오늘날에는 어떤 일이 일어나고 있는지 물어봐야 한다. 19세기의 자본소득과 근로소득이 서로 반대 방향으로 움직이는 마이너스 상관관계가 오늘날에는 아무런 연결고리가 없는 제로 상관관계로 바뀌었을까? 아니면 순서를 바꾸지 않고 이쪽 줄에서 저쪽 줄로 곧바로 넘어갈 수 있는 완전한 상관관계를 지닐까?

미국에서 이 두 줄을 넘나드는 패턴을 보여주는 자료는 흥미롭다. 1980년 두 줄 사의 상관관계는 그리 강하지 않았다. 자본소득 상위 1퍼센트 중에서 단 17퍼센트만이 노동소득 상위 1퍼센트에 들었다.[55] 그러나 2000년까지 이 비율은 17퍼센트에서 27퍼센트로 높아졌으며, 자본소득 기준으로 상위 1퍼센트에 드는 사람 중 반 이상이 상위 10퍼센트 근로소득자에 포함됐다. 반대 방향으로 보아도 2000년에는 두 줄이 더 많이 겹친다. 노동소득 상위 1퍼센트에 든 사람 가운데 거의 3분의 2(63퍼센트)가 자본소득 상위 10퍼센트에 속한다. 다른 곳에서도 공통성을 발견할 수 있다. 30여 년 전 존 케이와 머빈 킹은 영국에서 세금 납부 후 근로소득의 4분의 1을 저축한 고위 경영자의 가상적인 위치를 이렇게 묘사했다. "그는 자신의 경력에서 대단히 운이 좋았고 매우 검소하다고 느낀다. (…) 그러나 영국에는 그보다 부유한 사람이 적어도 10만 명은 있다는 것을 알면 조금 놀랄 것이다."[56] 오늘날에는 최상위 근로소득자가 부를 쌓기는 더 쉽다.[57]

간추리기

—

지금까지 나는 이 책에서 택한 문제들을 설명했다. 불평등에 대해 염려해야 하는 까닭, 불평등의 정도를 보여주는 증거 그리고 불평등의 경제학을 검토했다. 이 책의 나머지 부분에서 경제적 불평등을 뚜렷이 줄이기 위해 취할 수 있는 일련의 구체적인 조치들을 알아보려는 목적에서 그렇게 했다.

과거에는 상당히 오랫동안 불평등이 줄어든 기간이 있다. 전쟁이라는 예외적인 기간뿐만 아니라 전후 몇십 년 동안의 유럽과 최근 10년 동안 중남미에서도 불평등이 줄었다. 오늘날의 세계는 지난날과 여러 중요한 면에서 다르지만, 우리가 역사에서 배울 수 있는 교훈들이 있다. 그동안의 경험은 불평등이 줄어든 것이 시장소득 불평등 감소와 더욱 효과적인 재분배가 어우러져 일어난 일임을 시사하며, 이는 여기서 제안하는 것들의 바탕을 이룬다.

시장소득은 단지 우리가 통제할 수 없는 외생적인 힘들에 따라 달라지는 것이 아니다. 시장소득 불평등을 줄이는 것은 가능하다. 우리는 기술 변화를 결정하는 요인들을 검토하고 이를 근로자와 소비자들의 삶을 향상시키는 데 어떻게 활용할 수 있는지 살펴볼 필요가 있다. 시장경제에서 수요와 공급은 결과에 영향을 미치지만 다른 메커니즘이 작동할 여지도 남긴다. 그러므로 우리는 시장이 작동하는 더 넓은 사회적 맥락을 살펴봐야 한다. 제4장과 제5장에서 이런 문제들을 기술 변화 및 고용과 관련 지어 검토할 것이다.

제2장과 제3장에서는 대부분 커지는 임금 격차에 주의를 집중했지만 노동소득뿐만 아니라 자본소득의 역할, 그리고 그 둘 사이의 관계도 들여다봐야 한다. 더 공정한 부의 분배를 보장하기 위한 조치들은

제6장의 주제이지만 자산의 소유권이 반드시 자본에 대한 통제력을 가져다주지는 않는다는 점을 잊지 말아야 한다. 우리는 어디에서 의사결정이 이뤄지는지 알아볼 필요가 있다. 결정권의 소재는 한 사회의 개인과 집단 간 힘의 균형뿐만 아니라 개인의 삶과 소득에도 영향을 미치기 때문이다. 권력의 문제는 정치학 영역에서 가장 명확하다. 정부는 시장소득에 커다란 영향을 미칠 수 있으며, 그런 까닭에 제4장부터 제6장까지는 이 문제를 중요하게 다룬다. 그러나 정부가 가장 직접적인 영향을 미치는 경우는 재분배를 위해 과세하고(제7장) 사회보장 혜택을 제공할 때(제8장)다.

불평등,
어떻게
줄일 것인가

제2부에서는 불평등을 크게 줄일 것으로 판단되는 구체적인 방안들을 제시한다. 이들 제안 가운데 일부는 구체적으로 영국과 관련해 개발한 것이지만 그 바탕에 있는 접근 방식은 더 널리 반향을 일으킬 수 있으며 여러 나라에 광범위하게 적용될 수 있다. 여러 제안은 누진적 과세와 사회적 보호라는 전통적인 조치들에 관한 것인데, 벌써 그것들이 따분할 정도로 익숙하다거나 지나치게 이상적이라며 일축하는 비판의 목소리가 들려오는 것 같다. 실제로 제7장과 제8장에서 '과세하고 지출하기' 위한 제안들을 내놓지만, 이 책의 주된 논지 가운데 하나는 사람들이 세금을 내고 정부의 이전 혜택을 받은 후가 아니라 그 전에 얻는 소득의 불평등을 줄이는 것이 중요하다는 점이다. 오늘날 높은 수준의 불평등은 시장에서의 불평등에 대응할 경우에만 효과적으로 줄일 수 있다. 따라서 제4장부터 제6장까지 노동과 자본에서 비롯되는 시장소득을 좌우하는 경제적 힘들에 관한 이야기부터 시작한다.

4장 = 기술 변화와
대항력

　　　　　제3장에서는 자본 축적과 기술 변화
가 어떻게 어우러져 최근 몇십 년 동안 거시경제적인 분배의 변화를 설
명할 수 있는지에 관한 단순한 경제 이론을 소개했다. 일인당 자본이
늘어나면서 경제는 성장했지만 국민소득에서 자본의 몫도 늘어나 임
금 근로자들이 얻는 혜택은 제한적이었다. 이는 로봇 기술의 발전이라
는 구체적인 면에서 이야기됐다. 사람의 도움을 받지 않는 자본(로봇)
의 더 커진 생산능력과 근로자들의 생산성 간의 경주에 관한 이야기
다. 많은 관찰자에게 로봇은 그저 하나의 은유가 아니다. 그들은 이미
경주에서 이기고 있다. 『이코노미스트』지의 한 기사는 운전자 없는 자
동차를 예로 들면서 이렇게 주장했다. "2030년대나 2040년대에는 여
러 지역에서 택시 운전기사가 드물어질 것이다. 이는 지역의 정보와 편
견에 대한 가장 믿을 만한 취재원으로서 택시 운전기사들에게 의존해
온 기자들한테는 나쁜 소식으로 들린다."[1] 그러나 로봇 기술의 발명 그
리고 더 일반적인 기술 변화는 우연히 일어나지 않았다. 그 변화는 여
기에 투자를 하는 의식적인 결정들의 결과다. 그러므로 우리는 그러한

결정들이 어떻게 이뤄지는지를 묻는 것으로 이야기를 시작할 필요가 있다. 이는 자연히 기술 변화에 대한 대항력의 문제뿐만 아니라 누가 그 결정들을 내리는가에 대한 질문으로 이어진다.

기술변화의 방향에 어떻게 개입할 것인가

—

일단 그 결정이 상업적으로 이뤄졌다고 가정하자. (로봇에 대한 은유를 계속하자면) 새로운 로봇 기술 개발을 위한 투자는 기업들이 하며, 최종적인 소비재를 생산하는 기업에 팔 자본재를 만드는 데 전문화된 기업이 투자하거나 자사 내에서 독자 기술을 개발하는 수직적으로 통합된 기업이 투자한다. 예컨대 자동차 제조업체는 도장 공장을 로봇화하는 데 투자할지를 고려하고 있다. 얼핏 보면 이는 인간이 더 이상 화학물질의 위험에 노출되지 않고 제품의 품질 향상을 이룰 수 있음을 의미하기 때문에 바람직한 투자처럼 여겨진다. 로봇의 작동과 관리를 맡은 근로자들에게는 새 도장 공장이 기술을 요하는 일자리를 더 많이 제공할 것이며, 그 일자리는 더 높은 수준의 교육을 요구한다. 처음에는 시험 가동이 필요하고 로봇의 고장에 대처하기 위해 더 자주 수작업으로 개입해야 하므로 새 공정은 더 많은 고용을 낳는다. 그러나 시간이 지나면 총노동인력은 크게 줄어들 것이다. 그에 따라 절감된 임금 비용은 초기 투자에 대한 수익이 될 것이다. 이 새 기술에 투자할지를 결정할 때 기업은 현재의 투자 비용과 미래의 절감액을 저울질한다. 결과는 그 기업의 시계에 달려 있으며, 따라서 기업이 이익에 대한 장기적인 관점을 택할 때 투자가 이뤄질 가능성이 크다. 로봇은 파업을 하지 않는다는 사실처럼 달리 고려해야 할 것들도 있다. 적은 노동인력과 더 기계화된 생산 공정을 보유한 기업은 더 큰 통제력을 갖게 되고 노동조합과 협상할 필요도 적어질 것이다.

지금까지 묘사한 상황은 불쾌하고 위험한 작업을 피하면서 기술 발전으로 얻을 이득을 보여주는 것으로 여러 면에서 좋은 것이다. 이는 1930년대에 케인스가 「우리 손주 세대의 경제적 가능성」이라는 에세이에서 예견한 세계처럼 들린다. 케인스는 이 에세이에서 여가가 늘고 "경제 문제"가 풀리는 세상을 내다봤다.[2] 그러므로 우리는 시장경제가 그 결정들을 내릴 수 있도록 내버려둘 수 있지 않을까? 여기서 즉각 세 가지 문제가 자동적으로 떠오른다. 첫 번째는 분배 문제다. 누구의 손주들이 늘어난 여가를 즐기고 있는가? 케인스는 "노동력 흡수의 문제"를 "지나치게 빠른 변화의 성장통"이라고 일컬었지만 우리는 국민소득 분배 면에서 장기적인 영향이 있음을 보아왔다. 우리는 누가 자본소득을 얻는지를 고려해야 하며, 부를 더 공정하게 분배하는 문제를 생각해야 한다. 매킨지가 "자동화, 직업 그리고 일의 미래"를 주제로 마련한 원탁 토론에서 클린턴 대통령 때 경제자문위원회 의장을 지낸 로라 타이슨은 핵심 질문이 "누가 로봇을 소유하는가"라고 결론지었다.[3]

시장의 결정에 따르는 두 번째 문제는 도장 공장에서 생기는 것이 아니라 『이코노미스트』가 예로 든 운전자 없는 택시의 사례에서 나타난다. 즉 최종 생산 단계에서 하나의 중요한 요소는 인간의 접촉으로 제공된다는 사실이다. 이 문제는 도장 공장의 사례에서는 두드러지지 않는데, 도장은 생산 공정의 중간 단계이며 자동차를 사는 사람은 그 작업을 로봇이 수행했는지 사람이 했는지 알지 못하기 때문이다. 그러나 택시를 태우는 것은 최종적인 서비스다. 택시 기사는 사실상 공항에서 호텔까지 여행을 도와주면서 지역 여론을 요약해주는 결합 상품을 공급하고 있다. 때로는 승객이 여론 전달이 없는 것을 선호할지도 모르지만 다른 많은 경우에 이는 서비스의 핵심적인 부분은 아니더라도 값어치가 있는 서비스다. 인간의 상호작용은 그 상품이 소비자의 요구를 충족시킨다는 확신을 주거나 그 제품을 어떻게 사용하는지에 관한 필수적인 정보를 제공할 수 있다. 자동적으로 판매되는 의약품은 그 약의 적절한 용법에 대한 약사의 지도를 제공하지 않는다. 집 밖에 나갈 수 없는 사람에게 드론으로 배달하는 식사는 그것을 받는 이들에게 서비스의 가장 중요한 부분인 인간적인 접촉을 제공하지 않는다.

사실 사람이 하는 서비스는 자본과 마주한 인간의 상대적인 생산성을 더해주는 요소다. 그러나 이는 인간의 서비스가 계속 공급된다는 것을 가정하는 것이다. 여기서 결합공급은 문제가 된다. 제품과 인간의 서비스를 떼어놓을 수 없을 때 시장이 이 두 요소의 적절한 혼합을 결정하도록 보장하는 경제학 법칙은 없기 때문이다. 우리는 한쪽은 운전기사가 있는 택시, 다른 쪽은 기사가 없는 택시가 두 줄로 나뉘어 서 있게 하여 승객들이 사람이 하는 별도의 서비스를 원하는지를 나타내도록 보장할 수 없다. 지리적 위치에 대해서도 같은 이야기를 할 수 있다. 1920년대에 미국 경제학자 해럴드 호텔링이 보여주었듯이 시장의 힘들이 판매자의 올바른 위치를 정해주리라고 볼 이유가 없다. 해변에 (각자 똑같은 제품을 파는) 두 사람의 아이스크림 장수가 있다고 가정해보자. 잠재적 구매자들이 해변을 따라 어디서나 같은 밀도로 분포돼 있다면 이익을 극대화하려는 상인들은 해변의 중간 지점에 서로 붙어 있을 것이다. 이 둘은 사실상 같은 상품을 제공한다. 그러나 구매자들이 걸어야 하는 총 거리를 최소화하려면 아이스크림 장수들이 떨어져 있게 해야 한다. 그들이 각자 해변을 따라 4분의 1이 되는 지점에 자리를 잡으면 더 나을 것이다. 그러나 이는 시장의 해법으로서 지속될 수 없다. 다른 상인의 위치가 주어져 있다면 자신은 중앙으로 다가감으로써 더 많은 고객을 모을 수 있을 터이기 때문이다.

이런 식으로 소비자와 근로자 모두 어떤 상품과 서비스가 공급되는지, 그리고 특히 서비스의 인적 요소가 얼마나 있는지에 강한 이해관계를 갖는다. 기업들이 드론을 이용한 배달처럼 고도로 기계화된 공급 방식을 시도한다면 그러한 결정은 임금과 고용에 시사점을 갖는다. 수요가 공공 구매의 형태를 취할 때도 마찬가지다. 공급 계약을 체결할 서비스에 대해 입찰 참여를 요청할 때 중앙과 지방정부는 서비스의 인적 요소에 부여할 가중치를 결정할 수 있다. 서비스의 본질을 유지하는 데 가중치를 거의 두지 않거나 아예 두지 않고 공급 비용을 최소화하는 데 주안점을 두면 이는 공급자들을 자동화로 몰아가게 된다. 좀 더 직접적으로 말하자면 공공부문 예산을 깎는 긴축 프로그램의 영향으로 서비스의 인적 요소들을 하찮게 생각하게 된다면 그러한 예산 감축은 근로자에게 돌아갈 소득이 자본으로 옮겨가는 데 기여할 것이다.

기술 혁신의 세 번째 문제는 오늘의 결정들이 먼 미래까지 파장을 미칠 수 있다는 점이다. 앞 장에서 나는 실행을 통한 학습을 이야기했다. 오늘 자동화를 통해 사람을 기계로 대체하면 기업이 그 경험을 쌓아감에 따라 미래에 더 많은 사람이 그렇게 대체될 가능성이 높아진다. 생산 방식에 대한 오늘의 선택은 내일 우리가 할 수 있는 선택에도 영향을 미친다. 로봇을 써본 경험은 시간이 갈수록 점점 더 로봇이 인간을 대체하는 길로 우리를 이끌어가며, 그러한 거래는 점점 더 유리해진다. 그러나 우리는 인적 서비스 요소가 강조되고 사람들의 기술이 갈수록 향상되는 대안적인 길을 택할 수도 있었다. 그러므로 미래에 바라는 결과에 이르는 데 오늘의 생산 결정이 갖는 시사점들을 고려해야 한다. 여기서 주주들의 특수한 이해관계에 높은 우선순위를 두는 기업의 동기는 사회의 광범위한 이해와 맞지 않을 수 있으며, 그런 까닭에 대항력의 역할을 검토할 필요가 있다. 이 문제는 이 장 뒷부분에서 다룬다. 지금은 먼저 국가의 핵심적인 역할부터 검토한다.

기술 진보에 대한 투자자로서의 국가

—

공공정책은 기술 변화의 특성에 영향을 주고 그래서 미래의 시장소득에 영향을 미치는 중요한 역할을 할 수 있다. 그에 따라 확대되는 불평등을 반전시킬 방안으로서 다음과 같은 첫 번째 권고를 하려 한다.

제안 1 정책 결정자들은 기술 변화의 방향에 분명히 관심을 기울여야 하며, 근로자들의 고용 가능성을 높이고 서비스 제공의 인적 측면을 강조하는 형태의 혁신을 장려해야 한다.

불평등 증가가 우리 통제 밖에 있는 기술적인 힘들 탓이라고 말하는 것으로는 불충분하다. 정부는 어떤 길을 선택할지에 영향을 미칠 수 있다. 더구나 일반적으로 사회 정의의 문제와 관련이 없는 정부 부처들이 그러한 영향력을 발휘할 수 있다. 불평등을 줄이려면 정부 부처 전체가 참여해야 한다.

이러한 목적을 이루기 위한 첫 번째 수단은 과학적 연구의 재원을 마련하는 것이다. 미국에서 정부 재원 조달이 하는 핵심적인 역할은 아이폰의 사례가 잘 보여준다. 아이폰 기술은 "GPS, 멀티 터치스크린, LCD 표시장치, 리튬이온전지, 이동통신 네트워크와 같은 일고여덟 가지 기본적인 과학과 기술의 약진에 힘입은 것이다. (…) 이 기술은 모두 연방정부가 지원한 연구에서 얻은 것이다. (…) 애플은 최종 생산에 대한 공을 인정받을 만하지만 기본적인 기술은 정부가 뒷받침한 연구에 의존했다."[4] 애플 이야기는 마리아나 마추카토가 그녀의 책 『기업가적 국가The Entrepreneurial State』에서 깊이 있게 연구해왔다. 터치스크린의 경우 마추카토는 정부가 자금을 댄 연구실험실이 중요한 역할을 했다고 밝혔다. "정전 방식 터치스크린(사람 몸의 정전기에 반응해 작동하는 터치스크린—옮긴이)의 발명가로 여겨지는 E. A. 존슨은 (영국 정부기관인) 왕립레이더연구소Royal Radar Establishment에서 일하고 있던 1960년대에 첫 연구 결과를 발표했다. (…) 초기 단계 터치스크린 기술의 주목할 만한 발전 가운데 하나는 유럽입자물리연구소European Organization for Nuclear Research, CERN에서 이뤄졌다. (…) 새뮤얼 허스트의 저항막 방식 터치스크린 발명은 (…) 오크리지국립연구소Oak Ridge National Laboratory를 떠난 직후에 이뤄졌다." 하드드라이브의 바탕에 있는 거대자기저항의 경우 "독일과 프랑스에서 정부가 돈을 대거나 지원한 두 개의 독립적이고 학술적인 물리 연구 프로젝트에서 시작된 것으로, 최근에 이뤄진 가장 성공적인 기술 약진 가운데 하나로 꼽힌다."[5]

이런 이야기는 정부가 기초 연구에 자금을 대고 노벨상 수상자의 연구를 상품으로 바꿔놓는 선형적인 과정은 민간부문이 책임지는 일임을 시사할 수도 있다. 하지만 정부와 사회 전체가 상품화 단계에 커다란 관심을 갖고 개입하고 있다. 이는 정부가 "승자를 뽑는" 것이 아니라 복잡한 기술 개발 과정의 여러 단계에서 정부가 하는 결정들의 잠재적인 영향력을 인식하는 문제다. 우리가 시장경제 아래에 살고 있다고 해도 정부는 여러 방식으로 기술 혁신에 영향을 미친다. 마추카토의 말을 빌려보자. "혁신의 '집단적인' 특성을 인식하는 것이 중요하다. 서로 다른 유형의 (크고 작은) 기업들, 서로 다른 형태의 자금 조달과 정부 정책들, 기관과 부처들이 때로 예측할 수 없는 방식으로 상호작용을 한다."[6] 이는 다시 정책적 시사점들을 지니며, 이에 대해 스티븐 존슨은 이렇게 강조했다. "혁신은 협력적인 네트워크에서 나온다고 생각한다면 서로 다른 정책과 조직 형태를 지원하기를 바란다. 덜 경직된 특허법, 개방적인 표준, 주식 형태의 보상에 대한 종업원들의 참여, 학문 분야 간의 연계가 필요하다." 그는 전구를 비롯해 여러 중요한 혁신을 검토한 후 이런 결론을 이끌어냈다. 그는 이어 "전구는 침대 옆에서 책을 읽을 때 빛을 비춰줄 뿐만 아니라, 우리가 새로운 아이디어들이 실현되는 방식을 분명하게 보고 사회적으로 그것들을 어떻게 가꿀지 알 수 있게 해준다."[7]

이런 맥락에서 보면 정부가 혁신을 지원하는 결정들을 할 때에는 그것이 자금 조달에 관한 것이든, 아니면 면허나 규제, 구매, 교육과 관련된 것이든 분배 면의 시사점들을 분명히 고려해야 한다. 지금 그런 고려가 이루어지고 있는지는 분명하지 않다. 미국 국방고등연구계획국 Defense Advanced Research Projects Agency, DARPA이 2004년에 상금을 걸고 그랜드 챌린지 자율주행 자동차 경주대회를 시작했을 때 명백한 목표는 미군이 2015년까지 육군의 3분의 1에 그런 운전자 없는 차량을 공급하는 것이었다. 그러나 군대 밖, 예컨대 택시 운전기사와 다른 사람들에게 미칠 더 광범위한 영향은 고려했을까? 더 이상 필요하지 않게 될 인간 운전자들의 전환 배치를 위한 계획은 세웠을까? 같은 자율운행 자동차 분야에서 유럽 지역에 기반을 둔 유로카 컨소시엄이 프로메테우스PROMETHEUS(최고의 효율성과 유례없는 안전성을 갖춘 유럽 교통 체계를 위한 프로그램) 프로젝트를 시작할 때 분배 문제를 고려했을까? 프로젝트 명칭에 '효율성'이라는 말을 넣었다는 사실은 '공평성'을 앞세우지 않는다는 점을 시사한다. 조지 W. 부시 대통령이 2006년 혁신 역량을 높이는 연구에 대한 지출을 두 배로 늘리는 미국 경쟁력 강화 계획을 발표했을 때 정책 보고서는 "연구는 우리 경제를 위해 성과를 내준다"고 밝혔다. 그러나 어떤 언론인이든 그에게 "누구를 위한 성과인가?"라고 물어보았는가?[8] 사회 전체가 깊은 관심을 갖고 있는 연구의 방향에 관해 이루어져야 할 중요한 선택이 많이 있다.

공공부문 고용과 기술 변화

지금까지 기술 변화의 방향은 자본이나 노동의 생산성을 높인다는 면에서 논의됐지만, 경제부문 사이의 편향에 관한 중요한 문제도 있다. 그러한 편향은 미국 경제학자 윌리엄 J. 보멀의 이름을 딴 보멀 효과 Baumol effect가 나타날 때 극심한 형태로 발생한다. 보멀은 특정 부문에서는 생산성이 다른 부문보다 더 빠르게 증가하며 어떤 부문에서는 일인당 생산이 더 늘어날 여지가 없다고 주장했다.[9] 생산성 증가의 여지가 없는 부문의 고전적인 예는 현악사중주이지만 보멀 효과는 특히 공공부문에 적용하기 위해 인용되는 경우가 많았다. 공공부문에서 느린 생산성 증가는 의료, 교육, 공공행정과 같은 공공서비스의 상대적인 비용이 시간이 지나면서 늘어나 재정에 문제를 일으킨다는 점을 시사하는 예로 거론돼왔다. 이 이론의 가장 순수한 형태에서, 어떤 사람이 한 학급을 가르칠 수도 있고 차 한 대를 만들 수도 있다면, 그리고 기술 발전으로 그 사람이 차 한 대가 아니라 두 대를 생산할 수 있다면, 제조업의 생산성과 함께 임금이 오를 때 교육의 상대적인 비용은 두 배가 된다.

이는 우리 사회가 기술 진보로 더 잘살게 됨에 따라 생산성 면에서 뒤처진 공공서비스에 쏟는 자원을 더 줄여야 함을 뜻할까? 공공부문 고용은 줄여야 할까? 어떤 사람들은 그런 결론을 이끌어냈지만 이는 당연한 것이 아니다. 보멀 자신은 우리가 더 부유해질 때 동시에 공공서비스에 더 많은 가치를 부여할 수 있다고 주의 깊게 지적했다.[10] 가치라는 면에서 보면 공공서비스의 생산성은 (학급을 가르치거나 허리 통증을 치료하는) 활동과 더불어 그 활동에 부여된 가치에 달려 있다. 구체적인 예를 들면 허리 통증을 치료한다는 것은 병원에 온 환자가 곧 일터로 돌아갈 수 있다는 것을 의미할 가능성이 충분히 있다. 그 근로자가 돌아가게 된 일터에서 그나 그녀가 하는 (예를 들어 자동차를 만드는) 일의 생산성이 더 높아진다는 사실은 허리 통증을 치료하는 데 따른 이득이 이제 추가적인 생산이라는 면에서 더 커진다는 점을 뜻한다. 공공서비스 활동의 양은 그대로이지만 그 값어치는 더 커지는 것이다.

이는 앞서 논의한 것들과 어떻게 관련되는가? 앞서 나는 기술 변화의 방향이 외생적인 것이 아니라 의식적으로 내린 결정들을 반영하고 그에 따른 영향을 받는다는 점을 강조했다. 이러한 결정 가운데 한 가지는 기술 발전을 추구하는 부문들을 선택하는 것이다. 그러므로 정부는 보멀 효과를 미리 정해진 것으로 받아들여서는 안 된다. 그보다는 이러한 노동집약적인 부문에 있는 근로자들의 생산성을 끌어올리려고 노력해야 한다. 새 기술에 투자하는 결정은 서로 다른 부문의 요구에 바탕을 두어야 하며, 이때 공공부문의 요구는 정부가 대변해야 한다. 정책 결정자들은 전체적인 경제에서 진보가 이뤄짐에 따라 공공서비스의 미래 가치가 늘어나는 것을 고려해야 한다. 현재의 정책 결정자들과 그들에게 투표하는 유권자는 전향적으로 볼 필요가 있다. 우리는 투자라고 하면 도로나 공항처럼 기반시설을 떠올리는 경향이 있지만 그와 마찬가지로 혹은 그 이상으로 중요한 것이 인적 자본에 대한 투자다. 뒷부분에서 어린이들이 있는 가족에 대한 현금이전(자녀수당)의 역할을 강조할 텐데, 이는 공교육의 질을 개선하는 것과 더불어 유아기 교육과 돌봄, 학교 급식 프로그램과 방과 후 청소년 프로그램 같은 어린이를 위한 서비스 및 시설에 대한 투자와 결합할 필요가 있다. 내가 지금까지 주장했듯이 세대 간 공평성을 고려하고 생활수준 향상이 느린 속도로 이뤄진다는 점을 생각하면 미래의 가치를 더 낮은 이율로 할인해야 한다는 것을 알 수 있다. 이는 인적 자본 투자를 촉진하는 사람들이 하는 일에 더 높은 가치를 부여하는 식으로 평가에 반영돼야 마땅하다.[11]

공공행정을 개선하는 데 더 높은 가치를 두어야 하는 이유는 또 있다. 공평한 사회를 이루는 것은 상당 부분 공공행정이 얼마나 효과적인지, 시민들을 상대할 때 얼마나 질 높은 서비스를 제공하는지에 달려 있다. 억압적인 행정은 값이 더 쌀지 모르지만 공정한 사회는 조세, 공공지출, 규제, 입법 분야에서 행정 작용이 정당하고, 투명하며, 수용되도록 보장할 필요가 있다. 그러자면 자원이 필요하다. 더욱이 사회가 부유해짐에 따라 더 많은 것을 요구하는 기준을 갖게 된다. 여기서 내놓은 제안들은 (1930년대 미국에서 뉴딜이 새로운 기관들을 필요로 한 것과 똑같이) 정부 활동의 중요한 변화를 필요로 하며 반드시 새로운 방식에 대한 투자를 요구한다. 이는 특히 다음 장의 보장된 고용을 위한 제안에 적용된다. 사회 정의를 이루는 데 그러한 정책이 효과를 발휘할지는 의뢰자의 이해관계에 사로잡히지 않는 프로그램을 만들 수 있느냐에 달려 있다. 잘 교육된 독립적인 행정서비스가 필요하다. 정부의 효율성을 향상시키는 데 새로운 기술의 잠재적 역할은 널리 인정받아왔다. 내가 주장하는 것은 공평성의 차원이 중요하다는 점이다. 기술 발전에서 얻는 비용 절감 효과와 인간적 접촉 기회를 잃어버리는 문제 사이에서 균형을 맞출 때 정부는 불리한 위치에 있는 사람들을 보호해야 한다. 단지 물질적으로뿐만 아니라 그들과 신기술과의 관계에 대해서도 보호를 해야 한다. 경제적 불평등은 흔히 정보통신 기술에 대한 접근과 이용, 또는 지식의 차이와 일치한다. 중산층 납세자들에게 온라인 세금 신고는 시간을 절약하는 작업이겠지만 막 일자리를 잃고 실업급여를 온라인으로 신청하려는 사람에게는 두려운 숙제일 수도 있다. 그러한 어려움에 직면한 사람들은 사람과 대면하는 행정이 가장 필요한 이들이다.

불평등을 반전시킬 힘

—

경제에는 많은 행위자가 있고 그들의 이해관계가 다를 수 있다는 것은 자명한 이야기다. 한 사람이 상충관계에 있는 서로 다른 역할을 할 수도 있다. 근로자로서 그는 보수가 늘어나면 기뻐하겠지만 그 때문에 가게의 물건 값이 오르거나 연금신탁 수익이 줄어들면 걱정스러워할 것이다. 이 절에서는 서로 다른 주체가 그들의 지위와 경제적 의사결정 과정의 역할에 따라 행사하는 힘을 생각해본다. 이 장에서 지금까지 초점을 맞춰온 기술 변화의 방향에 관한 의사결정뿐만 아니라, 더 시야를 넓혀 경제성장에 따른 이득을 분배하는 문제에 관한 결정도 포함시킬 것이다.

시 장 지 배 력 의 균 형

『미국 자본주의』에서 갤브레이스는 "기업가와 정치철학자에게 (…) 경쟁에 관한 모형의 매력은 권력의 문제에 대한 해법에 있었다"고 밝혔다.

기업과 소비자들이 시장 가격에 영향을 미칠 수 없으면 실제로 그들의 힘은 제한된다. 그러나 우리가 일단 완전경쟁이 이뤄지는 가상적인 세계를 벗어나면, 의사결정자들이 어떻게 시장에서 힘을 행사하는지 물어야 한다. 이는 사용자와 근로자(그리고 노동조합)가 화폐 임금과 고용 조건을 놓고 협상을 벌일 수 있는 노동시장에도 해당되는 말이다. 또한 기업들이 한계생산비용을 넘는 수준으로 가격을 정하고 공급할 제품의 종류를 결정하는 (그리고 소비자들이 드물게 집단적으로 힘을 행사하는) 상품시장, 기업들이 금융의 이용 가능성과 비용을 결정하는 시장 지배력을 가진 금융기관들과 마주할 자본시장에도 맞는 말이다. 갤브레이스가 강조했듯이 경제학자들은 1930년대부터 "독점적 경쟁 혁명"을 지켜보면서 기업들이 순수한 독점과 완전경쟁이라는 두 극단의 중간 지대에서 어느 정도 힘을 발휘하는 시장 모형을 만들 필요가 있다는 점을 인식하고 있었다. 기업들은 경쟁에 직면하지만 가격을 결정할 수 있다. 그들의 행동에 대한 이해는 지난 몇십 년 동안 게임이론을 활용한 분석 덕분에 크게 높아졌다. 프랑스 경제학자 장 티롤이 2014년 "힘센 기업들을 길들이는 과학"에 기여한 공로로 노벨경제학상을 받은 것이 이 분야의 성공을 말해준다.

이는 불평등과 어떻게 관련되는가? 이 책의 다른 대목에서와 마찬가지로 여기서도 나는 선험적인 해법을 찾으려 하지 않는다. 나는 사회적으로 정당한 권력 배분이라는 궁극적인 문제를 논의하지 않을 것이다. 그보다는 먼저 지금과 같은 수준의 불평등이 지나치게 높은 것이며 이러한 결과는 부분적으로 힘의 균형이 소비자와 근로자들에게 불리한 쪽으로 기울었다는 사실을 반영한다는 염려에 관해 이야기하는 것으로 시작한다. 많은 이가 단서는 달더라도, 힘이 센 기업들은 길들여질 필요가 있다는 2014년 노벨경제학상 발표문에 담긴 염려를 공유한다.

이는 제품을 생산하는 기업과—글로벌 금융위기 이후에는—금융기관 모두에 적용되는 말이다. "은행들은 쓰러지도록 내버려두기에는 지나치게 크다"는 생각의 바탕에는 또한 그들이 쓰러지는 일이 일어나기에는 지나치게 힘이 세다는 인식이 깔려 있기 때문이다. 그러므로 나는 이상적인 힘의 균형이라는 문제를 풀려고 하는 대신 어떻게 하면 소비자들에게 권한을 주고 노동조합들이 법적 지위를 되찾는 방향으로 권력을 넘겨줄 수 있는지를 검토한다. 여기서 내가 초점을 맞추는 것은 바로 그러한 권력 이동의 방향이다.

기업들이 사회적 책임을 더 중요하게 고려하도록 동기를 변화시킴으로써 힘의 균형을 옮길 수 있을까? 주주들이 통제하지 않는 기관들에 대해서는 그 목표가 실제로 다음과 같이 더 넓게 설정될 수 있다. "권한은 (…) 그것이 영향을 미치는 이들에게 책임성을 갖도록 부여되어야 한다. 직무를 조직하는 데 오로지 경제적 성과만을 기준으로 삼지 말고 인간의 존엄성과 타인에 대한 봉사에 궁극적인 기준을 두어야 한다. 우리는 상호간의 책임성이 직장 공동체 전체에 스며들어야 하며 민주적 참여와 믿고 맡긴다는 원칙에 따라 유지되어야 한다고 믿는다."(다국적 화학기업인 스콧 베이더 코먼웰스의 정관)[12] 주주가 통제하는 더 일반적인 기업들은 어떤가? 기업이 선택할 수 있는 하나의 길은 장기적인 관점을 갖는 것이며 이는 분배에 간접적으로 영향을 미칠 수 있다. 앞장에서 제시한 것처럼 기업들은 목표를 설정하는 데 더욱 단기적으로 바뀌었을 수 있으며, 이는 보수 형태가 바뀌고 경영자의 보수가 위쪽으로 치솟는 하나의 원인일 수 있다. 밀턴 프리드먼은 1970년 『뉴욕타임스』에 "기업의 사회적 책임은 이익을 늘리는 것이다"라는 유명한 글을 실었지만 결정적인 문제는 시계를 명확히 정하는 것이다.[13] 기업은 법적, 정치적 틀 안에서 활동하며, 장기적인 생존 능력은 (따라서 이익은)

단기적인 이득을 추구하는 데 얼마나 절제력을 발휘하느냐에 달려 있을 것이다. 그렇다면 주주, 특히 기관투자가들은 장기적인 관점에 유리한 쪽으로 영향력을 행사할 수 있다. 그러나 우리는 주식 소유 구조가 갈수록 세계화되고 있음을 인식해야 한다. 앞서 보았듯이 영국에서 보통주의 절반 이상을 '나머지 나라' 투자자들이 소유하고 있다. '사회적 책임'이라는 관념은 하나의 특정한 사회에 적용되며 해외의 주주들이 자기가 투자하고 있는 나라에 장기적인 헌신을 할 것인지는 분명하지 않다.

1970년대에 케네스 애로는 기업의 목적에 맞게 사회적 책임을 구현하는 서로 다른 방식을 논의했는데, 그가 열거한 것은 법적 규제(이다음에 논의한다), 조세(뒤쪽 장들에서 논의한다), 민사법원에서의 법적 의무(여기서 논의하는 게 적절한지 분명치 않다), 윤리강령(일반적으로 올바른 행동의 정의라고 이해되는 것)이다. 그의 말대로 이들 가운데 마지막 것은 "경제학자가 제기하기에는 이상한 사안"이다. 하지만 그는 이어서 "경제생활의 아주 많은 부분에서 그 지속 가능성은 어떤 제한적인 수준의 윤리적 약속에 달려 있다"[14]고 했다. 그는 윤리강령들이 확립될 수 있는 조건 그리고 그것들이 계속해서 지켜질 수 있는 조건들을 논의했다. 그가 강조한 것은 윤리강령들이 경제적 효율성에 얼마나 기여할 수 있느냐 하는 점이다. 그러나 여기서 내가 관심을 두는 것은 그런 강령이 있으면 경제적으로 다른 결과를 낳아 더 평등한 분배로 이어질 수 있다는 점이다. 다음 장에서 나는 보수 규약을 위한 구체적인 제안을 한다. 나는 "인간의 행동이 기적적으로 바뀔 것으로 기대해서는 안 된다"는 애로의 말에 동의하지만 자발적인 행동은 중요한 역할을 할 것으로 믿는다. 그리고 애로가 40년 전에 쓸 때보다 상황은 더 좋아질 수 있다는 것을 보여주는 징후들이 있다. 예를 들어 하버드비

즈니스스쿨 2009년반 졸업자들이 시작한 MBA 선서는 졸업하는 MBA
와 현재의 MBA들이 "책임감 있고 윤리적으로 가치를 창출하겠다"고
자발적으로 맹세하는 것이다.[15]

경 쟁 정 책 과 분 배 문 제

상품시장에서 독점의 힘을 발휘하지 못하게 제한하기 위한 법적 개입은
오랫동안 지속돼왔다. 조너선 베이커에 따르면 미국에서 "대법원은 독
점금지법에 거의 헌법과 같은 지위를 부여했다."[16] 동시에 1890년 셔먼
독점금지법 이후 그런 법률의 목적에 관해 논란이 있었다. 이 논쟁에서
가장 영향력 있는 참여자들 중 한 사람인 로버트 보크는 1978년 이렇
게 주장했다. "우리가 한 가지 물음에 확고한 답을 할 수 있을 때까지
반독점 정책은 온당한 것일 수 없다. 그 물음은 법의 취지가 무엇인가,
즉 무엇이 그 법의 목적인가 하는 것이다."[17] 그가 제시한 답은 그 후 대
법원 결정들을 좌우하게 되는데, 바로 소비자의 복지가 그 법의 목적이
돼야 한다는 것이며, 소비자 복지는 경제적 효율성으로 해석된다.

분배에 대한 고려를 배제한다는 점에서 1980년대 이후 새 장을 연
미국 독점금지법은 이전의 대법원이 취한 접근 방식에서 벗어나고 있었
으며, 1890년 셔먼법을 통과시킨 의회의 수사로부터도 확실히 탈피했
다. 셔먼 상원의원의 진정한 동기가 무엇이었든 간에 그는 다음과 같이
분배에 대한 염려를 분명히 나타냈다. "사회 질서를 어지럽힐 수 있는
문제들이 대중의 마음을 뒤흔들고 있다. 그중에서도 부의 조건의 불평
등보다 더 위협적인 것은 없으며, 또한 자본의 집중이 경쟁을 무너뜨리
기 위해 생산과 거래를 통제하는 거대한 연합으로 이어지는, 단 한 세
대 만에 크게 높아진 가능성만큼 위협적인 것은 없다."[18] 1945년 알코

아Alcoa 사건에 대한 유명한 판결에서 러니드 핸드 판사는 "1890년 당시 의회의 목적 가운데는 자본의 엄청난 집중 앞에 선 개인의 무력함 때문에 그러한 집중을 끝내려는 바람도 들어 있었다"는 견해를 나타냈다.[19]

지금 여기서 논의되고 있는 명제는 경쟁 정책이 분배에 대한 명시적인 관심을 담아야 한다는 것이다. 이는 소비자 복지가 개인적인 이해의 총합이며, 서로 다른 집단의 상황에 가중치를 매기는 과정을 통해서만 종합할 수 있는 다양한 이해관계가 있다는 점을 인정한다. 하나의 실례가 이를 구체화할 수 있을 것이다. 제1장에서 지적한 것처럼 불평등의 원인 가운데 하나는 상품이나 서비스에 대한 접근이 어렵다는 점이다. 우리는 이 장에서 소비자들이 바라는 다양한 제품 공급을 시장에만 의지해서는 안 된다는 것을 보았다. 이는 분배적인 측면을 갖는 문제다. 불평등이 존재하고 공급자의 수가 제한돼 있을 때 기업들은 더 가난한 가정에서 찾는 낮은 품질의 상품들을 공급하지 않을 수도 있으며, 이로써 이들 가족은 시장에서 배제된다. 고기의 더 싼 부위는 더 이상 가게 진열대에 오르지 않을 수도 있다. 상품들이 지나치게 크게 포장돼 나올지도 모른다. 물론 경쟁 정책을 통해 슈퍼마켓에서 파는 상품 종류까지 세세하게 관리할 순 없지만, 이 정책은 기업들이 시장에서 어떤 위치를 차지하는지에 영향을 미칠 수 있다.[20] 지역의 조그만 가게들이 살아남을 가능성은 큰 기업을 어떻게 규제하느냐에 달려 있다. 경쟁관계에 있는 공급자들의 가격을 책정함으로써 소비자들이 이용할 수 있는 상품을 공급하는 과정의 아래 단계에 영향을 미칠 것이다. 규제 당국들은 경쟁 정책이 소득 수준이 서로 다른 집단에게 어떤 의미를 갖는지 알아야 한다. 경쟁 정책 당국이 은행들의 지점을 줄이라고 요구하고 은행들이 가난한 지역 지점의 문을 닫기로 결정하는 경우

와 같이, 독점을 막기 위한 조치들이 역설적으로 서비스를 줄일 수도 있다.²¹

나는 경쟁 정책을 분배 문제와 함께 다뤄야 한다고 권고하면서 미국의 대법원뿐만 아니라 규제정책이 분배의 목표에 잘 맞는 것인지 의문을 제기하는 경제학 문헌에도 정면으로 반박하고 있는 것이다. 실제로 나 자신이 시카고대학의 경제학자 헨리 사이먼스가 "엉터리"라고 밝힌 부류에 들어갈지도 모른다. 사이먼스는 『자유로운 사회를 위한 경제 정책Economic Policy for a Free Society』이라는 저서에서 "우리가 상대적 가격과 임금을 규제하는 조치들을 불평등을 줄이는 수단들과 더 이상 혼동하지 말아야 할 시급한 필요가 있다"고 썼다. 그는 "이 문제와 관련해 유능한 경제학자와 엉터리들을 구별하는 한 가지 차이점은 전자가 때로 교환경제의 작동 원리에 대해 약간의 숙고를 하며 감상적인 생각을 절제한다는 것"이라고 밝혔다. 나는 이 말을 인용하는 데 제임스 토빈에게 빚을 졌는데, 그는 이어서 "이러한 답은 재분배를 위해 조세와 현금 이전을 활용하는 데 실제적인 한계가 있다는 것을 알고 있는, 평등주의적인 생각을 가진 똑똑한 비전문가를 만족시키기 어렵다"고 말했다.²² 여기서 나는 비전문가 편에 있다. 나는 경쟁 당국의 조치들로는 세밀하게 조정된 재분배를 이룰 수 없다는 것을 전적으로 이해한다. 우리가 조세와 소득이전이라는 차선책으로 이룰 수 있는 것에는 분명한 한계가 있으며, 불평등을 완벽하게 겨냥하지는 못하더라도 뚜렷이 줄이려면 평등화에 효과가 있는 모든 조치를 다 취해야 한다. 분배에 대한 어떤 형태의 개입도 이상적인 수준에는 못 미친다.

법적인 틀과 노동조합

스링 쉬가 토마 피케티의 『21세기 자본』을 법률가의 관점에서 검토한 글은 이렇게 시작된다. "피케티의 지지자와 비판자는 모두 퍼즐의 큰 조각 하나를 빠트리고 있다. 부를 분배하는 데 법이 하는 역할이 그것이다. 전쟁과 경기 침체가 자본 투자를 대량으로 파괴했다는 것은 충분히 직관적이다. 그러나 평화와 번영의 시기에는 부자들이 부를 축적하고 합치며 늘리는 법적 메커니즘이 이 논의의 블랙박스로 남는다."[23] 그는 이어 미국의 법규와 제도 안에는 자본에 우호적인 편향이 있다고 주장한다. 그는 주로 (방금 논의한 것과 같은) 독점금지법과 규제에 관심을 두지만, 노동조합에 관한 법률에서도 같은 문제가 제기된다.

오늘날 특히 미국과 영국에서 노동조합과 관련된 기류가 얼마나 많이 바뀌었는지 기억하기는 어렵다. 미국에서는 전체 노동조합 가입자가 1950년대에 정점에 이른 다음 감소했으며 민간부문에서는 가장 낮은 수준에 이르렀다. 조지프 스티글리츠는 "가장 명백한 사회적 변화는 노조 가입자가 1980년 미국에서 임금과 봉급을 받는 근로자의 20.1퍼센트에서 2010년 11.9퍼센트로 줄어든 것"이라며 "이는 경제적 힘의 불균형과 정치적 공백을 만들어냈다"고 말했다.[24] 존 T. 애디슨, 클라우스 슈나벨과 요아힘 바그너는 독일 노동조합의 "위태로운 상태"를 이야기하면서 서독의 노조 가입률은 1980년 33퍼센트에서 2004년 22퍼센트로 떨어졌다고 밝혔다.[25]

노조의 영향력 면에서 영국의 변화는 극적이었다. 1950년대에 런던 정경대학 교수로 노사관계를 연구한 벤 로버츠는 이렇게 썼다. "어느 당이 집권하든 노동조합에 영향을 미치는 모든 조치를 노조와 협의한다. 노조는 적어도 60개의 정부 위원회에 참여하고 있으며, 그들이 원하면 사실상 아무 때나 장관들을 만날 수 있다."[26] 이는 이미 오래전부터 사실이 아니며, 만약 누군가가 "사회적 파트너"라고 말한다면 영국 사람들은 노동계와 경영계의 대표보다는 데이트 상대 소개업체를 떠올릴 가능성이 더 크다. 노동조합의 영향력이 떨어진 것은 보수당 정부가 1980년대에 오랫동안 노조활동을 제한하는 법을 통과시킨 것과 떼어 놓고 볼 수 없다. 표 4.1은 영국에서 1980년과 1993년 사이에 발효된, 노동조합의 자율성과 노동쟁의의 적법성을 떨어트리는 일련의 법률을 열거한 것이다. 그러한 입법의 최종적인 결과는 노동조합들이 법적 지위와 보호 면에서 크게 약화된 것이다.

따라서 2006년 영국 노동조합대회에서 새로운 노조활동 자유 보장에 관한 법률을 제안한 것도 놀라운 일이 아니다. 그해는 1906년 노동쟁의법 제정 100주년이 되는 해라는 점에서 중요한 의미를 지녔는데, 이 법은 쟁의에 따른 손해에 대해 책임을 면제해주는 것으로 노조 관련 입법의 분수령이 됐다. 제안된 법안에 담긴 '자유'란 근로자들이 최후의 수단으로 쟁의행위에 나서는 것을 허용한다는 의미다. 이 법안은 정식으로 노동쟁의에 참여한 근로자들이 해고당하지 않도록 보호하고, 확실한 다수의 조합원이 찬성표를 던졌을 때 쟁의행위를 조직하는 노조의 능력을 제한하지 않도록 규제를 단순화하며, 무엇이 쟁의행위를 이루는지 다시 정의하려는 것이다. 내가 보기에 위에서 설명한 것과 같은 방향으로 노조활동에 대한 새롭고 확고한 법적 체계가 필요하다는 주장에는 강력한 근거가 있다. 이는 1980년대 이전으로 돌아가자는 뜻이 아니다. 예를 들어 (표 4.1에 있는) 비밀 투표 요구는 합리적인 것으로 보인다.

이 제안은 특별히 영국을 염두에 두고 내놓은 것이지만 모든 나라가 21세기 노동시장에서 적절한 힘의 균형을 생각할 필요가 있다. 그런 고

표 4.1 1980~1993년 영국의 주요 노동조합 관련 입법

1980년 고용법 Employment Act 1980	조합원들이 노동조합에서 부당하게 배제되거나 제명되지 않을 권리를 부여. 부당한 해고에 대한 종업원들의 권리를 제한. 합법적인 피케팅에 대한 면책 범위를 축소. 동조파업에 대한 면책 범위를 상당히 축소. 클로즈드숍 합법화를 위한 80퍼센트 동의를 요구. 노동조합과 사용자들이 투표를 위한 정부기금을 얻을 수 있도록 지원.
1982년 고용법 Employment Act 1982	쟁의행위의 정의를 축소하고 계약에 노조만 할 수 있다는 조항을 두거나 비공식적으로 이뤄지는 그러한 관행을 금지. 모든 클로즈드숍이 5년마다 80퍼센트 동의를 받도록 규정을 확대. 사용자들이 노조에 대한 법원의 금지명령을 받을 수 있도록 하고 노조에 대한 손해배상 소송 제기를 허용.
1984년 노동조합법 Trade Union Act 1984	노동조합이 주요 집행위원회를 선출할 때, 정치 기금을 (설립할 때뿐만 아니라) 유지할 때에도 비밀 투표를 하도록 요구. 유효한 투표를 거치지 않은 공식적인 쟁의행위에 대해서는 면책을 철회.
1986년 공공질서법 Public Order Act 1986	피케팅과 관련한 새로운 위법행위들을 규정.
1988년 고용법 Employment Act 1988	제한 없는 노조 불가입(조합원이 되기를 거부할) 권리를 부여. 노조 조합원들에게 유효한 투표를 거치지 않은 쟁의행위에 반대할 권리를 주고, 투표에서 승인된 경우에도 노조가 쟁의행위를 지지하지 않는 조합원을 징계하지 못하도록 방지. 노조를 상대로 소송을 벌이는 조합원들을 돕기 위해 노조 조합원 권리 보호를 위한 감독관을 임명하도록 지원.
1990년 고용법 Employment Act 1990	클로즈드숍에 대한 마지막으로 남아 있는 보호를 제거. 공식적인 쟁의와 같이 비공식적 쟁의도 비슷한 법적 규제를 적용. 모든 형태의 동조파업의 면책 조항을 제거.

1993년 노동조합 개혁과 고용권에 관한 법률 Trade Union Reform and Employment Rights Act 1993	노동조합이 법령이 요구하는 투표를 실시할 때 더 많은 의무를 부과. 쟁의행위가 합법적으로 시작되기 전에 관련된 사용자들에게 사전 통보를 하는 것을 포함해 노조가 따라야 할 새로운 절차들을 도입. 노조가 쟁의행위를 조직했을 때 개인들이 불법적이라고 주장하는 쟁의행위에 대해 그들이 손해를 입었는지 여부와 상관없이 중지 명령을 요청할 수 있도록 하고 불법적인 쟁의행위에 대한 보호 감독관의 도움을 제공. 법에 구체적인 근거가 있을 때에만 노조가 개인들을 배제하거나 제명할 수 있도록 함으로써 노조 자치에 대해 1988년 고용법에서 도입한 제한을 확대. 노조 등록관에게 노조의 재무적인 문제와 관련해 광범위한 조사 권한을 부여하고 추가적인 보고 의무를 부과.

출처: 유로파운드 웹사이트, http://www.eurofound.europa.eu/emire/UNITED%20KINGDOM와 고용권연구소Institute for Employment Rights, A Chronology of Labour Law 1979-2008, http://www.ier.org.uk/resources/chronology-labour-law-1979-2008.

려를 한 다음 현재의 구조를 그대로 놔두거나 심지어 노조의 힘을 제한할 수도 있다. 나는 다른 나라에서는 아직까지 균형추가 노조에 불리한 쪽으로 휘둘리지 않았으며, 노동조합이 노조 밖에 있는 사람들을 희생시키면서 조합원들을 보호함으로써 노동시장의 이중 구조를 만들어내는 데 한몫해왔다는 염려도 있다는 사실을 알고 있다. 그러나 노동조합들이 완전히 옆으로 밀려나는 것은 바람직한 결과가 될 수 없을 것으로 보인다.[27]

새로운 법적 체계에 더해 영국 노동조합들이 사회 정책을 세우는 데 개입하는 문제가 있다. 콜린 크라우치는 2000년 복지국가 개혁을 위한 논의 과정에서 "노조의 완전한 부재"에 대한 관심을 이끌어냈으며, 이는 연금과 질병 보험 그리고 실업급여의 구조를 짜는 데 노조가 공식적인 역할을 하는 유럽 대륙 국가들과 다른 영국 특유의 문제로 보인다고 밝혔다.[28] 정책 설계에 대한 협의에 더 적극적으로 나설 정부와 함께라면 (뒤에 나올 장들에서 제시하는 것과 같은) 장기적인 개혁 문제들을 다룰 수 있는 '사회경제협의회'를 만들 충분한 근거가 있을 것이다. 네덜란드의 사회경제협의회Sociaal-Economische Raad와 같은 다른 나라의 기구들에서도 교훈을 얻을 수 있다. 1950년에 설립된 이 협의회는 사회적 동반자들(노동조합과 사용자 단체들)을 대표하면서 정책 개발 과정에서 적극적인 역할을 한다. 영국이 유럽연합 회원국들 가운데 그런 기구를 갖지 않은 몇 안 되는 나라에 속한다는 것은 참으로 놀라운 일이다. 유럽연합에는 그런 기구가 스물두 개(벨기에는 두 개)나 있다. 기존의 기구들은 그 효과 면에서 차이가 있으며, 적어도 한 나라(이탈리아)에서는 그 협의회가 최근에 폐지됐다. 그런 기구를 보유한 모든 나라가 그 기구의 역할과 권한을 재검토하고 필요할 경우 강화하는 것은 내가 영국에 대해 내놓은 제안과 일치하는 일이다.

사회경제협의회의 설립은 기존의 기구와 같은 형태를 취할 수도 있지만, 나는 사용자와 노조, 정부 3자가 참여하는 표준적인 형태뿐만 아니라 비정부기구와 소비자단체까지 포함하는 다자기구를 구상한다. 제1장에서 불평등의 수평적 차원을 강조했는데, 그런 차원에서 이 협의회가 성과 인종, 세대를 대변할 수 있도록 하는 것이 중요하다. 예를 들어 특히 젊은이들처럼 현재 노동시장 바깥으로 밀려나 있는 이들이 관여해야 한다. 뒤의 장들에서 나는 구상 중인 사회경제협의회의 의제가 돼야 할 여러 사항을 제시할 것이다. 그러나 그 기구에는 노동시장을 다루는 법률과 기업에 대한 규제 및 사회적 보호, 최저임금의 결정 그리고 복지 급여의 수준과 증액에 관해 의회에 보고서를 낼 권한이 주어져야 한다.[29]

제안 2 공공정책은 이해관계자 간의 적절한 힘의 균형을 목표로 삼아야 한다. 이를 위해 (a) 경쟁 정책에 뚜렷하게 분배적인 측면을 도입하고, (b) 노동조합이 대등한 조건으로 근로자를 대변할 수 있도록 허용하는 법적 체계를 보장하고, (c) 사회경제협의회가 아직 존재하지 않는 나라에서는 사회적 동반자와 다른 비정부기구들이 참여하는 협의회를 설립해야 한다.

이러한 조치들이 얼마나 광범위하게 근본적인 변화를 불러올 것인지는 나라마다 다르다. 영국의 경우 이 조치들은 상당히 많은 새로운 입법을 필요로 할 것이고 다른 나라들은 제한적인 개정만이 요구될 것이다. 유럽연합 회원국들은 이 연합의 중요한 특성을 갖고 있다. 하지만 내가 제안하는 것은 특히 경쟁을 촉진하고 사회적 동반자들의 역할을 개발하는, 이미 유럽연합 정책의 중심을 이루는 것들에 대한 보완적인 의미가 강한 조치들이다.

5장 = 미래의 고용과 임금

이 장은 불평등을 줄이는 데 있어
고용과 근로소득의 역할에 관해 다룬다. 우리가 보았듯이 제2차 세계
대전 직후 몇십 년 동안 유럽에서 불평등이 줄어들었을 때 실업률은
낮았다. 1퍼센트 실업률도 비현실적인 것이 아니었다.(영국은 도표 5.1
참조.) 1945년부터 1970년대 중반까지의 기간과 그 이후 40년 사이에
는 뚜렷한 차이가 있다. 1975년 이후 시기는 두 차례 세계대전 사이의
실업률이 높았던 시기와 훨씬 더 비슷하다. 그렇다면 불평등과 빈곤을
줄이는 확실한 길은 실업과 싸우는 것임에 틀림없다. 어쨌든 대부분의
정치 지도자는 일자리를 만들어낼 필요가 있다는 데 동의한다. '일자
리'는 실제로 2014년 유럽연합 집행위원장 장클로드 융커의 선거 공약
표제에서 절실하게 필요한 과제로 꼽은 것들 중 첫 번째에 올랐다.[1] 그
러나 노동 환경은 1950년대 이후 달라졌으며, 이는 앞 장에서 논의한
기술 발전 때문만은 아니다. 나는 여기서 고용의 성질이 달라지고 있
고, 통상적인 전일제 일자리는 갈수록 다양한 형태의 비정규 고용으로
대체되고 있으며, 또한 여러 가지 활동의 '포트폴리오'에 종사하는 사

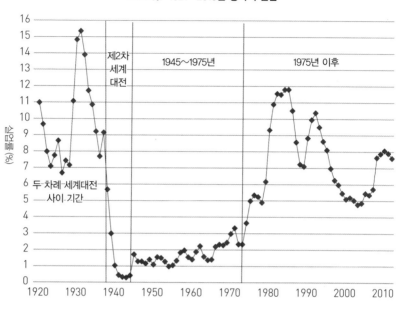

도표 5.1 1921~2013년 영국의 실업

람들이 그 자리를 대신하고 있다고 주장한다. 고용의 변화하는 성질은 나중에 제8장에서 논의하는 사회적 보호를 설계하는 데 영향을 미친다. 지금은 그 변화가 완전고용 정책의 목표에 어떤 시사점을 갖는지에 관심이 있다. 나는 1970년대 이후 대부분의 OECD 국가가 놓친 이 목표를 향해 전진하기 위한 급진적인 행동이 필요하다고 주장하며, 더 나아가 국가가 보장하는 고용을 주장한다. 그렇기는 하지만 고용 그 자체만으로는 충분하지 않다. 일하고 있다는 것이 빈곤에서의 탈출을 보장해주지는 않는다. 이 장의 제목에서 '임금'이 두드러진 것은 바로 이 때문이다.

고용의 현대적 개념

—

경제학에서 고용에 관한 표준적인 모형은 흔히 암묵적으로 통상의 풀타임 일자리를 이야기한다. 사람들은 일을 하고 있거나 하지 않고 있다. 이는 0과 1의 현상이며, 이때 고용 정책의 목표는 사람들을 0에서 1로 옮겨가도록 하는 것이다. 유럽연합 집행위원장인 융커는 '일자리'를 이야기했다. 유럽 2020 목표에서 표제로 내건 것들 중 첫 번째는 20~64세 연령대의 사람들 가운데 75퍼센트가 일자리를 가져야 한다는 것이다.

이처럼 '일자리'에 초점을 맞추는 것은 우리 역사에서 앞선 시기에 살았던 사람들에게는 이상하게 보일 것이다. 산업혁명 이전에 사람들은 흔히 시간제 일과 자영업을 혼합한 형태로 일했으며, 그러한 패턴은 최근까지 시골 지역사회의 특성이었다. 지난 세기에는 '실업'과 '은퇴' 개념에 별다른 의미가 없었다. 로베르 살레, 니콜라 바베레즈와 베네딕트 레이노가 프랑스의 실업에 대한 그들의 연구서에 붙인 『실업의 발명 L'invention du chômage』이라는 제목은 우리에게 실업이 비교적 최근에 나타난 개념이라는 점을 상기시킨다.[2] 마이클 피오르가 이 책에 대한 서평에서 설명했듯이 "실업의 현대적인 개념은 시간과 공간 면에서 가족과 여가활동으로부터 근본적으로 분리된 거대하고 영구적인 제조업 생산 시설에서 이뤄지는 하나의 특별한 고용관계에서 나온 것"이다.[3] 경제가 산업화되고 더 많은 인구가 도시로 몰림에 따라 고용은 전부 아니면 전무인 것이 됐다. 레슬리 해나가 은퇴에 관해 관찰한 것도 마찬가지다. 그는 『은퇴의 발명Inventing Retirement』에서 "우리가 전에는 거의 없었던 이 현상을 제대로 이해하려면 고용관계를 봐야 한다"고 주장했다.[4] 은퇴라는 불연속적인 사건은 산업화 이전의 경제에서는 일찍이 없었던 특징이며, "중세의 독립적인 노동자는 늙어가면서 일을 줄이고 생산을 줄였지만 그가 무언가를 생산할 수 있을 때까지 계속해서 일을 했다."[5]

21세기의 늘어나는 비표준 근로

20세기에 OECD 국가들의 고용은 대체로 정규직 일자리의 특성을 지녔지만 21세기에는 현재 비표준 고용으로 여겨지는 형태로 돌아가고 있음을 뚜렷이 볼 수 있다. 시간제 근로는 가장 일반적이다. 내가 손녀에게 새로 온 선생님의 이름을 물었을 때 그 애는 월요일부터 수요일까지는 A선생님이고 목요일과 금요일에는 B선생님이라고 대답했다. 비표준 근로에는 여러 형태가 있다. 키스 르블랑슈, 귀도 밀러와 패트리샤 위즌투안은 비표준 근로자 안에는 시간제 근로자 외에도 "특정 기간 계약에 따라 일하는 근로자나 (…) 집안일을 하는 사람들과 계절적인 일, 임시적인 일, 재택근무 또는 자영업과 같이 갖가지 다른 형태의 일을 하는 이들이 포함되며, 이런 사람들에게 공통된 주요 특성은 그들의 근로 조건이 '전형적인 종업원'(무기한 고용계약에 따라 전일제로 일하는 가상적인 개인)과 다르다는 점"이라고 설명했다.[6] 여러 근로계약 중에는 보수가 없는 경우도 있다. 영국에서는 급여를 주지 않는 인턴 자리가 빠르게 늘어났다. 젊은이들이 나중에 급여를 받는 자리를 확실히 얻게 될 것을 바라며 무보수로 일하는 것이다. 또한 많은 사람이 영(0)시간 근로계약(호출근로 또는 초단시간 근로계약이라고도 한다. 용어풀이 참조―옮긴이)을 하는데, 이 경우 그들은 고용된 것으로 간주되지만 보장된 근로 시간은 없으며 한 주 동안 한 푼도 벌지 못할 수 있다.

비표준 근로는 늘어나고 있다. 귄터 슈미트에 따르면 "지난 몇십 년 동안 전통적으로 정의된 '표준적인 고용관계' 대신 시간제 일과 기간제 근로계약, 파견 근로, 자영업이 늘어난 것을 볼 수 있다."[7] OECD는 『2014년 고용 전망』에서 "지난 25년 동안 OECD 회원국 중 여러 나라에서 임시근로계약의 활용이 급증했다"고 설명하고 한 장 전체를 '비정규 고용'에 할애했다.[8] 매킨지 글로벌 인스티튜트 2012년 보고서 『도움을 구하다: 선진국에서의 노동의 미래Help Wanted: The Future of Work in Advanced Economies』는 다음과 같이 밝혔다. "기업들은 인터넷 전체를 누비며 종업원과 계약 근로자들을 관리하면서 근로자들을 필요할 때만 고용함으로써 이제 노동력을 고정 비용이 아닌 변동비에 더 가깝게 만드는 능력을 갖게 됐다. OECD 국가 전반에 걸쳐 핵심 연령층(25~54세—옮긴이) 근로자들 중 시간제나 임시로 고용된 이들은 1990년 이후 전체 고용보다 1.5배에서 2배 빨리 늘어났다. 미국 기업들에 대해 우리가 한 조사에서는 3분의 1 이상이 앞으로 불확정적인 노동이나 시간제 근로자들을 활용할 계획이 있다고 답했으며, 단기적인 과제를 위해 기술 수준이 높은 인재를 공급하기 위한 여러 새로운 중개업체가 떠오르는 것을 볼 수 있다." 이들은 이어서 "미래에 만들어질 일자리는 과거와 점점 달라질 것"이라고 말했다.[9]

비표준 근로가 얼마나 늘어났는지는 나라마다 다르다. 예를 들어 네덜란드는 시간제 고용에서 선두를 달리는 것으로 잘 알려져 있으며, 노르딕 국가들에서도 비표준 고용의 비중이 높다. 영국에서 시간제와 자영업, 기간제 계약을 비표준 고용으로 정의할 때 이런 일을 하는 이들은 전체 근로자의 약 4분의 1이며, 영시간 계약과 무보수 인턴을 더하면 그 비중은 더 높아질 것이다. 슈미트에 따르면 "심지어 가족 중심적이거나 이른바 보수적인 고용 체계를 가진 오스트리아, 벨기에, 프랑스, 독일, 이탈리아, 스페인, 포르투갈 같은 나라에서도" 비표준 고용은 늘어나고 있다.[10] 그의 연구는 조사 대상으로 한 유럽연합 24개 회원국 중 대다수(16개국)에서 1998년부터 2008년 사이에 비표준 고용 비중이 늘어났고 단 4개국(발트 3국과 루마니아)에서만 줄어들었다는 사실을 보여주었다. 독일에서는 1985년부터 2005년까지 20년 동안 비표준 고용이 일할 수 있는 나이의 전체 인구 중 42퍼센트에서 37퍼센트로 줄어들었으며, 이 기간 노동시장 참여율이 68퍼센트에서 76퍼센트로 늘어났다.[11] 비표준 근로에는 성별 차이도 있다. 많은 유럽연합 국가에서 시간제 일은 여성들 사이에서 더 일반적이다. 2011년 『유럽 일자리 벤치마킹 2012Benchmarking Working Europe 2012』 보고서에 따르면 "9개국에서 적어도 여성 세 명 중 한 명꼴로 시간제 일을 하고 있다. (…) 영국, 오스트리아, 벨기에, 독일 그리고 네덜란드(76.4퍼센트)에서는 여성 중 시간제 일을 하는 이들이 40퍼센트 이상을 차지한다. 네덜란드는 남성 중 시간제 일을 하는 이들의 비중이 상당히 높은 유일한 나라다."[12] 유럽연합 집행위원회는 『2013년 유럽의 고용과 사회개발 Employment and Social Developments in Europe 2013』 보고서에서 시간제 일이 "전일제 일자리로 환산한 여성의 고용률이 남성에 비해 낮아지게 한 중요한 요인 중 하나"라고 결론지었다.[13] 전일제로 일하는 사람들 중에서도 여러 가지 활동을 하는 경향이 확산되고 있다. 부분적인 고용이 더욱 일반화되고 있다. 사람들은 여러 가지 활동의 포트폴리오를 갖고 그들의 사용자들에게 '쪼갠 시간'을 제공하고 있다. 유로지역(17개국) 노동력 조사에서 부업을 갖고 있다고 밝힌 사람이 2000년 370만 명에서 2013년 510만 명으로 늘어났다.[14] 내가 이 글을 쓴 날 『가디언』에는 장래의 국회의원 후보 한 사람에 대한 인물 기사가 실렸는데, 그는 정신보건 관련 자선기관의 보조원으로 장애자를 돌보면서 다른 자선기관에서도 일하는 동시에 지방의회 의원으로 활동하고 있다.[15]

그러므로 사람들이 일자리를 갖고 있느냐 아니냐를 기준으로 이야기하는 것은 점점 더 오해를 만들어내기 쉽다. 일은 단순히 0 아니면 1인 활동이 아니다. 21세기 노동시장은 더 복잡하며, 이는 우리가 빈곤에서 벗어날 수 있는 수단으로서 고용을 어떻게 봐야 할지 그리고 불평등을 줄이는 데 도움이 되는 완전고용을 어떻게 봐야 할지에 대해 시사점을 갖는다.

완전고용과 보장된 근로

—

노동시장의 이러한 변화들은 고용을 늘리고 실업을 줄이는 목표를 정하는 데 직접적인 영향을 미친다. 미국의 연방준비제도이사회는 의회로부터 '최대한의 고용'을 촉진하라는 법적인 명령을 받았지만, 이는 여러 가지 활동의 포트폴리오를 갖고 있어서 쉽게 '취업자'나 '실업자'라는 꼬리표를 붙일 수 없는 사람들을 고려해 재해석할 필요가 있다. 안드레아 브란돌리니와 엘리아나 비비아노는 유럽연합의 고용 목표를 재검토할 것을 주장했다. 일자리를 가진 사람을 계산할 때 단순히 머릿수를 기준으로 삼는 것은 불충분하다. 이들은 그 대신 취업한 달수와 월별 노동 시간으로 정의한 근로 강도를 기준으로 삼자고 제안한다.[16]

마찬가지로 실업을 줄이는 목표도 전쟁 직후 OECD 국가의 사람들이 일자리를 갖고 있는지 아닌지를 구분할 때보다 더 복잡해지고 있다. 우리는 경제 위기 때 이 점을 보았다. 대부분의 사람은 실업률과 고용률 숫자에 주목하지만, 최근 새로 생긴 일자리 중 많은 부분이 시간제 일이었다. 이를 어떻게 볼 것이냐는 시간제 일을 하는 것이 자발적이냐 아니냐에 달려 있다. 국제노동기구는 이렇게 밝혔다. "시간제 일은 근본적으로 자발적인 것이냐 비자발적인 것이냐, 다시 말해 사람들이 의도적으로 시간제로 일하는 쪽을 택했느냐, 아니면 단지 그들이 전일제 일자리를 찾을 수 없기 때문에 근로 시간을 줄이는 것을 받아들였느냐에 따라 구분해야 한다."[17] 자발적으로 시간제 일을 택한 경우 현행 통계에서 실업률 수준은 실제보다 높은 것으로 나타나며, 이는 고용률 목표와 마찬가지로 전일제 일로 환산한 숫자로 표현할 필요가 있다. 사람들이 더 많이 일하고 싶어도 전일제 일자리를 찾을 수 없는 경우 통계상 실업 수준은 실제보다 낮게 표시된다. 현재의 일이 바라는 수준에 못미치는 사람들을 의미하는 감춰진 실업을 통계가 포함하지 못하기 때문이다. 유럽연합 집행위원회가 제시한 증거는 2012년 '비자발적인' 시간제 근로자의 비중이 오스트리아(10퍼센트), 독일(17퍼센트), 덴마크(18퍼센트)의 경우는 비교적 적었으나 유로지역 평균은 29퍼센트였고 그리스, 이탈리아, 루마니아와 스페인에서는 50퍼센트를 웃돌았다.[18] 여기에 유급 일자리를 찾고 있지만 보수 없이 일하는 인턴이나 다른 무급 근로자로 일하는 사람들을 추가해야 한다. 그러므로 완전고용에 관한 목표는 노동시장의 특성이 달라지는 것을 반영할 수 있도록 좀더 미묘한 방식으로 접근해야 한다. 그러나 그 목표를 더 분명히 할 필요도 있다. 현재 그에 관한 정책 목표는 일반적인 말로 표현되며 이는 20여 개국 중앙은행이 인플레이션에 관해 채택하고 있는 매우 명시적인 목표와 뚜렷한 대조를 이룬다. 인플레이션의 경우 영국은 정확한 양적 목표를 세워두고 있다. 만약 목표에서 1퍼센트포인트 넘게 벗어나면 영국은행 총재가 재무부 장관에게 인플레이션이 그 범위를 벗어난 까닭을 설명하고 은행이 어떤 조치를 취할 것인지 제안하는 공개적인 서한을 보내야 한다. 그러나 중앙은행 총재나 재무장관 중 누구도 높은 실업률을 설명하는 데는 어떤 책임도 지지 않는다.(아마도 낮은 실업률을 설명하는 서한은 필요하지 않을 것이다.)

실업에 대해서 그와 비교할 수 있는 목표를 두지 않는 이유 중 하나는 그 목표 자체에 어느 정도 모호함이 있기 때문이다. 사실 우리는 미국 의회가 왜 '최대한의 고용'을 추구하는지 물어야 한다. 슈퍼마켓 진열대에 물건을 쌓는 64세 노인의 수를 늘리는 것이 왜 더 좋은가? 이 문제를 더 깊이 파고들자면 우리는 고용을 늘리려고 하는 본질적인 이유와 수단적인 이유를 구분해야 한다. 수단적인 이유는 이미 이 장을 시작할 때 말했다. 고용은 개인과 그 가족들이 빈곤에서 탈출하고 사회가 다시 불평등 수준을 낮추는 데 필요한 주요 수단이다. 이 말이 실제로 얼마나 맞는 것인지는 뒤에서 다시 논의할 주제다. 본질적 이유들은 그리 간단하지 않다. 왜 정부는 시장에서 결정된 수준 이상으로 고용을 늘리려고 해야 하는가? 유럽의 64세 노인들이 보수를 받는 일을 하기보다 자신의 손주들(또는 그들의 90세 노부모들)을 돌보며 시간을 보내는 것이 낫겠다고 결정한다면 이는 실패로 여겨야 하는가? 후생경제학의 표현을 쓰자면, 이는 정부가 개인의 선호를 무시하려는 것일 수도 있다. 리처드 머스그레이브가 도입한 개념을 적용하면 고용은 교육이나 보건과 같이 민간의 시민들보다 정부가 더 높은 가치를 부여하는 '가치재merit good'의 속성을 가질 수 있다.[19] 그게 아니면 시장 실패를 이유로 정부가 복지를 위해 개입할 근거를 마련할 수도 있다. 하지만 수요와 공급 사이의 균형이 이뤄지지 않는 시장 실패의 가장 명백한 증거는 비자발적 실업이 존재한다는 사실이며, 이는 비자발적 실업을 최소화하는 것이 목표가 돼야 한다는 점을 시사한다.

이러한 까닭에 나는 고용을 최대한으로 늘리는 것이 아니라 비자발적 실업을 최소한으로 줄인다는 면에서 노동시장의 목표를 제시해야 한다고 본다. 이때 21세기 노동시장의 특징들을 반영하는 방식으로 측정이 이뤄져야 한다. 어떤 사람이 일자리 포트폴리오 중에서 보수를 받는 일 일부만을 잃었을 때에도 그들을 부분적으로 실업 상태에 있는 사람으로 계산해야 한다. 그리고 그 목표는 구체적인 기준점 없이 막연하게 완전고용을 약속하는 형태가 아니라 명확하게 제시된 것이어야 한다. 그렇다면 무엇이 목표가 돼야 하는가? 여기서 나는 정부가 실업을 어떤 특정한 수준으로 낮출 수 있는 능력은 거시경제 상황에 달려 있으며, 정부가 그 목표를 얼마나 달성할 수 있을지는 위에서 설명한 영국의 인플레이션 목표를 비롯한 다른 목표들과도 관련돼 있다는 점을 곧바로 인식할 수 있다. 나는 그러한 균형을 맞추는 노력의 결과를 예측하려고 하지 않는다. 그보다는 우리가 얼마나 의욕을 갖고 있는지를 묻는다. 2퍼센트 인플레이션 목표에 걸맞은 고용 목표는 무엇인가? 하나의 가능한 기준점은 전쟁 직후 몇십 년 동안 이룬 실업률 수준이다.(도표 5.1 참조.) 이를 기준으로 하면 2퍼센트 실업률 목표는 과한 야심이라 할 수 없다. 이는 확실히 눈금 자체를 옮겨놓을 것이다. 내가 이 글을 쓰면서 구글에서 '영국 실업'을 검색했을 때 '트레이딩 이코노믹스Trading Economics' 웹사이트가 나오고 그 사이트에 있는 실업률 그래프의 세로축은 5.5퍼센트부터 시작하고 있었다. 2퍼센트 목표는 아예 레이더에서 사라졌을 것이다. 사실 2퍼센트에서 시작하는 그래프를 찾으려면 역사적인 시계열자료에서 1971년까지 거슬러 올라가야 할 것이다. 실업률 목표를 내세우면 이 문제가 중요한 의제에 오르게 될 것이다. 실업률 통계가 발표될 때 물어야 하는 것은 단지 그 숫자가 올랐는지 내렸는지가 아니라 2퍼센트 목표와 관련해 어떠한지가 될 것이다.

실업률 목표를 정하자는 제안에 대해 독자들 가운데는 완전고용 책임을 다하겠다는 확인이 허튼소리인 것처럼 "눈금을 옮긴다"는 것이 그저 공허한 수사에 불과하다며 반대하는 이들이 틀림없이 있을 것이다. 내 자신은 명시적인 목표가 중요하며 논의의 기준을 바꾸는 것이 곧 목표를 향해 한 걸음 내딛는 일이라는 견해를 갖고 있다. 그러나 나는 어떻게 그 목표를 이룰 수 있는가가 핵심적인 질문임을 인정한다. 그런 까닭에 나는 명시적인 목표 설정을 두 번째 요소와 결합한다. 그 요소는 정부가 최후의 고용주로서 역할을 해야 한다는 제안이다.

제안 3 정부는 실업을 예방하고 줄이기 위한 명시적인 목표를 채택하고 원하는 이들에게 최저임금을 주는 공공부문 고용을 보장해줌으로써 이 목표를 뒷받침해야 한다.

공공부문 고용은 여러 나라에서 적극적인 노동시장 프로그램의 일부를 이루고 있다. 미국은 이와 관련된 오랜 역사를 갖고 있다. 공공사업진흥국Works Progress Administration, WPA은 뉴딜의 중요한 부분을 이루었으며 1935년부터 1943년 사이에 약 800만 명의 일자리를 만드는 데 돈을 댔다. 그 예산 중 3분의 1 이상이 도로와 공공건물 건설에 들어간 것을 포함해 대부분이 공공기반시설 사업에 투입됐다. 1960년대에 빈곤과의 전쟁의 일환으로 정부는 430만 명의 일자리를 만들어낼 수 있을 것으로 전망되는 공공고용프로그램을 개발했다.[20] 이 계획은 실행되지 않았지만 훨씬 더 적은 규모의 일자리 프로그램들이 도입됐다. 이 프로그램들은 1973년 종합고용훈련법과 결합돼 불리한 조건의 근로자들에 대한 지원을 늘려갔다. 카터 대통령 시절인 1978년 험프리-호킨스 완전고용과 균형성장에 관한 법률에 따라 연방정부가 "공공부문 고용의 저수지"를 만들도록 권한을 주는 전반적인 공공고용프로그램이 승인됐다. 이것 역시 효과를 내지 못했으며, "직접적인 일자리 창출 노력에 단호하게 반대하는" 레이건 대통령이 선출되면서 대규모 공공서비스 고용에 대한 구상은 사라졌다.[21]

비록 레이건이 그 논의를 끝내버렸지만 미국의 이 같은 역사는 일자리를 보장하는 형태로 공공서비스 부문에 고용을 제공하는 구상이 한때 이 나라에서 진지하게 받아들여졌음을 보여준다. 유럽에서도 이런 방향으로 진전이 있었다. 1970년대에 로버트 헤이브먼이 설명했듯이 "네덜란드 사람들은 유엔 세계인권선언의 일할 권리에 대한 명령을 진지하게 받아들여" 당시 전체 고용의 1.5퍼센트를 차지하는 사회적 고용 프로그램을 만들었다.[22] 오늘날에는 여러 유럽 국가에서 최소한 (예컨대 보호고용sheltered employment을 제공하는 것과 같은) 제한적인 수준의 공공일자리 창출 프로그램들이 있다. 도표 5.2는 유럽연합통계국이 보고한 공공일자리 프로그램 지출 금액을 2010년 국내총생산에 대한 비율로 보여준다. 이 비율이 1퍼센트의 3분의 1인(2014년 영국에서라면 55억 파운드에 상당하는) 벨기에부터 1퍼센트의 5분의 1인 프랑스와 0.05퍼센트인(영국에서라면 5억5000만 파운드에 상당하는) 독일을 거쳐 그 비율이 아주 미미한 이탈리아와 영국에 이르기까지 넓은 범위에 걸쳐 있다. 국민소득에 대비한 독일의 상대적인 지출 규모는 1980년대에 미국 경제학자 하이먼 민스키가 뉴딜 공공사업진흥국을 되살려 만성적인 실업 문제를 해결하자고 제안했을 때 예상했던 비용과 거의 정확하게 맞아떨어진다.[23] 세계 최대 규모의 공공고용프로그램은 인도의 마하트마 간디 전국지역고용보장계획이다. 이 계획은 시골지역의

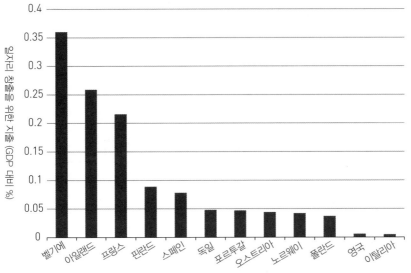

도표 5.2 2010년 영국과 유럽 각국의 직접적인 일자리 창출 비용

이 그래프는 각국이 2010년(영국은 2008년)에 직접적인 일자리 창출 프로그램에 쓴 금액을 그해 GDP에 대비해 보여준다.

모든 가구에 한해 100일의 공공부문 고용을 보장하는 것이다. 하지만 2014년 선출된 인도 정부는 이 계획을 비판해왔으며 따라서 수정될 가능성이 충분히 있다.

여기서 한 제안은 일자리를 찾는 개인들이 자격 조건(아래 참조)을 충족하면 주당 적어도 몇 시간 (예를 들어 35시간) 이상을 최저임금을 받으면서 공공기관이나 인정받은 비영리기관을 위해 일할 수 있도록 자리를 보장하는 것이다. 이런 계획에 따라 보장된 공공고용에 지원하는 것이나 지원하지 못한 것은 (기존의 사회적 이전이나 제8장에서 제안하는 참여소득 제도에 따라) 복지 혜택을 받는 데 아무런 영향도 미치지 않을 것이다. 이 제안의 몇 가지 핵심적인 요소는 자세히 설명할 필요가 있다. 먼저 '일자리'에 초점을 맞출 때 나는 앞서 설명한 고용의 특성 변화를 고려하지 못하고 있다는 비판을 받을 수 있다. 이는 좋은 지적이며, 사회적 보호와 상호관계에 관해 특별한 문제들을 제기한다. 사실 고용의 특성이 변화하는 것은 내가 기존 사회적 보호의 형태에 대한 근본적인 대안을 제안하는 하나의 이유다.

지금은 일자리 보장 자체에 집중하려 한다. 그리고 비표준적 고용이 늘어나고 여러 가지 활동의 포트폴리오를 갖고 있는 사람이 증가하는 여건에서 일자리 보장이 작동하는 방식에 초점을 맞추려 한다. 근로자 편에서 보면 이 계획이 자발적인 것이라는 사실은 그 사람이 자신의 포트폴리오에 공공고용을 할 시간 여유가 있으면 그 고용 시간을 추가할 수 있다는 것을 의미한다. 그러나 공공부문의 사용자 편에서 보면 그 근로자에게 주어지는 총 시간과 그 이용 가능성을 결정하는 조건을 제한할 필요가 있을 것이다. 부분적으로 실업 상태인 근로자들의 경우에는 몇 시간을 줄지 결정할 때 기존의 고용 상태를 고려할 필요가 있다. 그래서 제조업체 XYZ에서 주당 25시간을 일하는 자리를 가지고 있는 사람은 공공부문에서 주당 10시간을 보장받을 것이다. 공공부문 근로자들을 효과적으로 활용하기 위해 그들을 쓸 가능성을 미리 확실히 해두어야 할 것이다. 영시간 계약은 XYZ의 일이 될 수 없다. 사용자가 주마다 몇 시간이나 일거리를 줄지 일일이 결정하는 것은 가능하지 않기 때문이다.[24] 이 계획을 관리하는 정부 부처와 개인 사이의 계약이 필요할 것이다. 이는 단지 고용 기관과 개인에게만 관련된 문제일 수는 없다. 1960년대에 빈곤과의 전쟁의 일환으로 고려됐던 미국 공공고용 프로그램 설명서는 "예를 들어 병원 청소원은 병원에서 임금을 받을 것이며 심지어 그가 이 프로그램에 따라 고용됐다는 것조차 알 필요가 없다"고 제시했지만, 여기서 제안한 계획에서는 (그가 35시간 넘게 일하는 다른 일자리를 가지고 있을 수도 있기 때문에) 그렇게는 될 수 없을 것이다.[25] 그 계획을 관리하는 것은 어느 정도 복잡하겠지만, 우리가 더 복잡한 삶을 살게 된 데에 따른 피할 수 없는 결과 중 하나는 우리가 단순한 범주로 분류될 수 없다는 것이며, 이는 (앞 장에서 논의한 것과 같은) 사회 제도들을 운영하는 데 더 많은 비용이 들게 한다.

또 하나의 중요한 요소는 국제적으로 노동력이 이동하는 세계에서 '자격 있는' 개인들을 정의하는 것이다. 이는 특히 유럽연합 안에서 정치적으로 대단히 민감한 문제를 일으킨다. 유럽연합 전체적으로 이 지역 내 모든 시민에게 일자리 보장을 해주는 것은 가능하겠지만, 만약 어느 한 회원국이 홀로 행동에 나선다면 그 나라는 노동력의 자유로운 이동에 관한 원칙을 지키면서 그렇게 해야 할 것이다. 유럽연합 조약에서 이에 관한 조항은 사람들이 "어떤 회원국에 취업을 목적으로 머물 수 있도록" 허용하면서 그 고용은 "그 회원국 국민의 고용을 규제하는 법령에 따르도록" 하고 있다. 여기서 영국의 일자리 보장은 먼저 장기 실업자를 대상으로 도입될 수 있다. 그 대상은 영국에서 열두 달 이상 실업자로 등록돼 있었고, 전일제나 시간제로 일을 할 수 있으며, 그 전에 영국에서 고용된 적이 있고, 국민연금 기여금을 적어도 열두 달 동안 냈던 사람으로 정할 수 있다. 이는 (영국 국민이든 아니든) 이러한 조건들을 충족하는 모든 사람이 이용할 수 있을 것이다. 그다음 단계에서 더 확대된 계획은 실업 상태로 있었던 기간이 열두 달은 안 되지만 실업자가 되기 전에 영국에서 고용된 적이 있었던 사람들을 대상으로 할 수 있다. 이 경우에도 국민연금 기여금을 냈던 것을 조건으로 자격이 주어질 것이다. 이런 식으로 기여 조건은 영국 노동시장에 계속해서 참여하는 사람들에게만 그 혜택이 제공될 수 있도록 보장한다. 나는 특별히 젊은 사람들의 입지에 대해 이야기하지 않았지만 여기서 제안한 것은 유럽연합 청년 일자리 보장EU Youth Guarantee과 결합하거나 그를 보완할 수 있다. 이 계획은 25세 이하의 모든 젊은이가 일자리나 견습, 훈련 또는 계속된 교육을 제공받을 수 있도록 보장하는 것을 목표로 하고 있다.[26]

정부가 최후의 고용주 역할을 하도록 하자는 제안에 비판적인 이들은 당연히 정부가 민간부문과 경쟁하면서 민간고용을 밀어낼 것이라고 걱정한다. 그렇게 염려할 만한 근거가 있다. 데이비드 엘우드와 엘리자베스 웰티는 미국의 경험을 다시 살펴본 후 "잘못된 공공서비스 고용은 낭비이고 비효율적이며, 민간고용을 대체하고 생산성 향상에 역행한다"고 결론지었다. 그러나 그들은 곧이어 "신중하게 실행된 공공서비스 고용은 일자리를 늘릴 수 있고, 민간고용을 25퍼센트 정도 대체하는 수준을 유지하며, 진정으로 가치 있는 서비스를 생산할 수 있는 것으로 보인다"고 말했다.[27] 또한 어떤 경우에는 민간고용을 밀어내는 것이 바람직하다는 점을 기억해야 한다. 만약 공공서비스 고용프로그램에 따른 일자리를 선택함으로써 근로자가 영시간 계약에 따른 불안정한 민간부문 일자리를 떠나거나, 고용주가 그러한 일을 정규직으로 전환하도록 한다면 이는 긍정적인 결과다.

고용 보장 계획에 따르는 사람들은 어떤 일자리를 갖게 되며 그 일은 생산적일까? 내 대답은 부분적으로 공공서비스에 부여하는 가치에 대한 앞 장의 논의에 따른다. 여러 나라에서 공공지출을 삭감하자 공공서비스에 대한 이용 가능성도 줄어들었으며, 이 중 일부만 민간서비스 구매로 대체됐을 뿐이다. 그러므로 서비스가 철회된 분야에서 곧바로 사람들을 고용할 여지가 생겼다. 어린이 돌봄, 취학 전 교육, 학교, 청소년 서비스, 보건 서비스, 노인 돌봄 서비스, 음식 배달, 도서관 서비스, 경찰 보조활동이 그런 분야다. 그러나 나는 일자리 보장 제도를 만드는 것이 비상계획이라고 보지는 않는다. 이는 과거의 공공사업진흥국 시절로 돌아가는 것이 아니다. 그보다는 이 프로그램이 단지 임시변통이 아니라 의미 있는 고용을 제공하기 위해 시간을 갖고 신중하게 개발돼야 한다고 믿는다. 같은 이유로 이 프로그램은 참여자들의 이후 노동시장에서의 성취만을 바탕으로 평가되어서는 안 된다. 미국 노동부는 2000년 보고서에서 "대부분의 경우 공공서비스 고용프로그램을 통해 장기 실업자 문제를 해결하려는 초기의 노력은 성공하지 못한 것으로 나타났다"며 "참여자들은 시장성 있는 기술을 거의 배우지 못했고 민간부문의 일자리로 옮겨가는 경우도 드물었다"고 밝혔다.[28] 두 번째 문장은 특별한 관점에서 그러한 판단에 이르고 있음을 드러낸다. 그 프로그램이 장래의 고용을 위한 디딤돌을 얼마나 제공하느냐 하는 관점이다. 그것도 중요하지만 여기서 당장의 관심사는 근로자들이 이 프로그램에 따라 일하고 있는 동안 받을 영향에 관한 것이다. 더욱이 "시장에서 잘 팔리는 기술"에 초점을 맞추는 것은 무엇을 추구해야 하는지에 대해 좁은 관점을 취하는 것이다. 일자리 보장의 핵심적인 요소는 그 제도를 채택하면 개인과 전체 경제의 관계가 달라질 것이라는 점이다. 그것은 포용을 나타내는 명확한 신호로서 본질적 가치를 지닌다. 레인 켄워디가 주장했듯이 "일자리를 원하지만 찾을 수 없는 이들 누구에게든 일자리를 보장해주는 정책은 일의 가치를 확실히 말해줄 것이다."[29] 이 제안은 "누구도 실패할 만큼 작지 않다"는 메시지를 보낸다.

그러나 일자리 보장이 불평등을 줄일 수 있을까? 특히 실업을 줄이는 것이 빈곤과의 싸움에서 중대한 기여를 할 수 있을까? 요컨대 그 답은 그럴 수도 있고 아닐 수도 있다는 것이며, 이는 유럽연합 집행위원회가 "일을 하지 않던 성인이 일자리를 갖게 되면 둘 중 하나는 가난에서 벗어날 수 있다"는 말로 잘 요약했다.[30] 이 말의 근거는 도표 5.3에서 잘 보여준다. 이는 유럽연합 각 회원국에서 2008년부터 2009년 사

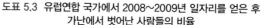

도표 5.3 유럽연합 국가에서 2008~2009년 일자리를 얻은 후
가난에서 벗어난 사람들의 비율

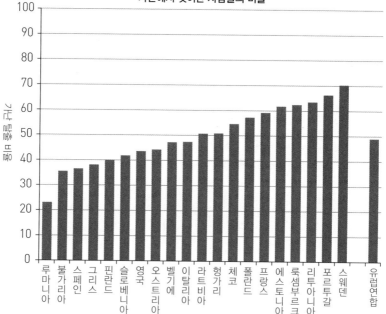

이 그래프는 18세에서 59세 사이의 실업자 가운데 2008년부터 2009년 사이에 일자리를 얻은 사람들에게 무슨 일이 일어났는지를 보여준다. 막대그래프는 일자리를 얻고 가난에서 벗어난 사람들의 비율을 나타낸다. (유럽연합 평균을 보면) 일자리를 갖게 된 사람 중 약 절반이 빈곤 상태로 남아 있었다.

이에 일자리를 얻고 그로 인해 빈곤 기준선 위로 올라선 사람들의 비율을 나타낸다. 스웨덴과 포르투갈, 발트해 연안국 같은 일부 국가에서는 빈곤에서 벗어난 이들이 60퍼센트 이상이었지만 스페인, 그리스, 루마니아와 불가리아를 비롯한 다른 나라들에서는 그 비율이 40퍼센트 아래였다. 가계가 빈곤선 위로 올라서도록 뒷받침하는 데 충분한 임금을 주어야 그 일자리를 얻은 이들이 가난에서 탈출할 수 있다. 그러나 일을 하는데도 가난한 것은 심각한 문제다. 이브 마르크스와 절린드 버비스트에 따르면 "빈곤 상태에서 살고 있는 일하는 연령대의 유럽 사람들 중 4분의 1 또는 3분의 1이나 되는 이들이 실제로 이미 일을 하고 있다."[31] 따라서 나라 전체의 고용률과 가난의 빈도 사이에는 단순한 관계를 찾을 수 없다. OECD 보고서를 인용하면 "'가난한' 사람 중 많은 이가 적어도 한 해 중 어떤 기간에는 일자리를 갖고 있다는 사실은 상대적 빈곤과 고용률 사이의 국가 간 비교에서 큰 상관관계가 없음을 설명하는 데 많은 도움이 된다."[32]

그러므로 우리는 임금에 대해 무언가를 해야만 한다.

윤리적 임금 정책

—

이는 시장이 임금을 결정하는 데 정치적으로 개입하는 것을 의미하는가? 그렇다. 나는 앞서 수요와 공급의 힘이 중요하지만 그 힘들은 단지 특정 근로에 대해 지급할 수 있는 임금의 한계를 정할 뿐이라고 주장했다. 우리가 모두 더도 덜도 말고 한계생산에 정확히 맞는 임금을 받는다는 것은 사실이 아니다. 현재 시장에서 나타나는 결과가 서로 다른 참여자들의 협상력에 따라 달라진다는 것은 꽤 정확한 말이다. 사람들이 임금에 대한 보장 없이 영시간 일자리를 얻는다면 이는 그들이 노동시장에서 힘이 없기 때문이다. 이미 지적했듯이 우리는 그러한 협상의 참여자 사이에 공정한 균형을 확보하기 위해 소비자와 근로자들의 대항력을 키우는 조치를 취할 필요가 있다. 그러나 나는 여기서 더 나아가야 한다고 믿는다. 우리는 근로소득을 결정하는 데 사회 전체를 보는 접근 방식을 확립해야 불평등을 줄이는 쪽으로 나아갈 수 있다. 임금에 대한 국가 정책이 필요하며, 그 정책은 세계화된 경제에서 수요와 공급에 따라 정해진 한계를 인정하지만 순전히 시장의 힘에 따라서만 소득이 결정되도록 내버려두지 않는 것이다.

이것은 무슨 뜻인가? 최근 전체 실질소득 증가에서 상위 1퍼센트가 확보한 몫에 관해 자주 인용되는 숫자로 이야기를 시작하는 것이 좋겠다. 실제로 전체에 관한 숫자─전반적인 소득 증가─가 사회경제협의회에서 이뤄지면 좋을, 모든 이해관계자가 참여하는 '국민적 논의'의 출발점이 돼야 한다. 가능한 것을 계획할 때 우리는 미래의 예상되는 성장률에서 논의를 시작할 필요가 있다. 과거 소득 관련 정책 협상에서 이는 일반적으로 예상되는 생산성 증가율과 같다고 가정했다. 오늘날에는 가계소득이 총생산처럼 빠르게 늘어나리라고 기대할 수 없다. 인구 고령화와 기후변화로 발생하는 수요를 비롯해 내가 앞서 논의한 이유들 때문이다. 이는 어떻게 하면 성장의 과실을 공정하게 분배할 수 있을지에 대한 논의를 더욱 긴급하게 만든다. 그러한 논의를 시작하기 위해 나는 다음번 제안을 위한 주장을 의제에 올린다.

제안 4 두 가지 요소로 이뤄진 국가 차원의 임금 정책이 있어야 한다. 법령에 따라 생활임금으로 정해진 최저임금과 최저임금 이상의 보수에 대한 실행 규칙이 그것이며, 이는 사회경제협의회와 관련된 '국민적 논의'의 일부로 합의된 것이어야 한다.

최저임금의 수준을 어디까지 끌어올릴 것인가

임금 정책의 첫 번째 요소는 법적 최저임금이며, 대부분의 OECD 국가는 이미 이를 채택하고 있다. 최저임금이라는 개념은 오랜 역사를 지니고 있다. 1906년 윈스턴 처칠이 국회 하원에서 이렇게 말했다. "여왕 폐하의 국민 중 어느 계층이든, 최대한의 노력에 대한 대가로 생활임금보다 더 적게 받는다면 이는 국가적인 불행입니다. 사람들이 우리가 착취적인 거래라고 부르는 일을 하면서, 아무런 조직도 갖지 못하고, 대등한 협상을 하지도 못하며, 좋은 고용주가 나쁜 고용주에 밀려나는 상황에서 (⋯) 이러한 조건들이 압도하는 상황에서는 진보가 아니라 갈수록 더 퇴보하는 상태에 이르게 됩니다."[33]

그러나 핵심적인 질문은 최저임금이 어느 수준에서 정해지느냐 하는 것이다. 이는 원칙의 문제를 제기하는데, 나는 영국의 상황에서 이 문제를 살펴보지만 이는 2014년 7월에 처음으로 법적 최저임금을 승인한 독일처럼 다른 나라들에서도 틀림없이 의미를 갖는다. 도표 5.4에서 볼 수 있듯이 2012, 2013년 국제노동기구 세계임금보고서ILO Global

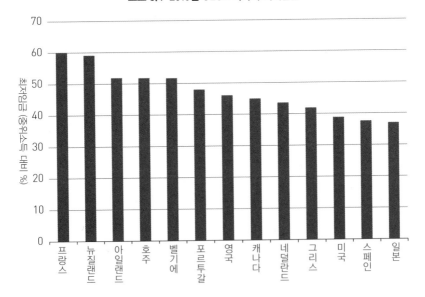

도표 5.4 2010년 OECD 국가의 최저임금

이 그래프는 각국의 최저임금을 2010년 전일제 근로자의 중위소득에 대한 비율로 보여준다. 이 숫자는 네덜란드의 경우 휴일수당을 포함하며, 포르투갈과 스페인은 열세 번째와 열네 번째 달 봉급을 포함한다.

Wage Report에서 비교한 결과에 따르면 중위소득에 대비한 국가 차원의 최저임금에서 영국은 OECD 국가들 중 중간쯤에 위치한다. 서로 다른 최저임금 수준을 고려할 때 우리는 심지어 최저임금이 가장 높은 나라 (프랑스)조차도 OECD와 다른 기구들이 저임금의 하한선으로 보고서에 적용해온 중위소득의 3분의 2에 미치지 못한다는 사실을 잊지 말아야 한다.[34]

그렇다면 최저임금은 어느 수준에서 정해져야 하는가? 영국의 국가 최저임금national minimum wage, NMW은 저임금위원회Low Pay Commission의 자문을 거쳐 결정되는데, 1999년 4월 법적 최저임금이 도입된 이후 이 위원회의 신중한 보고서들은 이 제도가 널리 받아들여지고 정치적인 지지를 얻도록 촉진하는 데 큰 역할을 해왔다. 하지만 이 책을 읽다 보면 문득 이 위원회가 소득 분배에 미칠 영향보다는 노동시장에 주의를 집중하고 있지 않은가 하는 생각이 들게 된다. 이 위원회의 핵심적인 지표는 시간당 중위소득에 대비한 시간당 국가 최저임금의 '비율'이다. 최저임금을 결정할 때 중요하게 고려해야 할 한 가지가 (제9장에서 논의할 주제인) 최저임금이 고용에 미치는 영향이라는 점에서 이 위원회가 노동시장에 초점을 맞추는 것은 충분히 이해할 만하다. 그러나 소득 분배의 관점에서 보면 의미 있는 지표는 시간당 근로소득이 아니라 몇 시간이나 일하느냐에 따라 달라지는 주간 또는 월간 근로소득이라는 사실을 분명히 알 수 있다. 게다가 가족의 생활수준에 대한 영향은 가계의 환경과 조세-급여 체계의 운영에 달려 있다. 이러한 요인들은 존 센타무 대주교가 의장을 맡은 독립적인 생활임금위원회Living Wage Commission가 강조해온 것들이다. 실제로 생활임금은 몇 시간이나 일할지를 가정하고 개인의 근로소득이 가계의 가처분소득 수준에 미치는 영향을 추적하는 방식으로 계산된다. 이미 가구소득 가이드에서 보앉듯이 모든 가족 구성원의 근로소득과 다른 곳에서 나오는 소득, 그리고 조세-급여 체계의 영향을 고려해야 하기 때문에 생활임금을 계산하는 것은 비교적 복잡한 절차다. 그러나 이런 과정을 거쳐야만 주어진 시간당 임금이 생활수준에 어떤 의미를 갖는지 알 수 있다. 또는 이 절차를 거꾸로 돌림으로써 시간당 최저임금의 목표가 어느 수준이 돼야 하는지 알 수 있다.

영국의 생활임금을 정의하는 데 바탕이 되는 것은 러프버러대학의 사회정책연구센터에서 한 연구인데, 이 센터는 요크대학의 사회정책연구실과 함께 최저소득기준을 개발했다. 이 기준은 "사람들이 생계를 유지하기 위해 얼마의 소득이 필요한지에 대한 사회적 합의"에서 이끌어낸 상세한 예산을 바탕으로 한 것이다.[35] 최저소득기준을 바탕으로 우리는 가족 유형을 고려한 평균으로 필요한 수준의 (기준율이라고 부르는) 시간당 임금을 계산할 수 있다. 그러나 이 이야기에는 또 다른 변수가 있다. 독립적인 생활임금위원회가 "이 기준율이 기업들이 따라갈 수 없을 만큼 무리한 속도로 오르지 않도록" '상한'을 적용하는 것이다.[36] 그에 따른 최종적인 결과로 권고한 (런던 밖의) 생활임금은 실제 영국의 국가 최저임금보다 약 20퍼센트 높고 동시에 '상한을 두지 않은' 계산에서 나온 수준보다는 약 20퍼센트 낮은 수준이다. 그 상한이 적용되지 않았다면 영국의 최저임금은 중위소득의 66퍼센트로 OECD의 저임금 하한선과 일치하는 수준에 이르렀을 것이라는 점에 주목해야 한다.

이는 (영국이나 다른 나라에서) 최저임금 목표를 설정해야 할 근거를 제공하는가? 최저소득기준이 저임금 기준을 정의하는 기초를 마련해주는가? 틀림없이 회의론이 제기될 것이다. 최저소득기준에서 이끌어낸 임금 요구 수준을 자세히 살펴보면 가족 유형에 따라 변한다는 점을 볼 수 있는데, 자녀가 없는 부부의 경우 기준율의 67퍼센트에 그 치며(이들의 최저소득은 국가 최저임금보다 적다) 셋 이상의 자녀를 둔 (중위소득을 훨씬 웃도는 금액을 벌어야 하는) 한부모가정의 경우 기 준율의 두 배가 넘는다. 더욱이 필요한 임금 수준은 특히 자본소득과 사회적 이전소득처럼 가계의 가처분소득 결정에 끼어드는 요소들에 따라 달라진다. 최저임금은 그 자체만으로 모든 문제를 해결할 순 없다.

그렇다면 우리는 어떻게 해야 하는가? 영국에서는 중위소득과 비교한 최저임금을 올려야—그 '비율'을 높여야—한다는 명백한 압력이 있다. 저임금위원회는 2014년 보고서에서 "최근 몇 년보다 큰 폭으로 임금을 올리는 새로운 국면의 시작"을 이야기했다.[37] 생활임금 운동은 사용자들의 자발적인 참여 면에서 상당한 성공을 누렸으며, 여기서 한 제안은 국가 최저임금을 그 수준까지 올려야 한다는 것이다. 우리가 더나아가 '상한을 두지 않은' 계산에서 나온 더 높은 임금 수준을 향해 가야 할지는 자본소득과 사회적 이전을 포괄하는 전반적인 소득 정책의 맥락에서만 판단할 수 있다.

임금과 고용을 위한 세밀한 실행 규칙

영국의 국가 최저임금은 법에 따라 의무적으로 시행되는 것이다. 이에 비해 생활임금은 자발적인 것으로 사용자들이 자선기관인 생활임금재단Living Wage Foundation이 인증하는 임금을 지급하기로 동의할 때 지켜지는 것이다. 갈수록 많은 영국 기업이 여기에 참여하고 있으며(주목할 만한 참여 기업으로 첼시축구클럽이 있다) 나는 이제 자발적인 실행 규칙이라는 원칙이 최저임금 이상을 지급하는 데 있어 얼마나 널리확대될 수 있을지를 생각하고 있다. 이 책 전체에 걸쳐 강조하고 있듯이 사회 정의의 문제는 소득 분포의 맨 아래부터 맨 위까지 전체에 적용된다.

임금 규칙에 대한 현재의 관심은 대부분 소득 분포상 최상위층의 임금이 최근 몇십 년 동안 여러 나라에서 폭발적으로 늘어난 데서 비롯된다. 영국에서 1970년대에 최상위 십분위의 근로소득은 중위소득보다 3분의 2가 많았다. 지금은 중위소득의 두 배다. 상위 1퍼센트는 한때 중위소득의 세 배를 벌었으나 오늘날에는 다섯 배를 번다.[38] 임금 격차가 뚜렷이 벌어지자 임금의 범위에 제한을 두자는 압력이 생겨났다. 2013년 스위스에서는 경영자들의 보수를 해당 기업에서 가장 낮은 임금의 열두 배를 넘지 못하게 제한해야 하느냐를 놓고 국민투표가 실시됐다. 그 제안은 부결됐지만 스위스 유권자의 35퍼센트나 되는 이가 지지했다. 영국에서는 독립적인 하이페이센터High Pay Centre가 임금 비율 상한을 두자는 캠페인을 벌여왔으며, 그와 같은 상한은 "모든 근로자가 기업의 성공을 공유해야 하며 근로소득 면에서 맨 위쪽에 있는 사람들과 아래 또는 중간에 있는 이들 사이의 격차가 계속해서 커지기만 해서는 안 된다는 중요한 원칙을 인정하는 것"이라고 주장했다.[39] 이러한 임금 정책은 예를 들어 종업원 소유 회사인 존 루이스에서 시행하고 있는데, 이 회사에서는 가장 높은 급여를 받는 이사도 평균 급여의 75배 넘게 받을 수 없다. 그러나 그 배수(75)나 이를 평균 급여와 비교하는 기준은 스위스의 제안과 상당히 다르다. 다른 회사들도 이와 다른 비율이 적용되는 비슷한 정책을 따른다. 예를 들어 TSB은행은 65의 배수가 적용되는 임금 정책을 채택하고 있다. 배수 면에서 놀라운 대조를 이루는 경우는 공정무역 단체인 트레이드크라프트Traidcraft의 임금 정책인데, 그에 따르면 "가장 많은 급여를 받는 직원이 영국 직원들 중 가장 낮은 급여를 받는 사람이 받는 전일제로 환산한 급여의 여

섯 배를 넘게 받을 것으로 기대하지 않는다."[40] 만약 가장 낮은 급여를
받는 직원이 최저임금을 받는다면 이 규정은 최고 급여를 한 해 약 8만
파운드로 제한하게 된다. 이 사례가 잘 보여주듯이 임금 제한을 채택
하는 것은 그 기관의 정신을 잘 반영한다. 스페인에서 몬드라곤 협동조
합은 경영자가 가장 낮은 급여를 받는 근로자의 6.5배 이상을 받지 못
하도록 제한한다.

　한 회사나 기관 내의 급여 제한은 몇 가지 문제를 제기한다. 영국 정
부의 의뢰를 받아 윌 허턴이 수행한 공공부문의 공정 급여에 대한 검
토에서 어떤 관리자도 해당 기관에서 가장 낮은 급여를 받는 사람의
스무 배 이상을 벌 수 없도록 공공부문에 임금 배수 상한을 도입하는
것은 "공공부문 공정 급여 체계의 핵심으로서 도움이 되지 않을 것"이
라는 결론이 나온 것은 이 때문이다.[41] 이같이 20의 배수를 적용하면
2011년 최고위 공무원의 연간 급여는 약 22만5000파운드로 제한됐
을 것이다. 이는 그다지 제한적으로 보이지 않는다. 그러나 이 검토 보
고서는 급여 배수를 공개하는 것은 찬성하면서도 급여를 제한하는 것
은 지지하지 않았다. 제기된 문제들 중에는 공공기관별로 노동력의 특
성에 따라 급여 차이가 있다는 점 그리고 급여 제한이 경영자에게 낮
은 급여를 받는 직원들을 (예를 들면 아웃소싱을 통해) 급여 대상에서
아예 제외하려는 유인을 준다는 점이 있다. 이러한 반대 중 두 번째 것
은 최저임금을 급여의 하한으로 삼음으로써 극복할 수 있다. 그렇게 하
면 최저임금을 올릴 때 허용되는 최고 급여의 상한이 오르게 되는 부
작용을 낳겠지만 급여 체계의 투명성을 높이는 장점이 있을 것이다.

　공공부문에서만 급여 제한을 채택하면 공공서비스 분야의 최고위직
을 차지하는 데 따르는 재정적 보상이 상대적으로 줄어들게 될 것이며,
그에 따라 민간부문에서도 도덕적 설득을 통한 방법과는 별개로 임금

의 범위를 제한하는 것을 포함한 보상 규칙을 채택하도록 얼마나 유인할 수 있을지 의문이 제기된다. 이와 관련해 세 가지 자명한 길이 있다. 첫 번째 길은 상품과 서비스의 구매자로서 정부의 시장 지배력을 이용하는 것이다. 임금 규칙을 채택하는 것은 공공기관에 상품과 서비스를 공급할 자격을 얻는 데 사전 조건으로 삼을 수 있다. 두 번째는 의무적인 공시 규정을 만들어 일반인이 언제든 임금 배수에 관한 정보를 이용할 수 있도록 하는 것이다. 세 번째 길은 기업지배구조를 통하는 것이다. 정부가 장려하는 임금 규칙이 있다는 것은 경영진의 지나친 보수에 대해 염려하는 보상위원회 사람들의 영향력을 강화해줄 것이다. 하이페이센터를 포함한 일부에서는 더 나아가 회사 이사들이 "주주뿐만 아니라 종업원, 소비자, 협력업체와 공급업체들을 포함한 모든 이해관계자의 이익을 똑같이 존중해주도록" 요구하는 새로운 회사법을 제안한다.[42] 이러한 움직임은 앞 장에서 고려했던 대항력을 키우기 위한 조치들과 보조를 같이하게 될 것이다.

임금 규칙의 원칙들은 최상위층과 최하위층 간 임금 격차를 다스려야 하지만, 또한 같은 값어치의 일을 하는 사람들이 똑같은 보상을 받는지에도 관심을 가져야 한다. 이 문제는 임금이 더 개인화되고 사회와 일터가 인구 특성 면에서 더 다양화됨에 따라 갈수록 중요한 의미를 지닌다. 어떤 기업이 채용 면에서는 공평한 기회를 주는 사용자일 수 있지만 그 사실이 사후적으로 얼마나 공평한 보상으로 이어질까? 기존 임금 정책의 공정성을 검토할 때는 성, 인종과 연령별 임금 분포 같은 문제들을 꼼꼼히 살펴봐야 한다. 예를 들어 영국에서 왜 상위 1퍼센트 소득자 여섯 명 중 한 명만 여성일까? 성별 임금 격차 감소는 왜 멈추었을까? 1970년에 여성의 근로소득 분포에서 최상위 십분위에 드는 이들은 남성의 소득 분포에서 같은 위치에 있는 이들과 비교할 때 그들의

57퍼센트를 벌었다. 이 비율은 1970년대에 높아졌으며 특히 남녀평등 임금법이 완전히 발표됐을 때 그랬다. 이 비율은 1990년대 초까지 계속 높아졌지만 그 후 상승은 멈춰버렸다. 지난 20년 동안 사실상 아무런 진전도 없었다.[43] 지금까지 '여성의 이사회 진입'과 유럽연합의 '성주류화'gender mainstreaming'(여성 차별 철폐—옮긴이)에 관한 많은 논의가 있었지만 최상위층의 임금 격차를 줄이는 면에서의 진전은 마치 빙하작용처럼 느리게 이뤄졌다.

국민적 논의

자발적인 임금 규칙을 제안하면서 나는 의도적으로 1960년대와 1970년대에 추구되었던 어떤 임금 정책들처럼 상대적인 임금의 결정에 법적으로 개입하는 체제로 돌아가자고 제안하지 않으려 했다.(1971년 닉슨 대통령이 도입한 임금과 가격 통제 또는 영국의 물가와 소득 정책이 법적 개입의 대표적인 예다.) 자발적 합의는 이루기 어렵지만 한번 자리잡으면 법적으로 통제할 때보다 정부가 바뀌더라도 지속될 가능성이 더 크다. 일반 국민의 넓은 지지 기반이 없으면 진전이 이뤄지기는 참으로 어렵다.

내가 보기에 필요한 것은 소득 분배에 관한 '국민적 논의'다. 경제성장으로 얻는 것을 분배하는 문제 그리고 중간과 아래층에 있는 이들이 얼마나 뒤떨어져 있는지 하는 문제들을 광범위하게 검토하는 논의다. 이를 위해서는 이 장에서 이야기한 것처럼 임금에 대한 윤리적인 접근 방식을 구체화해야 하지만, 그와 함께 이다음 장들의 주제인 급여 혜택 수준과 자본소득의 결정에 관해서도 구체적으로 논의해야 한다. 그 모든 것이 국민소득에 대한 청구권을 나타낸다. 지금은 이처럼 서로 다른 유형의 소득이 각기 다른 토론의 장에서 검토되는 경향이 있지만 이것들은 사실 같은 논의의 일부를 이뤄야 한다. 요컨대 소득이 얼마나 늘어날지 전망하고 어떻게 하면 그 소득을 공정하게 나눌 수 있는지 분석하는 것이 사회경제협의회의 첫 토론 의제가 돼야 한다.

6장 **=** 자본 공유

불평등의 원인들에 관한 경제적 분석에서 나는 자본소득의 역할과 소유권의 균형에 대해 재고할 필요가 있다는 점을 강조했다. 나는 여기서도 경제는 시장자본주의의 형태로 조직된다고 가정한다. 근로자들을 고용하고 상품과 서비스를 개방된 시장에서 파는 민간기업들이 경제활동 중 훨씬 더 큰 부분을 수행한다는 가정이다. 나는 또한 자본의 역할을 고려할 때 수익을 얻는 부의 소유권과 자본을 통해 행사하는 경제적 결정에 대한 통제권을 계속해서 구분할 필요가 있다고 주장했다. 확정기여형 연금(납입액은 정해져 있지만 지급액은 운용 실적에 따라 달라지는 연금—옮긴이) 펀드에 가입한 사람은 그 펀드가 보유한 ABC사 주식에 대한 배당으로 간접적으로 수익을 얻지만 ABC사가 내리는 결정에 대해 발언권이 없다. 그는 경영진을 갈아치우거나 기업 인수에 반대표를 던질 수 없다. 수익적 소유권과 통제권은 둘 다 중요하다.

부에 관한 논쟁은 최상위층이 가진 거액의 재산에 초점을 맞추는 경향이 있지만 부의 재분배는 최상위층의 과잉을 제한하는 것 못지않게 최하위층의 소액 저축을 장려하는 것에 관한 문제다. 역사적으로 개인이 가진 전체 부에서 상위 1퍼센트의 몫이 줄어든 것은 부자들에 대한 상속세와 다른 세금이 늘어났기 때문만이 아니라 '대중적인' 부가 확대됐기 때문에 일어난 일이다. 대중적인 부로는, 그 밖에도 있지만 특히 주택 자산을 들 수 있다. 이는 영국의 부를 나타내는 도표 6.1A 에서 볼 수 있다. 이는 1923년부터 2000년까지 상위 1퍼센트와 그 아래 99퍼센트가 가진 부를 2000년 소비자물가를 기준으로 조정한 실질적인 부를 보여준다. 상위 1퍼센트가 가진 부의 실질가치는 두 차례 세계대전 사이의 기간에 높아졌지만 제2차 세계대전 후에는 1923년 수준으로 되돌아갔다.(물론 그들은 반드시 같은 사람들이거나 심지어 그들의 자손인 것은 아니라는 점을 기억해야 한다.) 그러나 그들의 몫은 1923년부터 1937년까지 하위 99퍼센트가 가진 부의 실질가치가 빠르게 상승하고 제2차 세계대전 후 대중의 부가 훨씬 덜 줄어든 데에서 많은 영향을 받았다. 더욱이 제2차 세계대전 직후 몇십 년 동안 상위 1퍼센트가 가진 부의 실질가치는 계속해서 하락한 반면 하위 99퍼센트의 부는 크게 상승했다. 후자의 경우는 중요하다. 하위 99퍼센트의 실질 부가 1950년 수준에 머물러 있었다면 상위 1퍼센트의 몫은 단지 5퍼센트포인트만 줄었겠지만, 실제로는 12.5퍼센트포인트나 줄어들었다. 20세기 후반 전 기간에 걸쳐 하위 99퍼센트의 부는 네 배가 됐다. 1950년 약 6000억 파운드에서 2000년 2조4000억 파운드로 늘어난 것이다. 이 숫자들을 검토할 때 개인연금과 국가연금은 포함하지 않았다는 점을 잊지 말아야 한다. 이 50년 동안 이들 연금도 크게 늘어났다.

절대적인 부의 수준은 도표 6.1B에서 다른 방식으로 나타난다. 이 도표에서는 각 집단의 부를 국민소득에 대비한 비율로 표현한다. 이 수치는 실질 부가 경제성장을 따라갈 수 있는지를 가늠해준다. 인구가

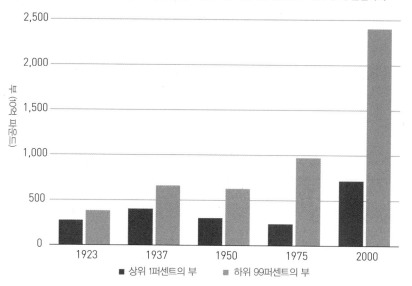

도표 6.1A 1923~2000년 영국의 상위 1퍼센트와 하위 99퍼센트가 가진 부의 실질가치

(세로축) 부 (단위 파운드)

2,500 / 2,000 / 1,500 / 1,000 / 500 / 0

1923 1937 1950 1975 2000

■ 상위 1퍼센트의 부   ■ 하위 99퍼센트의 부

이 그래프는 영국에서 1923년과 2000년 사이에 상위 1퍼센트와 하위 99퍼센트의 (부동산을 포함한) 개인적인 부의 총액이 어떻게 달라졌는지를 보여준다. 부의 가치는 2000년 가격으로 조정했다. 상세한 것은 통계 출처 참조.

늘어나면 경제성장이 이뤄진다. 이때 상위 1퍼센트에 드는 사람은 더 많아진다. 자본 축적과 기술 진보 때문에 일인당 소득이 늘어나도 경제성장은 이뤄진다. 전쟁 사이 기간에 걸쳐 상위 1퍼센트의 실질 부가 늘어난 것은 이들이 가진 부의 국민소득 대비 비율을 유지하기에 충분했지만, 1937년부터 1975년까지 그 비율은 국민소득의 두 배에서 절반으로 떨어졌다. 하위 99퍼센트가 가진 부의 국민소득 대비 비율 역시 떨어졌으나 하락 폭은 더 적었다. 그 후 1975년부터는 그 비율이 높아졌다. 상위 1퍼센트의 비율은 국민소득의 절반에서 대략 국민소득과 같은 수준으로 높아졌으며, 하위 99퍼센트의 비율은 국민소득의 2.25배에서 3.25배로 상승했다.

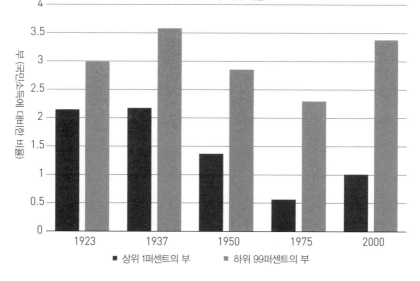

도표 6.1B 1923~2000년 영국의 상위 1퍼센트와 하위 99퍼센트가 가진
부의 국민소득 대비 비율

■ 상위 1퍼센트의 부   ■ 하위 99퍼센트의 부

이 그래프는 개인적인 부의 총액이 국민소득의 몇 배나 되는지 나타냄으로써 경제성장으로 개인
부가 어떻게 달라졌는지를 보여준다. 예를 들어 1923년에는 상위 1퍼센트의 부가 국민소득의 두
배 이상(2.1배)이었으며, 1975년에는 국민소득의 약 절반(0.5배)이었다.

다음 장에서는 상위 1퍼센트와 그 이상의 계층에 대한 과세 문제를
검토한다. 이 장에서는 재분배가 이뤄지기 전 단계의 부의 소유에 초점
을 맞춘다.

부를 축적하는 동인

—

『21세기 자본』에서 토마 피케티는 부의 분배를 결정하는 핵심적인 원리
를 (r로 표시한) 자본수익률과 (g로 표시한) 경제성장률의 차이에서 찾
는다. 그의 책이 미친 영향이 얼마나 컸던지 이러한 상징들이 대중적

인 영역에까지 등장했다. 심지어 $r > g$ 식을 써넣은 티셔츠까지 나올 정도다! 자본의 수익률이 경제성장률에 비해 높을 때 부는 국민소득보다 빠르게 늘어나 쌓이게 된다. 달리 말하면 국민소득이 늘어나는 속도를 따라가기 위해 자본소득에서 아주 많은 몫을 저축으로 떼어놓을 필요가 없다. 부의 분배에서 어떤 일이 일어나는지는 개별적인 차원의 r과 g에 달려 있다. 곧 r에 대해 살펴보겠지만 g에 대한 이야기부터 시작하자.

개인이 일생 동안 부를 유지하는 것은 전반적인 소득증가율에 달려 있지만, 여러 세대를 생각하는 장기적인 관점에서 보면 이는 또한 각각의 세대에서 수많은 사람 사이에 부가 얼마나 고르게 나눠지는지에 달려 있다. 논의를 위해 나는 부가 여러 세대에 걸쳐 대물림되며, 옆으로 새거나 세대를 건너뛰거나 완전히 가족 밖으로 넘어가지 않는다고 가정한다. 또한 결혼을 통해 부를 합침으로써 생기는 복잡한 문제를 배제한다. 가족들이 매번 부를 다음 세대의 한 사람(일반적으로 나이가 가장 많은 아들)에게 물려주는 장자상속제를 시행하면 총액은 영향을 받지 않을 것이다. 부가 침식되는 일은 없다. 전체 인구가 늘어날 때(이는 국민소득을 늘리는 한 요인이다) 장자 아래의 자녀는 아무것도 받지 못한다. 사실 인구가 늘어날 때 부유한 상속인들은 새롭게 늘어난 인구 중에서 더 적은 비중을 차지하게 되며 이런 의미에서 부의 집중도는 높아진다. 이는 엄격한 장자상속제 아래서 일어나는 일이다. 그러나 18세기 잉글랜드에서조차 장자상속은 부분적으로만 적용되는 규칙이었고 더 젊은 아들들도 부를 나눠 가졌다. 제인 오스틴의 소설 『맨스필드 파크』에서 부유한 토머스 버트럼 경의 둘째 아들인 에드먼드 버트럼은 그의 형의 방탕함과 부채 때문에 성직자가 된 후에도 지역 교회의 교구 목사가 돼 그에 따르는 소득을 얻을 수 없는 처지였다. 그렇지 않았다면 그는 처음부터 이 삶을 즐길 수 있었을 것이다. 잉글랜드와 웨일스 바깥에서는 많은 나라가 재산을 물려주는 데 그와 같은 수준의 자유를 허용하지 않는다. 스코틀랜드의 법체계 아래서는 유언자가 그나 그녀의 상속재산을 자기 마음대로 무제한적으로 나누어줄 수 없다. 프랑스에서는 상속재산 가운데 '지정 상속분'을 특정 부류의 상속인들에게 물려주도록 보장한다. 이런 식으로 제한을 하는 금액은 가족 상황에 달려 있다. 예를 들어 자녀가 하나일 때 지정 상속분은 상속재산의 절반, 둘일 때는 3분의 2이며, 셋 이상일 때는 4분의 3이다. 프랑스와 다른 여러 나라에서 누구도 자기의 부를 모두 당나귀 보호단체 같은 곳에 물려줄 수 없다.

전체 상속재산을 다음 세대 자녀들에게 나눠주는 경우 상속받는 금액은 당연히 그 가족의 규모에 달려 있다.(이는 개인적인 차원에서 보는 성장률 g항이다.) 사실 모든 가족의 규모가 같을 때도 다른 조건이 동일하다면 상속재산을 나눌 경우 거액의 보유 재산을 쪼개는 효과를 내며, 인구가 빠르게 늘어날 때는 그 과정이 가속화된다. 부유한 가족들이 더 많은 자녀를 둘 때 불평등은 줄어든다. 내 스승 제임스 미드의 말을 인용하면 "부자들이 가난한 사람들보다 더 많은 자녀를 가진다면 거액의 재산은 갈수록 더 널리 흩어지면서 상대적인 크기가 줄어들고 소액의 재산은 갈수록 더 적은 숫자의 자녀에게 집중됨에 따라 상대적인 크기가 늘어난다."[1] 혹은 그 반대일 수도 있다. 가내 도자기업체의 전무가 되기 전에 경제학 논문을 썼던 조사이어 웨지우드는 부자들의 상속 패턴을 연구한 후 이렇게 밝혔다. "평균적인 중산층 가족의 규모는 평균적인 근로 계층 가족의 3분의 2에 불과하다. 따라서 결혼과 새로운 재산 축적, 조세에 따른 조정이 이뤄지지 않는다면 재산의 분배는 갈수록 더 불평등해질 가능성이 크다."[2] 최근에 제프리 브레넌, 고든 멘지스와 마이클 먼지는 역사적으로 가족 규모와 그들이 보유하는 자원 간에는 플러스 상관관계가 있었지만 그러한 상황은 18세기 말에 이르러 달라지기 시작했다고 주장했다. 이것이 지금의 마이너스 상관관계에 이르렀다. 지금은 더 부유한 가족들이 더 적은 자녀를 갖고 따라서 더 큰 불평등으로 가는 경향을 가속화시키고 있는 것이다.[3]

부의 이전은 결혼에 따라 추가적인 영향을 받는다. 그 결과는 누가 누구와 결혼하는지, 이혼과 재혼이 얼마나 자주 일어나는지에 달려 있다. 결혼으로 자산을 (그리고 부채를) 합산하게 되는 한 결혼 그 자체가 평등화를 촉진하는 장치다. 그러나 같은 부류의 사람끼리 짝을 짓는, 다시 말해 부유한 사람은 똑같이 부유한 사람과 결혼하는 경향이 있는 한 그 효과는 더 적다. 근로소득의 경우에 크리스틴 슈워츠는 미국의 상황을 다음과 같이 요약했다. "1970년대 말 이전에는 남편과 아내의 근로소득 사이에 마이너스 상관관계가 있어서 고소득자인 남편은 저소득자 아내를 얻는 경향이 있었지만, 1980년대 이후에는 상관관계가 플러스로 돌아서고 더 높아져 고소득자인 남편이 고소득자 아내와 사는 경향이 나타났다."[4] 존 어미시, 마르코 프란세스코니와 토머스 시들러는 독일과 영국의 가족 소득 자료를 바탕으로 "동류 결혼은 경제적 지위의 세대 간 이전에 중요한 요소인 것으로 보인다"고 결론 내렸다.[5] 근로소득과 전체 소득은 부와 같은 것이 아니지만 커윈 찰스, 에릭 허스트와 알렉산드라 킬러월드는 부모 세대의 부에 대한 연구에서 (자녀들이 보고한 부모들의 부를 바탕으로 한 것이라 그에 따른 측정의 오류 문제가 있기는 하지만) 부부의 상관관계를 조사했다. 그들은 부부가 가진 부의 상관관계는 약 0.4라고 밝혔는데, 이는 그들이 지적한 것처럼 세대 간 부의 상관관계 추정치와 비슷한 크기다.[6] 이 연구 결과가 시사하는 것과 같이 사람들이 부의 계층 구조에서 같은 계층의 사람과 결혼하는 한 부의 평등화 경향은 줄어든다.

g라는 요소를 통해 작용하는 이러한 힘들은 많은 사람의 흥미를 끌고 부의 분배가 어떻게 변화하는지 부분적으로 설명할 수도 있겠지만 어떤 정책 제안들이 가능할지를 실제로 제시해주지는 않는다. 그러므로 우리는 균형을 잡아야 할 두 가지 요소 중 r 쪽에 눈을 돌려야한다.

수익률과 포트폴리오

피케티의 『21세기 자본』을 읽은 많은 독자는 자본수익률이 경제성장률을 웃돈다고 강조하는 데 어리둥절한 반응을 보인다. 월급날 갚기로 하고 급하게 돈을 빌린 이들은 높은 금리가 문제라고 인식하겠지만, 그 책이 출간될 즈음에 소액을 저축하고 있던 이들은 이자로 거의 아무것도 벌지 못하고 있었다. 금리는 매우 낮았으며(내 은행계좌에는 연 0.15퍼센트의 이자가 붙었다) 이는 실질가치로 따질 때 물가가 한 해 약 2퍼센트 오르는 영국에서 그 저축의 수익률은 마이너스였다는 뜻이다.

피케티의 독자들이 어리둥절해하는 것도 놀랍지 않다. 우리는 서로 다른 수익률을 구분해야 한다. 자본의 수익률은 경제의 생산 측면에서 생기는 요소 가격으로, 개별 가계가 투자소득의 형태로 얻는 수익과 같지 않다. 우리가 제3장에서 보았듯이 기업들이 가계에 지불하는 채권 이자와 주식 배당금에 더해 기업의 영업이익에 대한 여러 청구권이 있다. 이들 청구권에는 조세가 포함되며 기업들이 공공의 소유일 경우에는 이익이 곧바로 국가의 금고로 들어간다. 기업 이익의 상당 부분은 재투자를 위해 유보된다. 은행과 연금기금, 투자신탁처럼 기업부문과 가계부문 사이에 중요한 중개기관들이 있다. 자본수익률의 일부는 이들과 금융서비스 부문의 다른 기관들에 흡수된다.

이런 것들이 부의 분배에 주는 시사점은 그 부가 어떻게 투자되느냐에 달려 있다. 소득 분포상 하위 99퍼센트에 드는 이들 중 자기 집에 사는 사람에게는 가장 값나가는 자산이 주택일 가능성이 크며, 주택 가치 상승이 대중적인 부의 증가에 하나의 중요한 원인이 돼왔다. 1990년대 중반부터 2000년대 중반까지 미국을 비롯한 여러 나라에서 나타난 주택시장 활황기에 특히 그랬다. 프란체스카 바스타글리와 존 힐스에 따르면 영국에서 "1995년부터 2005년 사이에 부의 변화는 주택 가치 변동에 크게 영향을 받았으며, 이 기간 중 주택 가격은 크게 올라 실질가치로 따져 적어도 두 배가 됐다."[7] 주택 관련 부의 분배는 전체적인 부에 비해 불평등이 덜하지만 이러한 자산에서 나오는 수익은 자가 거주자가 아닌 소수의 사람에게 혜택을 주지 못했다. 바스타글리와 힐스의 추정에 따르면 영국에서 가구당 주택 자산 가치의 중간값은 (2005년 가격으로) 1995년 2만7000파운드에서 2005년 10만2000파운드로 상승했다. 주택 관련 부의 분배에서 지니계수는 1995년 65퍼센트에서 2005년 56퍼센트로 떨어졌다.[8] 이런 하락은 인상적인 것이지만 지니계수는 여전히 매우 높은—가처분소득 지니계수에 비해 훨씬 더 높은—수준에 머물러 있다. 이는 영국에서 최하위 십분위의 주택 순자산 가치는 제로에 가깝다는 사실을 반영하고 있다. (공공주택에 사는) 사회적 세입자와 개인주택 세입자들은 주택 자산 붐에서 배제됐다. 사실 그들은 집세가 오르는 바람에 주택 소유자와 반대로 영향을 받았다.

자가 거주자가 높은 비중을 차지하는 나라는 영국뿐만이 아니라는 점에서 영국의 경험은 일반적인 관심사다. 유로시스템 가계 금융소비조사에 따르면 오스트리아와 독일에서는 자가 거주자가 (각각 44퍼센트와 48퍼센트로) 소수이지만 조사 대상 국가 전반에 걸쳐 평균 자가 거주자 비율은 전체 거주자의 60퍼센트를 차지하며 스페인과 슬로바키아에서는 80퍼센트를 넘는다.[9] 영국은 또한 주요 자산 재분배 계획(임대주택 매입권 프로그램)을 실험한 적이 있는데, 그 계획이 얼마나 대규모로 이뤄졌는지는 지금껏 충분히 평가받지 못한 것으로 보인다. 1980년에 보수당 정부가 도입한 매입권 프로그램은 사회적 주택의 세입자들이 큰 폭으로 할인한 가격으로 그 집을 살 수 있도록 해주었다. 지방자치단체의 임대주택을 당국이 현재의 세입자들에게 파는 것은 새로운 정책이 아니었다. 하지만 영국 정부는 자가 거주 비율을 높이려는 의도를 분명히 밝히면서 그 프로그램을 크게 확대했다. 그전의 법에 따라 평균 27퍼센트였던 할인율은 1981~1984년에 42퍼센트로 높아졌으며 1993~1995년에는 50퍼센트에 이르렀다. 2003년까지 매입권 프로그램에 따라 280만 채의 주택이 팔렸고, 그 매각으로 영국 전역에서 368억 파운드의 수입이 생겼다.[10] 이는 매우 큰 숫자들이다. 존 힐스와 하워드 글레너스터의 말을 빌리면 "이와 같은 할인이 의미하는 주택 자산의 누적 가치는 매우 큰 것이며 (…) 이러한 '국가의 선물'은 어떤 기준으로 봐도 큰 것이었다. 이는 가계가 보유한 모든 부의 3~4퍼센트를 차지한다."[11] 2010, 2012년을 기준으로 하면 이 금액은 2000억 파운드에 이른다.

영국의 매입권 프로그램에 따라 부를 국가에서 가계로 이전한 것은 부의 분배에서 하위 99퍼센트의 몫을 늘리는 효과가 있었지만, 그 대가는 이 집단 내에서 격차가 더 두드러지게 된 것이었다. 이는 결국 불평등에 더 광범위한 영향을 미친다. 레지너리스 컨설팅과 옥스퍼드 이코노믹스는 2010년 보고서에서 이렇게 밝혔다. "좋은 학교에 대한 접근성, 환경오염이 심하지 않은 위치, 좋은 교통과 다른 공공기반시설은 주택시장의 가격에 반영돼 있다. 주로 공급 부족으로 인해 소득에 비해 주택의 평균 가격이 오름에 따라 덜 부유한 가족들은 비싼 가격 때문에 더 유리한 위치에서 갈수록 밀려나고 있다. 이로써 더 나은 삶을 위한 기회와 교육이나 의료, 고용 기회에 대한 접근성 면에서 상대적 빈곤이 더욱 중요한 문제가 되었다." 이 보고서는 계속해서 이렇게 지적한다. "주택 자산은 또한 세대 간에 매우 불평등하게 분배된다. (…) 예를 들어 일인당 주택 관련 부를 따질 때 65세가 넘는 사람들은 45세 이하 사람들보다 열 배 넘게 많은 주택 자산을 갖고 있으며, 45세에서 65세 사이에 있는 이들은 45세 미만 사람들의 여덟 배 가까운 자산을 보유하고 있다."[12]

영국과 다른 나라들에서 자기 집에 사는 사람과 세 들어 사는 이 사이의 이러한 격차를 줄이는 데 기여할 조치들 중에는 주택 건설을 늘리고 더 많은 사회적 주택을 공급하는 정책이 포함된다. 그러나 이다음에 나오는 장들에서 제안하는 정책의 일부로서 두 가지 조치가 더 있다. 제7장에서 나는 사반세기 전에 영국의 보수당 정부가 일으킨 지방세의 중대한 변화를 논의한다. 세액이 대체로 부동산 가치에 따라 달라지는 가구별 평가체계에서 더 역진적인 주민세로 바꾸자 고액 부동산에 대한 지방세 부담이 줄어들었다. 이는 (지방세가 줄어들어 사람들이 기꺼이 더 많은 돈을 주고 집을 사게 됐으므로) 더 높은 집값으로 자본화됐으며 주택 가격 붐에 기여했다. 제7장의 제안은 영국이 부동산 가치에 따른 비례세로 돌아가 더 값나가는 주택과 아파트에 물리는 세금을 올리자는 것이다. 이것 또한 자본화돼 집값을 낮출 가능성이 크다. 이러한 조치는 더 누진적인 방향으로 부의 분배에 영향을 줄 것이다.

제8장에서 논의하는 두 번째 정책 제안은 국가연금에 관한 것이다. 이 주제는 주택시장과 아주 무관한 듯 보이지만 둘 사이에는 분명한

연결고리가 있다. 영국에서 국가연금을 다시 줄이고 은퇴 후를 위한 준비의 책임을 개인들에게 넘기려는 일련의 정책적 조치가 취해지자 많은 사람이 적절한 대안이 될 자산을 찾게 됐다. 임대차 관련 법이 집주인에게 유리하게 바뀐 것과 더불어 임대용 주택을 사들이려고 얻은 주택담보대출의 이자를 벌어들인 소득에서 공제할 수 있다는 사실은 주택을 매입해 임대하는 것이 매력적인 대안이 되도록 만들었으며, 이는 주택 가격 붐을 더욱 부추겼다. 은퇴 후 사회적 보호를 강화하기 위해 제8장에서 제안한 조치들이 임대용 매입 수요를 줄여서 집값 상승 압력을 누그러뜨리도록 하는 것이 내 바람이다.

저축자와 금융서비스 부문

부동산에 투자하지 않는 소액 저축자들은 대체로 금융자산과 연금에 투자한다. 이 두 경우에 사람들은 최근 몇십 년 동안 엄청나게 커진 경제부문인 금융서비스 산업에 의존한다. 이러한 금융서비스에 대가를 지불하는 것은 전체적인 자본의 수익률과 저축자들이 받는 수익률 사이를 벌어지게 하는 하나의 중요한 요소다. 어떤 경우에는 두 수익률 사이의 분리가 명백하다. 저축자들이 투자신탁에 가입하면 기금 자산 가치의 일정 비율을, 예컨대 적극적으로 운용하는 펀드라면 연간 0.75퍼센트를 자산운용 서비스에 대한 수수료로 물린다. 여기에 더해 회계 감사와 수탁회사에 주는 수수료도 있다. 확정기여형 연금 상품에도 비슷한 수수료 구조가 있으며, 그 수수료는 궁극적으로 지급되는 연금 액수를 줄인다. 영국에서 직장의 확정기여형 연금을 조사한 공정거래국은 "연금 가입자가 내야 하는 (연금 관리와 자산 운용 서비스에 대해 지불하는 것을 포함한) 수수료"의 역할에 주목하면서 다음과 같이 밝했다. "연금 상품 수수료 수준의 적은 차이가 가입자의 은퇴 시점에 누적된 저축 금액에 커다란 차이를 불러올 수 있다. 예를 들어 연금에 가입한 종업원의 직장생활 전 기간에 걸쳐 0.5퍼센트의 연간 운용수수료를 물리면 그가 은퇴할 때 저축 총액은 약 11퍼센트 줄어드는 데 비해 1퍼센트의 연간 수수료를 부과하면 은퇴 시점 저축액이 약 21퍼센트 줄어들 수 있다."[13] 대부분의 나라에서 사적연금 형태로는 갈수록 드물어지는 확정급여형 연금defined-benefit schemes(기금 운용 실적과 상관없이 지급액이 정해져 있는 연금—옮긴이)에서는 은퇴 후 지급되는 연금이 마지막 봉급이나 평균 급여에 따라 달라진다. 이 경우 기금 운용 수익률은 연금기금 신탁회사와 고용주에게 직접적인 관심사이지만 저축자에게는 곧바로 영향을 미치지 않는다. 그러나 기금 운용회사가 물리는 수수료는 연금 기여금을 늘리거나 지급액을 줄임으로써 여전히 저축자에게 부정적인 영향을 줄 수 있으며, 이는 (민간과 공공부문) 기업들이 이러한 형태의 연금 제공을 철회하는 데 부분적인 원인이 되었을 것이다.

그렇다면 금융서비스 부문의 생산물은 정확히 무엇일까? 기금 운용자들의 성과가 절대적인 기준보다는 상대적인 기준으로 측정되기 때문에 저축자들은 틀림없이 그들이—하나의 집단으로서—정확히 무엇을 위해 대가를 지불하는지 궁금해할 것이다. 한 투자 펀드가 유망한 주식을 선정함으로써 다른 펀드보다 좋은 성과를 낸다면 다른 펀드는 그 거래의 반대편에서 손실을 보지 않을까? 무엇이 이 경쟁을 제로섬이 아니라 양쪽 다 득을 보는 거래로 만들까? 이는 어려운 질문이며 금융서비스 부문의 산출을 측정하는 것은 실제로 국민계정을 작성하는 이들에게도 하나의 수수께끼였다. 자동차 산업의 경우 우리는 벌어들인 소득과 생산된 제품을 볼 수 있다. 자동차가 공장 문 바깥으로 나오는 것이다. 금융서비스의 경우 우리는 소득을 볼 순 있지만 산출물은 잘

볼 수 없다. 예를 들어 은행들이 당신의 서류를 안전하게 보관하거나 대출을 주선하는 것과 같은 특별한 서비스에 대해 수수료를 물릴 때처럼 어떤 경우에는 산출이 확인될 수 있다. 그러나 다른 경우에는 그 대가가 암묵적으로 지불된다. 어떤 사람이 당좌예금 계좌의 잔고를 유지하면 그는 지급결제를 다루는 은행 서비스에 대해 사실상 대가를 지불하는 셈이다. '사실상'이라고 한 것은 그 사람이 돈을 다른 곳에 굴렸으면 얻었을 이자를 포기한다는(그 계좌에서 낮은 이자를 받는다는) 뜻이다. 그 은행이 당좌예금 계좌의 잔고에 0.5퍼센트의 이자를 주는 데 비해 저축은행은 2퍼센트의 이자를 준다면 그가 포기한 이자는 1.5퍼센트다. 이러한 고려는 유엔 국민계정체계System of National Accounts, SNA에 따른 통계 작성의 바탕을 이루는 것이다. 경제활동을 측정하는 국제적으로 합의된 일련의 기준인 SNA는 이제 "간접적으로 측정한 금융중개서비스Financial Intermediation Services Indirectly Measured" 또는 FISIM이라고 부르는 항목을 포함하고 있다. 이는 "기준 금리로 계산한 이자와 실제로 예금자에게 지급되고 대출자에게 부과되는 이자의 차액이 간접적으로 추계한 금융중개수수료"다.[14] 금융부문의 활동을 SNA 기준에 따라 처리하는 것은 통계적인 답을 제공하지만 이 부문의 부가가치 특성에 관한 더 일반적인 문제를 해결해주지는 않는다. 저축자는 무엇을 얻는가? 경제학자이자 『파이낸셜타임스』 지 칼럼니스트인 존 케이는 그의 책 『다른 사람의 돈Other People's Money』에서 왜 금융서비스가 그토록 수지맞는 것인지 물었다. "상식이 시사하는 바에 따르면 만약 폐쇄적인 집단 내의 사람끼리 종이쪽을 계속해서 교환한다면 이들 종이쪽의 총가치는 변한다 해도 그다지 많이 변하지는 않을 것이다. 그 폐쇄적인 집단의 어떤 구성원이 놀라운 이익을 낸다면 그 이익은 같은 집단 내의 다른 사람들의 희생을 통해서만 낼 수 있다." 그는 이어 그 상식에 그다

지 틀린 것이 없다고 결론지었다.[15]

특히 고리대금업자가 하는 대출을 비롯해 어떤 유형의 대출에 물리는 높은 금리는 지금까지 놀라운 이익의 원천이 됐다. 나는 2015년 1월 2일 영국의 금리 비교 사이트를 검색해보고 단기대출 중 단 한 가지만 금리가 (연간 이자율로) 1000퍼센트 이하라는 것을 발견했다. 그 한 가지 대출의 금리는 154퍼센트였다. 이 r의 값은 분명히 g보다 크다. 신용카드에 물리는 이자율도—그보다는 덜한 수준이지만—고금리이기는 마찬가지다. 같은 날 그 비교 사이트에서 검색해본 신용카드 이자율 중 가장 일반적인 것은 18.9퍼센트였다. 그러므로 이제 이야기를 부채 문제로 옮겨가보자.

부채는 거시경제와 관련해 많이 논의되지만 부채가 분배에 미치는 영향은 더욱 주목할 만하다. 자산 총액에서 최하위 집단의 몫이 그토록 적은 까닭은 자산 보유액이 마이너스인 사람이 많다는 점과 큰 관련이 있다. 얀 펜이 소득 분포를 소득 수준에 따라 키가 달라지는 사람들의 행렬로 묘사할 때 그는 행렬의 맨 앞에 있는 어떤 이들은 (예를 들어 사업에서 적자를 봐서) 소득이 마이너스이기 때문에 거꾸로 서서 걸어간다고 지적했다.[16] 순자산(자산에서 부채를 뺀 값)을 보면 훨씬 더 많은 사람이 거꾸로 서 있는 것을 볼 수 있다. 에드워드 울프는 미국 연방준비제도이사회가 실시하는 소비자금융조사Survey of Consumer Finances, SCF 결과를 분석해 2007년 미국 가구의 18.6퍼센트가 순자산이 제로 또는 마이너스이며 순자산 총액 중 하위 40퍼센트 가구의 몫이 사실상 제로(0.2퍼센트)라고 밝혔다.[17] 부채는 물론 여러 다른 형태로 나타난다. 가계부채의 주된 부분은 집을 소유하기 위해 주택을 담보로 빌린 것이다. 이 경우 지불하는 이자는 앞서 이야기한 고리대금을 쓸 때의 이자와 상당히 다르다. 2013년 미국 소비자금융조사 보고서는 30년 만기 주택담보대출의 일반적인 금리가 3.5퍼센트라고 밝혔다.(신용카드 금리는 11.9퍼센트였다.)[18] 물론 이 경우에는 대출금과 균형을 이루는 자산이 있으며, '마이너스 지분'의 상황에서만 전체적인 순자산 가치가 마이너스가 될 위험이 있다. 그러나 거주용 부동산을 담보로 맡기지 않은 신용대출 역시 중요하며, 어떤 형태의 신용대출은 빠르게 늘어나고 있다. 2013년 소비자금융조사는 "지난 10년 동안 미국 가계가 학자금 대출로 진 빚은 극적으로 늘어났으며, 젊은 층 가구의 학자금 빚 가운데 약 24퍼센트는 3만 달러 이하를 버는 가구가 지고 있다"고 밝혔다.[19] 이와 같은 변화의 영향을 걱정하는 목소리는 상당히 많은 나라에 퍼지고 있다. 방금 제기한 두 가지 문제—고리대금을 쓰는 이들이 물어야 하는 천문학적인 이자와 학자금 대출로 늘어나는 부채—는 가계가 돈을 빌릴 수 있는 조건에 관한 문제 전반에 대해 주의 깊은 검토가 필요하다는 신호들이다. 지금까지 정책을 만드는 이들은 사업을 위한 대출의 이용 가능성에 초점을 맞췄지만, 가계는 훨씬 더 큰 문제들을 마주하고 있으며 그것이 분배에 미치는 영향은 심각할 수 있다. 그런 까닭에 나는 다음과 같이 제안한다.

실행해야 할 구상 가계가 주택을 담보로 잡지 않은 대출을 받기 위해 신용시장에 얼마나 접근할 수 있는지에 대한 철저한 재검토.

한편 이러한 고려는 최소한의 상속을 받도록 하자는 다음의 제안을 위한 동기를 제공한다.

소액 저축자의 현실적인 수익률

—

2014년 자신의 '새로운 유럽연합 집행위원회를 위한 정치적 지침'을 제시하면서 장클로드 융커 집행위원장은 이렇게 선언했다. "나는 사회적 시장경제를 굳게 믿는다. 위기를 겪는 동안 배 주인과 투기꾼들은 더 부유해지고 연금생활자들이 더 이상 자신들을 돌볼 수 없게 된 것은 사회적 시장경제에 맞지 않는다."[20] 연금생활자들이 더 이상 스스로를 부양할 수 없게 된 중요한 까닭 중 하나는 그들의 저축에서 나오는 수익률이 낮다는 사실이다. 영국에서 『21세기 자본』이 출간된 그달 IMF의 『세계경제전망World Economic Outlook』은 (미국에서) 2001년 이후 실질 주식투자 수익률과 실질금리 사이의 격차가 커지고 있다고 설명했다. "세계적으로 실질금리는 1980년대 이후 크게 떨어졌으며, 지금은 소폭 마이너스 지대에 들어가 있다."[21] 영국에서는 도표 6.2에서 두 가지 유형의 저축(고정금리 채권과 즉시 인출 계좌)에 대해 보여주는 것처럼 실질금리가 실제로 마이너스가 됐으며, 여러 해 동안 기본적으로 그 지대에 남아 있었다. 저축자들이 새로운 저축으로 투자 금액을 보충하지 않으면 이러한 형태로 보유한 그들의 부는 뒷걸음질할 것이다.

일반적인 금융자산의 수익률(피케티의 r)과 소액 저축자가 실제로 받는 수익률 사이에 끼어든 쐐기 같은 것이 금융서비스 산업의 소득원인데, 그것 자체가 매우 불평등하게 분배되며 최상위 소득자들의 몫이 늘어나는 데 크게 기여해왔다. 그러나 여기서 나는 r의 차이가 소액 저축자들에게 주는 시사점과 불평등 증대에 미치는 영향에 관심이 있다. 제임스 미드가 지적했듯이 "자산의 수익률은 대규모 자산보다 소액 자산일 때 훨씬 더 낮다."[22] 그렇다면 소액 저축자들에게 유리하게 다시 경제의 균형을 잡으려면 무엇을 할 수 있는가? 어떻게 하면 그들의 저축에서 나오는 수익이 자본의 수익률에 가까워질 수 있는가? 시장의 경쟁은 이러한 결과를 보장하지 않았다. 위에서 이야기한 공정거래국의 조사는 "DC(확정기여)형 퇴직연금 시장에 참여한 모든 저축자에게 수익률을 올리려면 경쟁에만 의존할 수 없다"고 결론지었다. 연금 상품을 제공하고 관리하는 회사의 수수료에 상한을 두는 것과 같은 규제가 하나의 대안이다. 영국 정부는 이러한 접근 방식을 따라 연금기금의 운용수수료에 대해 0.75퍼센트의 상한을 정해 발표했다. 그러나 국영 금융기관들의 경쟁이 적절한 수익률을 확보하는 더 직접적인 길이다. 이런 까닭에 나는 다음과 같이 권고한다.

제안 5 정부는 일인당 보유 한도를 둔 국민저축채권을 통해 저축에 대한 플러스 실질금리를 보장해야 한다.

이는 급진적인 발상이 아니다. 물가연동채권은 이미 미국 독립전쟁 기간인 1780년에 매사추세츠공화국 정부가 발행했다.[23] 소액 저축자들에게는 과거 아일랜드, 영국과 다른 여러 나라 정부가 물가연동저축증서를 제공했다. 영국에서는 당초 은퇴할 나이가 지난 이들에게만 제공했기 때문에 처음에는 '할머니 채권Granny Bond'으로 알려진 국민물가연동저축증서가 2011년까지 제공됐다. 이 채권들은 저축의 구매력을 보장했을 뿐만 아니라 연 1퍼센트의 이자를 지급했으므로 실질금리 면에서 이득을 주었다. 도표 6.2에서 보듯이 이러한 수익을 내는 채권을 다시 도입하면 소액 저축자들이 그동안 이용할 수 있었던 저축 수단에 비해 수익률 면에서 크게 향상될 것이다.

소액 저축자들에게 어떤 금리를 보장해야 하는가? 이는 앞 장에서 제안한 사회경제협의회의 의제에 올려야 할 명백한 문제가 될 것이다.

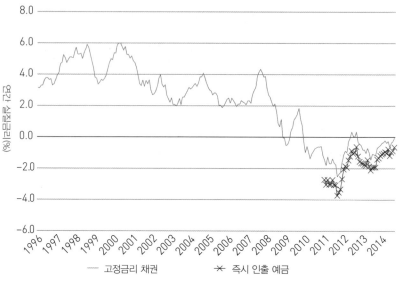

도표 6.2 1996~2014년 영국의 금리

연간 실질금리(%)

── 고정금리 채권   ✳ 즉시 인출 예금

이 그래프는 1996년부터 2014년까지 고정금리 채권과 즉시 인출이 가능한 예금의 (명목금리를 인플레이션에 따라 조정한) 실질금리 변화를 보여준다. 표시된 금리는 그해 1월 1일부터 시작된다.

그 답을 찾을 때 우리는 과거에 영국이 제공한 실질금리가 1.35퍼센트 나 됐다는 사실에 주목할 필요가 있다. 이는 중기적으로 기대되는 일 인당 가계소득의 실질성장률(주기적인 변동을 평탄하게 만든 평균적인 성장률)과 일치하는 것으로 볼 수 있다. 이때 앞서 논의한 것처럼 가계 소득은 국민소득과 같이 빠르게 늘어나리라 기대할 수 없다는 점을 고려한 것이다. 이런 방식으로 소액 저축자들의 실질금리가 성장률과 일치하도록 보장하면 그들 저축은 수익률 면에서 뒤떨어지지 않을 것 이다.

하지만 그들은 어떻게 시작해야 하는가?

모두를 위한 상속

—

1797년 철학자이면서 혁명가였던 토머스 페인은 『토지 분배의 정의
Agrarian Justice』에서 "국가 기금을 만들어 마련한 돈으로 모든 사람이 스
물한 살이 됐을 때, 부분적으로는 그가 토지 재산권 체제의 도입으로
자연적인 상속 재산을 잃어버린 데 대한 대가로 15파운드씩을 나눠주
자"는 구상을 밝혔다.[24] 피터 린더트와 제프리 윌리엄슨의 추정에 따르
면 15파운드는 1797년 당시 잉글랜드와 웨일스의 농업 노동자가 한 해
버는 소득의 약 절반에 해당되는 금액이었다.[25]

　페인의 제안에 상응하는 현대적인 구상은 미국에서 브루스 애커먼
과 앤 앨스톳이 제안하는 것과 같은 자산기반 평등주의 계획에서 발견
된다. 그들은 미국 시민은 이전 세대가 축적한 부를 나눠 가질 권리를
지니고 있다며 "토머스 페인이 제안한 적이 있는 단 하나의 혁신으로
그보다 못한 천 가지 정책이 달성하지 못한 것을 이룰 수 있다"고 주장
했다.[26] 1960년대 영국에서 세드릭 샌드퍼드는 성년이 되면 지급되는
'부의 자본세negative capital tax'라는 것을 제안했으며, 나는 1972년에 낸
책 『불평등한 몫Unequal Shares』에서 국가연금의 일부로서 보편적인 자
본 지급에 관한 구상을 내놓았다.[27] 샌드퍼드의 제안은 줄리언 르 그랜
드가 젊은이들에 대한 새출발 지원금의 형태로 발전시켰다.[28] 이 구상
은 뿌리를 내려 2003년 영국 정부가 자녀신탁기금Child Trust Fund으로 실
행했다. 정부는 2002년 9월 1일 이후에 태어나는 어린이들에게 250파
운드의 바우처(구매권—옮긴이)를 나눠주고 생활수준이 일정한 기준선
아래 있는 가족들에게는 추가로 지급하면서 그 기금을 출범시켰다. 부
모는 자녀들이 열여덟 살에 이를 때까지 적립되는 그 기금에 기여금을
낼 수 있다. 그에 따라 쌓인 적립금은 부모가 돈을 얼마나 더 보탰는지

그리고 이를 어떻게 투자했는지에 달려 있다. 성년에 이른 자녀는 그 돈을 꺼내 용도 제한 없이 쓸 수 있다. 2010년 연립정부는 이러한 제도를 중단시켜버렸다.

상속은 일반적으로 부자들이 부의 분포상 최상위의 자리를 지킬 수 있는 방법 중 하나로 인식됐지만 상속에 본질적으로 잘못된 것은 아무것도 없다. 문제는 상속이 매우 불평등하다는 점이다. 만약 모든 사람이 같은 금액을 상속받는다면 경쟁의 장은 평평할 것이다. 모든 사람이 최소한의 상속을 받도록 보장하는 것은 이 방향으로 한 걸음 내딛는 것이다. 따라서 다음과 같은 제안을 한다.

제안 6 모든 성인에게 배분되는 기초자본(최소한의 상속)이 있어야 한다.

이 제안은 더 구체화할 필요가 있다. 이때 몇몇 핵심 질문이 제기된다. 기초자본은 언제 지급돼야 하는가? 이 제도는 어떻게 도입돼야 하는가? 누가 받을 자격이 있는가? 그 액수는 얼마나 돼야 하는가? 필요한 재원은 어떻게 조달해야 하는가? 자본의 사용에 제한을 둬야 한다면 어떤 제한이어야 하는가?

기 초 자 본

첫째, 기초자본은 언제 지급돼야 하는가? 나는 이 책에서 줄곧 세대 간 소득 분배를 이야기했으며, 또한 미래에 가계의 평균 소득이 과거에 기대했던 것보다 더 느리게 증가한다면 세대 간 불평등이 커질 위험이 있다는 점을 이야기했다. 이러한 점을 고려하면 세대 간의 불균형을 바로잡는 수단으로서 최저 상속을 활용할 필요를 인식하게 된다. 그러므로 나는 은퇴할 때 이를 지급하자는 1972년의 제안에서 뒤로 물러나 성년에 이르렀을 때 지급하는 것으로 논의한다. 밥 딜런의 노랫말을 인용하자면 "나는 그때 훨씬 더 늙었고 지금은 그때보다 더 젊다." 그렇다면 이제 최저 상속을 단계적으로 도입하는 문제가 남는다. 2002년 9월 1일 이후 태어난 이들에게는 거액을 건네주고 2002년 8월 31일이나 그 전에 출생한 사람들에게는 아무것도 주지 않고 내버려둔다면 분명히 정의롭지 못할 것이다. 이는 다시 자격을 정하는 문제로 이어진다. 누구도 열여덟 살 생일에 처음으로 영국에 도착해 최저 상속을 요구할수 있도록 해서는 안 된다. 이런 이유로 나는 최저 상속을 받을 자격을 과거 자녀수당을 받았던 사실과 연계하자고 제안한다. 시작 날짜부터 x년 동안 자녀수당을 받을 수 있었던 사람은 최저 상속의 x/18를 받을 자격이 있게 될 것이다.[29] 이렇게 하면 시간이 지나면서 자연스럽게 상속액이 늘어난다.

최저 상속의 규모는 얼마여야 하고 그 재원은 어떻게 조달할 것인가? 미국에서 애커먼과 앨스톳이 (1997년에) 제안한 것은 개인적인 부에 2퍼센트의 세금을 물려 조달한 자금으로 8만 달러씩 지급하는 방안이었다. 제시된 액수는 당시 중위 가구 연간 소득의 약 두 배였으며, 영국 자녀신탁기금이 존속할 수 있었다면 지급했을 금액보다 훨씬 더 큰 것이었다. 영국에 대한 제안에서 르 그랜드는 「피그말리온Pygmalion」에 나오는 앨프리드 둘리틀이 맞는 말을 했다며, 너무 적은 돈은 헛되이 쓰기 더 쉽다고 주장하면서 자신이 (2006년에) 제안하는 금액은 1만 파운드라고 밝혔다.[30](앨프리드 둘리틀은 5파운드를 준다면 "그냥 한바탕 잘 써버리고" 말겠지만, 10파운드가 생긴다면 "그것은 사람을 절제하게끔 만들 것"이라고 말했다.) 르 그랜드는 상속세를 높여서 이 돈을 마련해야 한다고 제안한다. 다음 장에서 나는 평생에 걸쳐 자본 취득세capital receipts tax를 걷는 체제로 가야 하며 그에 따른 세금 수입은 기초자본의 재원으로 써야 한다고 제안한다. 일반적인 세금 수입을 목적세화하는 것을 반대하는 주장들이 있지만, 여기서는 세금과 혜택의 방정식 양쪽을 연결하자고 주장할 근거가 있다. 영국에서는 해마다 열여덟 살이 되는 이가 약 75만 명에 이르기 때문에 기존의 상속세 수입으로는 일인당 1만 파운드가 아니라 5000파운드에 가까운 기초자본의 재원만 마련할 수 있을 뿐이다. 그래서—둘리틀의 반대에 대응하기 위해—새로운 세금에서 나오는 수입을 더 늘려야 할 것이다.

나는 여기서 최저 상속의 사용에 제한을 둘 것인지 여부는 고려하지 않는다. 어떤 제한을 두더라도 이는 행정 비용을 크게 늘릴 것이 분명하지만 어느 정도의 '검약' 의무를 부과해야 한다는 주장은 할 수 있다. 교육과 훈련에 투자하도록 제한하는 것은 분명히 가능하다. 그러나 수업료에 대한 전체적인 문제를 건드리지 않고 이 사안을 적절히 다루는 것은 불가능하다. 이와 함께 이 기초자본을 공식적인 교육에만 쓰도록 제한하지 않고 예를 들어 견습 과정에 돈을 대기 위해 쓰도록 허용해야 한다고 주장할 만한 근거도 있다. 다른 가능한 '허락된 용도'에는 주택이나 아파트의 계약금 또는 소기업의 설립이 포함될 수 있다.

국부와 국부펀드

—

이제 개인의 부에서 국가의 부—시민들이 집단적으로 소유하는 부—로 눈을 돌려보자. 국부는 분배 이야기에서 소홀히 다뤄진 부분이다. 실제로 공공부문의 재정에 관한 많은 논의가 이뤄지고 있지만 대차대조표상의 자산 쪽에 관해서는 거의 이야기되지 않고 있다. 재정 문제는 일반적으로 부채와 적자 면에서 제기되고 있다. 나랏빚을 줄이려면 정부는 흑자를 내야 한다. 세금 수입은 정부의 지출을 (그리고 부채에 대해 지불한 이자를) 빚을 갚기에 충분할 만큼 초과해야 한다. 오래전에 아이젠하워 대통령은 이렇게 말했다. "나는 국가가 빚을 지고 있는 한 흑자 규모가 얼마나 크더라도 그것을 정확히 '흑자'라고 표현할 수 있다고 생각하지 않는다. (…) 나는 그런 항목을 '우리 자녀들이 물려받는 담보대출을 줄이는 것'으로 생각하고자 한다."[31] 그러나 아이젠하워 대통령이 오로지 나랏빚에만 집중한 것은 잘못이었다. 우리는 국가채무를 물려줄 뿐만 아니라 다음과 같은 것도 우리 아이들에게 물려준다.

· 국가연금 부채
· 공공기반시설과 실질적인 부
· 공공부문 금융자산

가장 중요한 점은 국가채무만 보지 말고 공공부문의 완전한 대차대조표를 봐야 한다는 것이다. 국가채무에 미래의 국가연금 지급 의무를 더해야 하기 때문에 이는 상황을 더욱 어둡게 한다. 대부분의 OECD 국가에서 이미 누적된 국가연금 수급권의 가치는 상당히 크다. 다른 한편으로 대차대조표의 대변에는 실물과 금융 두 부문의 공공자산이 있다. 실물자산은 아이젠하워 대통령이 그다음 번이자 마지막 국정 연설에서 그가 주간 고속도로 체계와 다른 많은 주요 공공투자를 책임져왔다고 자랑스럽게 밝혔을 때 잘 드러나 보였다. 1961년에 그의 연설을 들었던 이들의 자녀와 손주들이 오늘 그 도로에서 차를 몰고 있다. 이들 자산은 값어치를 따지기 어렵겠지만 국가의 순자산 가치를 결정할 때 분명히 계산에 들어간다.

완전한 대차대조표를 보는 것은 중요하며, 모든 나라가 도표 6.3에서 영국에 관해 보여주는 것과 같은 통계를 갖게 되면 좋을 것이다. 이 그래프는 국민소득 규모와 비교한 공공부문의 순자산 비율을 보여준다.(이 숫자는 국가연금 부채를 고려하지 않는다.) 여기에는 몇 가지 구분되는 국면이 있다. 1957년에 국가채무는 국가 자산가치를 국민소득의 약 3분의 1에 해당되는 금액만큼 웃돌았다. 시간이 지나면서 순자산가치 비율은 개선돼 1960년대 초에는 플러스가 됐다. 이러한 개선은 1970년대 후반까지 계속됐는데, 그때까지 공공부문의 순자산가치는

도표 6.3 1957~2012년 영국의 공공부문 순자산가치

영국 공공부문의 (자산에서 부채를 뺀) 순자산가치는 GDP와 비교할 때 많이 달라졌다. 이 비율이 1979년 이후 하락한 것은 부분적으로 공공 임대주택을 거주자들에게 판 것이나 (브리티시 텔레콤과 브리티시 가스를 비롯한) 공기업들을 민영화한 것과 같은 자산 이전에 따른 것이다.

국민소득의 약 4분의 3으로 늘어났다. 그러나 1979년 이후 국가의 순자산가치는 떨어졌다. 영국 정부는 보유하고 있던 많은 실물자산의 소유권을 개별 가계에 실제로 넘겨주었다. 우리가 이미 보았듯이 공공 임대주택을 할인한 값에 파는 매입권 프로그램은 대규모 자산 이전이라는 결과를 낳았다. 브리티시 텔레콤이나 브리티시 가스와 같은 공기업의 민영화 과정에서 큰 폭의 할인이 이뤄졌을 때도 마찬가지다.[32] 1997년에 이르러 공공부문의 순자산가치는 제로 수준을 크게 웃돌지 않았다. 순자산 비율은 노동당 정부 첫해에 얼마간의 회복이 있었으나 그다음에는 2007년부터 다시 떨어졌으며, 이러한 추세는 연립정부 아래서 계속됐다.

내 생각에 우리는 국가채무뿐만 아니라 국가의 전체적인 순자산에 초점을 맞춰야 한다. 재정정책의 적절한 목표는 국가의 순자산이 상당 폭 플러스였던 상황으로 되돌아가는 것이다. 물론 국가채무를 줄이는 것은 이 목표를 이루는 데 도움이 되겠지만 이는 방정식의 한쪽만을 다루는 것이다. 다른 한쪽은 국가의 자산을 축적하는 것이다. 자본을 보유하고 기술 발전의 과실을 공유함으로써 국가는 그에 따른 수입을 덜 불평등한 사회를 만들어가는 데 쓸 수 있다. 앞서 소득 분배를 변화시키는 경제적 힘들에 관해 분석한 것을 고려하면 이는 훨씬 더 중요해진다. 누가 로봇을 소유하는가 하는 물음에 대해서 로봇은 우리 모두가 가져야 한다는 것이 부분적인 답이 될 것이다.

국부펀드

일부 국가에서는 국가 자산 축적이 정부가 소유한 투자펀드인 국부펀드의 형태로 이뤄졌다. 이러한 펀드는 오랜 역사를 지니고 있다. 1854

년 텍사스 주의회가 텍사스의 공립학교들을 지원한다는 명시적인 목적 하에 200만 달러의 기금으로 텍사스 퍼머넌트 스쿨 펀드를 만들었다. 그 후 1876년 주헌법은 특정 토지와 그 땅을 팔아서 생긴 수입은 그 기금의 일부로 들어가야 한다고 규정했다. 텍사스 주립대학 체계에도 비슷한 기금이 있다. 더 최근에 여러 나라에서 설립된 국부펀드는 도표 6.4에서 각국 GDP 대비 운용 자산으로 나타낸 바와 같이 그 규모가 훨씬 더 크다. 많은 경우 이 기금은 석유 관련 수입으로 마련한 것이지만 그와 다른 중국과 싱가포르도 주목해야 한다.

가장 최근에 생긴 국부펀드들 중 하나는 2008년 프랑스에서 설립된 전략적투자기금이다. 이는 오랜 역사의 한 부분을 이룬다. 이 펀드는

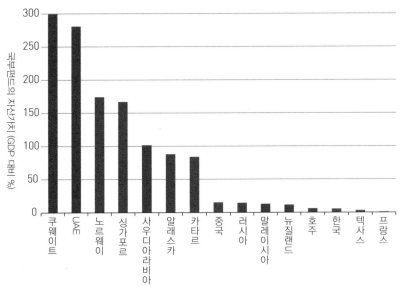

도표 6.4 2013년 세계 각국 GDP에 대비한 국부펀드 규모

국부펀드(정부 소유 투자펀드)는 흔히 석유 관련 수입으로 기금을 마련하지만 모두가 그런 것은 아니다. 이 그래프는 국부펀드들이 관리하는 자산의 가치를 2013년 GDP와 비교해서 나타낸 것이다.

1816년 설립된 예금공탁기금Caisse des Dépôts의 관할 아래 만들어졌다. 이 펀드는 의회의 질의에 답변해야 하며 공익 서비스 부문의 장기 투자 자다. 이는 다른 나라들이 따라야 할 하나의 모델이다.

제안 7 기업과 부동산에 대한 투자 지분을 보유함으로써 국가의 순 자산을 축적하는 것을 목표로 국부펀드를 운영하는 공공투자기관 이 세워져야 한다.

프랑스가 전략적투자기금을 설립한 그해에 영국은 사실 영국금융투 자공사UK Financial Investments를 세웠는데, 이 회사는 정부가 은행 자본 을 확충하면서 한 투자(그리고 영국 자산정리공사UK Asset Resolution에 대한 투자)를 관리하는 책임을 맡고 있다. 총 자산가치는 주식 가격과 보유 지분의 규모에 달려 있다.(2014년 3월 31일 현재 약 400억 파운드 에 이른다.) 영국 연립정부의 정책은 이들 자산을 파는 것(그리고 로열 메일을 비롯한 다른 국가 소유 자산들의 민영화를 계속하는 것)이었 다. 그러나 나는 국민계정의 자산에 초점을 맞춰야 한다는 주장에 맞 게, 이 정책이 반대로 돌아가야 한다고 믿는다. 정부는 기업과 부동산 에 대한 지분을 늘림으로써 순자산을 축적해야 한다. 달리 말하면 국 가의 순자산은 우리가 미래 세대에 무엇을 넘겨줄지를 가늠하는 것이 며, 국부펀드를 만드는 것은 세대 간 평등을 이루는 수단이다.

노르웨이의 경우 국부펀드는 북해 석유 생산에서 나오는 이득이 현 재 세대뿐만 아니라 미래 세대에게도 생기도록 보장하려고 설립한 것 이다. 이 펀드에는 기금을 한 해 평균 4퍼센트만 쓰도록 제한하는 규정 이 있다. 북해 석유에서 이득을 얻는 나라는 노르웨이뿐만이 아니며, 만약 영국이 1968년에 그런 펀드를 만들어 거기서 나오는 실질 수익만 지출했다면 (다시 말해 단지 정부의 수입만 적립하는 것이 아니라 펀드에서 생긴 소득 중 기금의 구매력을 유지하는 데 충분한 수입을 쌓았다면) 그동안 무슨 일이 있어났을까 하고 물어보는 것은 흥미로운 가상의 역사의 한 토막이다. 최근 노르웨이의 기금 지출은 대체로 실질수익률과 일치했다.[33] 도표 6.5는 그 펀드가 있었다면 앞서 도표 6.3에서 보여준 국가 순자산 가치의 큰 그림을 어떻게 바꿔놓았을지를 나타낸다.(새로 그린 선은 점선이다.) 누적된 기금은 대단히 큰 금액(노르웨이 펀드의 약 60퍼센트인 3500억 파운드쯤)이 됐을 것이다. 영국은 큰 나라여서 국민소득에 대비한 펀드 규모는 작지만 이는 쓸모 있는 완충장치를 제공해주었을 터이다. 2012년 국가 순자산은 마이너스가 아니라

도표 6.5 1957~2012년 영국의 공공부문 순자산과 가상적인 국부펀드

◆ 공공부문 순자산(실제)

— 국부펀드를 추가한 공공부문 순자산(가상)

실선은 GDP에 대비한 공공부문의 자산가치를 보여준다. 점선은 만약 영국에서 1968년 국부펀드가 설립돼 실질소득만 지출했다면 (GDP 대비) 공공부문 자산가치가 얼마나 늘어났을지를 보여준다. 석유와 가스에서 나오는 정부 수입의 계산은 통계 출처 참조.

플러스였을 것이다. 우리 세대가 세금을 깎는 대신 절제 있는 재정정책을 펼치라고 투표했더라면 무슨 일이 일어났을까!

국부펀드를 만들자는 제안이 그저 슬그머니 국유화를 하자는 뜻일까? 여기서 두 가지 차원을 구분하는 것이 필수적이다. 국유 기업의 정책 결정에 대해 중앙이나 지방정부가 직접적으로 영향을 미치는 '통제'의 차원과 '수익적 소유'의 차원이 그것이다. 이 둘은 떼어놓을 수 있다. 정부는 특별히 많은 의결권을 갖는 주식을 통해 기업에 대한 통제권을 유지하면서 민간주주들이 이익의 큰 부분을 받아가도록 허용할 수 있다. 아니면 거꾸로 그 기업의 정책을 통제하는 영향력을 행사하지 않고 많은 주식을 보유하면서 재정적으로 이득을 볼 수도 있다. 내가 주로 지지하는 형태는 (통제권이 아니라 수익을 얻는) 후자다. 영국의 경우 (2014년에) 정부는 로열 뱅크 오브 스코틀랜드 지분의 약 80퍼센트를 소유하고 있었으며, 따라서 이론적으로는 수익과 통제권 차원의 이해관계가 일치했다. 하지만 앞서 제안한 영국투자공사UK Investment Authority가 넓은 범위에 걸친 기업들의 소수 지분을 갖고 소득은 얻지만 통제하지는 않는 것도 충분히 가능할 것이다. 예를 들어 투자공사가 제4장에서 논의했듯이 정부 지원 연구에서 혜택을 얻은 기업들의 지분을 갖는 것은 자연스러운 일일 것이다. 내 제안은 전혀 새로운 것이 아니다. 30년 전 제임스 미드는 이렇게 주장했다. "일반 국민을 위해 기업 이익에 대한 부담 없는 권리를 가질 수 있도록 세수를 늘릴 필요가 있다. 이때 그 기업의 경영은 완전히 민간의 손에 맡겨둘 수 있으며 (…) 민간기업 주식을 소유하면서 얻는 소득은 정부가 사회적 배당(여기서는 제8장에서 논의할 참여소득)의 비용을 댈 수 있는 순수익을 지속적으로 얻게 해줄 것이다."[34]

공식적인 국부펀드를 만드는 것이 지난 세기의 국유화 시대로 돌아가는 것을 의미하지는 않는다. 동시에 나는 완전히 소극적인 투자공사를 지지하지는 않는다. 그 투자는 기업들의 활동 영역을 다루는 윤리적 기준에 따라 이뤄져야 하며 임금 정책과 같이 광범위한 사회적 책임을 갖는 문제에 대한 민감성을 고려해서 이뤄져야 한다. 앞서 이야기한 영국 바깥의 국부펀드가 자산가치 상승 가능성에 이끌려 런던의 아파트 구역들을 대거 매입한 것으로 알려졌는데 이런 사실은 윤리적이고 책임성 있는 투자의 중요성을 분명히 보여준다. 만약 영국투자공사가 그런 투자를 하려 한다면 즉각적인 단기 이익뿐만 아니라 주택 공급이라는 측면에서 광범위한 사회적 영향을 고려하는 게 바람직할 것이다. 같은 방식으로 국부펀드는 기반시설 투자와 기후변화 완화를 위한 재원을 마련해줄 수도 있다. 이는 세대 간에 더 공평한 분배를 보장하는 역할을 자연스럽게 다할 수 있도록 해줄 것이다.

7장　　　**＝**　　　　　　　누진 과세

우리는 최상위 계층에 더 많은 세금을 물려야 할까? 최고소득세율이 인하된 것이 소득 격차가 커지는 한 가지 원인이라면 우리는 더욱 누진적인 세율 체계로 돌아가야 할까? 이 장에서 나는 개인 소득세를 더 누진적인 구조로 만들기 위한 일련의 제안을 내놓는다. 근로소득을 더 우대하고, 상속세를 근본적으로 개혁하고, 재산세(영국의 주민세)를 현대화하며, 연간 부유세의 구상을 되살리고, 글로벌 과세를 하자는 제안이다. 『진지함의 중요성』(3막으로 된 오스카 와일드의 희극—옮긴이)에서 가정교사인 미스 프리즘은 경제학 교재 중 루피화 하락에 관한 장은 "지나치게 선정적이어서" 건너뛰고 가르칠 수도 있다고 말한다. 그녀가 이 장에 대해서는 뭐라고 말할지 확실히 알 수 없지만, 이 장은 여러 문제를 다루고 있다.

전반적인 조세 구조에 관해 이 제안들은 소득과 자본, 부의 이전에 대해 걷는 세금을 늘리자는 것으로, 소비(부가가치세)와 근로소득(사회보장기여금)에 대한 세금을 늘리는 최근의 경향과 반대된다. 이 제안들은 정부의 활동에 필요한 비용을 더 공평하게 분배하고 재분배 재원을 마련하기 위해 세수를 늘리는 수단이다.

누진적 소득세 되찾기

—

도표 7.1은 10년 전에 토마 피케티와 함께 최상위 소득에 대한 두 권의 연구서를 편집할 때 첫째 권의 표지를 만들기 위해 내가 제시했던 그래프를 새롭게 한 것이다. 이 그래프는 영국에서 두 가지 변수가 시간에 따라 어떻게 달라졌는지를 그리고 있는데, (a) 지난 100년 동안 전체 총소득에서 상위 0.1퍼센트가 차지하는 몫과 (b) 개인 소득세 최고세율이 그것이다. 더 정확히 말하면 이 최고세율은 소득세 최고세율을 부담하는 개인이 추가로 1파운드를 벌 때 세금을 내고 나서 얼마를 보유하느냐를 보여주며, 여기서 나는 이를 '한계보유율marginal retention rate'이라고 일컫는다. 최고세율 45퍼센트를 적용받는 개인의 경우 추가 소득의 55퍼센트를 보유한다. 이 보유율은 갑자기 세율이 오르내리는 것을 평평하게 만들고 오늘날 최고소득자의 몫은 과거의 세율로부터 영향을 받는다는 가정을 반영하기 위해 매년 지난 15년 동안의 보유율을 평균한 값으로 표시했다. 이 가정은 세율이 최고소득자의 몫에 영향을 미친다는 인과관계를 상정하는 것이지만 물론 그 원인과 결과가 반대 방향으로 작용할 수도 있다. 현재 최상위층의 몫은 현재와 미래의 세율에 영향을 미칠 수 있다. 도표 7.1의 놀라운 특징은 두 곡선 모두 V자형을 나타낸다는 점이다. 두 선은 똑같지 않고 보유율이 먼저 V자형의 바닥에 이르렀지만 이 곡선의 모양은 시사적이다. 이 도표를 검토할 때 최상위 소득자의 몫은 총소득의 몫을 표시한다는 점을 기억하는 것이 중요하다. **순소득**net income의 몫은 확실히 보유율을 따라갈 것으로 예

도표 7.1 1913~2013년 영국의 총소득에서 최상위층이 차지하는 몫과 세후 보유율

마름모로 표시한 선(왼쪽 축)은 전체 총소득 중 상위 0.1퍼센트(상위 1퍼센트 중 상위 10퍼센트)에 돌아가는 몫을 보여준다. 예를 들어 2011년 전체 소득에서 그들의 몫은 4.8퍼센트였는데, 이는 그들이 인구에 비례한 몫의 48배를 벌었다는 뜻이다. 직사각형으로 표시한 선(오른쪽 축)은 최고세율을 부담하는 개인이 추가로 1파운드를 벌 때마다 그중 세금을 내고 얼마를 보유할 수 있는지를 보여주는 한계보유율이다. 1960년대에는 보유율이 10퍼센트에도 못 미쳤지만 2000년대에는 거의 60퍼센트에 이르렀다. 한계세율은 15년 이동 평균이다.

상된다.[1] 비슷한 종류의 그래프가 점령운동Occupy Movement 플래카드에 등장했으며, 더 학술적인 차원에서도 소득세 최고세율과 소득 최상위 집단의 몫의 관계를 주제로 한 많은 분석이 이뤄졌다.

영국에서 최고세율은 대처 정부 때 특히 급격히 인하됐는데, 대처 정부는 1979년 집권하자마자 근로소득에 대한 최고세율을 83퍼센트에서 60퍼센트로 내렸다. 그 후 1988년 나이절 로슨이 재무장관으로 있을 때 최고소득세율은 더 인하돼 40퍼센트가 됐다. 예산안 연설에서 세율 인하가 발표됐을 때 보수당 국회의원들은 이를 요란한 환호로 맞았으며, 그들 중 한 사람은 자기가 세금을 얼마나 절감할지 계산하는 데 계산기의 자릿수가 부족할 정도라고 말했다고 한다!(내 자신의 반응은 제11장에서 설명한다.) 이처럼 극적인 조세정책 변화가 일어난 것은 영국뿐만이 아니다. 미국에서도 사정은 비슷해서 최고세율이 1980년 70퍼센트에서 35퍼센트로 반 토막이 났으며, 이에 따라 한계보유율은 30퍼센트에서 65퍼센트로 높아졌다. 도표 7.2에서 잘 나타나듯이 이 두 나라는 극단적인 사례다. 이 도표는 최상위 소득자들의 몫과 최고 한계보유율이 얼마나 달라졌는지를 보여준다.(최고소득자 몫의 변화는 퍼센트포인트로 측정하므로 세로축에 표시한 2는 이들의 몫이 예컨대

도표 7.2 1960년대부터 2000년대까지 전 세계 주요국 상위 1퍼센트 소득자의 몫과 세율 변화

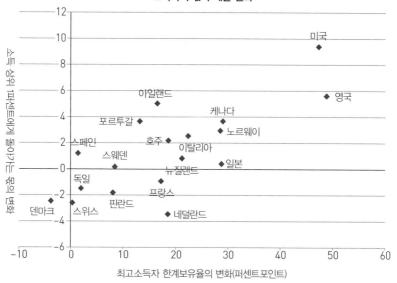

이 그래프는 1960년대(1960~1964년)부터 2000년대(2005~2009년)까지 소득 상위 1퍼센트에게 돌아가는 몫과 최고소득자들의 세금 납부 후 소득 보유율의 변화를 보여준다. 자세한 날짜는 통계 출처를 참조하라. 각국별로 전체 총소득 중 상위 1퍼센트에게 가는 몫의 변화는 세로축에서 보여준다. 제로(0) 선 위에 있는 나라들은 2005~2009년 전체 소득 중 상위 1퍼센트에게 돌아가는 몫이 1960~1964년보다 높다. 제로 선 아래에 있는 나라들은 이 45년 동안 상위 1퍼센트에게 돌아가는 소득이 상대적으로 줄었다. 가로축은 1960년대와 2000년대를 비교해 최고소득자들이 세금을 낸 다음 보유하는 소득이 얼마나 늘었는지를 보여준다.(이는 최고소득자 한계보유율을 의미한다. 도표 7.1과 본문 참조.) 그래프에서 어떤 나라가 오른쪽으로 더 멀리 갈수록 이 45년에 걸쳐 세후 보유율이 더 큰 폭으로 높아졌다는(다시 말해 세율이 더 큰 폭으로 인하됐다는) 뜻이다.

6퍼센트에서 8퍼센트로 바뀌었음을 뜻한다.)[2] 각각의 경우에 그 변화는 1960년부터 1964년까지 5년 평균과 2005년부터 2009년까지 평균을 비교하는 방식으로 측정한다. 최고세율은 덴마크(조금 올랐다), 독일, 스페인과 스위스 같은 일부 국가에서는 거의 또는 아예 변화하지 않았다. 캐나다, 일본, 노르웨이를 비롯한 다른 국가들에서는 그 변화가 미국과 영국만큼 급격하지 않았지만 그럼에도 불구하고 상당히 큰 폭으로 이뤄졌다.

이 두 가지 도표는 시사적이다. 최고세율을 내린 결과 소득 보유율이 높아진 점은 총소득 면에서 최상위층의 몫이 커진 것과 연관된 것으로 보인다. 그러나 두 가지 변화를 단순히 비교하는 것만으로 우리가 세율과 고소득자들의 몫 사이의 인과관계에 대해 어떤 결론을 이끌어낼 수 없다는 점은 곧바로 분명해진다. 어떤 나라에서든 최상위 소득자들 몫의 변화에 영향을 미쳤을 다른 요인이 많이 있다. 어떤 나라들은 세계 경제에 더 깊숙이 통합됨에 따라 최상위 소득자들의 몫이 커지는데도 인재들을 끌어들이기 위해 세율을 낮춰야 했을 수도 있다. 이 경우 인과관계는 세율이 최상위층의 몫에 영향을 미치는 것이 아니라 세계화가 두 변수에 따로따로 영향을 미치는 방향으로 작용한다. 한 나라 안에서 시간이 지나면서 또 다른 요인들이 그들의 몫과 세율에 다 영향을 미칠 수도 있다.

보수당·공화당·자유당 정부들은 노동당·민주당·사회당 정부들에 비해 더 가벼운 세금을 물릴 가능성이 크지만, 같은 정부가 민영화 계획을 채택하는 것과 같이 최상위 소득자들의 몫이 늘어나는 결과를 불러올 다른 조치들을 취할 수도 있다. 1980년대 영국의 대처 정부와 미국의 레이건 정부 때 이는 분명한 사실이었다. 게다가 정부의 교체, 그리고 그에 따라 예상되는 변화는 생산에서 나오는 근본적인 소득과 일치하지 않는 통계상의 고소득자 몫의 변화로 이어질 수 있다는 사실 때문에 그림은 더 복잡해진다. 보수적인 정부와 낮은 세율을 동일시하는 것은 기업들이 좌익 정부가 선거에서 이길 때 예상되는 세율 인상을 피하기 위해 보수적인 정부의 임기 중 더 많은 배당금을 주주들에게 나눠주게 하는 원인이 될 수 있다. 이런 경우 근본적으로 이익에 변화가 없었는데도 소득세 자료에는 세율이 낮은 기간에 개인 소득 중 최상위층의 몫이 커진 것으로 기록된다.(이익에서 배당하고 남는 차액이 유보이익이다. 도표 3.1 참조.)

최고세율의 효과 추정

경제학 연구에서 다른 조건들을 일정하게 유지하는 경제 분석에서 널리 채택되는 접근 방식을 '차이들 중의 차이difference in differences'라고 한다.(이중차이 모형이라고 한다―옮긴이) 그 핵심은 간단하다. 최고세율이 높아질 때 최상위층의 몫의 변화(첫 번째 차이)는 그 영향을 받지 않은 다른 집단의 변화(두 번째 차이)와 비교된다. 무작위 실험에서 후자는 통제집단이 될 것이다. 1960년대 말과 1970년대 초 미국에서 마이너스 소득세 실험을 할 때 한계세율의 효과를 분석하는 선행 연구들의 경우가 이에 해당됐다. 다음 장에서 더 설명할 마이너스 소득세는 과세 기준선 아래에 있는 사람들에게 돈을 지급하는 것과 관련된다. 지급 금액은 그들의 소득이 기준선으로 접근함에 따라 점차 줄어든다. 이런 식으로 그들은 세율과 같은 한계수급률marginal rate of withdrawal을 적용받게 되며 그만큼 더 생활이 나아지게 된다. 마이너스 소득세 실험에서 어떤 가족들(실험집단)에게는 돈이 지급되고 다른 가족들(통제집단)에게는 지급되지 않는다. 이처럼 경제학에서 현장실험 방식을 선구적으로 활용하는 것은 이 책의 주제 한 가지를 두드러지게 한다. 바로 분배를 전체적으로 고려할 필요가 있다는 점이다. 높은 한계세율은 소득 분포상 최상위층뿐만 아니라 최하위층에도 중요한 문제가 된다.

정부가 곧 현장실험을 하려 한다고 발표할 때 소득 분포상 최상위층에 있는 이들이 어떤 반응을 보일지 생각해보는 것은 재미있기는 하지만, 뉴저지나 클랙턴온시의 여러 도시에서 무작위로 고른 최상위 소득자들에게 인하된 세율을 적용하는 식의 실험이 실제로 이뤄지기는 어려울 것이다. 그러므로 우리는 세율 변화에 영향을 받지 않지만 다른 면에서는 비교가 가능한 집단을 찾아낼 수 있는 곳에서 '자연적인 실험'에 의존해야 한다. 마이클 브루어, 이매뉴얼 사에즈와 앤드루 셰퍼드는 영국의 사례를 연구하면서 최고한계세율 변화는 본질적으로 상위 1퍼센트에 영향을 미쳤으므로 그다음 4퍼센트는 통제집단으로 활용할 수 있다고 주장했다.[3] 그래서 최고세율이 60퍼센트에서 40퍼센트로 인하된 1988년 예산안의 영향을 고려할 때 그들은 1986년부터 1989년까지 상위 1퍼센트의 몫이 어떻게 달라졌는지뿐만 아니라 이러한 변화가 그다음 4퍼센트가 경험한 것과는 어떻게 다른지를 살펴보았다. 이러한 정보에서 그들은 최고세율에 대한 총소득의 반응을 추정하는 '차이들 중의 차이'를 계산했다. 그들은 이 반응을 '탄력성' 개념으로 표시했는데, 그들이 추정한 탄력성은 0.46이었다.(이 추정치의 정확성은 뒤에서 논의한다.) 이러한 탄력성은 무엇을 뜻하는가? 이는 만약 보유율이 10퍼센트 올라간다면 (다시 말해 세율이 인하된다면) 총소득은 4.6퍼센트 늘어난다는 것을 의미한다. 반대로 보유율이 10퍼센트 떨어지면 총소득은 4.6퍼센트 줄어든다는 뜻이다.(이들 숫자는 퍼센트를 말하는 것이며 퍼센트포인트와 혼동하지 말아야 한다는 점에 유의하자. 보유율이 10퍼센트 올랐다고 할 때 이는 예를 들어 보유율이 50퍼센트에서 55퍼센트가 됐음을 의미한다.)

　이는 분명히 어려운 계산이지만 최고세율 인상이 세금 수입 증가로 이어질 것인가 하는 물음에 답을 주기 때문에 이 논의에 적합하다. 만약 보유율 하락이 총소득 하락을 불러온다면 과세 기반은 더 작아진다. 브루어, 사에즈와 셰퍼드는 이 두 가지 요소—세율을 올려서 얻는 이득과 과세 기반 축소에 따른 손실—의 균형을 맞춰 세수를 극대화하는 최고세율은 56.6퍼센트일 것이라는 결론을 내렸다.[4] 겉으로 보기에 이는 현재 45퍼센트인 영국의 최고세율을 올릴 여지가 있음을 의미한다. 그러나 한계보유율을 계산할 때 사용자와 근로자의 사회보장기여금과 소득이 지출될 때 내는 부가가치세를 고려한다는 점에서 그들의 셈법은 위에서 설명한 것보다 더 광범위하다. 사용자가 지불한 1파운드 중에서 실제 소비에 쓸 수 있는 총액을 계산하는 것이다. 그들이 이러한 다른 세금들을 빼고 계산하면 소득세 수입을 극대화하는 세율은 40퍼센트라는 결론에 이른다. 이러한 연구 결과들은 제임스 멀리스 경을 좌장으로 재정연구소가 수행한 영국 조세 체계에 대한 영향력 있는 평가보고서에 반영됐다.

　멀리스 보고서의 결론은 결국 조지 오즈번 영국 재무장관에게 영향을 주었다. 그는 영국의 소득세 최고세율이 2013년부터 50퍼센트에서 45퍼센트로 내려갈 것이라고 발표하면서 이렇게 말했다. "직접적인 비용은 한 해 1억 파운드에 불과합니다.(세율이 45퍼센트가 아니라 50퍼센트일 때 납세자들이 더 내는 소득세 부담을 말한다—옮긴이) 실제로 HMRC[영국 국세청]는 다른 세목에서 수입이 줄어들어 이러한 세수 증대 효과를 상쇄할 수도 있을 것으로 추정합니다. 다시 말해 세율이 50퍼센트여도 (…) 세금은 조금도 늘어나지 않을 수 있습니다."[5]

나는 영국이 그 반대 방향—최고세율을 65퍼센트로 올리는 쪽—으로 가야 하며 이와 비슷한 논리가 다른 나라들에도 적용돼야 한다고 믿는다. 그러면 나는 왜 세수를 극대화하는 최고세율이 40퍼센트라는 실증분석을 무시하려 하는가?

그 첫 번째 이유는 세수 탄력성을 추정하는 데 상당한 불확실성이 있다는 점이다. 브루어, 사에즈와 셰퍼드의 연구는 적합한 탄력성을 추정하려고 한 여러 시도 중 하나이며, 이 저자들 스스로 "우리의 탄력성 추정치가 그런 것처럼 최적 최고세율 추정치도 잠정적인 것"이라고 강조했다.[6] 멀리스 평가 보고서는 "세수를 극대화하는 소득세 세율을 40퍼센트로 추정할 때 그를 둘러싼 불확실성을 피할 수 없다"는 점을 분명히 밝혔다.[7] 여기에는 상당한 수준의 오차 범위가 있다. 통계학 용어로 말하자면, 앞서 다른 세목들도 계산에 넣는다고 한 가정을 고려할 때 탄력성 추정치 0.47에 대한 95퍼센트 신뢰구간은 최고소득자들에 대한 세수를 극대화하는 세율이 낮게는 24퍼센트에서 높게는 62퍼센트에 이를 만큼 넓다. 이렇게 보면 그 결론은 그다지 명확하지 않으며, 대부분의 정치인의 견해를 아우를 수 있는 것이다.

내가 이와 다른 견해를 갖는 두 번째 이유는 멀리스 보고서의 계산에서 최고세율을 56.6퍼센트에서 40퍼센트로 낮추게 한 셈법에 대해 확신을 갖기 어렵다는 점이다. 여기에는 모든 가정이 다른 세목들의 수입을 극대화하고 따라서 소득세를 올릴 여지를 최소화하는 방향으로 가고 있다. 만약 추가 소득이 자영업에서 얻어지거나 어떤 회사를 거쳐 지급됨에 따라 완전한 사회보장 기여금을 내지 않는다고 가정해보자. 최고세율을 부담하는 납세자가 모든 소득을 부가가치세가 부과되는 상품 구매에 쓰지 않을 수도 있다. 그들이 해외에서 별도의 소득을 얻거나 쓴다면 어떤가? 그러면 세수를 극대화하는 세율의 신뢰구간은 46퍼센트에서 74퍼센트에 이른다.

세 번째 이유는 두 변수 사이의 관계를 나타내는 열쇠인 탄력성을 이중차이 모형으로 추정할 때 그 바탕에 깔려 있는 가정과 관련된 것으로, 개인적인 행동을 분석할 때 경제학자들이 채택하는 접근 방식의 핵심을 찌르는 것이다. 최적 세율 계산에 활용된 탄력성은 서로 다른 사람들의 소득 사이에 상호 의존성이 없다는 가정을 바탕으로 추정된 것이다. 탄력성은 세율 인하로 영향을 받는 사람들(소득 상위 1퍼센트 계층)의 소득이 세금 부담이 달라지지 않는 그다음 4퍼센트의 소득과 비교해 상대적으로 얼마나 변동했는지를 바탕으로 측정한다. 이때 다음 4퍼센트 집단이 세율 변화가 없었을 때와 같은 소득을 얻는다고 가정한다. 그러나 여기에는 파급효과가 있을 수 있다. 세율 인하로 상위 1퍼센트가 기업가로서 더 많은 노력을 기울여 그들의 소득이 늘어나게 되고 그에 따라 다른 사람들의 고용이 창출된다면 세율 인하에 따른 세수 효과에는 이처럼 새로 고용된 이들에게서 걷는 추가적인 세금도 포함돼야 한다. 이는 더 낮은 세율을 정당화해줄 것이다. 그러나 내가 보기에 상호 의존성은 반대 방향으로 작용할 가능성이 더 크다. 세율 인하로 상위 1퍼센트의 소득이 늘어나는 것은 다른 납세자들의 희생을 대가로 한다. 기업가 활동 측면에서 볼 때 그들은 같은 연못에서 낚시를 하고 있으며 최상위 계층의 소득이 늘어나는 것은 다른 이들의 기회가 줄어듦을 의미한다.

부정적 파급효과의 구체적인 사례는 경영자의 보상에서 찾아볼 수 있다. 한계세율이 높았던 과거에는 최고위 경영자들이 더 많은 보상에서 얻는 이득이 거의 없다는 점을 알았다. 그 대신 그들은 세금이 없는 부가적인 혜택들을 추구하거나 회사 돈의 낭비적인 지출을 즐겼을 수도 있다. 그러나 그들은 또한 이익을 재투자해 기업이 확실히 더 빠르게 확장되도록 하는 것을 선호했을 수도 있다. 1980년대에 최고세율이 인하되자 그들은 다시 자신의 보수나 상여금을 늘리는 데 노력을 쏟는 쪽으로 방향을 바꾸었고, 그에 따른 비용 청구서는 주주들에게 돌아갔다. 경영자들에 대한 보상이 늘어남에 따라 주주들에게는 더 적은 보상이 돌아갔으며, 이는 (배당금 감소의 형태로 나타났다면) 세수가 줄어든다는 것을 뜻했다. 이는 토마 피케티, 이매뉴얼 사에즈와 스테파니 스탠체바가 확인한 협상력 효과의 구체적인 사례인데, 이들은 이러한 요소를 고려할 때 세수를 극대화하는 최고세율이 크게 높아진다는 점을 보였다. 구체적으로 우리가 처음 시작할 때 이야기한 56.6퍼센트가 아니라 83퍼센트로 높아지는 것이다.[8]

마지막으로, 나는 세수 극대화를 넘어서는 사회적 목표에 대한 더 넓은 관점을 취해야 한다고 믿는다. 이는 우리가 광범위한 문제를 고려하도록 해주지만 나는 여기서 지금까지 이야기하지 않은 한 가지를 더 고려하고자 한다. 조세에 적용되는 '공정성' 개념이 그것이다. 과세에 대해 자주 제기되는 불평은 그것이 '공정'하지 않다는 것이다. 세율은 단지 유인의 문제만은 아니다. 벌이가 늘어남에 따라 집으로 가져가는 금액이 얼마나 달라질지는 또한 그 제도 안의 공정성 관점에서 판단해야 한다. 공정성은 노력과 보상 사이의 인지할 수 있는 연결고리에 관한 것이다. 사람들은 적어도 더 많은 시간을 일하거나 더 많은 책임을 안거나 부업을 해서 번 것 중 합당한 몫을 가질 자격이 있다. 이는 "빈곤의 함정"이라는 말에서 극적으로 표현된다. 소득 수준이 낮은 이들은 그들의 벌이가 늘어나면 단지 더 많은 세금을 낼 뿐 아니라 소득과 연계된 급여 혜택을 받지 못하게 되므로 상황이 나아지지 않는다는 것이다. 추가 소득을 얻을 때 그들은 암묵적으로 높은 한계세율과 맞닥뜨리게 된다. 이는 추가 소득에 적용되기 때문에 한계세율이며, 전체 세금을 전체 소득으로 나눈 평균세율과 같지 않다. 이것은 불공정하다. 빈곤의 함정에 반대하는 것은 그것이 일(그리고 저축)하려는 의욕을 꺾을 뿐만 아니라 사람들이 추가로 번 돈을 거의 갖지 못하도록 하기 때문이다.

이러한 공정성에 대한 염려는 상당히 일반적인 것이다. 그 염려는 단지 빈곤의 함정에 관한 것이 아니라 소득계층 전체와 관련된다. 최대한의 공정한 한계세율—사람들이 추가적인 노력으로 얻을 소득 수준—은 모든 사람에게 같아야 한다. 이 원칙을 적용하면 최고세율에 대해 매우 다른 기준이 제시된다. 소득 분포상 맨 위에 있는 계층에서 한계세율은 그 분포에서 맨 밑에 있는 이들과 같아야 한다는 것이다. 영국에서 정부는 소득이 늘어남에 따라 급여를 줄이는 비율을 65퍼센트로 제한하겠다는 뜻을 분명히 하면서 새로운 통합급여Universal Credit(저소득 가구를 위한 소득 기준 이전지급 프로그램)를 도입하고 있다.

소득세율에 대한 제안

이처럼 여러 가지를, 특히 마지막에 이야기한 것을 고려한 후 나는 영국의 개인 소득세 최고세율을 65퍼센트로 올리자고 제안한다. 이는 (2015년) 현재의 최고세율 45퍼센트에 비해 상당히 큰 폭으로 올리는 것이지만 역사적인 기준으로 보면 높은 수준이 아니다. 영국은 지난 100년의 거의 절반에 걸쳐 소득세 최고세율을 65퍼센트 이상으로 유지했으며, 그중 보수당 총리가 집권한 기간이 절반을 넘는다. 다른 나라들에는 65퍼센트라는 구체적인 세율을 곧바로 적용할 수 없을지 모르지만 비슷한 요소들이 적합성을 갖는다. 소득세 최고세율에 이르는 세율 체계를 설계하는 데에도 같은 논리가 적용된다. 여기서 우리는 높은 한계세율의 목적을 고려할 필요가 있다. 오랫동안 고소득자에 대한 높은 한계세율은 진보적인 조세정책의 특징으로 여겨졌다. 그러나 윌리엄 비크리와 제임스 멀리스가 시작한 조세제도의 수학적 분석은 정책 결정자들이 세후 소득 분배에 관심이 있으면 한계세율을 높이는 목적은 고소득을 올리는 이들이 내는 세금의 평균세율을 올리는 것임을 분명히 했다.[9] 어떤 사람의 평균세율은 소득 총액 대비 납부 세액의 비율이며, 이는 그에게 적용되는 하나의 한계세율이 아니라 세율 체계상 그 아래 구간들까지 포함한 여러 한계세율에 달려 있다. 이는 부자들의 평균세율을 올리려면 아래쪽 소득 구간까지 한계세율을 올려야 한다는 뜻이다. 영국의 구체적인 사례를 통해 제11장에서 제안하는 한계세율은 25퍼센트(근로소득에 대해서는 20퍼센트)에서 시작해 단계별로 10퍼센트씩 65퍼센트에 이를 때까지 올리는 것이다.

제안 8 우리는 개인 소득세에 대해 더 누진적인 세율 구조로 돌아가야 하며, 과세 대상 소득 구간에 따라 한계세율을 65퍼센트까지 올리면서 이와 함께 과세 기반을 넓혀야 한다.

아래에서 설명하는 것처럼 영국의 경우 과세 기반 확대는 다음 쪽에 열거한 투자자 공제를 없애는 것과 사용자들이 사적연금에 기여할 때 국민연금보험료National Insurance Contributions, NIC를 부과하는 것을 포함한다.

어떤 나라에서든 세제개혁에 관한 보고서는 거의 예외 없이 과세 기반을 넓힐 것을 요구하면서 정부가 "점점 더 좁은 과세 기반에 대해 점점 더 무거운" 세금을 물린다고 비판한다. 과세 기반이 좁아지는 것은 정부마다 소득을 정의하는 원칙에서 벗어난 세제 혜택들을 잇따라 도입하고 이러한 것들은 선체에 들러붙은 따개비처럼 놀라울 만큼 고집스럽게 버티기 때문이다. 이러한 재정상의 양보들은 일반적으로 '조세지출'의 형태로 이뤄지며, 이는 예산 측면에서 현금 지급과 같은 것이다. 정부는 예를 들어 어린이 한 사람당 Y로 표시한 금액의 자녀수당을 현금으로 지급할 수도 있고 납세자의 과세 대상 소득에서 Z로 표시한 금액을 공제해줄 수 도 있다. 만약 이들이 추가 소득을 올릴 때마다 언제든 25퍼센트의 세금을 낸다면 Z의 25퍼센트는 Y와 같고 두 가지 세금 체계는 재정적인 영향 면에서 같다. 그러나 현금으로 지급되는 수당은 정부 지출로 잡히고 소득 공제는 세수 감소로 나타난다. 조세지출은 조세체계를 통해 전달되는 혜택이다. 더욱이 이는 한계세율에 따라 가치가 커지는 혜택이며, 따라서 과세 소득이 클수록 혜택도 크다. 한계세율이 50퍼센트인 사람의 경우 과세 소득에서 Z를 공제해주는 것은 Z의 50퍼센트만큼 가치를 갖는다. 그 때문에 미국 재무부의 차관보를 지낸 스탠리 S. 서리는 이러한 혜택을 두고 "거꾸로 뒤집힌 지원"이라고 일컬었다.[10]

영국에서 조세지출 항목에는 다음과 같은 것이 포함된다. 소규모 비상장 기업에 대한 투자를 장려하기 위한 기업투자공제, 소기업이 종업원들에게 최대 25만 파운드의 주식옵션으로 보상하도록 돕기 위해 세제 우대 혜택을 주는 기업경영장려 제도, 소득의 일부로 주식을 살 때 소득세와 국민연금보험료를 내지 않도록 허용하는 주식투자장려계획, 신탁을 통해 20만 파운드 한도 내에서 새로 발행된 주식을 살 때 보조금을 주는 벤처캐피털신탁 보조 같은 것이다. 위에서 꼽은 것처럼 투자자에 대해 소득세와 국민연금보험료를 감면하는 특전들을 주는 데 따른 비용은 2013~2014년 7억9500만 파운드로 추정되는데, 나는 이러한 특전들을 폐지함으로써 개인 소득세의 기반을 넓히라고 제안하는 것이다.[11]

영국에서 주요 조세지출 중 하나는 민간에서 제공하는 연금과 관련된 것이다. 멀리스 위원회는 세제에서 여러 연금과 저축을 어떻게 취급하느냐에 따라 EET와 TTE로 분류한다. 이는 수수께끼처럼 보이지만 본질적인 문제들을 명확히 하는 데 도움이 된다. T는 세금을 물린다Taxed는 뜻이고 E는 세금이 면제된다Exempt는 뜻이다. 지금 시행되고 있는 소득세 체계에서 사용자와 종업원들이 내는 사적연금보험료는 과세 대상 소득에 포함되지 않는다. 이것들은 면세 대상이다.(첫 번째 E는 이를 표시한 것이다. 이것들이 과세 소득에 포함됐다면 T로 표시했을 것이다.) 이 기여금은 기금에 쌓이고 기금의 (자본이득을 포함한) 소득은 세금이 면제되는데, 두 번째 E는 이를 표시한 것이다. 연금 지급 때는 세금을 물리는데(T), 하지만 총액의 25퍼센트는 세금이 면제되므로 이는 아마 소문자(t)로 표시해야 할 것이다. 이는 영국 **소득세** 체계 아래 운영되지만 현재는 최종적으로 저축자가 돈을 손에 쥐게 될 때만 세금을 내기 때문에 **지출세**와 같은 방식으로 취급된다. 이는 '보통의' 저축들을 TTE 방식으로 다루는 것과 대조적이다. 이 방식에서는 어떤 사람이 과세 소득(T) 일부를 저축하고, 이자와 배당에 대해 세금을 물고(T)난 후 그 돈을 더 이상 세금을 물지 않고(E) 쓸 수 있다. 혹은 ISA(개인저축계좌)와 같은 '세제 우대' 저축은 이자에 대한 세금이 면제되므로

TEE 방식으로 다뤄진다.

지출세를 하나의 원칙으로 보고 지지하는 이들은 사적연금을 통한 저축을 지출세와 같이 취급하는 것을 환영하지만, 여전히 개인에 대한 과세 기반으로서 소득을 중시하는 이들은 대안적인 소득세가 있는지에 대한 합당한 물음을 던질 수 있다.[12] 적어도 개인별 계좌들이 있는 확정기여형 연금 체계의 경우 소득세 체계 아래서 현재 세제 우대 저축에 적용되는 TEE 방식에 따라 운영하는 것도 가능할 것이다. 종업원들은 그들과 사용자가 내는 기여금 둘 다에 대해 소득세를 물게 되겠지만, 비과세로 연금 급여를 받게 될 것이다.(또한 연금기금의 투자 소득에 대해서는 세금이 부과되지 않을 것이다.) 이때 현재의 EET 체계 아래 납부된 기여금에서 발생한 연금에 대해 세금을 걷을 수 있도록 하는 과도기적인 조정이 있어야 할 것이다. E와 T의 순서가 시사하듯이 EET 방식에서 TEE 방식으로 옮겨가면 세금 납부가 앞당겨질 것이다. 기여금에 대한 과세에서 나오는 수입을 투자공사의 기금을 만드는 데 쓴다면 조세정책을 바꿈으로써 투자 기금들을 민간의 손에서 공공부문으로 옮겨놓는 것으로 보일 수 있다. 세금을 내고 난 후 기여금이 줄어드는 한 민간연금기금의 크기도 줄어들겠지만 최종적인 연금 지급에 대한 세금이 면제될 것이라는 사실은 쌓아야 할 기금도 그만큼 적어짐을 뜻한다. 확정적인 권고를 하지는 않겠지만 논의를 위해 다음과 같은 문제를 제기하고자 한다.

실행해야 할 구상 사적연금 기여금을 현재의 '세제 우대' 저축과 같이 '소득세 체계를 바탕으로' 다뤄 세금 납부를 앞당기는 것이 타당한지 검토.

과세 기반 확대는 개인 소득세뿐만 아니라 국민연금보험료에도 적용돼야 하는데, 이때 국민연금보험료는 종업원과 사용자가 모두 내기 때문에 문제가 더 복잡해진다. 영국에서는 종업원들이 사적연금에 내는 기여금에 대해 국민연금보험료가 면제되지 않으며(종업원들이 국민연금보험료를 낸 후의 기금 소득에서 연금이 지급된다), 국민연금보험료는 그 연금기금의 소득이나 연금 지급액에 부과되지 않는다. 방금 논의했듯이 종업원들의 기여금을 소득세 제도에 따라 '소득세 체계를 바탕으로' 다루는 TEE 방식이 있다. 그러나 사용자의 경우 그들이 사적연금에 기여금을 낼 때 국민연금보험료는 부과되지 않으며, 나머지 과정에서도 마찬가지여서 사실상 여기에는 EEE 체계가 있다. 이처럼 국민연금보험료를 내지 않음으로써 절감하는 비용은 2013~2014년에 108억 파운드에 이를 것으로 추정되며, 이는 사용자들이 기여금을 낼 강력한 유인을 만들어낸다.[13] 이 점을 고려해 여기서는 사용자들이 연금기금에 내는 기여금에 대해 국민연금보험료를 면제하던 제도를 없앰으로써 종업원과 사용자들의 기여금에 대한 세제상 불균형을 해소하기 위한 조치를 부분적으로만 취하자고 제안한다. 이러한 조치는 사용자들이 연금 제공을 줄이도록 부추길 것이라는 비판을 받을 만하지만, T가 전혀 없는 과세 체계에 대한 방어는 불가능하다. 과세 체계에 대한 멀리스 평가보고서도 "종업원들의 기여금에 비해 사용자들의 기여금에 커다란 세제상 특혜를 주는 불일치"를 없애라고 권고했다.[14]

근로소득공제

—

자본소득의 비중 확대는 자본에 대해 더 높은 세금을 물리자는 요구를 불러왔다. 뒤에서 부에 대한 과세를 논의하겠지만 먼저 자본에서 나오는 소득에 대한 과세를 고려하고자 한다. 과거에 투자소득은 여러 나라에서 개인 소득세 체계에 따라 근로소득보다 높은 세율로 과세됐다. 지금 그런 상황으로 돌아가는 것은 자본소득에 대한 과세의 균형을 바꾸게 될 것이다. 영국은 1984년까지 투자소득 부가세를 매겼는데 이는 투자소득에 대한 세율을 15퍼센트포인트까지 높였다. 나는 나중에 1973~1974년 이전에 영국에서 적용됐던 근로소득세 경감 제도에 관해 더 자세히 논의하려 한다. 내가 보기에 이런 체계는 영국과 다른 나라에서 추천할 만한 부분을 많이 가지고 있다. 이 제도는 (당시에 고소득층에서는 쉽게 구분할 수 없었던) 근로소득과 투자소득에 대해 같은 (65퍼센트의) 최고세율을 유지하지만 근로소득에 대해서는 첫 구간에 낮은 한계세율을 허용한다는 점에서 투자소득 부가세와 달랐다. 이러한 효과를 얻으려면 세금을 안 내는 소득의 총액이 인적 공제에, 예컨대 소득의 20퍼센트에 해당되는 **근로소득공제**를 더한 금액이 돼야 할 것이다.(근로소득에는 자영업 소득과 연금소득이 포함된다.) 이는 예를 들어 면세점이 8000파운드일 때 근로소득만 있는 사람은 그의 소득이 1만 파운드에 이를 때까지 세금을 내지 않는다는 뜻이다. 근로소득이 이 수준을 넘어서면 그에 대한 세율은 비근로소득에 매기는 세율의 80퍼센트가 될 것이다. 근로소득세 경감과 달리 근로소득공제는 일단 근로소득이 특정 수준에 이른 다음에는 점차 공제를 줄여감으로써 중간 또는 하위 근로소득자들에게만 세금을 줄여준다. 공제 축소율이 (할인 금액이 커지는 속도의 두 배인) 40퍼센트라면 특정 소득 수준의 1.5배가 된 다음부터는 더 이상 면세 소득이 늘어나지 않을 것이다. 총근로소득이 그보다 많은 사람은 소득세로 내야 할 금액이 투자소득을 얻었을 때와 같을 것이다. 공제 금액이 줄어드는 도중에 있는 근로소득의 경우 실효 한계세율이 높아질 것이다. 예를 들어 공제 축소율이 40퍼센트라면 25퍼센트 세율은 35퍼센트가 될 것이다.

여기서 제안한 근로소득공제는 미국에서 시행하는 근로장려세Earned Income Tax Credit, EITC와 닮았다.(근로장려세는 영국이 근로소득세 경감 제도를 포기한 후 몇 년밖에 안 지난 1975년 미국에서 발효됐다.) 그러나 근로소득공제 방안은 환급이라는 요소가 없고 가족의 상태와 연계되지 않는다는 점에서 그와 다르다. 이처럼 기존 제도에서 벗어난 까닭은 다음 장에서 설명한다. 이 제안은 여기서 옹호하는 다른 조치들과도 연결해서 봐야 한다. 근로소득공제의 목적은 누진적인 세율 구조를 도입해도 낮은 수준의 근로소득(그리고 연금)의 세율은 오르지 않도록 보장하는 것이며, 그 혜택이 근로소득 계층 전체로 확대되지 않도록 하는 것이다. 이 제도는 근로소득 하위 계층에 적당한 도움을 주면서 투자소득을 얻는 이들에게는 혜택이 넘어가지 않도록 해준다. 근로소득공제는 이 두 가지 면에서 더 낮은 세율이 적용되는 새로운 구간을 도입하는 것과 다르다. 낮은 세율 구간을 새로 만들면 고소득자와 투자소득자 모두 혜택을 받는다.

제안 9   정부는 개인 소득세에 근로소득 첫 구간에 한해 근로소득공제를 도입해야 한다.

상속과 부동산에 대한 과세

—

부에 대한 과세는 연간 부유세처럼 주기적으로 이뤄질 수도 있고 어떤 사람이 사망할 때 그나 그녀의 유산에 물리는 세금처럼 부가 이전되는 시점에 이뤄질 수도 있다. 그러나 **생존자 간 증여**gifts inter vivos처럼 살아 있는 사람끼리 부를 주고받는 경우에도 과세가 이뤄진다. 부가 이전될 때 물리는 세금부터 생각해보자. 이는 사람들이 강한 견해를 견지하는 주제다. 어떤 사람들은 유산세를 폐지하기를 열망하며, 실제로 미국에서 이 세금을 2010년에 폐지하는 법안이 통과됐다.(나중에 원상태로 복귀됐다.) 다른 사람들은 상속이 늘어남에 따라 부의 이전에 대한 세금이 정부 예산에 더 많은 기여를 해야 한다고 믿는다.

부의 이전에 대한 과세

오늘날 영국에서 상속세Inheritance Tax, IHT 수입은 그리 대단하지 않다. 2013~2014년 상속세는 소득세로 걷은 금액의 약 2퍼센트에 지나지 않았다. 50년 전 이 숫자는 9퍼센트였다.[15] 물론 이처럼 상속세 비중이 줄어든 것은 단순히 우리 사회에서 상속이 예전보다 덜 중요한 특징이라는 사실을 반영하는 것일 수도 있다. 만약 1795년 분가루를 뿌린 가발에 물리던 세금이 오늘날에도 여전히 남아 있다면 우리는 그에 따른 세수가 미미할 것으로 예상할 수 있다. 그러나 피케티가 프랑스에 대한 연구에서 보여주었듯이 상속은 강력한 힘을 갖고 돌아왔다. 프랑스에서 한 해 동안 이뤄지는 부의 이전은 19세기에 국민소득의 약 20 내지 25퍼센트였지만 1950년에는 약 2.5퍼센트로 줄어들었다. 그러나 2010년에 이는 국민소득의 약 20퍼센트로 늘어났다.[16] 영국에서는 그 증가세가 덜 두드러졌지만, 그래도 부의 상속은 1977년 국민소득의 4.8퍼센트에서 2006년 8.2퍼센트로 늘어났다.[17]

상속세를 평생에 걸친 자본취득세lifetime capital receipts tax로 바꾸거나 상속세를 없애고 개인 소득세 체계 아래 상속받은 재산에 대한 세금을 물리면 영국에서 부의 이전에 대한 더 효과적인 과세라는 목적을 이룰 수 있을 것이다. 소득세 체계로 과세하는 것은 여러 장점이 있는데, 특히 하나의 세금 전체를 폐지한다는 점을 내세울 수 있다. 상속세를 소득세와 통합하는 것은 실제로 1960년대에 캐나다에서 카터 위원회가 조세체계 개혁안의 한 부분으로 제안한 것이었다. "증여와 상속은 임금과 봉급으로 받은 소득, 지급된 배당금, 저작권료 그리고 다른 익숙한 과세 대상 소득을 비롯해 다양한 형태의 다른 소득과 마찬가지로 재산을 물려받는 이의 소득으로 보고 과세해야 하며, 이때 재산을 물려준 사람의 과세 대상 소득에서 넘겨준 금액만큼 공제를 허용하지 말고 과세해야 한다"는 것이다.[18] 공제를 불허하는 조건은 중요하다. 재산을 이전할 때 물려준 이가 공제를 받게끔 되어 있는 것은 아니다. 만약 그렇다면 세수 효과는 마이너스가 될 가능성이 충분하며, 어쨌든 과세는 소득의 **사용**에 세금을 물리는 것이 돼야 한다. 물론 자본 취득이 덩어리째 이뤄지는 특성을 고려해 기간별로 이를 평균 내는 조항이 있어야 할 것이다. 영국의 소득세 제도에는 수입이 들쭉날쭉한 작가와 예술가들이 이를 이어지는 여러 과세 연도에 걸쳐 평균 낼 수 있게 하는 규정들이 있다. 그렇게 하지 않으면 수입이 좋은 해에는 거액의 세금을 내고 나쁜 해에는 거의 또는 아예 내지 않을 터이기 때문이다. 상속에 대해서는 더 긴 기간으로 평균을 낼 필요가 있을 것이다. 그러지 않으면 예를 들어 25만 파운드 상당의 집을 물려받은 사람은 그 집이 그가 평생 받을 유일한 상속 재산이라고 하더라도 (이 장 앞부분에서 제안한 세율 체계에 따라) 최고 65퍼센트까지 세금을 내야 할 것이다. 하지만 그 취득 금액을 예컨대 10년에 걸쳐 평균하면 소득세와 합산한 세금은 평생에 걸쳐 내야 할 수준에 근접하기 시작할 것이다.

내 자신이 선호하는 것은 상속세를 대체하는 평생자본취득세다. 이러한 세금에 대한 발상은 혁명적인 것이 아니다. 이는 100여 년 전에 존 스튜어트 밀이 제안한 것이다. 그는 "개인적인 노력을 대체하는 것이 아니라 그에게 도움을 주는 데 충분한 최소한의 금액을 정하고 그를 웃도는 모든 상속에 대해 무거운 누진적 상속세가 있어야 한다"고 제안했다.[19] 그러한 세금 체계 아래에서는 어떤 사람이 받은 모든 유산과 증여재산이 과세가 처음 시작된 날부터 기록될 것이며, 내야 할 세금은 그날까지 받은 재산 총액에 따라 결정된다. 그 세금은 살아 있는 사람끼리 주고받는 재산 중에서 추가적인 적당한 연간 면세금액을 웃도는 모든 증여를 대상으로 한다. 배우자 간 또는 동성혼인 관계에 있는 사람들 간 이전에 대해서는 과세하지 않을 것이다. 첫해에 고모의 유산에서 5만 파운드를 받은 사람의 사례를 들어보자. 이는 (예를 들어 일인당 10만 파운드로 정해진) 면세점 아래에 있어서 세금을 내지 않아도 된다고 가정하자. 5년 후 그 사람은 추가로 8만 파운드의 유산을 받는다. 이에 따라 상속재산 총액은 13만 파운드가 되고 면세점을 웃도는 금액은 3만 파운드다. 그래서 세금은 3만 파운드에 대해 예컨대 20퍼센트의 세율로 매긴다. 그다음에 삼촌이 그 사람에게 2만 파운드를 준다. 세금은 이 증여재산 전부에 대해 내야 한다. 삼촌이 증여를 그 사람 대신 그의 동생에게 해주었고 동생은 이전에 어떤 상속(또는 증여)도 받지 않았다면 내야 할 세금은 없었을 것이다.

제안 10 상속받은 재산과 생존자 간 증여 재산에는 누진적인 평생자본취득세 체계에 따라 과세해야 한다.

평생자본취득세를 설계하는 데 영국은 분명히 아일랜드 해 건너편 나라의 경험에서 배울 수 있다. 아일랜드공화국은 1970년대에 자본취득세를 도입했다. 이는 증여와 상속에 대한 세금과 재량신탁(수익자와 수익 금액을 수탁자 재량으로 정하는 신탁—옮긴이)에 적용되는 세금으로 이뤄진다. 한 가지 중요한 문제는 농장과 기업에 제공되는 세금 공제의 범위다. 현행 영국 상속세에서는 2013~2014년 이러한 공제에 따른 비용이 8억 파운드에 이른 것으로 추정된다.[20] 로빈 브로드웨이, 에마 체임벌린과 칼 에머슨은 기존의 공제 제도가 "사실상 상당히 불만스럽고 자의적이며 이러한 공제는 목표를 더 잘 겨냥해야 한다"고 밝혔다.[21] 이들은 아일랜드의 경험을 이야기하면서 그들이 일하는 농부들에게 한 해 공제를 해준 점을 지적했다. 아일랜드의 면세점은 (1949년 폐지된) 영국의 옛 유산상속세처럼 재산을 물려주는 이와의 관계에 따라 달라진다. 여기서는 그러한 조항을 상정하지 않으며, 영국이 새로 법을 만들더라도 "가장 좋아하는 조카에 대한 공제"를 규정하는 아일랜드 모델을 따를 가능성이 없다는 것은 분명해 보인다!

제6장에서 나는 영국에서 평생자본취득세에서 나오는 수입을 모두를 위한 최저 상속을 지급하는 데 배분하자고 제안했다.(모든 제안을 영국에 적용했을 때 그에 대한 전반적인 수지 균형은 제11장에서 생각해본다.) 기존 상속세에서 나오는 수입과 기업 및 농업에 대한 감면을 상당한 폭으로 줄여서 얻는 수입을 합치면 모든 사람이 열여덟 살에 이를 때 약 5000파운드의 자본을 나눠줄 재원을 마련할 수 있을 것이다. 여기서 제안한 새로운 평생자본취득세에서 나오는 수입은 곧바로 예측이 이뤄지지 않았다. 생존자 간 증여가 과세 대상에 완전히 포함된다는 점에서 과세 기반은 넓어질 것이다.(지금은 재산을 넘겨주는 사람이 증여 후 최소 7년을 살면 세금이 면제되며, 그가 3년에서 7년 동안 살 때는 세율이 낮아진다.) 다른 한편으로 이 세금은 넘겨받는 재산의 금액에 부과되는데 이는 유언자의 재량에 달려 있다. 부자는 원칙적

으로 그의 유산 전체를 상속인들이 모두 면세점 이하여서 세금을 내지 않도록 하면서 물려줄 수 있다. 면세점과 세율 구조를 결정할 때는 이러한 것들을 균형 있게 고려해야 할 것이다. 그러나 나는 면세점을 넘어서는 재산에 같은 40퍼센트의 세율로 상속세를 물리는 지금의 단일 세율 체계 대신 앞서 개인 소득세에 대해 제안한 것과 비슷한 누진적인 세율 구조가 있어야 한다고 주장한다. 그러나 상속받은 부의 경우에는 최고한계세율이 65퍼센트를 넘어야 한다고 주장할 근거들이 있다.

지금의 상속세 형태는 별로 지지받지 못하는데, 내 제안의 목적은 이 세금에 접근하는 사고방식을 바꾸는 데 있다. 제안의 핵심 요소는 지금의 과세 체계가 그런 것처럼 사람들이 남긴 재산의 가액이 아니라 물려받은 재산의 가액에 세금을 물리는 것이다. 물려주는 재산에 대한 세금은 물려받는 재산에 대한 세금으로 바뀔 것이다.(물려받은 재산을 소득세 체계에 따라 과세할 때도 마찬가지다.) 누진적인 세율 구조 아래에서는 이렇게 과세 체계를 바꾸는 것이 재산을 더욱 널리 분산시킬 직접적인 유인이 될 것이다. 사람들이 그들의 부를 지금까지 평생 동안 물려받은 것이 거의 없는 이들에게 이전한다면 세금 없이 부를 물려줄 수 있을 것이다. 새로운 상속세 체계는 이러한 방식으로 남녀 간 불평등과 세대 간 불평등을 모두 줄이는 데 기여할 수 있다. 가장 중요한 것은, 새로운 세제가 확실히 더 평평한 경쟁의 장을 만들고 그래서 기회의 불평등을 줄이는 데 기여하려는 명백한 방향성을 가지리라는 점이다. 이러한 목표는 제1장에서 논의한 것처럼 광범위한 지지를 받고 있다.

이제 부동산에 대한 지방세를 살펴보려 한다. 이는 그리 유망한 연구 주제가 아니다. 에드윈 캐넌은 런던정경대학이 설립된 지 얼마 안 된 1895년 그곳에서 '잉글랜드 지방세 세율의 역사'를 주제로 강연을 하면서 거리낌 없이 다음과 같이 인정했다. "실용적인 목적에 대한 관점을 갖지 않는다면 지방세 세율과 같이 지겹다고까지는 하지 않더라도 무미건조하다고 할 수 있는 주제를 연구하는 것은 어리석은 일이 될 것이다. 우리는 추상적으로 진리를 사랑해서 혹은 일요일 오후의 궂은 날씨를 잠시 피해 있으려고 이것을 연구하는 게 아니라 (…) 무언가를 배울 수 있으리라는 기대를 갖기 때문에 연구한다."[22] 영국의 경험을 사례 연구 대상으로 삼아 우리는 실제로 재정을 통한 재분배에 관해 많은 것을 배울 수 있으며 어떻게 하면 개혁의 효과를 낼 수 있는지 (그리고 낼 수 없는지) 배울 수 있다. 영국에서 부동산에 대한 지방세 과세는 특히 변화가 많은, 극적인 역사를 지니고 있다.

오랫동안 영국의 지방정부는 가계부문 납세자에 관한 한 크게 보아 부동산 가치에 따라 달라지는 '주택 재산세domestic rates'로 재정을 조달했다. 1980년대 보수당 정부는 이를 근본적으로 다른 체계로 바꾸기로 결정했다. 공식적으로 공동체 부과금Community Charge이라고 불렸지만 대중에게는 '인두세poll tax'로 알려진 단일 세율 과세로 바꾸기로 한 것이다. 대단히 역진적인 이 세금은 광범위한 반대와 납세자의 저항을 불러일으켰다. 영국 도시들에서 폭동이 일어났다. 곧 총리가 사임했고 그의 후임자는 인두세가 철회될 것이라고 발표했다. 그 대신 1993년 영국에서 가정용 주택 거주자들에게 매기는 주민세가 도입됐다.(북아일랜드는 주택 재산세를 계속 부과했다.) 잉글랜드와 스코틀랜드에서 주택은 1991년 4월 1일 추정된 시장가치에 따라 (가장 낮은 A부터 가장 높은 H까지) 여덟 개의 구간 중 하나에 들어갔다.[23] 주민세의 전반적인 수준은 지방에서 결정하지만 구간별 세금의 비율은 중앙에서 정한다. 이 비율은 역진적인 구조를 갖는다. 1991년 H구간이 시작되는 지점에 있는 주택의 가격은 D구간의 맨 처음에 있는 집의 4.7배였지만 세금은 두 배에 지나지 않았다. 그전의 재산세 체계가 대체로 세금을 낼 능력을 바탕으로 부과된 것과 대조적으로 이 새로운 지방세는 원칙적으로 거주자가 얻는 수익을 바탕으로 한다는 점을 이유로 역진적인 세율 구조를 채택한 것이 합리화됐다. 이 두 과세 원칙—수익 원칙과 담세 능력 원칙—은 크게 다른 것이다. 수익 원칙은 세금이 재정 지출로부터 얻는 수익에 따라 달라져야 함을 의미하며, 담세 능력 원칙은 세금이 소득, 부 또는 세금을 낼 능력을 나타내는 다른 지표들에 따라 달라져야 함을 뜻한다. 영국에서 지방세가 수익 원칙에 따르도록 바뀐 사실은 이제 거의 잊혔는데, 이는 틀림없이 그전의 세제—인두세—가 훨씬 더 역진적이었기 때문이다. 그러나 주민세 체계로 바뀐 것은 그 세금이 부동산 가치에 비례하는 분명한 기준에 따라 부과됐을 경우에 비해 세금 납부 후 소득 분배를 분명히 더 불평등하게 만드는 데 기여했다.

역진적인 세금 대신 부동산 가치에 비례하는 세금은 여러 나라에서 시행되고 있다. 미국에서 대부분의 지방정부는 재산세를 매기며, 이는 일반적으로 부동산 시장가치의 어떤 비율을 정하고 그에 대해 일정한 세율로 부과된다. 영국 조세제도를 재평가하는 멀리스 보고서는 부동산 가치에 비례하는 세금을 부과해야 한다고 주장하면서 부동산 현재 가액의 0.6퍼센트를 물리면 2009~2010년 세수가 늘지도 줄지도 않았을 것으로 추정했다. 이는 부동산 가치의 재평가와 함께 이뤄져야 한다고 보고서는 주장했다. "부동산 가치의 재평가가 제대로 이뤄지지 않는다는 사실 때문에 현행 제도를 고수하는 것이 불합리하다는 점은 더욱 명백해진다. 어떤 재산세를 매길 때에도 정기적인 재평가가 이뤄져야 하며 이러한 절차는 가능한 한 빨리 시작돼야 한다."[24] 그들의 분석을 2014~2015년 상황에 적용하면, 평균 주택 가격 27만1000파운드와 평균 주민세 1468파운드를 기초로 계산했을 때 그와 같은 중립적인 세율은 0.54퍼센트가 된다.[25] 도표 7.3은 2014~2015년 서로 다른 가격의 집에 사는 사람들이 내는 세금의 차이를 기존 주민세 체계에서 내는 세금과 비교해서 보여준다. 이 도표에서 볼 수 있듯이 가격이 50만파운드 이상인 주택에 대한 세금은 상당한 차이가 있다.

코미디언인 그리프 라이스 존스는 이에 관한 계산에 일반의 관심을 모았다. 런던 피츠로이 스퀘어에 있는 그의 집은 700만 파운드로 평가됐으므로(도표 7.3에서 한참 오른쪽에 위치한다) 그에 대한 0.54퍼센트의 비례세는 약 3만8000파운드가 될 것이다. 이는 참으로 큰 금액이며, 값비싼 집의 경우 주택 가액 중 자기 지분에 따라 세금을 내는 조항이 있어야 한다. 그러한 조항은 예를 들어 비싼 집에 살지만 현금 소득이 상대적으로 적은 연금생활자들에게 도움이 될 것이다. 물론 지방세 제도를 바꾸면 많은 대형 주택의 가치가 떨어질 것이다. 따라서 세금 증가에 따른 부담은 나중에 그 집을 낮은 가격에 사는 사람들보다는 현재 소유자들이 지게 될 것이다.(경제학자들은 이를 세금 변화의 '자본화'라고 표현한다.) 또한 현재의 주민세 체계에 따라 런던 중심가에 있는 침실 일곱 개의 700만 파운드짜리 집에 대해 부동산 가치의 약 0.04퍼센트인 2640.96파운드의 세금을 내는 것은 놀라울 만큼 가벼운 부담이다.[26] 다른 한편으로 여기서 제시된 0.54퍼센트의 세율은 과거의 재산세 체계에 따른 세율보다 낮은 수준이다. 1970년대에 시작

도표 7.3 2014~2015년 영국의 주민세와 재산세 예시

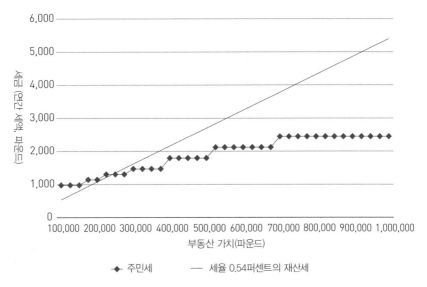

이 그래프는 부동산 소유자에게 부과되는 현행 주민세와 0.54퍼센트 세율로 재산세가 부과될 경우 그가 물어야 할 세금을 보여준다. 200만 파운드로 평가된 집에 사는 사람은 현행 주민세 체계에서는 한 해 3000파운드에 못 미치는 세금을 내지만 예시한 것과 같은 비례적인 재산세 체계에서는 세액이 1만800파운드에 이른다.

될 때 재산세 세율은 평균적으로 부동산 가치의 1퍼센트 이상이었다.[27]

도표 7.3에서 두 곡선의 차이는 영국이 대체로 비례세의 특성을 가졌던 과거의 재산세 체계에서 처음에 인두세로 가고 다시 주민세로 옮겨가는 식으로 지방세 체계를 바꾼 것과 관련해 그 변화의 역진적인 성격에 대해 앞서 설명한 점들을 잘 보여준다. 이러한 지방세 체계 변경은 1980년대의 '불평등 회귀'를 규정하는 요소들 가운데 하나였다. 담세 능력과 관련된 세금에서 수익 원칙에 따른 세금으로 바꾼 것은 더 큰 불평등을 불러왔다. 우리 목표가 덜 불평등한 사회를 보장하는 것이라면 영국의 지방 재정을 사회 정의에 더 많은 무게를 두는 원칙에 따라 과세하는 체계로 되돌림으로써 그 목표에 분명히 기여할 수 있을

것이다.

제안 11 최근 시세로 평가된 부동산 가치를 바탕으로 하는 비례적인 재산세 또는 누진적인 재산세를 시행해야 한다.

영국의 경우 구체적으로 제시된 방안은 재평가된 부동산 가치를 바탕으로 단일세율을 적용하는 세수 중립적인 재산세 체계로 바꾸는 것이다. 이때 그 금액이 매우 큰 경우 주택 가격 중 자기 지분에 따라 과세할 수 있도록 하는 조항을 둘 수 있다.

────────────

연 간 부 유 세

이제 여러 나라에서 새롭게 관심을 끌고 있는 연간 부유세를 생각해보자. 이 구상은 1970년대 영국에서 검토됐지만 당시 노동당 정부는 이를 추진하지 않았다. 당시 재무장관이었던 데니스 힐리는 자서전에서 그때의 교훈을 이렇게 밝혔다. "당신이 야당에 있을 때 새로운 세금이 실제로 어떻게 작동할지 대단히 잘 알고 있지 않는 한 그 세금을 도입하겠다는 약속은 결코 하지 말아야 한다. 우리는 부유세를 도입하겠다고 다짐했다. 그러나 5년 안에 나는 행정 비용과 정치적 격론을 감당할 수 있을 만큼 충분한 세수를 낳는 세제를 만드는 것이 불가능함을 알게 됐다."[28] 그러나 이제 시대는 변했다. 마틴 윌리는 "1970년대의 주장들을 현재의 상황에 따라 달리 펼칠 수 있다고 생각할 근거들이 있다"며 "1970년대 노동당 정부는 그 30년 전만큼 쉽게 정책을 추진할 수 없었을 것으로 생각된다"고 밝혔다.[29]

오늘날 영국에서 연간 부유세를 더 적극적으로 검토할 만한 이유들로 소득불평등 수준이 훨씬 더 높아진 것과 국내총생산 대비 개인적인 부의 비율이 상승한 것을 꼽을 수 있다. 제2차 세계대전 후 이 비율은 몇 차례 크게 변화했다. 전쟁 직후 몇십 년 동안 이 비율은 하락했지만 1980년대 초 이후에는 다시 상승하기 시작했으며 2000년대에는 개인의 부가 국내총생산의 약 다섯 배였다. 무엇이 이 비율을 오르게 했을까? 중국인처럼 영국인들의 저축률이 치솟았을까? 1950년대부터 1970년대까지 가계 저축률이 오른 것은 사실이지만 저축률이 14퍼센트 이상으로 오르지는 못했고 그 후에 떨어졌다. "가계소득 중 저축의 비율은 1995년부터 2007년까지의 기간 대부분에 걸쳐 지속적으로 떨어졌다."[30] 이산 코먼과 마틴 윌리에 따르면 "가계가 부를 축적하는 데 저축이 한 역할은 거의 없는 게 분명하다."[31] 그들은 이 기간 중 집값이 한 해 3퍼센트씩 올라 총가처분소득보다 빠르게 상승했고, 금리가 떨어지면서 채권 가격은 올랐으며, 주식 값은 실질가격으로 한 해 4.7퍼센트씩 올랐다고 지적하면서 개인의 부가 늘어난 것은 자산 가격 상승에 따른 것이라고 평가했다. 앞 장에서 우리는 영국의 가계가 1980년 이후 정부 소유 주택 할인 매각으로 어떻게 이득을 보았는지, 그와 비슷하게 공기업들의 민영화로 어떤 이득을 보았는지를 살펴보았다. 앞 장에서 이야기한 것처럼 이는 공공부문의 순자산 가치를 상당히 감소시키면서 꽤 큰 부의 이전 효과를 나타냈다.

자산가치의 재평가 때문에 부가 늘어나는 한 "부의 원천을 고려할 때 더 엄격한 자본이득세를 매기는 게 부유세를 부과하는 것보다 더 적절할 것"이라고 주장할 수 있다.[32] 그러나 이는 사후적인 것으로 속담에 나오듯이 소 잃고 외양간 고치는 격이 될 것이다. 그러므로 영국에서 연간 부유세를 도입할 가능성에 대해 재검토할 필요가 있다. 이렇듯 재검토를 할 때 1970년대 이후 각국 경제의 세계화와 관련해 환경이 달라진 것을 고려해야 한다. 한 가지 중요한 문제는 유럽연합 차원에서 공동으로 하는 행동과 정보 교환에 대한 강력한 합의 없이 각국 정부가 얼마나 효과적으로 그런 세금을 걷을 수 있느냐 하는 것이다. 피케티가 단지 부분적으로만 성공했다고 생각한 (프랑스의 연간 부유세인) 재산에 대한 연대세Impôt de Solidarité sur la Fortune의 경험에서 교훈을 얻을 수 있다.[33] 그는 글로벌 부유세를 지지하는데, 이는 다음 절에서 논의할 것이다. 우선 다음과 같이 요약하겠다.

실행해야 할 구상 연간 부유세를 위한 주장과 그 성공적인 도입을 위한 전제 조건들을 재검토.

글로벌 과세와 기업의 최저한세

—

『21세기 자본』 끝에서 두 번째 장에서 피케티는 불평등을 줄이기 위한 새로운 수단들이 필요하다고 주장했다. 그는 "매우 높은 수준의 국제 금융 투명성과 결부된 누진적인 글로벌 자본세가 그 이상적인 수단이 될 것"이라고 말했다.[34] 그는 이 방향으로 가기 위한 지역적인 조치를 예를 들어 설명했는데, 유럽의 상황에서는 과세 대상이 되는 순자산의 기준선을 500만 유로로 하고 100만 유로부터 500만 유로 사이에서는 1퍼센트, 그 이상의 부에 대해서는 2퍼센트의 세율을 적용하면 국민소득의 2퍼센트에 해당되는 세수를 얻을 수 있으리라 추정했다. 옥스팜 Oxfam(1942년 영국에서 결성된 국제적인 빈민구호단체—옮긴이)은 부에 대한 글로벌 세금을 촉구하면서 과세 기준선을 10억 달러로 높게 잡고 1.5 퍼센트의 세율을 적용하면 전 세계적으로 740억 달러를 걷을 수 있을

것으로 추정했다.[35]

피케티는 이러한 글로벌 세금이 "틀림없이 비현실적인 매우 높은 수준의 국제적 협력"을 필요로 하기 때문에 "유토피아적"이라고 표현했다.[36] 그러나 OECD의 후원 아래 국제적인 해로운 세금 관행들에 대응하기 위해 이뤄진 기존의 조치들이 세계조세행정기구의 창설로 이어지는 게 불가능한 일은 아니다. 이러한 기구는 개인 납세자에 대한 '글로벌 조세 체계'를 제정하는 것으로 시작할 수 있다. 2004년에 란다우 워킹그룹Landau Working Group에서 새로운 재정적 기여금에 관해 발표하면서 나는 글로벌 납세자의 지위를 확립하자고 제안했다. 이는 개인들이 글로벌 조세 체계에 들어감으로써 각국의 (그리고 그 아래 단계의) 소득, 자본이득과 자산에 대해 과세 대상에서 제외해달라고 요청할 수 있도록 허용하는 것이다.[37] 이 구상을 글로벌 자본세와 결합하면 과세 대상이 되는 순자산 하한선을 (적어도 10억 달러 이상으로) 정하고 누진적인 부유세를 바탕으로 한 최저한의 세금을 과세할 수 있다. 참여 여부는 합의에 따라 정해진 순자산가액에 달려 있으며 그에 대한 내용은 일반에 공개될 것이다. 피케티가 제시했듯이 위에서 설명한 것과 같은 순자산 규모별 세율 체계에 따르면 내야 할 세금은 일반적으로 상당히 더 높아진다. "프랑스, 미국 그리고 우리가 조사한 다른 모든 나라에서 소득세 신고에서 신고된 최고 금액은 보통 수천만 유로나 수천만 달러에 지나지 않는다."[38] 내가 제안하는 방안은, 글로벌 부유세에 따른 수입은 세금을 걷은 나라와 다른 참여 국가들이 나누며 개발과 글로벌 공공재를 위한 재원으로 쓰자는 것이다.

글로벌 조세 체계에 참여하는 것은 양쪽 모두 자발적으로 이뤄질 것이다. 우리가 이미 보았듯이 이 제안은 더 많은 세수를 낳겠지만, 그것이 사실이라면 어떤 납세자가 참여하겠는가? 이것이 어떻게 양쪽에게

다 득이 되는 게임이 될 수 있는가? 사실 납세자로서는 그가 오직 하나의 과세 당국만 상대하면 된다는 점에서 분명히 유리한 점이 있으며, 이 체계는 내야 할 세금에 대해 더 많은 확실성을 창출할 것이다. 더욱이 『포브스』나 『선데이타임스』의 최고 부자 명단과 같은 부자 순위가 그러했듯이 이런 이들 사이에 끼게 되면 어떤 명성이 따른다.

다국적 기업에 대한 과세

최근 언론에는 "X사가 수십억 파운드의 매출을 올리고도 몇백만 파운드의 법인세만 낸다"는 제목의 보도가 되풀이해 나오고 있다. 다국적 기업이 법인세가 낮은 나라들로 이익을 옮기면서 대규모 매출을 올리는 나라에서 세금을 내지 않는 데 대한 염려가 많다. 이것이 문제인가? 어떤 견해에 따르면 법인세는 단순히 주식이나 채권을 가진 개인들의 소득세를 원천징수하는 형태의 세금이다. 만약 그것이 법인세의 유일한 기능이라면 X사의 주식 소유자나 채권 보유자들이 세금을 매기는 나라에서 소득세를 전액 납부하는 한 법인세 납부 금액이 적은 것은 염려할 사항이 아닐 것이다. 만약 모든 주식과 채권을 외국인들이 보유하고 있다면 X사가 본국에서 엄청난 매출을 올린다고 해도 물어야 할 세금은 없다.

그러나 이러한 견해는 조세 정의를 염려하는 이들을 만족시키지 못할 듯한데, 여기에는 그만한 까닭이 있다. 기업에 세금을 매기는 논리적 근거는 그들이 단순히 개인 소득세를 걷는 대리인으로 행동할 뿐만 아니라 기업의 지위가 여러 특권, 특히 유한책임이라는 특권을 지니고 있다는 데서 찾을 수 있다. 법인세는 그에 따른 이득에 매기는 부과금이며 재분배 재원을 마련하기 위한 수입원이다. 리처드 머스그레이브와 페기 머스그레이브는 그들이 쓴 공공재정에 관한 교과서에서 이 상황을 잘 설명했다. 기업은 "그 자체로 존재하는 법적 실체로서 경제적, 사회적 의사결정에 강력한 영향력을 지닌 요소이며 (…) 기업은 또한 개인과 따로 떼어 세금을 물릴 수 있는 별개의 실체다."[39] 그들은 곧 이러한 견해를 부정했지만 이는 커다란 호소력을 지니는 주장이다. 그들이 1989년에 그 책을 쓸 때보다 더 다국적기업의 시대가 된 오늘날 이는 더 큰 호소력을 지닌다. 더 일반적으로 말하면 기업들은 그들이 영업을 하는 나라들의 도로와 같은 물리적 자산, 법체계, 국가 행정기구를 비롯한 기반시설에서 이득을 얻는다. 매출액의 0.1퍼센트를 세금으로 내는 것은 기업의 이익에 기여한 이런 기반시설의 비용을 대는 데 충분하다고 할 수 없을 것이다.

어떤 나라에서 광범위하게 활동하는 기업들이 그 나라 공공부문의 재정에 더 적절한 기여를 할 수 있도록 보장하려면 어떻게 해야 하는가? 미국 과세 당국은 1960년대에 소득세와 관련해 이와 비슷한 문제에 부딪혔다. 조지 브레이크와 조지프 페크먼이 설명했듯이 "미국 의회는 1969년 초에 소득이 100만 달러를 넘는 [스물한 명의] 사람이 연방 소득세를 한 푼도 내지 않았다는 사실이 극적으로 드러난 데 자극을 받아 지나친 조세 회피를 통제하는 중요한 수단이 될 특성들을 세법에 추가했다."[40] 그 특징적인 내용은 '최저한세minimum tax'인데, 이는 개인과 기업들에 대해 어떤 조세 감면들로 받을 수 있는 세제상의 혜택을 제한하는 것이다. 브레이크와 페크먼은 이어 "많은 사람이 최저한세는 세제상 특권들에 대해 약하고 부적절한 공격이라고 여긴다"고 말했지만, 이 제도는 미국 조세 체계에서 지속적으로 중대한 역할을 수행해왔다. 이는 분명히 기업들이 세금 부담을 최소화하고자 조세피난처들을 이용할 여지를 줄이도록 방향을 제시한다. 조세피난처의 활동을 제한하기 위해 취한 조치들에 더해 지급 이자에 대해 받을 수 있는 조세 감면과 다른 여러 공제 혜택을 제한할 국가별 최저한세를 설정하는 조치도 가능할 것이다. 이 최저한세는 기업의 이자, 세금, 감가상각 전 이익에 대해 정할 수 있다. 그러면 기업들은 정상적인 세금과 대안적인 최저한세 가운데 더 큰 금액을 내야 할 것이다. 혹은 최저한세를 세금을 관할하는 지역 안에서 이뤄진 매출액을 바탕으로 정할 수도 있다. 자신들이 활동하는 나라에서 법인세를 내지 않는다는 지적을 받은 기업들은 늘 자신들이 세법에 따른 모든 납세 의무를 다한다고 주장해왔다. 이는 그 법을 바꿀 필요가 있음을 의미한다. 대안적인 최저한세를 도입하는 것은 그렇게 하기 위한 한 가지 방법이다.

실행해야 할 구상 개인 납세자들에 대해서는 총 부를 바탕으로 글로벌 조세 체계를 만들고 기업들에 대해서는 최저한세를 도입.

8장

모두를
위한
사회보장

복지국가는 지난날 불평등을 줄이
는 데 중대한 역할을 해왔다. 이는 사회가 모든 구성원에게 최저 수준
의 자원을 보장하려 할 때 주된 수단이 된다. 지난 몇십 년 동안 불평
등이 커진 이유 중 하나는 사회적 보호에 대한 요구가 줄어드는 게 아
니라 늘어나는 시기에 이를 다시 축소해왔다는 점이다. 아이브 마르크
스, 브라이언 놀런과 하비에르 올리베라는 부자 나라들의 빈곤 퇴치
정책에 대한 평가에서 "경제 선진국 중 어느 나라도, 빈곤에 영향을 미
치는 다른 여러 측면에서 아무리 잘해왔더라도 낮은 수준의 사회적 지
출로는 불평등 축소 그리고/또는 상대적인 소득의 빈곤을 줄이는 목표
를 이루지 못했다"고 결론지었다.[1] 나는 제7장에서 설명한 조치들로 얻
은 추가적인 세수를 사회적 보호에 대한 지출을 늘리는 데 쓸 재원의
일부로 활용하는 것이 불평등을 줄이기 위한 제안들의 핵심적인 부분
이라고 본다.

이러한 추가 재원은 어떻게 써야 하는가? 이는 부분적으로 지난날
여러 나라에서 삭감된 지출을 되돌리는 일이다. 영국에서 1980년대 후

반 전반적인 소득의 불평등이 가파르게 높아진 것은 사회보장 혜택의 수준을 크게 줄인 것과 동시에 나타났다. 순수하게 집으로 가져가는 평균 급여에 비해 기초적인 국가연금은 약 5분의 1이 줄어들었는데, 이는 연금생활자들과 일하는 사람들 사이의 소득 격차를 늘렸을 뿐만 아니라 민간의 직업연금을 보유한 상대적으로 운이 좋은 연금생활자들과 오로지 국가연금에만 의존하는 사람들 사이의 격차도 벌려놓았다.[2] 그때 내린 결정들과 최근 긴축 조치들이 취해진 기간에 이뤄진 결정들을 되돌리는 것은 과거에 성공적으로 이루었던 더 낮은 수준의 불평등으로 돌아가기 위한 하나의 핵심적인 단계다.

그러나 수혜 비율을 높이는 것만으로는 충분하지 않다. 우리는 이와 더불어 복지국가의 구조를 재검토할 기회를 잡아야 한다. 많은 나라가 지난 몇십 년 동안 사회적 급여와 관련된 제도에서 중대한 변화를 일으켰는데, 특히 적용 범위를 줄이고 소득 조사 수준은 높였다. 이러한 변화는 흔히 복지제도가 겨냥하는 목표층에 대한 집중도를 높여 소득 분포상 바닥에 있는 이들에게 가는 복지 급여의 비율을 높이려는 의도로 추진되었지만 막상 시행되자—지금까지 충분히 인식되지는 않았는데—결과적으로 불평등을 더 키웠다. 결국 부당한 지급을 한다는 한 가지 오류는 줄었을지 모르지만 필요한 이들에게 혜택이 가지 못한다는 면에서 반대쪽 오류는 늘어났다. 내가 보기에는 우리가 다른 접근 방식을 채택할 때에만 빈곤과 맞서 싸우는 데 진전을 이룰 수 있을 것이다. 우리는 세계가 변하고 있다는 명백한 이유로 복지국가를 재검토할 필요가 있다. 우리는 중남미의 경우 불평등과 빈곤이 줄어듦과 더불어 새로운 사회적 이전 프로그램들이 노동시장의 변화를 쫓아가지 못한 전통적인 사회보험 체계 바깥에서 작동하는 것을 보았다. 나는 제5장에서 OECD 국가들이 노동시장의 변화를 받아들여야 하며 이는 사람들이 한 가지 일을 전일제로 한다는 가정을 바탕으로 설계된 사회 보험 체계의 변화를 분명히 요구한다고 주장했다. 그러므로 나는 (모든 나라의 관심사인) 사회적 이전의 구조부터 살펴보려 한다.

사회보장의 설계

—

나는 언젠가 제목에 일반적인 단어가 한 마디도 없는 "SI 대 SA 대 BI"라는 논문을 쓰려고 계획한 적이 있다. 사회보장의 세 가지 주요 형태인 사회보험social insurance, SI, 사회부조social assistance, SA, 기본소득basic income, BI을 비교하려는 목적에서였다. 대부분의 나라에서 소득을 유지하는 체계는 이 세 가지 요소를 모두 포함하며, 어떤 이들은 세 유형의 체계 모두에서 도움을 받는다. 그러나 서로 다른 프로그램 사이에서 균형을 유지하는 게 중요하며, 그 균형은 시간이 흐르면서 달라진다.

이 세 가지 형태의 핵심적인 특징은 표 8.1에 요약했다. 이 표는 세 가지 유형의 본질적인 차이들을 부각시킨다. 모든 복지 혜택이 이 분류에 맞는 것은 아니라는 점에 유의해야 한다. 장애 급여는 여기서 빠진 하나의 중요한 유형이다. 독자들은 틀림없이 사회보험과 사회부조에 익숙하겠지만 기본소득의 개념은 얼마간의 설명을 필요로 한다. 기본소득은 모든 시민에게 노동시장에서 그들이 차지하는 지위와 상관없이 일반적인 조세를 재원으로 하여 주어지는 급여다. 이러한 구상은 이상하게 들릴지 모르겠지만 사실 개인적인 소득세 면제와 밀접하게 관련돼 있다. 대부분의 개인 소득세 체계 아래에서는 소득이 어떤 문턱에 이르기까지는 세금을 물리지 않는다. 1799년 영국에서 소득세가 도입됐을 때 한 해 100파운드에 못 미치는 소득에는 세금을 물리지 않았

표 8.1 사회보장의 세 가지 형태 사이의 본질적 차이

	사회보험(SI)	사회부조(SA)/세액공제	기본소득(BI)
권리의 기초	기여도에 바탕을 둠	현재의 자원(소득과 자산)에 바탕을 둠	시민권에 바탕을 둠(?)
수급 조건	노동시장에서의 지위에 따라 달라짐	노동시장에서의 지위에 따라 달라짐	노동시장에서의 지위와 상관없음
평가 단위	개인 (부양가족에 추가 지급할 가능성)	가족 단위 (또는 가구)	개인
재원 조달	대부분 기여금으로 조달	일반적인 조세	일반적인 조세

a. 권리의 기초와 관련해 기본소득 부분에 물음표를 넣은 이유는 본문의 다음 부분에서 논의한다.

다. 그 당시에는 어떤 사람의 소득이 100파운드를 넘어서면 그 소득 전부에 대해 세금을 냈지만, 그 후 이는 문턱을 넘은 초과 소득에 대해서만 세금을 무는 체계로 대체됐다. 이는 그 문턱에 모든 납세자의 이해가 걸려 있음을 뜻한다. 만약 세율이 30퍼센트라면 100파운드의 문턱은 납세자에게 30파운드의 세금을 절감하게 해준다. 그러나 그 세금 문턱은 소득 수준이 그 아래에 있는 이들에게는 값어치가 적다. 50파운드의 소득을 올린 사람은 15파운드의 세금을 내지 않고 절감할 수 있을 뿐이다. 이에 따라 과세 기준이 되는 문턱을 없애고 이를 일률적인 현금 공제로 대체해 모든 소득을 과세 대상으로 하자는 제안이 나온다. 이러한 현금 공제는 일종의 기본소득이며, 미국에서 '마이너스 소득세'라는 이름으로 제안된 것이다. 마이너스 소득세는 상반되는 정치적 견해를 지닌 두 노벨경제학상 수상자 밀턴 프리드먼(레이건 대통령에게 조언한 통화주의자)과 제임스 토빈(케네디 대통령에게 조언한 케인스학파)이 각각 제안한 것이다. 그 세금은 과세 기준선 이하의 사람들은 세금을 내는 것이 아니라 급여를 받는다는 의미에서 마이너스다.

영국의 경우 도표 8.1에서 보여주듯이 시간이 지나면서 서로 다른 유

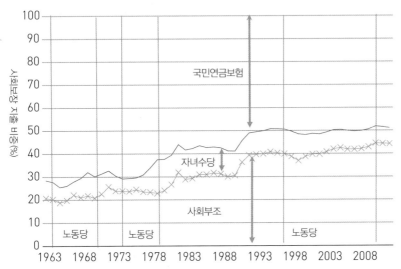

도표 8.1 1963~2012년 영국 사회보장 지출의 구성

이 그래프는 총 사회보장 지출 중 국민연금보험, 자녀수당, 사회부조에 돌아가는 비율을 보여준다. 노동당이라고 표시하지 않은 기간은 보수당 정부 집권 기간이다. 보수당과 자유당의 연립정부가 들어선 2010년 이후는 예외다.

형의 사회적 이전 사이의 균형이 달라졌다. SI(국민연금보험)의 비중은 거의 4분의 3(72퍼센트)에서 절반 이하로 줄어들었다. 그 비중은 당초 보수당 정부 때인 1970년대 초 사회부조를 늘림에 따라 축소됐다. 여기에는 자녀를 둔 가족을 위한 소득 기준 급여(나중에 가족공제로 바뀐 가족소득보조금)를 도입한 것도 포함되는데, 이는 일반적으로 1970년 보수당의 가족수당을 늘리겠다는 공약에 대한 불만족스러운 대안으로 여겨졌다. 1974~1979년 노동당 정부는 그것들과 자녀 관련 공제를 지금의 자녀수당으로 바꿈으로써 가족수당을 늘렸다. 이 자녀수당은 어린이들을 위한 기본소득이다. 그 뒤를 이은 보수당 정부 시절 사회보험의 비중이 크게 떨어져 1979년 62퍼센트에서 1997년 49퍼센트로 하락했다. 1997년부터 2010년까지 집권한 노동당 정부는 처음에 자녀수당을 늘렸지만 세액공제가 늘어나면서 전반적인 소득을 기준으로 한 급여의 비중이 44퍼센트로 확대됐다. 최근 보수당 정부 아래서 이뤄진 혁신은 통합수당이다.

이제 소득을 기준으로 한 이전이 더 많이 활용되고 있다. 이러한 움직임이 단기적으로 호소력을 지닌다는 점은 이해할 수 있지만, 내가 판단하기에 이것은 장기적으로는 잘못된 방향이다.

소 득 조 사 방 식 의 이 중 실 패

급여 대상자의 소득을 따지는 방식이 잘못된 접근 방식이라고 보는 데에는 두 가지 중요한 이유가 있다. 첫 번째 이유는 소득이 늘어날 때 소득 기준 급여 혜택이 점점 줄어들면서 한계세율이 높아지는 효과가 나타나고 이와 더불어 기존의 소득세와 사회보장 기여금 부담도 늘어난다는 점이다. 이에 따라 개인의 총소득을 늘림으로써 가족이 집으로 가져가는 급여를 늘리고 싶어도 할 수 있는 일이 거의 없는 상황에 처하게 된다. 영국에서 그 결과로 나타나는 빈곤의 덫은 멀리스 위원회가 한 계산이 잘 보여준다. "일단 연간 소득이 [국가 최저임금으로 주당 22시간을 일할 때 얻는 소득과 맞먹는] 6420파운드에 이르면 세액공제를 받을 여지가 줄어들기 시작하며, 이는 [한계세율을] 70퍼센트로 39퍼센트포인트 올리는 효과를 낸다. (…) 자녀 둘과 전일제로 일하는 근로소득자 한 사람이 있는 가족의 경우 연간 소득이 2만8150파운드에 이르면 70퍼센트 한계세율이 [다시 31퍼센트로 떨어진다.]" 나중에 이야기한 금액은 국가 최저임금의 2.5배인 시간당 임금으로 주당 40시간 일할 때 얻는 소득과 맞먹으며, 이는 광범위한 소득 구간이 영향을 받는다는 것을 보여준다.[3] 그때 이후 세금 혜택은 사람들이 통합수당을 받는 체계로 바뀌었지만, 순소득에 적용되는 수당 감축률이 65 퍼센트다. 소득세뿐만 아니라 종업원 국민연금보험료를 같이 내야 하는 사람의 경우 누적 한계세율은 76.2퍼센트다. 여전히 빈곤의 덫이 있는 것이다.

과거에 아래쪽 소득 구간의 높은 한계세율은 많은 사람이 자신의 근로시간과 노동 강도에 대한 선택권이 거의 없다는 이유로 무시됐다. 그러나 설사 과거에는 그것이 사실이었다 해도 유동성이 커진 노동시장에서는 그렇지 않다. 자영업자가 늘어난 것은 소득 연계 방식 때문에 나타날 수 있는 근로 유인 감소 효과에 더 큰 무게를 두어야 할 이유 중 하나일 뿐이다. 더 많은 것을 고려해보면 이는 더욱 분명해진다. 위에서 설명한 사례는 가족 중 근로소득자가 단 한 사람이라고 가정한 것이지만, 오늘날 전형적인 예는 맞벌이 커플이며 두 사람 모두에게 적용되는 높은 한계세율 때문에 잠재적인 유인 감소 효과는 두 배로 커진다. 더욱이 앞 장에서 논의했듯이 한계세율이 유인의 문제인 것만은 아니다. 근로소득이 늘어난 결과 실제로 집에 가지고 가는 소득이 얼마나 될지는 본질적인 공정성 차원에서도 판단해야 한다. 공정성은 노력과 보상 사이의 인지할 수 있는 연결고리에 관한 것이다. 사람들은 더 많은 시간을 일하거나 더 많은 책임을 지거나 또는 부업을 함으로써 벌어들인 것 중 적어도 합리적인 몫을 가질 자격이 있다.

소득 연계 방식이 확대되는 것을 염려하는 두 번째 이유는 세제 혜택을 받을 자격이 있는 모든 사람이 그것을 청구하지 않는다는 점이다. 사회보험급여 및 자녀수당과 달리 소득 연계 세제 혜택은 흔히 대상자의 100퍼센트에 가까운 이들에게 실제로 적용되지 못한다. 그런 자격을 지닌 이들 가운데 상당수가 혜택을 청구하지 못한다. 『2008년 유럽연합의 사회 상황』 보고서는 오스트리아, 덴마크, 핀란드, 프랑스, 독일, 그리스, 포르투갈의 사례를 인용하면서 "세제 혜택을 받아가지 않는 것은 광범위한 현상으로 보인다"고 결론 내렸다.[4] 마노스 맛사카니스, 알라리 파울루스와 홀리 서덜랜드는 유럽 상황에 대한 평가 보고서에서 소득과 연계해주는 각종 혜택을 실제로 청구하는 이들이 네덜란드에서는 72~81퍼센트, 포르투갈에서는 72퍼센트에 이르지만 프랑스에서는 65~67퍼센트, 핀란드에서는 50~60퍼센트로 낮아지고, 오스트리아에서는 44퍼센트, 독일에서는 33퍼센트, 아일랜드에서는 30퍼센트로 떨어진다고 밝혔다.[5] 미국에서 공식적인 조사 결과 2005년 근로소득세액공제 신청 비율은 75퍼센트인 것으로 나타났다.[6] 영국에서는 이러한 세제 혜택을 받아가지 못하는 것이 『빈곤층과 최빈층The Poor and the Poorest』에서 밝혀낸 중요한 문제 가운데 하나였는데, 이 책은 1965년에 대단한 반향을 일으켜서 아동빈곤행동그룹의 설립을 이끌어냈다.[7] 그 후 신청 비율은 높아졌지만 2010~2011년 영국 어린이세액공제 신청 비율의 중심적인 추정치는 신청자 수를 기준으로 83퍼센트였다. 이는 이 프로그램의 대상자들 가운데 상당히 많은 수(120만 가족)가 그 혜택을 받지 못한다는 것을 뜻한다.[8] 중앙과 지방정부 차원에서 그 혜택을 홍보하기 위해 많은 노력을 기울였음에도 불구하고 이러한 미신청 상황은 계속됐다.

이처럼 세제 혜택을 청구하지 않는다는, 좀처럼 사라지지 않는 문제는 소득과 연계해 혜택을 주는 체계에 의존하는 빈곤 퇴치 전략에 심각한 의문을 제기했다. 사람들이 이 제도를 잘못 이해하기 때문에 청구를 하지 못할 가능성도 있다. 사람들은 그전에 이를 신청했다가 거부당한 적이 있고 그래서 신청 자격 조건이 바뀌었거나 그들 자신의 상황이 달라져 혜택을 받을 자격이 생겼는데도 스스로 그 대상자가 아니라고 믿을 수도 있다. 그러나 혜택을 받아가지 못하는 문제는 소득 연계 방식의 본질적인 결점들 때문에 생기는 것이다. 첫째, 소득 연계 방식 자체의 복잡성은 혜택 신청에 대한 장벽을 만들어낸다. 복지제도를 이용해본 이는 누구나 복잡한 서식을 채우는 것이 어려운 일임을 안다. 특히 (컴퓨터 사용을 포함한) 문자 해독 능력이 떨어지는 이들에게 그렇다. 2013년 영국의 자녀세액공제를 받기 위해 갖춰야 할 서류는 10쪽이나 되고 그에 따르는 유의사항이 18쪽에 이른다. 이 혜택을 입으려면 신청자의 고용인에 관한 정보와 보육 서비스 제공자의 등록 정보가 필요하다. 적합한 정보를 모으고 서류를 작성하는 데에는 시간이 걸리며 시간은 희소한 자원이다. 어떤 가족이 스스로를 '시간 빈곤층'이라고 여기는 상황에서는 그 혜택을 신청하지 않는 게 합리적인 반응이다.[9] 두 번째 본질적인 이유는 보편적인 혜택과 달리 소득 조사를 바탕으로 한 혜택을 받는 것에는 낙인효과가 있다는 점이다. 이는 영국에서 오랫동안 걱정거리였다. 1824년에 영국 의회의 노동자 임금에 관한 특별위원회가 임금 외에 추가적인 혜택을 받으려고 신청한 적이 있느냐고 물었을 때 농업 분야에서 일하는 토머스 스마트는 이렇게 답했다. "아니오, 그런 적 없습니다. 나는 언제나 그런 것을 받지 않고 지내려 합니다."[10] 지금 우리는 매우 다른 시대에 살고 있지만, 효과적인 소득 보조를 위한 이전 제도의 역량은 잠재적인 수혜자들이 그러한 지원을 어떻게 보느냐에 달려 있다는 것이 여전히 사실이다. 이때 그런 혜택을 받는 이들에게 언론에서 붙여놓은 좋지 않은 평판과 정치인들의 부정적인 논평은 문제를 더 악화시킨다. 만일 그 혜택을 받는 것이 실패를 나타내는 불운한 신호로 비친다면, 만일 그 혜택이 인간의 존엄성에 대한 21세기의 관념과 맞지 않는 방식으로 주어진다면, 이 체계는 목적에 적합하지 않은 것이다. 이처럼 불완전한 급여 수령은 광산의 (병든) 카나리아와 같은 것으로 볼 수 있다. 이는 사회적 보호를 위한 계획이 심각한 결함을 지니고 있다는 경고다.

지 금 까 지 의 결 론

지금 내가 말하고 있는 것과 말하지 않고 있는 것을 분명히 해야겠다. 나는 소득 조사를 바탕으로 한 모든 이전이 반드시 제대로 효과를 내지 못한다고 말하는 것이 아니다. 이러한 제도들은 많은 나라에서 빈곤에 빠질 위험과 빈곤이 확산되는 범위를 줄이는 데 중요한 역할을 한다. 영국에서 1997~2010년 노동당 정부 시절에 가족 소득 조사를 바탕으로 한 세액공제가 확대되지 않았다면 아동빈곤은 덜 줄어들고 불평등이 더 높아졌을 것이라는 데에는 거의 의심할 나위가 없다. 소득 조사 기반의 이전 제도들은 아무것도 없는 것보다 낫다. 그러나 나는 소득 조사를 바탕으로 하는 접근 방식에는 결함이 있으며, 때문에 장기적으로 지속될 해법으로서 새로운 형태의 사회보험이나 기본소득이라는 대안적인 길들을 검토해야 한다고 본다. 전후 영국 복지국가의 설계자인 윌리엄 베버리지가 사회보험을 그의 계획의 주춧돌로 생각한 것도 이 때문이다. 베버리지는 "자격 조건에 대한 어떤 종류의 조사도 대중이 강력히 반대할 것"이라는 점을 강조하면서 그 혜택이 어떤 조사도 없이 "하나의 권리로서" 제공돼야 한다고 보았다.[11] 그러나 사회보험을 이야기하기 전에 먼저 기본소득이라는 대안을 생각해보자.

자녀수당과 아동빈곤의 과제

—

기본소득은 실제로 여러 나라에 있다. 가족이 노동시장에서 어떤 지위를 차지하는지 또는 어떤 자원을 보유하고 있는지를 따지지 않고 모든 자녀에게 수당을 지급한다는 점에서 이는 자녀를 위한 하나의 기본소 득이다. 내가 보기에는 불평등을 줄이려는 모든 계획에서 자녀수당은 핵심적인 것이다. 이런 주장을 한다고 해서 내가 서비스보다 현금 이전 이 더 우월한 방식이라고 말하는 것은 아니다. 나는 자녀수당이 사회 기반 구조에 대한 투자와 어린이들을 돕는 서비스를 보완하는 것이며, 현금 이전과 현물로 주는 혜택은 함께 개선해야 한다고 믿는다. 시카고 대학의 노벨경제학상 수상자인 제임스 헤크먼은 "우리가 오늘 불리한 위치에 있는 어린이들에게 투자하는 것은 사회적 이동성을 높이고, 기 회를 창출하며, 활기차고 건강하며 포용적인 사회를 촉진한다"고 주장 했다.[12] 그가 수준 높은 어린이 지원 프로그램에 대한 조기 투자로 얻 을 수 있는 수익률을 강조한 것은 옳았다. 동시에 우리는 어린이와 그 가족의 현재 상황을 고려해야 한다. 그들이 현금을 손에 쥘 수 있게 해줄 필요 가 있다.

자녀수당을 위한 제안은 보편적인 어린이 지원 프로그램이 없는 미 국 같은 나라에서는 어려운 과제다. 티머시 스미딩과 제인 왈드포겔이 주장했듯이, 미국과 영국의 아동빈곤 추세를 비교해보면 이러한 과제 의 중요성이 뚜렷이 드러난다. 도표 8.2는 일정한 구매력의 빈곤 기준 선에 따라 아동빈곤율을 측정할 때 그 격차가 얼마나 벌어지는지의 추 세를 보여주는 그래프를 갱신한 것이다. 미국의 경우 그 기준선은 공식 적인 빈곤선이다. 이는 1998~1999년의 경우 중위소득의 약 30퍼센트 로, 영국의 사례를 연구할 때 채택한 50퍼센트보다 분명히 낮은 수준 이다.[13] 이는 시간에 따라 변하는데 우리는 여기에 초점을 맞춰야 한다. 1990년대에 아동빈곤율이 급속히 하락한 영국과 달리 미국에서는 그 수치가 그다지 떨어지지 않았다. 미국에서 (클린턴 대통령 시절과 같이) 아동빈곤율이 하락한 기간도 있지만 전체적인 그림은 실망스럽다. 미국의 2013년 아동빈곤율은 1969년보다 3분의 1이 높다. 근로소득세액공제와 같은 기존 정책들은 성공하지 못했으며 새로운 조치들이 필요하다.

많은 나라가 아동빈곤을 해결해야 하는 과제를 안고 있다. 도표 8.3은 현재 중위소득의 60퍼센트를 기준으로 한 더 일반적인 상대적 빈곤율을 적용한 것이다.(도표 8.2에서보다 영국과 미국의 수치가 높은 것은 빈곤율의 정의가 다르기 때문이다.) 도표에 나오는 나라들 중 절반은 2010년 아동빈곤율이 20퍼센트 이상이었다. 나는 우리가 이런 문제를 해결하려면 자녀가 있는 가족들에게 주는 현금 지원을 크게 늘려야 한다고 본다. 그 일은 어떠한 형태로 해야 하는가? 아동빈곤 문제에

도표 8.2 1969~2014년 미국과 영국의 아동과 청소년 빈곤율

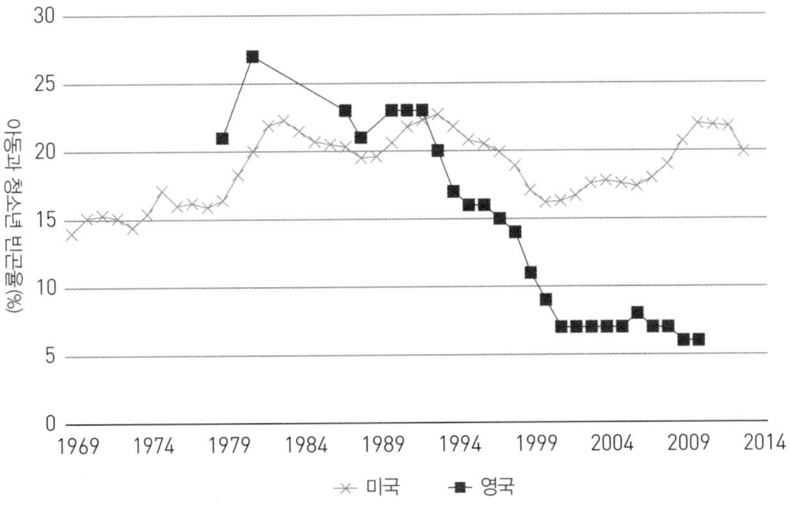

이 그래프는 가난 속에 사는 (18세 이하) 청소년과 어린이의 비율을 보여준다. 미국에서 빈곤의 기준은 공식적인 빈곤선에 따랐다. 영국에서 빈곤은 소득 수준이 1998~1999년 불변가격 기준으로 중위소득의 50퍼센트 이하인 경우로 정의한다.

도표 8.3 2010년 전후 주요국의 아동과 청소년 빈곤율

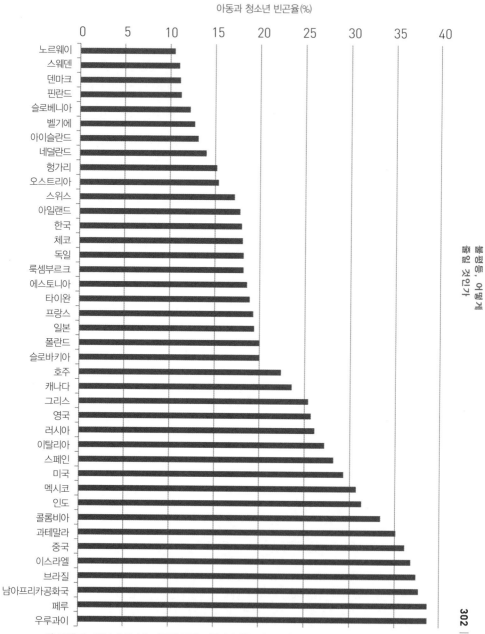

아동과 청소년 빈곤율(%)

이 그래프는 가난 속에 사는 (18세 이하) 어린이와 청소년의 비율을 보여준다. 빈곤은 각국의 균등화 가처분소득에서 중위소득의 60퍼센트 이하인 경우로 정의한다.

부딪혔을 때 자연스러운 반응은 저소득 가정에 대한 혜택을 주자는 것이다. 그러나 우리는 조금 전에 소득 조사를 바탕으로 한 접근 방식의 근간을 흔드는 결점들을 살펴봤으며, 나는 이러한 고려에 더해 뒤에서 설명할 세대 간 평등과 남녀평등에 관련된 것들도 염두에 둬야 한다고 본다. 이러한 이유들로 나는 자녀수당이 가족의 소득과 상관없이 모든 어린이에게 지급돼야 한다고 본다. 영국의 경우 현재 고소득 가족들은 자녀수당을 받지 못하도록 함에 따라 약 70만 명의 어린이가 수당을 못 받는데 이런 규정은 없애야 한다.[14] 동시에 나는 자녀수당을 과세 대상에 포함함으로써 소득 증가에 따라 그 혜택이 점점 줄어들 수 있도록 하는 방안을 분명히 지지한다. 고소득 가족들도 그 혜택을 받아야 하지만 이는 소득세의 과세 대상이 돼야 한다. 남편과 아내가 소득을 합산하지 않고 별도로 세금을 내는 경우 자녀수당은 그 돈을 받는 쪽에 물려야 한다.(이는 보통 어머니 쪽에 지급된다.) 상당한 금액이지만 과세 대상에 포함되는 자녀수당은 앞 장에서 제안한 누진적인 세율과 더불어 모두가 자기 가족에 대한 책임을 져야 한다는 점을 인정하면서도 자녀 한 사람당 혜택은 저소득 계층에 더 많이 돌아가도록 보장하는 효과적인 방법이다. 소득세율이 25퍼센트에서 65퍼센트로 단계적으로 오른다면 부유한 가족들이 받는 자녀수당의 순금액은 가장 낮은 한계세율을 적용받는 가족들이 받는 금액의 절반에 못 미친다.

자녀수당이 필요한 까닭

보편적인 (그러나 과세 대상인) 자녀수당은 많은 나라에서 소득 조사를 바탕으로 한 가족수당을 선호하는 경제학자들의 충고에 어긋나는 것으로 보인다. 영국에서 재정연구소는 소득 조사를 바탕으로 저소득 가족들을 겨냥한 통합가족수당 제도를 도입하자고 제안했다. 그들의 연구는 제임스 멀리스 경이 의장을 맡은 조세 체계 평가위원회를 위해 수행한 것으로, 소득 과세와 소득 유지 제도의 최적 설계에 관한 그의 영향력 있는 논문에 의존했다.[15] 세제 혜택을 소득과 연계시키는 제도는 한계소득세율을 높이는 것과 마찬가지다. 어떤 사람이 1파운드를 추가로 벌 때 그 혜택이 최종적으로 없어질 때까지 가족수당의 일부를 잃게 되기 때문이다. 이런 식으로 비용은 제한되며 부유층에게 상당히 더 무거운 세금을 물릴 필요 없이 근로 빈곤층을 도울 수 있다. 소득 연계 전략과 내가 제안한 자녀수당 전략 사이의 차이는 어느 지점에서 한계세율이 가장 높은가 하는 면에서 나타날 수 있다. 소득 연계 전략에서 한계세율은 소득 수준이 낮은 이들에게서 가장 높다. 여기서 제시한 그 대안적인 전략에서는 한계세율이 중간 또는 그 이상의 소득을 가진 이들에게서 높아진다.(더 높은 한계세율이 더 높은 평균세율을 의미하지는 않으며, 한계세율이 높아져도 중간 소득 계층의 많은 사람이 더 잘살게 된다는 점을 기억하는 것이 중요하다.) 최적 조세 체계를 위한 멀리스 공식에 따르면 한계세율은 상대적으로 사람 수가 적은 계층 또는 한계세율의 수준에 비교적 둔감한 사람들이 속해 있는 계층에서 높아야 한다. 그렇다면 그 때문에 어느 한 전략이 다른 전략보다 선호되는지는—소득 분배 상태나 반응의 차이와 같은—경험적인 문제에 달려 있다. 하지만 어떤 사람이 소득 분포의 위쪽으로 옮겨감에 따라, 그래서 여기서 제안한 것처럼 소득 수준과 함께 한계세율이 높아짐에 따라 노동의 공급은 줄어드는 반응이 나타난다.[16]

더욱이 이 두 체계 사이에 두 번째 핵심적인 차이가 있다. 자녀수당 전략은 소득 수준이 다른 모든 가족에게 계속해서 이전 지급을 한다는 점이다. 이는 우리가 단지 부자와 가난한 사람들 사이뿐만 아니라 자녀를 가진 이들과 그렇지 않은 이들 사이에서도 공평성의 문제를 고려해야 함을 의미한다. 즉 사회에서 자녀가 있는 가족과 없는 가족을 어떻게 평가하는지 검토해야 하는데 이는 표준적인 경제학 분석에서는 논의되지 않는 문제다. 다른 조건들이 같다면 우리는 자녀가 없는 사람보다 자녀를 둔 사람이 받는 1파운드에 더 높은 가치를 매겨야 하는가? 어떤 이들은 오늘날 자녀를 갖는 것은 하나의 '생활 방식을 선택'하는 문제이며 부모들이 다른 선택을 한다고 해서 달리 대우해서는 안 된다고 주장하면서 "아니오"라고 답할 것이다. 이런 판단을 하는 사람들이 볼 때 높은 소득을 얻는 이들에게 주는 자녀수당이 점점 줄어드는 것은 실제로 평균적으로 더 잘사는 사람들의 소득을 줄이는 것이므로 분배적인 측면에서 더 선호되는 정책이다. 그러나 이러한 '생활 방식의 선택'이라는 관점은 어린이의 복지에는 가중치를 두지 않는다.[17] 많은 이가 이러한 견해는 받아들일 수 없는 것이라고 여긴다. 확실히 우리의 사회적 판단에서 어린이들은 그 자체로 중요하게 고려돼야 한다. 한 자녀를 둔 한 사람은 두 사람으로 쳐야 한다. 생활 방식 선택의 관점은 제1장에서 논의한 바와 같이, 분배에 대한 분석에서 가족 구성의 차이에 따라 가계소득을 조정하는 광범위하게 채택되는 관행과 상반되는 견해다. 어린이들은 미래 사회의 중요한 구성원일 뿐만 아니라 오늘 여기에 존재하는 이들이며 따라서 오늘 중요하게 고려돼야 한다. 이러한 논리는 세대 간 평등에 대한 요구로 인해 더욱 강화된다. 이런 것들을 함께 고려하면 모든 소득계층에 있는 가족들에게 이전 지급이 이뤄져야 한다는 결론에 이르게 된다.

"어린이도 한 사람으로 쳐야 한다"는 관점은 분명히 공개적인 토론에 등장한다. 부모들이 자녀를 하나만 갖는 까닭을 분석한 어느 신문 기사에서 현행 자녀수당을 받기에는 소득 수준이 지나치게 높은 잉글랜드의 한 엄마가 이렇게 말했다. "우리는 정부로부터 벌칙을 받고 있다는 느낌이 듭니다. 우리는 그 어떤 도움도 받지 않고 있어요. 자녀수당도 못 받고, 근로자 세액공제도 못 받고, 아무것도 못 받아요."[18] 그녀는 이 말을 하면서 자녀수당이 성차별이라는 면에서도 중요하다는 점을 지적했는지도 모른다. 사회적 이전의 한 가지 목적은 많은 여성이 노동시장에서 맞닥뜨리는 불리한 점을 상쇄시키는 것이다. 영국에서 자녀수당이 처음 도입됐을 때 이는 수당을 엄마에게 먼저 지급하도록 함으로써 여성들을 도우려는 의도를 지닌 정책이었다. 자녀수당은 부부의 합산소득에 바탕을 둔 소득 연계 수당으로는 만들어낼 수 없는 방식으로 엄마들에게 독립적인 소득원을 보장해주는 것이다.

이 모든 이유로 나는 불평등을 줄이기 위해 어떤 전략을 쓰든 간에 모든 어린이에게 지급되고, 과세 대상이 되며, 아동빈곤을 줄이는 데 상당한 기여를 할 만큼 충분한 금액으로 지급되는 자녀수당이 핵심적인 역할을 해야 한다고 믿는다.

제안 12 모든 어린이에게 상당한 금액의 자녀수당을 지급해야 하며 이를 소득으로 보아 세금을 물려야 한다.

기본소득

—

그러면 어른들은 어떻게 해야 할까? 어른들 또한 기본소득basic income, 또는 오늘날 더 일반적인 표현을 쓰자면 시민소득citizen's income을 얻을 수 있다. 흔히 논의되는 (그러나 여기서 지지하지는 않는) 형태의 시민소득은 개인별로 지급되며 연령이나 장애 또는 건강 상태에 따라 차별을 둘 수 있다. 이는 노동시장에서의 지위와는 관련이 없으며 사회보장 기여금을 내야 한다는 조건이 붙지 않는다.(이 조건은 없어질 것이다.) 이는 소득과 연계되지 않지만 모든 소득은 개인 소득세 체계에 따라 세금을 물게 되며 개인적인 세금 공제는 폐지될 것이다. 순수한 형태의 시민소득은 기존의 모든 사회적 이전을 대체하며, 어떤 사회보험이나 소득 연계 급여들도 없어질 것이다.(물론 과도기적인 조정도 필요한데, 예를 들어 이미 벌어놓은 연금 수급권은 존중될 것이다.)

이런 구상은 지금까지 정치적 지지를 얻었다. 1972년 미국 대통령 선거운동에서 조지 맥거번은 광범위한 기반의 소득세를 재원으로 한 해 1000달러를 지급하는 일반급부(기본소득)를 제안했다. 그는 선거 유세 도중 그 발표를 한 다음 경제 자문관에게 돌아와 세율을 어느 수준으로 해야 하는지 물었다고 한다. 그 자문관은 (앞서 이야기한) 제임스 토빈이었는데 그는 만일 정부가 다른 일들을 하는 데 필요한 재정을 조달하기 위해 x퍼센트의 세금을 매겨야 할 때 평균 소득의 y퍼센트에 맞먹는 일반급부를 지급하려면 세율은 $(x+y)$퍼센트가 돼야 한다고 대답했다고 전해진다.[19] 나는 본문에 수식을 쓰지 않겠다고 약속했지만 이처럼 $(x+y)$로 표현한 식은 기본소득을 설계할 때 마주치는 상충관계를 잘 포착한다. 이는 정부의 다른 목적에 필요한 돈을 대기 위해 20퍼센트의 세금이 필요할 때 33.3퍼센트의 단일 세율로 세금을 걷으면 평균 소득의 13.3퍼센트에 해당되는 기본소득의 재원을 마련할 수 있다는 것을 의미한다. 이는 기존의 사회적 이전을 대체하는 데 적절한 수준이 되기 어려워 보인다. 심지어 50퍼센트의 단일 세율로도 평균 소득의 30퍼센트 수준의 기본소득을 지급하는 데 필요한 돈을 마련할 수 있을 뿐이다.

기본소득과 세율 사이에는 극명한 상충관계가 있기 때문에 단순한 기본소득의 변형에 대한 연구가 이뤄졌다. 나는 위에서 개략적으로 설명한 시민소득과는 두 가지 면에서 다른 형태를 제안하려고 한다. 첫째, 이것은 사회적 이전들을 대체하는 게 아니라 보완할 것이다. 국가연금을 받는 은퇴자는 연금이나 시민소득 중 어느 쪽이든 더 많은 금액을 받게 될 것이다. 소득과 연계된 연금 공제를 함께 받는 연금생활자는 연금 공제가 제로로 줄어들 만큼 시민소득이 충분히 많지 않으면 순이득을 보지 못할 것이다. 연금생활자 부부의 경우 받아가는 총시민소득을 고려해 공제액이 계산될 것이다. 모든 성인에게 같은 수준의 기본소득이 지급되겠지만 장애 또는 다른 특별한 상황들에 대해 추가로 지급하는 내용을 담을 수도 있다. 참여소득은 근로소득공제(아홉 번째 제안에 따라 도입될 경우)을 제외한 모든 개인 소득 공제를 대체할 터이므로 모든 소득이 소득세 과세 대상이 될 것이다.

둘째, 이 제안은 시민권이 아니라 '참여'를 바탕으로 급여 혜택을 주자는 것이며, 그런 까닭에 이는 '참여소득Participation Income, PI'이라 부른다. '참여'는 넓은 의미에서 사회적 기여를 하는 것으로 정의된다. 생산 연령대에 있는 이들이 전일제 또는 시간제로 고용돼 임금을 받으면서 일하거나 자영업을 함으로써, 혹은 교육, 훈련, 적극적인 구직활동을 함으로써, 집에서 유아기 어린이 또는 노약자들을 돌봄으로써, 그게 아니면 인정된 단체에서 정기적인 자원봉사를 함으로써 이러한 기여를 할 수 있다. 질병이나 장애 때문에 참여할 수 없는 이들을 위해서는 유보 조항을 둘 수 있다. 기여의 개념은 사람들이 종사하는 활동의 범위를 고려해 확장할 수 있을 것이다. 참여를 정의할 때에는 제5장에서 설명한 21세기 노동시장의 특성들을 반영해 사람들이 예컨대 주당 35시간에 걸쳐 여러 가지 활동의 포트폴리오를 수행하는 것을 인정하며, 이 기간 중 일부에 대해서만 기여를 인정해줄 수도 있다.

이 같은 참여를 조건으로 하는 것은 논란거리다. 비판적인 이들은 '조건 없는' 혜택이 '조건이 붙은' 혜택으로 대체되고 있으며, 이것이 그 접근 방식의 핵심적인 원칙 하나를 훼손한다고 말한다. 이에 대해서 나는 기본소득이 흔히 '조건 없는' 것으로 묘사되지만 사실 자격 조건은 있어야 한다고 대답한다. 해외에서 온 관광객은 기본소득을 청구할 수 없다. 영국 시민소득 트러스트UK Citizen's Income Trust의 웹사이트에서 밝히고 있듯이 그들이 제안하는 것은 "조건이 없고 철회할 수도 없는 소득을 **시민 권리의 하나로서** 모든 개인에게 지급하는" 것이다.[20] 그러므로 우리는 시민권과 참여라는 두 조건을 비교해야 한다. 신중한 검토 후에 나는 참여 쪽을 지지하기로 결정했다. 내가 보기에 시민권 자체는 기본소득을 지급하는 기준으로서 활용하기에는 지나치게 광범위한 동시에 구속적이다. 시민권은 그들이 어디에 있느냐와 상관없이 모든 시민을 포함한다는 점에서 지나치게 광범위하다. 영국 정부가 그 규모를 (따라서 예산상의 비용을) 쉽게 추산할 수 없는 재외 영국인들에 대한 소득 이전 재원을 마련할 것으로 기대할 수는 없다. 시민소득을 그 계획의 재원을 조달하는 데 필요한 세금을 내지 않는 이들에게 지급하는 것이 정치적으로 받아들여질 수 있을 것 같지도 않다. 유럽의 상황에서는 유럽연합의 다른 회원국 시민들이 어떤 나라에 일을 하러 왔을 때 이 나라가 그들을 배제할 수 없다는 점에서 지나치게 구속적이다. 유럽연합 기능에 관한 조약 제45조에 따르면 이런 사람들은 "고용에 대한 접근성, 근로 조건, 그리고 다른 모든 사회적, 조세적 이점과 관련해 내국인과 동등한 대우"를 누려야 한다. 영국 정부는 이 가운데 마지막 구절을 재해석하려고 할 수 있지만, 오로지 시민들에게만 근로 연령대의 혜택을 주는 것은 배제하는 듯이 보인다.

트릴레마를 해결할 행정

—

비판자들이 참여소득 제도를 운영하는 데에는 행정 절차가 필요하며 특히 국경을 넘는 사람들에 관해 꼼꼼한 세부 기준이 있어야 한다고 말한 것은 옳다. 유르겐 드 위스펠레르와 린지 스터튼은 「공공행정 측면에서 본 참여소득에 대한 반대 논리」라는 논문에서 참여소득 관련 행정은 트릴레마에 직면한다며 다음과 같이 주장한다. "트릴레마의 첫 번째 뿔은 참여소득이 실제로 포용적이어야 한다는 조건을 나타내며 (…) [두 번째 뿔]은 혜택을 받는 사람들이 진정한 참여를 하는 조건을 충족해야 한다는 것이며 (…) 세 번째 뿔은 관리 가능성과 관련된 경제적, 인적 비용으로 이뤄진다. 트릴레마는 참여소득이 이 세 가지 뿔 가운데 두 가지만 피할 수 있기 때문에 생긴다."[21] 이 제도가 얼마나 광범위하게 침투하느냐, 다양한 문화를 가진 사회에서 각종 활동을 어떻게 해석하느냐 그리고 수혜자와 행정 관료의 관계에서 어느 쪽에 힘이 있느냐를 분간하는 결정은 중요한 입증 책임 문제를 제기한다. 그러나 나는 처음 두 가지 뿔을 피한다면 세 번째 뿔의 피해는 생각만큼 크지 않을 것으로 믿는다. 먼저 어떤 자격 조건을 따지는 것은 이미 수급 관리 체계의 일부로 들어간다는 점을 이야기해야겠다. 예를 들어 영국에서는 구직자수당Job-Seeker's Allowance, JSA 신청자가 일하는 데 쓸 수 있는 시간을 제한할 수 있느냐 없느냐를 판단하는 성실성 책임, 그리고 어떤 사람이 일자리 제안 수락을 보류할 수 있느냐를 결정하는 자원봉사 참여 같은 것들이다. 지금과 같은 소득 조사 기반 지원과 비교할 때 참여소득은 이러한 것들을 분간하는 결정을 필요로 하지만 행정 관리를 훨씬 복잡하게 할 소득과 자산 평가는 여기에 포함되지 않는다. 이처럼 분간하는 결정들만 하면 되는 참여소득은 확실히 소득 조사를 바탕으로 하는 현재의 프로그램들보다 단순하며, 이로써 현재의 프로그램들에 대한 의존도를 줄일 수 있다면 행정 관리에 필요한 자원을 참여소득 프로그램으로 돌릴 수 있다. 더 중요한 것을 이야기하려면 제4장의 주제로 돌아가야 한다. 국가는 더 나은 사회적 자원 관리에 투자해야 하며, 여기에는 더 많은 노동 투입이 필요하다는 것을 인정하고 단순한 비용 효율성보다는 서비스의 질이 중요하다는 점을 강조해야 한다. 참여소득은 수입 조사를 바탕으로 한 급여를 받는 이들의 수를 크게 줄일 것이라는 점에 유의할 필요가 있다. 물론 사회보험에 대해서도 이와 비슷한 주장을 펼 수 있다. 독자들은 내가 새로운 형태의 사회보험에 대한 대안으로서 참여소득을 제안하고 있다는 점을 상기해주기 바란다.

트릴레마의 첫 번째 뿔은 완전히 피할 수 없다. 보편적 소득은 내가 주장한 바와 같이 하나의 키메라 같은 것이다. 모든 실제적인 급여 체계에는 자격 조건이 필요하며 그에 따라 어떤 이들은 배제될 위험이 있다. 그렇다면 누가 참여소득에서 배제될 것인가? 그 기준에 따르면 순수한 여가활동에 온전히 삶을 바치는 이들이 배제될 것이다. 벨기에 철학자 필리프 판 파레이스는 「왜 서핑하는 이들을 먹여 살려야 하는가: 조건 없는 기본소득을 위한 자유주의적 논리」라는 제목의 유명한 논문을 썼다. 나는 참여소득을 지지하면서 그 반대 입장을 취한다. 나는 "말리부 해안에서 하루 종일 서핑하는 이들은 그들 스스로를 부양하는 길을 찾아야 하며 이들에게 공공의 재원으로 지원받을 자격이 주어지지는 않을 것이다"라고 말한 존 롤스에게 동의한다.[22] 현실에서는 비교적 소수만이 배제될 것이다.(제11장의 비용 계산 때도 서핑하는 이들을 구분하지 않는다.) 내가 보기에 참여 조건은 긍정적으로 해석돼야 한다. 이는 누가 기본소득을 받을 자격이 있느냐 하는 물음에 대한 답이다. 그 답은 '호혜성'에 관한 긍정적인 메시지를 전달한다. 본질적으로 정당화되고 정치적 지지를 얻을 가능성이 큰 메시지다.

유럽연합이 주도권을 쥘 수 있다

—

지금까지는 참여소득을 개별 국가 차원에서 논의했지만, 나는 이것이 또한 유럽연합의 의제가 돼야 한다고 믿는다. 유럽연합의 의제로 참여소득에 대한 논의를 시작하는 것은 정치적으로 대담한 행동이 될 것이다. 나의 이러한 제안은 유럽연합이 수십 년 동안 사회보장제도의 조화에 있어 진전을 이루는 데 실패한 사실에 정면으로 맞서는 것이다. 그러나 참여소득에는 다른 제도와 구별되는 뚜렷한 특징이 있다. 바로 새로운 형태의 사회보장을 제공한다는 점이다. 이는 지금 존재하는 어느 한 국가 모델을 도입하는 것이 아니다. 유럽연합이 새로운 기원을 여는 것이다.

유럽연합이 취할 수 있는 첫 단계 조치는 어린이들을 위한 기본소득 제도를 확립하는 것이다. 유럽연합이 규정한 자녀수당은 각국에서 어린이를 위해 기존에 지원하던 금액을 유럽연합이 정한 수준에 이를 수 있도록 필요한 금액을 더하도록 할 것이다.(기존 제도에 따라 이미 유럽연합이 정한 금액보다 더 많은 지원을 하는 나라에서는 더 이상 조치를 취할 필요가 없다.) 어린이를 위한 지원의 수준은 모든 이전 지급을 받은 후, 그러나 소득세를 내기 전의 소득을 기준으로 계산될 것이다.(이는 영국에서 65퍼센트 세율을 적용받는 소득 구간의 가족들에게 세금 납부 후 순소득을 늘려주기 위해 자녀수당을 늘려줄 필요가 없다는 것을 뜻한다!) 제도는 보충성의 조항(용어풀이 참조―옮긴이)에 따라 각 회원국이 관리하고 재원을 마련하는 식으로 이행될 것이다. 이러한 (세부 사항들이 다듬어진) 프로그램은 유럽연합이 미래에 투자하고 세대 간 평등에 기여할 수 있도록 해줄 것이다. 더욱이 엄마에게 우선적으로 어린이 기본소득이 지급되는 곳에서는 이 제도가 지금의 양성 간 불평등을 바로잡는 데에도 도움이 될 수 있다. 유럽연합 차원의 어린이 기본소득은 어느 수준에서 정해져야 하는가? 자연스러운 기준은 유럽연합이 빈곤에 빠질 위험이 있는지를 판단하는 문턱으로 삼는 중위소득의 60퍼센트다. OECD의 수정된 가구 균등화 계산식에서 어린이에게 0.3의 가중치를 매긴다는 점을 고려하면 이는 어린이 한 명당 각 회원국의 균등화 중위소득의 18퍼센트가 목표가 돼야 함을 의미한다. 영국에서 첫째 아이에 대한 자녀수당은 현재 중위소득의 약 7퍼센트이며 그보다 늦게 태어난 아이들의 경우 그 비율이 5퍼센트에도 미치지 못한다. 그러므로 유럽연합의 목표에 맞추려면 위에서 제안한 방안처럼 수당을 큰 폭으로 늘려야 할 것이다.

오라시오 레비, 크리스틴 루에츠와 홀리 서덜랜드는 (제11장에서 더 상세히 설명하듯이) 유럽연합 15개국을 대상으로 한 가구조사 자료를 이용한 유로모드EUROMOD 세제 혜택 시뮬레이션 모형을 써서 유럽연합 차원의 어린이 기본소득이 어떤 영향을 미치는지, 그 제도가 유럽의 아동빈곤을 줄이는 데 얼마나 기여하는지를 조사했다. 그들은 모든 나라에서 똑같은 단일 세율로 소득세를 걷어 마련한 재원으로 유럽연합 차원의 최저 자녀수당을 지급할 때 각국의 중위소득에 대비한 수당이 서로 얼마나 다른 수준이 될지를 검토했다. 전체 인구 중 어린이 수가 얼마나 되는지, 기존 어린이 지원 제도가 얼마나 후한지는 나라마다 다르기 때문에 이 같은 방식은 국가 간 재분배로 이어진다. 이 책에서 제안하는 방식은 이러한 재분배를 상정하지 않으며, 엄격히 보충성의 원칙에 따라 운용될 것이다.[23] 그들의 연구 중 첫 번째로 흥미로운 결론은 필요한 수준의 세율에 관한 것으로, 이는—서로 다른 가정에도 불구하고—여기서 제안한 정책의 실현 가능성에 대한 실마리를 준다. 각국 중위소득의 10퍼센트 수준에 상당하는 자녀수당을 지급하려면 필요한 단일세율은 0.52퍼센트가 될 것이며, 중위소득의 20퍼센트로 정한 수당을 주려면 그 세율은 2.35퍼센트로 오를 것이다. 이러한 조치는 아동빈곤을 뚜렷이 줄일 수 있을까? 레비, 루에츠와 서덜랜드의 계산에 따르면 중위소득의 10퍼센트에 해당되는 자녀수당은 유럽연합 15개국의 아동빈곤율을 19.2퍼센트에서 17.8퍼센트로 낮추고, 20퍼센트의 수당은 13.5퍼센트로 더욱 감소시킬 것이다. 5퍼센트포인트 이상의 빈곤율 감소는 분명히 두드러진 것이다. 벨기에, 덴마크, 독일과 영국을 빼고는 모든 나라에서 빈곤율이 4퍼센트포인트 넘게 낮아진다. 이러한 연구 결과를 보면, 실제로 아동빈곤을 줄이려면 상당한 지출이 필요하지만 이는 이룰 수 있는 목표라고 추론할 수 있다. 그 재원을 마련하는 방법에 대해서는 더 많은 검토를 해야 한다. 연구 결과 그들이 제시한 것처럼 단일 세율을 적용하면 결과적으로 어떤 가족들은 빈곤에 **빠질** 수 있는 것으로 나타났기 때문이다. 이는 더욱 누진적인 구조의 재원을 추구해야 함을 일러주는 것이다.

제안 13 기존의 사회적 보호 제도를 보완하고 유럽연합 전역으로 확대된 어린이 기본소득과 더불어 나라별로 참여소득을 도입해야 한다.

사회보험의 역할 되찾기와 21세기에의 적응

—

사회적 부조가 다른 것으로 대체된다면 기본소득에 대한 주된 대안은 새로워지고 다시 활성화된 사회보험 체계다. 이는 두 가지 핵심적인 요소를 지니고 있다. (a) 사회보험 프로그램들의 예전 역할을 되찾는 것과 (b) 그것들을 21세기 노동시장에 적응시키는 것이다. 영국의 사회보장제도 개혁에 관해 1969년의 내 첫 번째 책에서 제안한 계획들을 나는 "베버리지의 정신으로 돌아가기"라고 했는데, 이는 사회적 보호의 주요 결정 요인으로서 소득 조사를 물리치고 보험의 원리로 되돌아가는 것을 나타내므로 같은 표현이 오늘날에도 적합할 수 있다. 이는 또한 자녀가 있는 가족들에게 도움을 주려는 목표를 베버리지 계획의 핵심적 요소인 자녀수당의 형태로 구체화한 것이다. 그러나 베버리지 자신은 시간이 지나면서 더 앞으로 나아갔을 것이다. 우리는 오늘날 변화하고 있는 새로운 형태의 고용을 고려해야 한다. 새로운 고용 형태는 소득 보장과 노동시장 사이의 관계를 재검토하게 한다.

사회보험 개혁의 필요성은 각국의 제도적인 틀과 특수한 상황에 따라 나라마다 다르다. 그럼에도 불구하고 이는 일반론의 수준에 머무른 채로는 불충분하며, 구체적인 방안들이 따라야 한다. 그래서 나는 하나의 사례 연구로 영국을 제시한다. 이 방식이 다른 나라의 독자들에게는 편협한 것으로 보일 수 있으며 영국의 특수한 복지국가로서의 역사를 반영한 것일 수도 있음을 알고 있다. 확실히 첫 번째 요소는 베버리지 계획으로 돌아가는 것이다. 새로운 국가연금제도가 이미 제정돼 2016년 4월부터 시행된다. 이는 모두에게 보장된 일정한 사회보험 연금을 주려는 것으로 지금의 국가 기초연금보다 상당히(약 25퍼센트) 높은 수준으로 책정됐다. 연금 수령액은 (국민연금 보험료 납부 조건들을 충족한 햇수인) 적격 연수에 달려 있는데, 35년이 지나면 상한액에 이르게 된다. 이 제도가 완전히 성숙하기 전의 과도기에는 국가연금을 받을 나이가 된 사람들을 위해 정부가 그날까지 발생한 모든 국가연금 수급권을 '합산한 금액'을 계산할 것이다. 새로운 연금 수급권은 이렇게 합산한 금액과 2016년 4월 이후 발생한 적격 연수의 함수가 될 것이다. 따라서 2016년 4월 이후 x년이 지나 연금 받을 나이가 된 사람은 이렇게 합산한 금액에 더해 새로운 국가연금의 $x/35$배를 곱한 금액을 받게 된다.

새로운 국가연금은 단순하다는 장점과 함께 시간이 지나면서 연금액을 높여줄 것이다. 그러나 그 구조가 확립되는 일은 더디게 진행될 것이며 1300만 명의 기존 연금 수급자의 처지에는 변화가 없을 것이다. 이런 관점에서 나는 국가연금을 '새로 정한 수준'까지 즉시 올릴 것을 제안하며, 25퍼센트를 올릴 때 이러한 증액은 '최저연금 보장'의 형식을 취할 것을 제안한다. 이미 은퇴한 이들에게 이는 새로 정한 수준의 연금 그리고 기존의 국가연금과 함께 지급되는 모든 직장연금을 합한 금액 사이의 차이를 메우는 것이다. 그래서 다른 연금 소득이 없는 이는 인상된 25퍼센트를 모두 받게 될 테지만 이전의 고용주에게서 20파운드의 연금을 받는 이는 20파운드를 뺀 금액을 받게 될 것이다. 은퇴하는 이들은 (그때나 그 이전에) 연금저축에 대해 누렸던 소득세 공제 혜택이 줄어드는 것을 고려하면서 국가연금과 직장연금을 합한 금액을 계산하게 된다. 내가 제안한 최저연금 보장은 이렇듯 소득 조사가 아니라 '연금 조사' 방식의 적용을 받는다.[24] 최저연금 보장은 현재 연금 공제를 받을 자격이 있는데도 신청하지 않는 이들에게 특별히 도움을 줄 것이다. 이 공제는 수입 조사 방식을 통해 국가기초연금과 함께 계산하는 금액이다. 공식적인 추정치는 2009~2010년 이 공제를 받을 자격이 있는 이들 중 32퍼센트 내지 38퍼센트가 신청하지 않은 사실을 보여준다. 그러므로 이 제도는 자격을 갖춘 연금 수급자의 3분의 1, 즉 120만 명 내지 160만 명을 돕지 못하는 것이다.

급여 수준을 큰 폭으로 늘려야 할 강력한 근거가 있는 곳에서는 다른 국민보험 지급 수준을 높여도 같은 이득이 발생한다. 피터 켄웨이는 (지금의 구직자 수당인) 국가실업보험급여의 실질적인 가치가 일인당 실질 소비와 같은 속도로 (둘 다 75퍼센트가량) 오른 1948년부터 1978년까지의 30년과 일인당 소비의 실질가치가 두 배 이상으로 늘어났지만 실업급여의 실질가치는 대략 1978년 수준에 머문 1978년부터 2008년까지의 30년간을 대상으로 흥미로운 비교를 했다.[25] 이는 제2차 세계대전 후 유럽 국가들에서 발견할 수 있는 제2장에서 설명한 것과 같은 기간 구분을 되풀이하는 것이다. 전쟁 직후 몇십 년은 전반적인 불평등이 줄어들거나 안정적이라는 특징을 나타낸 반면 1980년 이후에는 반전이 이뤄져 불평등이 커진 것이다. 도표 8.4는 두 기간 사이의 극적인 차이를 다른 방식으로 보여준다. 이 그래프는 일인당 평균 가계 소비 지출 대비 실업급여의 변화를 나타낸다.[26] 전후 기간이 시작될 때 독신자의 국가실업보험급여는 평균 소비의 약 40퍼센트였으며 이러한 비율은 1980년대 초까지 유지됐다. 그 후 실업자들이 받는 보험급여는 소득 증가를 따라가지 못했고, 지금은 일인당 평균 소비 지출의 4분의 1에도 못 미친다. 이 변화를 달리 표현하자면, 1948년에는 실업 급여가 노령연금과 맞먹었고 그러한 등가는 1970년대까지 유지됐는데 그 후 실업급여가 뒤처져서 오늘날에는 국가기초연금의 64퍼센트에 그치고 있다. 이 모든 일이 거의 토론도 거치지 않은 채, 보수당과 노동당 정부 시기를 가리지 않고 거의 같은 정도로 일어났다. 켄웨이의 말을 빌리면 "노동당 정부의 전력으로 보면 노동당이 집권할 때 이 정책이 바뀔 것

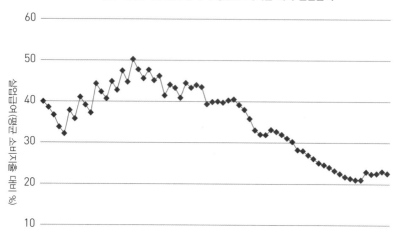

도표 8.4 1948~2013년 영국의 평균 소비지출 대비 실업급여

이 그래프는 1948년부터 2013년까지 영국에서 25세 이상 독신자의 표준적인 실업급여가 일인당 평균 가계 소비지출의 몇 퍼센트에 해당되는지를 보여준다.

이라는 기대를 불러왔을지도 모르지만 이 통계에서 과거의 영향이 이어지는 것은 곧 이 노동당 정부는 전 정부가 수립한 정책을 이어가는 데 지금껏 전적으로 만족하고 있었다는 증거다."[27] 이는 일을 하지 않고 실업 상태에 있는 가족들의 빈곤율이 70퍼센트에 가까웠던 기간이다. 실업 상태이든 질병이나 장애 때문이든, 일을 하지 못하는 모든 이에게 개선된 사회보험은 빈곤과 부당한 불평등을 막는 안정된 소득원을 약속해준다.

수 급 자 비 율

사회보험급여의 수준을 올리는 것은 이야기의 일부일 뿐이다. 우리는 또한 수급자의 비율을 살펴봐야 한다. 이는 특히 어떤 사회보험 체계에서도 핵심적인 부분인 실업보험에 적용되는 이야기다. 미국에서 실업에 대한 보상은 1930년대에 도입된 후 경기 침체에 대응하는 정책의 중요한 부분이 돼왔다. 실업급여를 지급하는 기간을 늘림으로써 경기 둔화에 대응하는 것이다. 최근에는 2008년에 긴급실업보상법과 뒤이은 법률이 각 주의 실업률에 따라 급여 지급 기간을 늘려주었지만 이 법은 2013년 말에 적용 기간이 끝났고 의회는 이를 연장하지 못했다. 이에 따라 미국에서 실업보험급여를 받는 이들의 비율이 떨어졌다. 2014년 8월에 이 비율은 26퍼센트로 최근 몇십 년 동안 가장 낮은 수준을 기록했다.[28] 도표 8.5는 더 일반적으로 OECD 각 회원국의 실업급여 수급자 비율을 보여준다. 수급자 비율은 국제노동기구ILO의 정의에 따라 실업자로 분류된 사람들 가운데 (실업보험뿐만 아니라 실업 보조를 포함한) 급여를 받는 이들의 비율로 정의된다. 독일과 룩셈부르크 같은 일부 국가에서는 수급자 비율이 높아졌지만 대부분의 나라에서는 그 비율이 1995년부터 2005년 사이에 떨어졌다. 아마도 더 중요한 점은 2005년에 OECD 스물네 나라 가운데 오스트리아, 벨기에, 덴마크, 핀란드와 독일을 빼고는 모든 곳에서 수급자 비율이 50퍼센트를 밑돌았다는 사실일 것이다. 스물네 나라 중 10개국에서는 수급자 비율이 3분의 1에도 못 미쳤다.

일자리를 잃은 많은 이가 실업급여를 받지 않는다는 사실은 많은 사람에게 있어 전체 복지 지출 중 실업자에게 쓰는 돈은 작은 부분일 뿐이라는 사실만큼 놀라운 것이다. 영국에서 2014~2015년 실업급여로 쓰인 돈은 전체 사회보장 지출과 세금 공제액의 4퍼센트에도 못 미쳤으며, 존 힐스가 밝혔듯이 이는 "대부분의 사람이 실업자들에게 돌아간다고 생각하는 돈의 10분의 1에 불과하다."[29] 영국에서 실업보험 수급

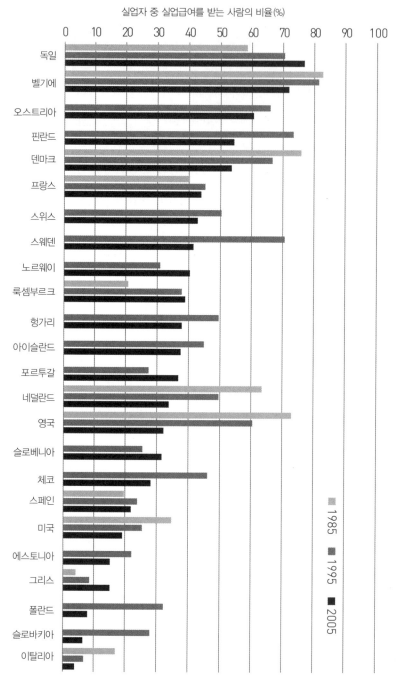

도표 8.5 1985, 1995, 2005년 주요국의 실업자 중 실업급여를 받는 이의 비율

실업자 중 실업급여를 받는 사람의 비율(%)

독일
벨기에
오스트리아
핀란드
덴마크
프랑스
스위스
스웨덴
노르웨이
룩셈부르크
헝가리
아이슬란드
포르투갈
네덜란드
영국
슬로베니아
체코
스페인
미국
에스토니아
그리스
폴란드
슬로바키아
이탈리아

1985
1995
2005

이 그래프는 (ILO 정의에 따른) 실업자 가운데 실업급여(실업수당이나 실업보험)를 받는 사람의 비율을 보여준다. 이 비율은 이용할 통계가 있는 경우 1985, 1995, 2005년의 수치이며, 일부 국가는 그 연도가 조금 다르다.

자 비율이 떨어진 것은 1980년대에 보수당 정부에서 자격 조건들을 잇달아 강화한 결과였다. 존 미클라이트와 나는 1979년부터 1988년 사이에 국민실업보험에 대해 적어도 열일곱 차례의 법규상 변화가 있었음을 확인했다. 이 가운데 열한 차례는 분명히 실업자들에게 불리한 것으로서, 급여를 줄이거나 없애고 수급자 비율을 떨어트리는 것이었다. 이러한 변화 중에는 보험료 납부 조건들을 더 엄격하게 하고 수급 자격을 인정하지 않는 기간을 늘린 것이 포함된다.[30] 조건을 강화하는 추세는 오늘날에도 계속되고 있다.

기 여 금 납 부 조 건 들

많은 경제학자가 사회보장기여금들을 없애버리고 그것들을 늘어난 소득세로 대체하고 싶어한다. 이는 조세 부담을 오로지 근로소득에만 지우는 데서 모든 소득원에 지우는 체계로 옮겨가는 것을 의미하므로 어떤 면에서는 호소력을 갖는다. 그러나 나는 세 가지 이유로 이러한 입장을 지지하지 않는다. 첫째는 소득세 체계 아래 근로소득을 별도로 취급하는 것이 가능하며, 위에서 적당한 규모로 제안한 근로소득공제를 확대함으로써 부담을 전체 소득으로 옮기는 목적도 이룰 수 있기 때문이다.

두 번째 이유는 사회보장기여금이 소득세와 같은 방식으로 가계의 예산에 영향을 미칠 수 있지만 납세자들은 그것들을 다르게 여길 수 있다는 점이다.[31] 행동경제학에 관한 논문들이 증명한 것과 같은 서로 다른 추론이 이뤄지는 방식을 무시한 채 순전히 가계의 예산 제약에 관한 대수학에만 초점을 맞추는 것은 잘못이다. 우선 기여금과 지출 프로그램이 연계돼 있는 암묵적인 계약에 대한 유권자들의 선호가 있다. 이는 특히 급여를 받는 데 기여금을 내는 조건들이 있는 경우에는 매우 합리적인 반응이다.(나는 특히 국가 간 이동성이 있는 곳에서는 이러한 조건들이 중요한 역할을 할 수 있다고 주장했다.) 그게 아니면 사람들이 오도될 수도 있다. 미국의 경우 에드워드 매카프리와 조엘 슬렘로드는 "사람들은 세금을 다 더해보지 않기 때문에 작은 여러 세금이 더 큰 소수의 세금보다 같은 심리적 부담으로 [더 많은 세수를 올릴 수 있다]"는 점을 제시했다.[32] 어떤 이유에서든 사회보장기여금과 소득세가 달리 인식된다면 기여금을 그대로 둠으로써 정부는 납세자들과 경제에 더 적은 비용을 지우면서 복지국가의 재원을 마련하는 데 이러한 차이를 이용할 수 있다.

기여 조건들을 유지해야 할 세 번째 이유는 사회적 이전과 정부의 노동시장 정책을 관리하는 데 그것들이 긍정적인 역할을 한다는 점이다. 기여 조건들은 사회적 보호 제도들이 중요한 설계상의 문제를 뛰어넘을 수 있도록 해준다. 제5장에서 우리는 공공부문 고용을 보장받는 자격을 결정하는 것과 관련해 기여 조건들의 잠재적인 역할을 보았다. 거꾸로 이러한 일자리를 갖고 있는 사람들이 사회보험에 기여한다는 사실은 그들이 나중에 실업 상태가 되는 경우에 보험을 바탕으로 한 급여를 받을 자격이 생겨난다는 뜻이며, 이는 수급자 비율이 떨어지는 문제를 완화해줄 수 있다는 의미다. 참여소득의 행정 관리에 관한 논의에서 보았듯이 심지어 근본적으로 다른 형태의 사회적 보호가 자격 조건들에 달려 있으며 이 조건들은 지금의 기여 조건들과 비슷한 요소를 지닐 가능성이 크다.

그럼에도 불구하고 사회보장 기여 조건들은 변화하는 일의 특성에 맞춰 바뀔 필요가 있다. 이런 움직임은 오랫동안 이뤄져왔다. 영국에서 지금의 조건들은 전후 국민보험이 도입된 때인 1948년과 같은 조건들이 아니다. 연금 담당 장관으로 새로운 국가연금제도를 책임지는 스티 븐 웹 의원은 사람들이 부양 책임을 지고 인정된 기여를 한 기간에 대 해 보험급여가 주어져야 한다고 했는데 이는 옳은 말이었다. 그는 "임 금을 받으며 일을 하든 돌봄 책임을 지든 간에 그동안 기여한 것은 모 두 같은 값어치를 지닌다"고 말했다.[33] 유럽연합은 시간제 근로자와 다 른 비표준 근로자들의 권리를 발전시키는 데 앞장서왔으며, 사회적 보 호 체계는 이런 것들이 개혁된 사회보험 체계와 완전히 조화를 이루도 록 보장할 필요가 있다. 예를 들어 오스트리아, 독일, 아일랜드와 포르 투갈 같은 몇몇 나라는 시간제 근로자의 실업도 지원 대상에 넣고 있 다. 핀란드에서는 구직자들이 스스로 선택한 것이 아닌 시간제 일을 하 고 있거나 다른 일을 받아들이는 데 방해가 되지 않을 만큼 작은 사업 에서 소득을 얻을 때 그들에게 조정된 실업수당을 받을 자격을 주어왔 다.[34] 즉 이 체계는 노동시장의 '쪼개진 시간'에 맞춰가고 있는 것이다. 이러한 조치는 현재 아무런 급여도 받지 않는 가족들의 소득을 높여줄 뿐만 아니라 일자리로 돌아가지 않으려는 유인을 줄여줄 것이다. 이런 유인은 수입 조사를 기반으로 한 급여에 내재된 것으로, 다음 장에서 이 제안들의 경제적 효과를 다시 논의할 것이다. 요컨대 참여소득에 대 한 대안으로서의 사회보험이라는 접근 방식은 다음과 같은 제안을 수 반한다.[35]

제안 14 사회 보험을 새롭게 해 급여 수준을 늘리고 적용 대상을 넓 혀야 한다.

전 지구적으로 무엇을 할 수 있는가

—

지금까지는 한 나라 안의 재분배 문제에 관심을 기울였다. 이제 부자 나라와 가난한 나라 사이의 불평등을 줄이는 데 사회적 이전이 할 역할에 눈을 돌려보자. 전 지구적으로는 무엇을 할 수 있을까?

숫자들을 보면 첫눈에 기세가 꺾인다. 프랑스나 이탈리아, 영국 같은 단일 국가가 자국보다 100배나 많은 인구를 보유한 세계에서 과연 무엇을 할 수 있을까? 세계적으로 극심한 빈곤을 줄이려는 새천년개발목표를 향한 진전이 이뤄졌지만, 여전히 12억 명으로 추산되는 사람이 하루 1.25달러에 못 미치는 소득으로 살아가고 있다.[36] 이처럼 빈곤선이 낮아도 빈곤을 해결하는 것은 매우 힘들다. 하지만 이를 과장해서는 안 된다. 최대 빈곤 갭(모든 사람을 빈곤선 위로 끌어올리는 데 필요한 금액)은 연간 5500억 달러(12억 명×365일×1.25달러)에 그치는 것이 사실이다. 그러나 대부분의 나라에서 평균적인 부족액은 그 일부에 불과하다. 예를 들어 세계은행 통계는 인도에서 빈곤 갭이 최대치의 약 20퍼센트임을 보여준다. 이것을 일반적으로 적용하면 총 빈곤 갭은 1100억 달러다. 이는 큰 금액이지만 프랑스나 이탈리아 또는 영국 국내 총생산의 약 5퍼센트에 지나지 않는다. 이는 현재 120억 파운드인 영국 공적개발원조의 다섯 배 내지 여섯 배 수준이다. 그 차이는 열 배에도 못 미치는 것이다. 이런 식으로 보면 극심한 빈곤을 없애는 것은 충분히 감당할 수 있는 사안으로 보이며, 어떤 경우든 그 누구도 개별 국가가 전 세계의 문제를 혼자 풀어야 한다고 주장하지 않는다.

그렇다면 영국과 같은 개별 국가가 개발원조를 늘려야 하는가? 먼저 최근 여러 나라 정부가 국민소득 대비 해외 원조 규모를 큰 폭으로 늘리는 행동에 나섰다는 점을 인정하는 것으로 이야기를 시작해야겠다.

도표 8.6은 1960년대 이후 원조의 역사를 요약해 보여준다. 여기서 세 개의 선은 영국, 미국 그리고 OECD 개발원조위원회DAC(주요 원조국들의 포럼) 회원국 평균 원조 금액이 국민총소득GNI의 몇 퍼센트를 차지하는지를 보여준다. DAC 회원국의 원조는 1960년대 초에 GNI의 약 0.5퍼센트였다. 그때 나는 이 수치가 너무 낮다고 보았고 원조 규모를 국민소득의 1퍼센트로 늘리는 운동을 지지했다. 1967년 캐나다 경제학자 해리 존슨은 "선진국들이 최소한 국민소득의 1퍼센트를 발전이 뒤진 나라들에 원조 형태로 지원해야 한다는 것은 이제 글을 쓰는 이들 사이에서 일반적으로 받아들여지는 어림셈법이 됐다"고 밝혔다.[37] 그러나 GNI 대비 원조 비율은 높아지기는커녕 끊임없이 떨어져 새천년목표가 논의되던 2000년에는 DAC 원조 비율이 1960년의 절반 수준에 머물렀다. DAC 회원국의 전체 원조는 1990년대에 실질 기준으로 떨어졌다. 장기적인 하락은 특히 미국에서 두드러졌는데, 이 나라는 그 점에서 처음부터 선두를 달렸다.(1961년 유엔 총회 연설에서 유엔이 1960년대를 '유엔 개발연대'로 지정하자는 제안을 한 이는 케네디 대통령이었다.) 그 당시 국민소득의 0.6퍼센트였던 미국의 원조는 20세기 말 고작 0.1퍼센트로 떨어졌다. 실제 원조뿐만 아니라 목표치도 1퍼센트 밑으로 떨어졌다. 1970년 유엔 총회는 그 목표가 GNI의 0.7퍼센트가 돼야 한다는 데 합의했는데, 영국에서는 1974년 노동당 정부가 공식적으로 이 숫자를 받아들였다.

새천년개발목표를 세운 것은 전환점을 찍었다. 2002년 몬테레이회의에서 원조 공여국들은 원조를 큰 폭으로 늘릴 필요가 있으며 0.7퍼센트 목표에 이르기 위한 구체적인 노력을 기울여야 한다는 데 합의했다. 도표 8.6에서 볼 수 있듯이 원조에 배정된 예산 비율은 높아졌다. 영국에서 노동당 정부는 0.7퍼센트 목표에 이르기 위해 원조 확대를 준비했

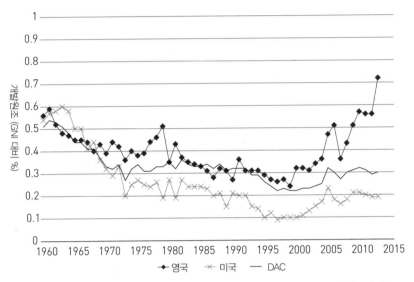

도표 8.6 1960~2015년 영국, 미국, OECD 국가의 개발원조 지출

이 그래프는 1960년부터 2015년까지 원조국들의 GNI 대비 지원 금액의 비율로 표시한 국제 개발 원조의 수준을 보여준다. 영국, 미국과 DAC의 원조 규모를 나타내고 있다. 그래프 눈금은 0퍼센트부터 1퍼센트까지 올라간다는 점에 주의하라.

다. 이 약속은 연립정부가 이어받아 2013년에 목표에 이르렀으며, 이에 따라 영국은 그 목표를 이루는 일에 덴마크, 룩셈부르크, 노르웨이, 스웨덴과 나란히 서게 됐다.

국경을 넘어선 불평등 재고:
개발원조를 위한 주장

이는 새로운 원조 수준이 유지될 경우 더 이상의 행동은 필요하지 않다는 뜻인가? 아니면 우리는 그 기준을 (도표 8.6의 꼭대기인) 1퍼센트로 올리는 목표를 세워야 하는가?

　　더 진전된 글로벌 재분배를 위한 논리는 어떤 면에서는 국내의 재분배 논리와 비슷하고 다른 면에서는 차이가 있는 주장에 바탕을 두고 있다. 제1장에서 논의했듯이 우리는 이전소득에 대해 **본질적**이거나 **수단적**인 논리를 펼 수 있다. 본질적으로는 윤리적인 주장을 펼 수 있다. 다시 해리 존슨의 말을 빌리면 "1퍼센트 기준이 정당화될 수 있는지는 분명히 부자들이 그들의 소득 중 1퍼센트를 가난한 이들에게 주는 기부의 타당성에 달려 있다."[38] 이는 글로벌 십일조의 10분의 1이다. 이러한 본질적인 동기에 수단적인 이유들이 더해진다. 원조는 OECD 국가들로 이민자들을 밀어넣는 압력을 줄이거나 정치적 안정성을 높이거나 테러 공격의 위험을 줄이는 것과 같은 이득이 되는 결과를 불러온다는 것이다. 이는 영국에서 짐 머피가 노동당의 국제개발 담당 대변인이었을 때 다음과 같이 말한 데서 잘 드러나는 주장이다. "우리는 세계적인 차원의 이타주의로 충분히 성공을 거둘 수 없다. 우리는 국가의 이해관계에 관한 주장을 펴야 한다. (…) 그 주장은 이렇다. '스미스 여사의 [지원] 자금은 (…) 더 안전한 세계를 의미한다.'"[39]

　　그러나 해외 이전에 관한 주장은 국내의 재분배와 관련된 이전들과 한 가지 중요한 면에서 다르다. 해외 원조는 공여국의 관할권 밖에 있는 행위자들과 얽혀 있다. 원조 기금을 사용하는 것은 지원을 받는 나라의 정부와 다른 사람들의 결정에 달려 있다. 공여국들은 영향력을 지니고 있지만 국내 재분배에 비해 통제력은 훨씬 적다.(국내에서도 이러한 제한이 있지만 질적인 차이가 있다.) 이는 원조를 수단으로 여기는 주장에 아주 큰 중요성을 갖는다. 안보를 증대시키는 것과 같은 목적 달성은 결정적으로 원조의 배분에 달려 있기 때문이다. 통제력 부족은 다시 원조의 효과에 대한 문제로 이어진다. 원조가 당초 의도와 상반되는 작용을 하는 경로로 전용돼 국가 내 불평등을 악화시킨다면 그 원조는 비생산적일 수 있다는 주장이 계속되고 있다. 어떤 연구들은—그 설득력에는 많은 차이가 있지만—원조 규모와 경제성장률 사이에는 관련성이 거의 없고, 그래서 원조는 부자 나라와 가난한 나라 사이의 격차를 메우는 데 거의 기여하지 못한다고 주장했다.[40]

이러한 주장에서 통제력 부족은 문제이지만 이는 이제 원조를 주는 나라와 받는 나라들을 연결하는 21세기에 걸맞은 관계를 인정하는 것이라고 보는 편이 나을 수도 있다. 우리는 서로 다른 국민국가로 이뤄진 세계에 살고 있으며, 각국은 상당한 수준의 자치권을 보유하며 자국의 독자적인 문화적 배경과 사회적 목표들을 갖고 있다. 앵거스 디턴은 원조에 대해 비판하면서 "누가 **우리에게** 지휘권을 맡겼는가?"라고 물었다. 이는 원조에 대한 수단적 논리와 본질적 논리 둘 다에 해당되는 질문이다.[41] 우리는 어떤 근거로 개입하려 하는가? 국가의 책임에 대한 이 질문에 답할 때 우리는 원조의 필요성에 대한 주장을 다시 생각해볼 필요가 있다. 우리는 식민지 시대로부터 원조의 목적은 경제성장을 촉진하는 것이라는 가정을 이어받았다. 성장은 원조의 효과를 가늠하는 잣대다. 그러나 이는 지금 가난한 개인들이 얼마나 비참하게 살고 있는지 그리고 그들의 환경이 얼마나 깨지기 쉬운지에 대한 밑바탕의 염려를 보지 못하는 것이다. "어떤 사람에게 물고기 한 마리를 주면 그를 하루 동안 먹여 살릴 수 있지만 물고기 잡는 법을 알려주면 평생 동안 먹여 살릴 수 있다"는 속담은 우리가 오늘 먹을 수 있는 물고기의 중요성을 과소평가하게 할 수 있다.[42] 채닝 아르트, 샘 존스와 핀 타르프가 "원조의 효과에 대한 광범위한 평가를 제공하는 것"을 목표로 삼은 것은 옳았다. 그들은 "원조가 거시경제적 성장에 미치는 효과에 초점을 맞추는 것은 필요하지만 그것만으로는 불충분하며 (…) 많은 성과가 성장에 어떤 기여를 했느냐 하는 것과는 상관없이 평가를 받았다"

고 밝혔다.[43]

각국의 책임이라는 면에서 지구촌의 정의를 재구성하는 것을 두고 너필드 칼리지의 내 동료인 데이비드 밀러는 "양날의 칼"이라고 표현했다. 그는 "이는 더 부유한 나라들이 자국이 가진 어떤 우위를 정당화할 수 있도록 해주지만 (…) 또한 부채를 발생시킬 수도 있다"고 설명했다. 그는 이어 "이러한 부채의 크기를 결정하려면 (…) 우리는 (모든 나라의 사람이 그들이 처한 환경과 무관하게 보호받아야 하는 일련의 기본적인 인권을 의미하는) 글로벌 최저생활수준의 개념을 이용할 필요가 있다"고 밝혔다.[44] 같은 방식으로 아른트, 존스와 타르프는 앞서 인용한 말에 이어 "기본적인 의료 및 초등교육과 같은 '가치재'는 핵심적인 인권이자 발전 과정의 근본을 이루는 것으로 봐야 한다"며 "따라서 이러한 결과들이 포함돼야 한다"고 말했다.

국가의 책임이라는 틀 안에서 원조의 필요성을 주장하는 것은 원조에 대해 보수적인 관점처럼 보일지도 모른다. 제1장의 논의에서 나온 표현을 쓰자면 우리는 지금 한 국가 차원에서는 분배 전반('빈곤'뿐만 아니라 '불평등')에 관심을 기울여야 하지만 세계적으로는 일련의 기본적인 최소한의 권리들을 보장하는 데 관심을 한정해야 한다고 이야기하고 있는 것이다. 내 자신은 (전 세계적으로 상호 의존성이 국가 내에서보다는 낮지만 전무한 것은 아니라고 믿기 때문에) 세계적인 관심사를 이런 식으로 한정해야 하는지 확신하지 못하지만, 설사 우리가 원조를 글로벌 최저생활수준을 보장하는 데 한정한다고 하더라도 이는 여전히 매우 힘든 과제다. 이 칼에는 정말로 두 개의 날이 있다. 우리가 원조의 동기를 부자 나라에서 겪어보지 못했을 정도로 심각하고 광범위한 궁핍이 존재하는 세계의 자원을 재분배하는 것으로 표현한다면, 국민소득의 0.7퍼센트인 지금의 원조는 그다지 후한 것으로 보이지 않는다. 설사 상당한 규모의 원조가 새나가고 부패와 기금 전용 문제를 겪더라도 적어도 그중 일부가 전형적인 OECD 국가 납세자보다 지금 소비 수준이 너무나도 낮은 이들에게 흘러간다면, 원조는 '작동'하는 것이다. 이는 이 분야에서 자선 기금들을 지원하는 많은 사람이 인정하는 동기다. 틀림없이 많은 사람이 (2014년 12월 신문 표제에서 선언한 것처럼) "유엔 시리아 170만 난민에 대한 식량 원조 철회"와 같은 일이 벌어지도록 내버려두지 말았어야 했다고 볼 것이다.[45]

지금과 같은 상황에서 우리는 부자 나라들 안에서 불평등을 줄이기 위한 계획에 착수하면서 불평등한 분배의 문제가 우리 국경 안에 국한되지 않는다는 점을 염려한다는 신호를 보내야 한다. 이런 이유로 나는 부자 나라들이 국민총소득의 1퍼센트 원조 목표로 돌아가는 것이 지금과 같은 때에 적절하다고 믿는다. 비판적인 이들은 "왜 2퍼센트가 아니고 1퍼센트인가?"라고 물을 것이다. 우리는 더 나아갈 수 있겠지만 나는 여기서 변화의 방향에 관심을 기울인다. 이는 아마르티아 센의 『정의의 개념The Idea of Justice』에서 추구한 정신인데, 그는 이 책 서장에서 "정의에 관한 현대의 이론이 대부분 '정의로운 사회'에 집중되고 있는 것과 달리 이 책은 정의의 전진이나 후퇴에 초점을 맞춰 실현된 것을 바탕으로 한 비교 조사를 하려 한다"[46]고 밝혔다. 우리 목표는 선험적인 최적 상태보다 진보적인 개혁에 있다. 더욱이 영국의 관점에서 보면 때는 무르익었다. 최근 유럽연합에 관한 대부분의 정치적 토론에서 밑바탕에 깔려 있는 것은 국제적인 리더십의 상실에 대한 걱정이다. 영국이 유럽연합 안에서 그리고 전 세계에서 리더십을 발휘할 멋진 기회가 여기에 있다.

요컨대 나는 글로벌 재분배에 대한 우리 국가의 책임은 다음과 같은 방향으로 가야 한다는 점을 제시한다.

제안 15 부자 나라들은 공적개발원조 목표를 국민총소득의 1퍼센트로 올려야 한다.

불평등을 줄이기 위한 열다섯 가지 조치

―

제2부에서 나는 불평등을 크게 줄여줄 것으로 기대되는 열다섯 가지 조치를 다음과 같이 제안했다.

제안 1: 정책 결정자들은 기술 변화의 방향에 분명히 관심을 기울여야 하며, 근로자들의 고용 가능성을 높이고 서비스 제공의 인적 측면을 강조하는 형태의 혁신을 장려해야 한다(제4장).

제안 2: 공공정책은 이해관계자 간 적절한 힘의 균형을 목표로 삼아야 한다. 이를 위해 (a) 경쟁 정책에 뚜렷하게 분배적인 측면을 도입하고, (b) 노동조합들이 대등한 조건으로 근로자를 대변할 수 있도록 허용하는 법적 체계를 보장하고, (c) 사회경제협의회가 아직 존재하지 않는 나라에서는 사회적 동반자와 다른 비정부기구들이 참여하는 협의회를 설립해야 한다(제4장).

제안 3: 정부는 실업을 예방하고 줄이기 위한 명시적인 목표를 채택하고 원하는 이들에게 최저임금을 주는 공공부문 고용을 보장해줌으로써 이 목표를 뒷받침해야 한다(제5장).

제안 4: 두 가지 요소로 이뤄진 국가 차원의 임금 정책이 있어야 한다. 법령에 따라 생활임금으로 정해진 최저임금과 최저임금 이상의 보수에 대한 실행 규칙이 그것이며, 이는 사회경제협의회와 관련된 '국민적 논의'의 일부로 합의된 것이어야 한다(제5장).

제안 5: 정부는 일인당 보유 한도를 둔 국민저축채권을 통해 저축에 대한 플러스 실질금리를 보장해야 한다(제6장).

제안 6: 모든 성인에게 지급되는 기초자본(최소한의 상속)이 있어야 한다(제6장).

제안 7: 기업과 부동산에 대한 투자 지분을 보유함으로써 국가의 순자산을 축적하는 것을 목표로 삼고 국부펀드를 운영하는 공공투자기관이 설립되어야 한다(제6장).

제안 8: 우리는 개인 소득세에 대해 더 누진적인 세율 구조로 돌아가야 하며, 과세 대상 소득 구간에 따라 한계세율을 65퍼센트까지 올리면서 이와 함께 과세 기반을 넓혀야 한다(제7장).

제안 9: 정부는 개인 소득세에 근로소득 첫 구간에 한해 근로소득공제를 도입해야 한다(제7장).

제안 10: 상속받은 재산과 생존자 간 증여 재산에는 누진적인 평생 자본취득세 체계에 따라 과세해야 한다(제7장).

제안 11: 최근 시세로 평가된 부동산 가치를 바탕으로 하는 비례적인 재산세 또는 누진적인 재산세를 시행해야 한다(제7장).

제안 12: 모든 어린이에게 상당한 금액의 자녀수당을 지급해야 하며 이를 소득으로 보아 세금을 물려야 한다(제8장).

제안 13: 기존 사회적 보호 제도를 보완하고 유럽연합 전역으로 확대된 어린이 기본소득과 더불어 나라별로 참여소득을 도입해야 한다(제8장).

제안 14: 사회보험을 새롭게 해 급여 수준을 늘리고 적용 대상을 넓혀야 한다(제8장).

제안 15: 부자 나라들은 공적개발원조 목표를 국민총소득의 1퍼센트로 올려야 한다(제8장).

이러한 제안들과 더불어 다음과 같이 더 깊이 탐색해봐야 할 몇 가지 가능성이 있다.

실행해야 할 구상 가계가 주택을 담보로 잡지 않은 대출을 받기 위해 신용시장에 얼마나 접근할 수 있는지에 대한 철저한 재검토.

실행해야 할 구상 사적연금기여금을 현재의 '세제 우대' 저축과 같이 '소득세 체계를 바탕으로' 다뤄 세금 납부를 앞당기는 것이 타당한지 검토.

실행해야 할 구상 연간 부유세를 위한 주장과 그 성공적인 도입을 위한 전제 조건들을 재검토.

실행해야 할 구상 개인 납세자들에 대해 총 부를 바탕으로 한 글로벌 조세 체계 확립.

실행해야 할 구상 기업에 대한 최저한세 도입.

나는 행동을 위한 계획을 제시했다. 이는 하나로 묶인 꾸러미인가? 만약 이 가운데 어떤 요소가 받아들일 수 없거나 실행되기 어렵다고 생각하더라도 이 모든 제안을 포기할 필요가 없다는 의미에서 이는 한 꾸러미가 아니다. 다른 한편 두 가지 의미에서 이는 하나의 꾸러미다. 첫째, 이 제안들은 상호의존적이다. 어떤 조치들은 이 계획의 다른 부분들과 함께한다면 더 효과적일 것이다. 급여 혜택들에 대해 세금을 물리는 것은 여기서 제안한 것처럼 소득이 늘어남에 따라 한계세율이 높아지는 소득세 세율 체계와 함께할 때 목표를 겨냥하는 데 더욱 효과적인 장치가 된다. 여기서 네 번째로 제안한 사회경제협의회를 효과적으로 가동하는 것은 두 번째 제안처럼 노동조합의 법적 위상이 강화되면 한결 쉬워질 것이다. 둘째, 여기에는 우리의 무지에 대한 고백이 있다. 우리는 어떤 작동 원리에 따라 불평등이 커지게 됐는지에 대해서는 비교적 잘 알고 있지만 각각의 원리가 불평등을 얼마나 키웠는지에 대해서는 전혀 확신하지 못하고 있다. 우리가 앞으로 나아가기를 바란다면 어느 한 가지 접근 방식에만 기댈 수 없다.

그러나 어떤 이들은 "그것은 할 수 없는 일이다"라거나 "그럴 여유가 없다"며 반대할 것이다. 이 책의 제3부에서는 이러한 반대론을 살펴본다.

근본적인 질문
: 할 수 있는가?

이 책에서 설명한 제안들에 대해서는 틀림없이 찬성과 반대가 뒤섞인 반응들이 나올 것이다. 어떤 독자들은 이 제안들을 환영할 것이며 심지어 그것들이 충분히 근본적이지 못하다고 여길 수도 있다. 어떤 이들은 즉각 그것들이 바람직하지 않다거나 부당하다며 거부할 것이다. 세 번째 그룹은 그 제안들을 진지하게 받아들이지만 과연 실행할 수 있을지 의문을 품을 것이다. 이 책의 마지막 부분은 특별히 바로 이 세 번째 그룹을 위한 것이다. 다음에 나오는 장들은 이 제안들이 경제적 효율성 면에서 비용이 지나치게 많이 든다거나 글로벌 경제에 편입된 어느 한 나라만으로는 실행할 수 없다는 비판에 대응하기 위한 것이다. 이러한 비판을 좀더 사실적으로 표현하자면 이렇다. "지은이는 재정 적자를 잊어버렸단 말인가?"

9장 = 파이 줄이기?

제2부에서 설명한 것과 같은 제안들
에 대한 전형적인 반대론은 경제적 생산을 줄이거나 경제성장을 늦출
때에만 불평등 축소가 가능하다는 것이다. 즉 더 큰 경제적 정의를 보
장하기 위해서는 효율성을 희생시켜야 한다는 것이다.

이러한 반대론에 대해 나는 두 가지 답을 갖고 있다. 첫째, 이 제안
들 때문에 파이가 줄어들 가능성이 있다는 것은 내 제안을 추구하는
데 반대하는 결정적인 논리가 될 수 없다. 지금과 같은 수준의 불평등
과 함께 더 큰 파이를 갖는 것보다 더 공정하게 분배된 더 작은 파이를
갖는 것이 나을 수도 있기 때문이다. 이 두 측면—파이의 크기와 분배
—은 함께 가는 것으로 생각해야 한다. 우리는 어떤 것이든 결론에 이
르기 전에 더 치밀하게 살펴봐야 한다. 이 둘 사이의 균형관계를 고려
할 때 효율성의 손실이 얼마나 되는지 **그리고** 우리가 어떻게 이득과 손
실을 판단하는지 하는 문제를 **둘 다** 생각해야 한다. 경제학자들은 효
율성의 손실에 대해 논의하기를 더 좋아한다. 예를 들어 조세 제도에
대한 반응과 그에 따른 손실 규모를 추정하는 수많은 계량경제학 논

문이 있다. 제7장에서 나는 최상위 소득자들의 행동과 관련해 이 문제를 검토했다. 또한 두 번째 측면도 다루었다. 나는 최고세율이 바뀜에 따라 나타나는 결과를 전체 세수에 미치는 영향의 측면에서 평가했다. 여기서 그 세수는 암묵적으로 가장 못사는 이들에게 주는 소득 이전의 재원으로 쓰인다고 가정했다. 이처럼 (가장 불리한 이들을 염려하는) 롤스적인 관점에서 보면 추가적인 세수를 만들어낼 최고세율 인상은 효율성과 공평성 사이의 받아들일 수 있는 수준의 상충관계를 나타낸다. 물론 소득세 최고세율을 올리자는 제안은 그럼에도 반대에 부딪힐 수 있다. 세수 증대 예상이 정확하지 않다는 것을 근거로 반대가 나올 수 있다. 또는 우리가 가장 불리한 계층의 복지뿐만 아니라 그 위쪽 계층 사람들의 복지에도 관심을 기울여야 한다는 근거로 반대할 수도 있다. 이는 두 가지 서로 다른 반대 논리이며 그중 무엇을 논의하고 있는지를 분명히 하는 것이 중요하다.

그러므로 파이가 더 작아질 것이라는 이유로 무조건 반대하는 것은 말이 안 된다. 우리는 그 대신 득실을 판단하는 방식과 그 바탕에 깔린 상충관계의 성격을 고려해야 한다. 이 장에서 주로 초점을 맞추는 것은 그 상충관계다. 이로써 나는 두 번째 답을 내놓을 수 있다. 내가 제안한 것들 중 일부는 파이를 더 작게 할지도 모르지만 다른 것들은 효율성을 향상시킨다. 공평과 효율은 같은 방향을 가리킬 수 있다. 이는 뒤에서 설명하는 것과 같이, 수요와 공급이 일치하는 경쟁적인 시장을 상정한 표준적인 경제학 모형에서는 불가능해 보인다. 그러나 우리가 일단 불완전한 경쟁을 고려할 경우, 그리고 수요와 공급은 단지 임금의 범위만 결정하고, 실업이 존재하며, 제도적 특성이 작용할 중요한 공간이 있는 시장들을 고려할 경우에는 그 그림이 달라진다. 표준적인 모형에서 벗어난 이러한 측면은 모두 경제학에서 활발한 연구가 이뤄지고 있는 분야들이다. 최근의 노벨경제학상은 산업 조직, 노동 시장, 짝짓기 과정에 대한 연구에 수여됐다. 제도의 역할에 관한 활발한 토론도 이뤄지고 있다. 하지만 이런 것들이 경제학의 핵심적인 부분을 이루고 있는 것은 아니다. 표준적인 교과서의 앞부분에 나오는 장에서 학생들은 가격이 수요와 공급을 맞아떨어지게 하는 경쟁적인 시장에 가계와 기업들이 참여하는 것에 관해 배운다. 만일 내가 경제학 교과서를 쓴다면 그 대신 시장 지배력을 보유하고 있으며 실업자가 있는 세계에서 임금을 두고 협상을 벌이는 독점적 경쟁기업들에 관한 이야기로 시작할 것이다. 지금 나는 교과서를 쓰고 있지 않지만 이러한 관점은 효율성을 높이면서도 불평등을 줄일 수 있을까 하는 질문에 대한 내 대답에 영향을 미칠 것이다. 내가 다양한 형태의 정부 개입의 결과에 대해 여느 경제학자들과 다른 견해를 갖고 있다면, 이는 부분적으로 경제가 어떻게 작동하는지에 관해 상이한 관점에서 출발했기 때문이다. 어떤 경제학 모형을 선택하느냐는 정책 제안들이 바람직한 것인지 결론을 이끌어내는 데 중대한 영향을 미칠 수 있다.

후생경제학과 공평성–효율성의 상충관계

—

공평성과 효율성 사이에 피할 수 없는 상충관계가 있다는 견해는 고전적인 후생경제학에 뿌리를 두고 있다. 후생경제학의 제1정리는 어떤 조건 아래서는 누구도 다른 이들을 더 가난하게 만들지 않고는 더 부유해질 수 없다는 의미에서 완전경쟁시장의 균형이 효율적이라고 밝힌다. 이는 이탈리아 경제학자의 이름을 따 '파레토효율성'이라고 일컫는다.(그는 또한 소득 분배를 설명하는 파레토 곡선을 발견한 것으로도 유명하다.) 정부 개입이 없는 상태에서 시장에서 나타나는 결과가 효율적이라는 주장은 내가 제안한 조치들에 대해 "파이가 줄어든다"며 염려하는 견해의 이론적 바탕이 된다. 도표 9.1은 이를 체계적으로 보여준다. 이는 각자의 소득이 그들의 복지를 나타낸다고 가정할 때 (상위 1퍼센트와 하위 99퍼센트로 나뉜) 두 집단의 입장을 보여준다. 경쟁의 결과로 나타난 균형 상태에서 소득 분배가 아주 불평등한 것으로 여겨진다고 하자. 만약 정부가 비용이 들지 않는 재분배를 수행할 수 있다면 '고정된 전체 소득'의 선을 따라 움직이는 것으로 나타나는 최선의 결과를 얻을 수 있다. 그러나 실제로 정부는 비용이 드는 조세(이전 수단들)를 활용해야 하며, 이는 도표 9.1의 실선으로 나타나는 '차선의' 경계선을 만들어낸다.[1] 상위 1퍼센트에 대해 세금을 걷어 하위 99퍼센트에게 이전하는 것은 비용이 든다. 상위 1퍼센트에게서 걷은 100억 달

도표 9.1 "파이가 줄어든다"며 재분배에 반대하는 주장

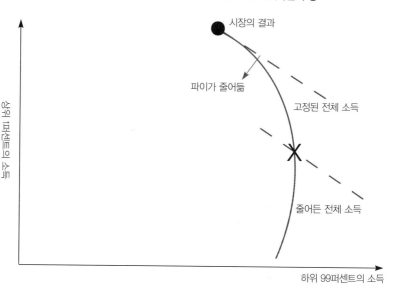

러의 세금은 예컨대 80억 달러의 이전을 위한 재원을 마련해줄 뿐이다. 이러한 상황은 제1장에서 '새는 물동이'라는 말로 묘사했다. 전체 소득은 줄어들었다. 심지어 상위 1퍼센트가 그들의 총소득을 지나치게 많이 줄이는 바람에 추가로 걷을 수 있는 세수가 하나도 없어서 아무런 이전도 하지 못하게 되는 경우도 있을 수 있다. 도표 9.1에서 X로 표시한 점이 이러한 상황을 보여준다.

그러나 어떤 것이든 결론을 내리기 전에 우리는 어떤 조건 아래서 후생경제학의 제1정리가 타당한지 생각해봐야 한다. 그 조건들은 매우 엄격하다. (1) 가계와 기업들은 완전히 경쟁적으로 행동해야 하며(가격과 임금을 주어진 것으로 받아들여야 하며), (2) 현재와 미래의 모든 상품과 서비스에 대해 수요와 공급이 균형을 이루도록 하는 시장이 빠짐없이 모두 있어야 하고, (3) 완전한 정보를 이용할 수 있어야 한다. 이런 식으로 이야기하면 이러한 조건들이 현실 경제에 적용되지 않음은 분명해 보인다. 많은 시장에서 기업들이 가격 수용자가 아니라 가격 결정자인 독점적 경쟁의 강력한 요소들이 있다. 근로자와 일자리를 맺어주는 노동시장에서는 근로자와 고용인이 임금을 놓고 협상을 벌일 수 있다. 이 정리는 시장의 수요와 공급이 일치한다고 가정하지만 실제로는 높은 수준의 실업과 다른 시장 실패의 징후들이 있다. 미래의 상품과 서비스를 사거나 팔 수 있는 시장은 거의 없다. 예를 들어 10년 후에 제공받을 돌봄 서비스를 오늘 거래하는 것은 일반적으로 불가능하다. 정보는 완전하지 않고 자유롭게 이용할 수 없으며, 사람들이 기꺼이 대가를 지불하는 하나의 값어치 있는 상품이다.

일단 우리가 이러한 현실세계 경제의 특성들을 인정하고 나면 그 주장의 성격은 달라진다. 우리는 시장경제가 본질적으로 효율적이라고 생각할 수 없다. 더욱이 우리가 불평등을 줄이기 위한 조치들을 고려할 때 그 출발점은 이미 정부가 경제에 개입한 상태다. 이 제안들은 세금이나 이전, 규제 또는 다른 정부 개입 수단들이 없는 원시세계에 도입되는 것이 아니다. 실제로 정부가 없는 상태에서 작동하는 경제를 상상하기는 어렵다. 그렇다면 문제는 하나의 결과를 다른 결과와 비교하는 것이다. 내가 제안한 열다섯 가지 가운데—(생활임금과 같이) 시장소득을 변화시키는 것이든 아니면 세금과 이전을 통해 재분배 소득을 늘리는 것이든—어느 하나 또는 모두가 파이의 크기를 늘리는 작용을 하는 것은 충분히 가능한 일이다. 각각의 제안은 그 가치에 따라 평가돼야 한다.

이를 더 구체적으로 살펴보기 위해 대중의 눈에 잘 띄는 두 가지 산업, 즉 제약산업과 담배산업을 생각해보자. 제약산업은 생산을 할 때 연구와 개발 과정에서는 높은 고정비용이 발생하지만 최종 제품을 만들어내는 단계에서는 상대적으로 낮은 비용이 든다. 이는 제약산업을 독점적 경쟁시장으로 이끌어간다. 기업들은 생산 비용과 같은 가격을 매기면 총비용에 대한 보상을 받지 못할 것이므로 그들의 시장 지배력을 이용해 생산 비용에 일정액을 할증해 가격을 정함으로써 수익성을 확보한다. 그러나 이는 그들의 제품에 대한 접근성을 떨어트리며, 특히 소득 수준이 낮은 사람들은 의약품 없이 살아가야 한다. 정부가 고정비용을 보조해주는 방식으로 개입하면 기업들이 수익성을 유지하면서도 할증 금액을 낮출 수 있고 소비자들은 사정이 더 나아지게 된다. 담배산업 역시 규모에 따라 수익률이 높아지지만 이 경우에는 소비를 줄이는 것이 공공의 이익이 된다. 고정비용에 세금을 물리면 할증액은 높아진다. 담배 값이 오르면 저소득층 사람들이 특히 큰 타격을 받기 때문에 여기에서 다시 한번 분배의 문제가 나타난다. 하지만 담배 회사들로부터 나오는 세수를 사회적 이전의 재원으로 활용한다면 더 효율적인 동시에 더 공평한 결과를 낳는 세수 중립적인 정책을 펼 수 있을 것이다.

이는 여기서 제안한 조치들과 어떻게 관련되는가? 나는 모든 정부 개입이 공평성과 효율성 면에서 다 득이 된다고 주장하는 것이 아니다. 어떤 경우에는 불평등을 줄이는 조치에 대한 제안들이 효율성 면에서 비용이 든다. 누진적인 소득세 체계 아래서 더 무거운 세금을 물게 되는 이들은 그들이 임금 전액을 받아갈 때 선택했을 수준보다 덜 열심히 일하는 식으로 반응할 수 있다.(효율성 면에서의 비용은 이러한 선택의 왜곡에서 생긴다.) 최저임금 인상에 따라 임금 비용이 늘어나 고용주들이 일자리 공급을 줄일 수도 있다. 보장된 일자리를 제공할 때 정부 관료나 계약업체들이 불완전하게 관리하거나 부패가 개입될 수도 있다. 하지만 이러한 경우가 일반적인 사실이라고 결론지을 수는 없다. 각각의 상황은 그 자체의 공과에 따라 고려돼야 한다. 평생자본취득세와 최저 상속의 조합은 사람들이 창업 자금을 빌리는 데 부딪히는 걸림돌과 같은 자본시장의 불완전성을 뛰어넘어 인생의 새로운 출발을 하도록 독려하는 방식으로 기초자본을 재분배한다. 자녀수당을 늘리면 어린이들이 더 잘 먹으면서 학교생활에 더 집중하도록 할 수 있다. (소득 조사를 바탕으로 한 혜택에서 자유롭게 됨에 따라) 더 이상 빈곤의 덫에 직면하지 않게 된 가족들은 직업 훈련에 더 많이 투자할 수 있고 지금 고용주들에게 필요한 숙련 근로자들을 공급할 수 있다.

이러한 주장은 오늘의 파이 크기를 따지는 정태적인 맥락에서 편 것이지만 시간의 흐름에 따라 변하는 성장률에 대해서도 비슷한 고려를 할 수 있다. 이때 역시 그 효과는 어느 쪽으로도 나타날 수 있다. 더 많은 국가연금이 주어지면 사람들은 은퇴 후를 위해 스스로 저축하는 일을 줄이게 될 것이다. 민간저축의 감소는 (국가연금이 부과식 연금의 형태일 때) 공적 저축의 증대로 충분히 상쇄되지 않을 수 있다. 전체적인 저축 수준이 더 낮아지면 투자 수준이 낮아지고 따라서 성장률이 떨어질 수도 있다. 이러한 상황에서 정부 개입은 시간에 따라 파이가 더 느리게 커지도록 하는 결과를 불러온다. 그러나 불평등을 줄이는 조치들과 경제성장률 사이의 관계는 긍정적인 것이 될 수도 있다. 조너선 오스트리, 앤드루 버그와 차랄람보스 창가리데스가 쓴 IMF 보고서를 인용하면 이렇다. "이 문제를 둘러싸고 상당한 논란이 있지만 (…) 평등을 제고하는 개입은 실제로 성장에 도움이 될 수 있다. 어떤 세금을 (이를테면 금융부문에서 과도한 위험을 안는 것과 같은) 부정적인 외부효과가 있는 활동에 물리고 그 세금을 대부분 부자들이 내는 경우를 생각해보라. 혹은 개발도상국에서 초등학교 출석을 격려하기 위해 시행하는 현금 이전을 생각해보라."[2]

그 효과가 긍정적인지 부정적인지 평가하는 데에는 두 가지 접근 방식이 있다. 첫째는 나타날 수 있는 효과를 이론적으로 따져보는 것이고, 둘째는 비교 가능한 조치들이 현실에서 어떻게 작동하는지 경험적인 증거를 들여다보는 것이다. 나는 여기서 첫 번째 접근 방식에 초점을 맞춘다. 오랫동안 공공정책의 효과에 대한 실증적 연구를 하고 나서 나는 사람들이 머릿속에 그 효과에 관해 강력한 결론에 이르는 이론적 구조를 갖고 있을 경우 그들의 견해를 바꾸는 것은 엄청나게 어려운 일이라는 결론을 내렸기 때문이다. 더욱이 그러한 경험적 증거는 나라에 따라 특수하게 나타나는 경향이 있기에 나는 이 장과 다음 장에서 광범위한 국가들을 다루려고 한다.

상호보완적인 공평성과 효율성

—

경제학 과정의 첫해 학생들을 가르칠 때 나는 대학교수들에게 익숙한 문제에 부딪혔다. 어떤 학생들은 아무것도 모르는 상태에서 시작하고 다른 학생들은 학교에서 경제학을 공부한 적이 있다는 점이다. 문제는 아무것도 모르는 학생들이 낙오하지 않도록 하면서 경제학을 공부해본 학생들의 관심을 유지하는 일이었다. 내가 채택한 한 가지 방법은 질문을 던진 다음 교재 내용과는 다른 답을 주는 것이다. 가장 좋아했던 질문은 "시장임금보다 더 높게 정해진 최저임금은 실업을 불러올 것인지" 묻는 것이다. 최저임금에 대한 질문을 받았을 때 학생들의 전형적인 반응은 노동에 대한 수요 곡선을 그리는 것이다. 이 곡선은 어떤 주어진 임금 수준에서 얼마나 많은 근로자가 고용되는지를 보여주며, 근로자들이 더 비싸짐에 따라 고용주들은 노동력을 줄이기 때문에 이 곡선은 오른쪽 아래로 기울어져 내려온다. 실제로 우리는 이 책의 앞부분에서 임금이 상당히 높을 때 사람들이 기계로 대체될 수 있음을 보았다. 학생들은 그다음에 노동의 공급 곡선을 그려서 고용을 원하는 사람들의 숫자를 나타낸다. 임금 수준이 높을수록 근로자의 공급은 늘어나며 따라서 이 곡선은 오른쪽 위로 올라간다. 아래쪽으로 기울어진 수요 곡선과 위쪽으로 기울어진 공급 곡선이 있을 때 수요와 공급이 균형을 이루는 하나의 교차점이 존재한다. 만약 최저임금이 이 수준보다 위에 정해지면 수요는 공급에 못 미치며 실업이 발생한다.

이것이 교과서에 나오는 답이다. 그러나 도표 9.2에서 보여주는 것처럼 어떤 범위의 임금 수준에서는 공급 곡선이 뒤로 휘어진다고 가정해보자. 예를 들어 노동의 공급이 사람이 일생 동안 얼마나 오랫동안 일을 하느냐에 달려 있다고 가정해보자. 도표 9.2에서 오른쪽으로 움직이

도표 9.2 최저임금의 영향에 대한 다른 관점

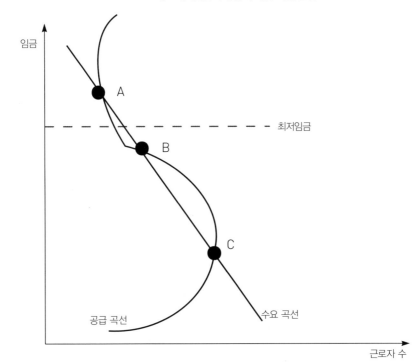

는 것은 사람들이 더 늦게 은퇴한다는 것을 뜻한다. 임금 수준이 낮을 때 사람들은 그와 가족에게 더 절실하게 돈이 필요하므로 계속해서 일을 한다. 그러나 임금이 오르면서 그들은 더 잘살게 되어 보수를 받는 일을 그만두고 손주들과 함께 집에 머물 여유가 있다고 판단한다면 노동의 공급 곡선은 뒤로 구부러진다. 그런데 사람들이 계속 직장에 남아 있고 싶어할 만큼 매력적인 수준으로 임금이 더 오르면 결국 공급 곡선은 다시 오른쪽 위로 올라가기 시작한다. 가장 중요한 점은 수요와 공급 곡선이 교차하는 점이 하나 이상일 수 있다는 것이다. 이는 흔히 간과되는 점을 부각시켜준다. 바로 시장에서 한 가지 이상의 결과가 나

타날 수 있다는 점이다. 사람들은 '시장이 결정하는 것'에 관해 이야기하지만 도표 9.2의 A와 B, C점은 모두 시장에서 나타날 수 있는 결과다. 더 정확히 말하자면, 만약 근로자에 대한 초과 수요가 (실업이) 있을 때 임금이 오른다면(떨어진다면) 그 경제는 A나 C점에 이를 수 있다.(왜 B점은 배제할까?)[3] 이는 제5장에서 제안한 것처럼 정부가 최저임금을 부과하거나 기존의 최저임금을 올리면 결국 경제는 도표 9.2에서 보여주듯이 C점에서 A점으로 옮겨감을 의미한다. 시장에서는 임금이 더 높아지고 실업이 없는 새로운 결과가 나타난다. 이는 모든 사람에게 보편적으로 개선이 이뤄지는 것은 아니다. 후생경제학의 제1정리가 적용된다면 A와 C 모두 파레토효율적이며, C에서 A점으로 옮겨가는 것은 어떤 사람들에게는 안 좋은 상황이 된다는 것을 뜻한다.(예를 들어 자본소득으로 사는 사람들은 임금이 더 높아지는 바람에 가사도우미들의 임금을 올려줘야 한다.) 그러나 당초 시장소득의 분배는 다르다. 도표 9.1에서 시장소득을 나타내기 위해 다른 점이 필요할 것이다. 경제를 분석하는 더욱 깊이 있는 모형에서는 표준적인 질문들에 대한 답이 결국 다르게 나타날 것이다.

이는 여기서 내놓은 제안들에 대해 생각할 때 어떤 관련이 있는가? 내가 첫 번째 사례로 드는 것은 '효율임금efficiency wage'에 관한 것이다.

효율임금과 최저임금

—

나는 국가 최저임금을 상당한 폭으로 올리자고 제안했는데 이에 대한 전형적인 반대로는 최저임금 인상이 고용 감소를 불러오고 따라서 완전고용을 이루려는 노력을 약화시킬 것이라는 주장이 있다. 반대론자들은 고용주들이 왜 임금 비용보다 생산성이 낮은 근로자들을 데리고 있어야 하는가 하고 묻는다. 기술적 변화에 관해 앞서 논의했듯이 여기서 내놓을 대답은 생산성이 고정돼 있지 않다는 것이다. 근로자의 생산성은 향상될 수 있고—새로운 요소로서—근로자의 효율성은 임금 수준과 함께 높아질 수 있다. 일단 고용주가 더 많은 임금을 줌으로써 더 높은 생산성을 얻을 수 있다고 인식하면 그들은 더 이상 완전경쟁시장에서와 같은 방식으로 행동하지 않고 임금 결정자로서 행동한다.

노벨경제학상을 받은 조지 애컬로프와 지금은 연방준비제도이사회 의장인 재닛 옐런이 편집한 『효율임금모형과 노동시장Efficiency Wage Models of the Labor Market』에서 논의한 것과 같이 임금과 생산성 사이에 긍정적인 관련이 있다고 볼 수 있는 몇 가지 까닭이 있다. 역사적으로 이 둘의 관계는 음식의 열량과 같이 이해된 적이 있다. 더 높은 임금을 받는 노동자는 더 많거나 더 좋은 음식을 살 여유가 있었다. "대표적인 노동자가 수행할 것으로 기대할 수 있는 노동의 양은 그의 에너지와 건강, 활력 같은 것에 달려 있으며, 이는 결국 그의 소비 수준에 달려 있는 것이다."[4] 현대 노동시장에서는 더 많은 급여를 받는 종업원이 더 높은 동기부여를 받고 조직에 대한 충성도도 높을 수 있다. 자신의 책상에 '성과급'이라고 써놓은 사람은 그저 농담을 하고 있는 것이 아니다. 성과와 급여가 같이 가도록 연계하는 제도는 불완전한 정보 때문에 생길 수 있다. 고용주는 현실적으로 전체 노동인력 가운데 개별 근로자가 얼마나 열심히 일하는지 완벽하게 감시할 수 없다. 부분적인 감독을 하면서 더 높은 임금을 지급하는 방식을 조합해 활용하면 근로자들이 더 열심히 일하는 쪽을 선택하도록 유도할 수 있다. 이때 더 높은 급여를 받는 일자리를 잃을 수 있다는 위협은 "게으름을 피우지 않게" 하는 유인으로 작용한다.[5] 더 높은 임금을 주는 것은 고용주에게 채용 비용을 발생시키는 근로자의 이직을 억제하는 장치가 될 수 있다. 또는 효율임금은 입사 시점에서 역할을 할 수도 있다. 채용 시점에서 고용주에게 개별 근로자의 생산성에 관한 정보가 부족할 수 있는데, 더 높은 임금을 제시하면 사적으로 다른 응시자들보다 자신이 더 나은 자격을 갖추었음을 알고 있는 구직자들을 끌어들일 수 있다. 물론 각각의 경우 효율임금을 지불하는 데 대한 대안이 있는지 물어야 한다. 예컨대 연공서열에 따라 임금을 올려주는 대안적인 계약도 있을 것이다.

이는 최저임금과 어떤 연관성을 갖는가? 확실히 더 높은 임금을 제시하는 것이 사용자들에게 득이 된다면 그들은 이미 그렇게 하고 있을 것이다. 예를 들어 게으름을 막는다는 논리를 바탕으로 한 분석에서 사용자는 근로자들이 확실히 노력을 기울이게 만들 만큼만 임금을 주겠다고 제시한다. 이때 근로자에 대한 감시를 더 적게 할수록 그들이 게으름을 피우지 않도록 하는 유인으로서 필요한 금액은 더 커진다. 최저임금이 도입된다고 가정하자. 그것이 효과를 내려면 사용자가 선택한 수준보다 높게 책정돼야 하며, 이 경우 사용자는 더 많은 금액을 지불해야 한다. 그러나 가장 중요한 것은 효율임금이 도입되면 사용자들에게도 어떤 이득이 되며 추가적인 임금은 순수한 비용이 아니라는 점이다. 왜냐하면 (법률에 따라) 더 높은 수준에 임금이 책정되면 근로자가 일자리를 잃을 때 부담하는 비용이 커지므로 사용자는 더 낮은 수준의 감시로도 게으름을 피우는 것을 확실히 막을 수 있기 때문이다.(또한 그 근로자가 사용자에게 더욱 충성심을 가질 수도 있다.) 고용 수준이 임금과 감시 비용 둘 다에 영향을 받는다면 서로 균형을 잡아주는 힘이 있다.

단순한 수요-공급 모형에서와 같이 시장에서 나타날 수 있는 결과는 다양하며, 최저임금은 시장의 결과를 저임금에서 고임금으로 이동시킬 수 있다. 이와 함께 조지 애컬로프가 노동시장에 대한 사회학적 논문을 바탕으로 제안한 또 다른 형태의 효율임금론이 제기될 수 있다. 이는 노동 계약을 덜 대립적인 시각으로 보며 이를 '선물 교환'의 한 형태로 다룬다. 여기서 일터의 규범은 근로자들이 더 나은 보수를 받는 대가로 더 많은 노력을 자발적으로 기울이는 것이다. 앞서 제3장에서 논의한 것처럼 이 규범들이 얼마나 널리 확산되느냐에 따라 여러 결과가 나타날 수 있다. 이러한 상황에서 최저임금을 도입하면 사용자들이 감시를 통해 일터의 규율을 유지하는 '나쁜 일자리'를 제공하는 상황을, 사회적 규범을 지킴으로써 열심히 일하도록 보장하는 '좋은 일자리'를 제공하는 쪽으로 바뀌도록 할 수 있다. 정치인들은 자주 '임금 수준이 높은 경제'로 가자고 외치는데 이것이 그 목적을 이룰 수 있는 한 가지 경로다.

제 도 설 계 와 실 업 보 험

미국에서 사회보장에 관한 경제학 연구의 선구자인 마틴 펠드스타인은 언젠가 "나는 실업급여의 금액과 기간을 늘리는 것이 (…) 해고를 부추기고 재고용을 억제할 것이라는 점을 정부가 검토한 적이 없다고 믿는다"[6]고 말했다. 하지만 영국에서는 그렇지 않았다. 한 세기도 더 전에 복지국가를 설계한 이들은, 사회적 보호제도는 반유인들을 피하기 위해 신중하게 설계돼야 한다는 점을 잘 알고 있었다. 1911년 영국 국민보험에 관한 법률의 설계 책임자(허버트 루엘린 스미스 경)는 해고와 자발적 실업의 위험이 늘어난다는 주장을 포함해 새로운 제도에 반대하는 논리로서 제기될 수 있는 쉰두 가지 목록을 작성해 대응하려 했다.[7] 이를 위한 관리 체계가 일하지 않으려고 하는 유인을 줄이는 방식으로 만들어졌고, (직업소개소와 더불어) 노동시장의 기능을 향상시킬 수 있도록 운영됐다. 오늘날 복지국가에 대한 많은 논의는 그 제도적인 특성들을 무시하는데, 이런 면에서 특히 경제학자들의 잘못이 크다. 무엇보다 사회보험급여를 올리고 대상자의 범위를 넓히자는 제안들에서 그렇다. 예를 들어 실업급여 제도를 다룰 때 급여를 지급하는 조건들은 거의 함께 고려되지 않는다. 실업급여를 '일하지 않는 동안 받는 임금'으로 취급하는 것은 사회적 보호제도가 경제정책의 요소에 반하는 것이 아니라 그 요소와 함께 작동하도록 보장하기 위해 도입한 바로 그 특성들을 무시하는 것이다.

표준적인 경제학 교과서에서 실업에 대한 분석은 실업급여를 주는 것이 높은 실업의 원인 중 하나라고 결론짓는다. 안전망이 있으면 사람들이 일자리를 찾는 데 더 오래 시간을 쓰고, 일자리 제안을 거절하며, 게으름을 피워 일자리를 잃을 위험을 더 기꺼이 감수한다는 주장이다. 하지만 이 분석은 일반적으로 다음과 같은 가정들에 바탕을 두고 있다.

  a. 급여는 일자리를 잃은 이유와 상관없이 지급된다.
  b. 과거 취업 때의 기여금에 관한 조건들이 없다.
  c. 구직활동을 해야 한다거나 새 일자리를 얻을 가능성에 대한 조건들이 없다.
  d. 일자리 제안을 거절했을 때 불이익이 없다.
  e. 급여가 기간 제한 없이 지급된다.
  f. 급여를 받을 자격과 급여의 액수는 신청자나 다른 가구 구성원이 다른 곳에서 벌어들이는 소득과 가구의 자산 수준에 영향을 받지 않는다.

현실에서 제도의 세부 내용은 매우 다르며 이러한 가정들은 맞지 않는다. 전형적인 실업보험제도에서 급여는 비자발적으로 일자리를 잃은 사람들에게만 지급된다. 자발적으로 일자리를 떠났거나 잘못을 저질러 해고된 이들은 수급 자격이 없다. 현실 세계의 사회보험 대상은 기여 조건들을 충족하는 이들에게 한정된다. 실업보험급여를 받으려면 신청자들은 일반적으로 최근 보험 적용 대상이 되는 일자리를 가지고 있었어야 하며, 이때 평생에 걸쳐 일하는 동안 적어도 얼마간의 기여를 해야 한다는 조건이 있을 수 있다. 보통 신청자들은 그들이 적극적으로 일자리를 찾고 있으며, 일자리 제안이 들어오면 받아들일 태세가 돼 있음을 증명할 수 있어야 한다.(예를 들어 아이를 맡길 준비가 돼 있어야한다.) 고용서비스 기관에 등록하는 것은 표준적인 조건이며 적합한 일자리 제안을 거절하는 것은 급여 지급을 끝내거나 중단할 수 있는 사유가 된다. 보험급여는 일반적으로 제한된 기간에만 지급된다.[8]

이 모든 제도적인 조건은 실업자가 돼본 이들에게는 익숙한 것이지만 통상의 경제학 분석에는 빠져 있다. 이는 문제가 되는가? 짧게 대답하자면 "그렇다." 이는 두 가지 면에서 문제가 된다. 첫째, 급여를 지급하는 현실세계의 조건들은 경제학 분석에서 핵심적인 단계들이 현실을 따라가지 못한다는 것을 의미한다. 예컨대 구직활동을 분석하는 모형은 실업자들이 X달러나 Y파운드의 보수를 줄 때에만 일자리를 받아들이겠다는 식의 유보임금(용어풀이 참조—옮긴이) 전략을 택할 수 있다고 가정한다. 그러나 행정 당국이 일자리 제안을 거절할 수 없다는 수급 자격 조건을 실행하면 그러한 전략은 실패할 수 있다. 다른 사례를 들어보면 위에서 설명했듯이 일을 '게을리하는' 것에 대한 감시를 분석하는 모형은 태만을 이유로 해고된 근로자의 대비책이 실업급여를 받는 것이라고 가정한다. 그렇다면 급여 혜택이 있기 때문에 일을 게을리하지 않도록 유인하기 위해 주어야 할 효율임금이 올라가고, 따라서 고용 수준이 줄어든다. 하지만 일을 게을리한다는 이유로 해고하는 것은 '부당노동행위' 규정을 어긴 것으로 밝혀질 가능성이 크고, 이 경우 그 주장은 무너지며 우리는 급여 혜택이 실업을 불러올 것이라고 결론 내릴 수 없다. 그러한 결론은 잠재적으로 일할 유인을 줄이는 효과를 피하려고 만든 바로 그 제도적 특성을 없는 것으로 가정한다. 제도의 실행이 완전하지는 않을지 모르지만 실업급여를 받는 것은 보장되지 않는다. 마찬가지로 기여 조건들을 소홀히 하는 것은 표준적인 분석에서 실업보험의 중요한 측면이 빠져 있다는 것을 의미한다. 그러한 보험이 없을 때 근로자들은 그 위험에 대해 보상을 받기 위해 더 높은 임금을 필요로 할 테고, 더 높은 임금은 고용을 감소시킬 것이다.

사회보험은 비공식 경제나 가정경제가 아닌 시장경제에서 하는 일의 매력을 높여 사람들을 노동시장에 참여할 수 있도록 하는 데 도움을 준다. 실업급여를 받을 자격이 없어질 때 사람들은 노동시장에서 완전히 이탈할 수 있다. 데이비드 카드, 라지 체티와 안드레아 웨버가 보기에 이는 급여 기간이 끝나는 주간에 실업자 등록으로부터 이탈이 급증한다는 발견에 대한 다른 관점을 보여준다. 그들은 오스트리아의 통계를 이용해 구직자들이 실업급여를 다 써버릴 때까지 일터로 돌아가려고 기다리는 것이 아니며, 급여 기간이 끝날 때 그냥 실업자 등록에서 이탈하는 것이라고 밝혔다. 그들의 지위는 다시 분류되지만 그들의 실제 행동은 달라지는 것이 없다. 실업보험UI의 왜곡 효과는 "이 보험이 일을 하는 기간에 어떻게 영향을 미치는지에 달려 있기 때문에 [실업자 등록으로부터 이탈이 급증하는 현상은] 실업보험급여 때문에 생기는 도덕적 해이의 심각성을 상당히 과장하는 것일 수 있다."[9]('도덕적 해이' 는 위험에 대한 보상을 받을 수 있게 됨에 따라 반유인이 생기는 것을 일컫는다.)

내가 제안한 것 가운데 두 가지 요소가 실업자들의 소득을 받쳐주는 정책의 효과를 높이는 데 도움을 줄 수 있다. 실업보험을 되살리고 자녀수당을 큰 폭으로 늘리는 것이다. 공평성의 측면에서 나타난 이러한 이득은 효율성의 측면에서 얼마나 대가를 치르고 얻은 것인가?(여기서 나는 이득을 계산할 때 오로지 급여만 고려하며 추가적인 기여금이나 세수 효과는 포함하지 않았다.) 자녀수당의 경우 노동시장에서의 지위와 상관없이 지급되며, 실업자가 일터로 돌아가는 문제를 결정하는 측면에서는 그 효과가 중립적이다. 하지만 자녀수당은 어떤 사람이 새 일자리를 얻고 또 잃어도 계속해서 얻을 수 있는 안정적인 소득의 원천이라는 점에서 긍정적인 효과를 낼 수 있다. 실업급여 신청과 관련된 불확실성을 볼 때 이 수당은 어떤 사람이 실업급여를 그만 받고 일자리를 받아들이도록 격려하는 중요한 요인이 될 수 있다.

실업보험의 경우에서 나는 유인을 떨어트리는 잠재적인 효과가 왜 과장됐으며 실업보험이 어떻게 긍정적인 역할을 할 수 있는지를 설명했다. 여기에는 중요한 고려 사항이 하나 더 있다. 실업보험급여는 개인을 대상으로 지급되는 반면 소득 조사에 기반한 실업 보조금은 가족 전체의 소득을 바탕으로 계산하며 별개의 수급 단위에 지급된다. 이는 부부의 경우 배우자 한쪽이 급여를 받으면 다른 쪽의 유인을 떨어트리는 심각한 효과가 나타날 수 있음을 의미한다. 그들이 보수를 받는 일자리를 받아들여서 얻는 이득이 아주 적을 수 있기 때문이다. 여기에서 제안한 개선된 실업보험은 소득 조사에 대한 의존도를 줄여줄 것이며, 이러한 조치들은 그 배우자의 유인을 향상시켜줄 것이다. 이 경우 사회보험을 더 많이 활용하면 파이의 크기에도 긍정적인 효과를 미칠 수 있다.

노동시장 문제는 이쯤하고 이제 여기서 제안한 조치들이 자본시장에 미치는 영향으로 넘어가보자. 여기에는 소액 저축자들을 위해 실질수익률이 소득 증가율을 따라가도록 보장하는 정부 채권을 발행하고, 모든 사람에게 기초자본을 나눠주며, 국가연금을 크게 늘리고, 국부펀드에 국가의 재산을 축적하는 것이 포함된다. 이러한 조치 가운데 몇몇은 일이나 저축에 대한 의욕을 떨어트릴 수 있다. 국가연금을 늘리면 연금생활자들이 계속해서 일할 필요가 줄어든다. 슈퍼마켓에서는 계산대에서 일하거나 진열대에 물건을 쌓을 연금생활자를 채용하기가 힘들어질 것이다. 앞서 논의했듯이 연금을 늘리면 현재와 미래의 연금생활자들은 앞날을 준비해야 한다는 압박을 덜 느끼게 되므로 저축률이 낮아진다. 사적연금의 형태로 저축하는 돈은 줄어들 것이다. 수익률을 높이면 저축은 더 매력적인 것이 될 수 있지만, 일정한 생활수준에 이르기 위해 저축해야 할 금액 또한 줄어든다. 사람들이 목표를 갖고 저축을 하는 경우 수익률이 높을수록 목표에 이르기가 더 쉬워지며, 따라서 그들은 저축을 더 적게 한다. 기초자본을 나눠주는 것도 계산에 넣고 그 가능성을 검토하는 것도 필요하다. 젊은이들이 성년에 이를 때 일정액의 자본을 받게 되면 그에 따라 부모와 조부모 그리고 다른 친척들이 그들을 재정적으로 도울 필요를 덜 느끼게 될 수 있다. 이는 결국 나이 많은 세대의 저축과 근로 행태에 영향을 미쳐 그들의 저축과 노동시장 참여가 줄어들 수 있다.

다른 한편으로 생산과 성장에 관한 한 이 제안들이 긍정적인 효과를 낼 수도 있다. 첫째, 사회보험 개혁과 참여소득 그리고 다른 조치들의 목적 가운데 하나는 소득 조사를 바탕으로 급여 혜택을 주는 체제에 대한 의존도를 줄이는 것이다. 영국의 경우 국가연금을 올리면 어떤 사람들은 연금보장공제나 저축공제를 받을 수 있는 기준선 위로 올라가게 된다. 제8장에서 지적했듯이 여기서 제안한 최저연금보장제도는 전체 연금소득에 대한 조사를 요구하지만 연금 체계 바깥에서 하는 저축에 대해서는 조사하지 않는다. 노년의 급여를 소득 조사를 바탕으로 주는 것은 중요한 문제가 된다. 이런 급여가 있으면 소득 증가에 따른 급여 감소율이 높기 때문에 저축을 억제하는 효과를 낸다. 사람들이 더 많이 저축할수록 이전 혜택을 더 적게 받는 것이다. 여기에 '저축의 함정'이 있다. 이런 제도에 대한 의존도를 줄이면 노년을 위한 저축이 더 많은 사람에게 더 값어치 있는 일이 될 것이다. 우리는 빈곤을 줄이고 저축을 늘리는 목표를 이룰 수 있다.

두 번째로 고려할 것은 효과 면에서 그다지 분명하지 않다. 이는 자본시장과 기업의 장기 투자 결정에 미치는 영향과 관련이 있다. 경제학자들은 경제성장에 대한 분석에서 저축의 역할을 강조하는 경향이 있다. 이때 저축의 변화는 자동적으로 투자의 변화를 불러온다고 가정한다. 그러나 저축이 투자로 변환되는 것은 자본시장이 어떻게 작동하는지 그리고 기업들의 투자 계획이 어떤 요인에 따라 결정되는지에 달려 있다. 여기에 불평등을 줄이기 위한 제안들은 기본적인 국가연금의 핵심적인 역할을 되살림으로써 사적연금을 향해 나아가는 움직임을 적어도 부분적으로는 반전시키려 한다는 점에서 영향을 미친다. 최근 몇 십 년 동안 국가연금들을 줄인 결과 기업 주식의 대부분을 보유하고 있는 사적연금기금들이 성장하게 됐다. 이는 역설적으로 연금기금들이 단기적인 수익성을 더 강조하게 되는 결과를 가져왔다. 연금기금들은 본래 장기적인 저축과 관련된 기관들이기 때문에 나는 '역설적'이라는 말을 썼다. 그러나 기금 운용자들의 주된 관심이 즉각적인 투자 성과에 있다는 것은 이 시장에서 이뤄지는 경쟁의 특성이다. 앞서 논의한 기업 소유권과 통제권 사이의 관계 때문에 연금기금들의 목표는 문제가 된다. 연금기금은 현재와 미래의 연금 가입자들이 간접적으로 소유하지만, 통제권은 짧은 시계를 가진 기금 운용자들에게 주어져 있다. 주식의 의결권을 행사하는 이는 기금 운용자들이다. 국가연금을 혁신하여 사적연금에 대한 의존도를 줄이는 만큼 단기적인 수익률을 중요시하는 태도를 줄이고 기업들이 사업 확장과 성장에 투자하도록 이끌 수 있다.[10] 마찬가지로 핵심적인 기업들의 소수 지분을 보유하는 국가 소유 투자기금을 설립하면 이는 단기적인 투자 결정을 확실히 줄이는 쪽으로 작동할 수 있다.

앞 문단의 주장은 우회적인 것으로 보일 수도 있다. 그러나 이는 경제와 사회 체계에 대해 통합적인 관점이 필요하다는 점을 강조하는 것이다. 정책의 한 부분—연금 정책—에서 이뤄지는 변화는 산업 정책에도 시사점을 지닐 수 있다. 불평등에 대한 분석이 경제학의 주류에서 별개의 분야로 떨어지지 않고 그 주류의 중심에 있어야 하는 것은 이 때문이다.

푸딩의 증명

—

이 장에서 지금까지 나는 불평등을 줄이기 위한 제안들이 파이의 크기에 영향을 줄 수도 있고 주지 않을 수도 있는 선험적인 이유들을 검토했다. 나는 공평성과 효율성 사이에 자동적으로 추론할 수 있는 것은 없다고 주장했다. 일단 실제 경제는 완전히 경쟁적이고, 완전한 정보를 이용할 수 있으며, 수요와 공급이 완전히 일치하는 이상적인 시장과 거리가 있다는 것을 인정하면 (제안한 개혁이 이뤄지기 전과 후의) 두 가지 차선의 상황을 비교할 수 있으며, 그 개혁들은 효율성을 떨어 트리기보다 높여주는 측면이 있다. 소득 조사를 바탕으로 한 급여 체계를 바꾸면 빈곤의 덫을 만드는 요소들을 제거할 수 있고, 사회보험을 강화하면 노동시장 참여도를 높일 수 있으며, 기초자본을 나눠주면 젊은 사람들이 그들 자신의 사업을 일으킬 수 있고, 저축에 대해 수익률을 보장해주면 은퇴한 사람들의 소득에 대한 불확실성을 줄일 수 있다. 이와 동시에 나라 경제의 생산이 줄어들 수도 있는 어떤 측면들이 있다. 예를 들어 더 적절한 수준의 국가연금은 사람들의 은퇴를 앞당길 수도 있다. 그리고 어떤 개혁들에 대해서는 이것이 경제적 성과에 어떤 방향으로 영향을 미칠지 평가하기 어렵다. 그러므로 우리는 불평등이 더 낮아질 때 실제로 무슨 일이 일어날지 살펴봐야 하지 않겠는가? 영국 속담에도 있듯이 확실히 "먹어봐야 푸딩 맛을 알 수 있는 것 아닌가?"

제1장에서 우리는 유럽의 일부 OECD 국가가 전체 소득의 불평등을 가늠하는 지니계수에서 영국이나 미국보다 5퍼센트포인트 이상 낮다는 것을 보았다. 그들은 더 나쁜 성과를 냈는가? 도표 9.3은 우리가 동태적인 관점을 취해서 사반세기 전으로 거슬러 올라가 당초의 전반적인 불평등 수준과 관련지어 1990년부터 2013년까지 GDP 성장률을 검토하면 무엇을 발견할 수 있는지를 보여준다.[11] 당초의 지니계수는 1990년(또는 그에 가까운 해)의 숫자이며 제1장에서 보여준 것과 같다. 이는 같은 출처에서 나온 자료로서 여러 나라에 걸쳐 가능한 한 비교하기 쉽게 작성한 것이다.(특히 중남미 국가들과 중국, 인도와 같은 일부 국가는 최근까지 불평등에 관한 자료를 이용할 수 없었다.) 성장률 수치는 세계은행이 모은 세계발전지표에 실린 연간 성장률을 취합한 것이

며, 각국의 국내 인플레이션을 고려한 일인당 실질소득 증가율을 나타낸다.[12]

여기서 무엇을 발견할 수 있는가? 이 그래프의 오른편에는 불평등 수준이 높은 나라들이 있다. 이 그룹에는 중국이 포함되는데, 연평균 9퍼센트 넘게 성장하는 이 나라는 성장률이 너무 높아 그래프에 나타나지 않는다. 중국처럼 성장률이 높은 경우도 있지만 다른 경우는 성장의 활력이 더 떨어진다. 지니계수가 35퍼센트를 밑도는 구간에 있는 나라들을 보면 성장률이 매우 다양하게 나타나는 것을 볼 수 있다. 이 자료에서 명쾌한 관계는 드러나지 않는다. 폴란드의 성장률은 높다. 아일랜드는 경기 침체기가 있었는데도 성장률이 높다. 하지만 이들 수치는 국내총생산에 대한 것이며 (해외로 나가는 이익을 고려한) 국민총생산 성장률은 더 작다는 점을 기억해야 한다. 영국과 미국의 일인당 GDP의 연평균 성장률은 각각 1.7퍼센트와 1.5퍼센트였다. 어떤 나라들은 성장률이 비슷했지만 지니계수는 더 낮았다. 독일은 지니계수가 이들보다 6퍼센트포인트 낮았고, 오스트리아는 10퍼센트포인트 이상 낮았다. 이 기간에 유럽연합이 동유럽으로 확장한 것이 이 두 나라의 성장에 도움을 주었을 수도 있다. 핀란드는 오스트리아와 비슷한 수준의 불평등을 보이고 있지만 성장률은 한 해 평균 1.3퍼센트로 더 낮았다. 그러나 핀란드는 옛 소련과 교역이 무너지면서 경제적으로 큰 타격을 받았다. 1990년대 중반 이 나라의 일인당 GDP는 1990년보다 10퍼센트 이상 낮은 수준이었다. 더욱이 1990년대 초에 다른 노르딕 국가들(노르웨이와 스웨덴)뿐만 아니라 핀란드에서도 은행 위기가 있었다. 핀란드와 스웨덴의 성장률을 1995년부터 계산하면 연평균 2퍼센트를 넘었을 것이다.

도표 9.3에서 보여주는 구도를 이해하려 하다 보면 우리는 각국의

도표 9.3 주요국의 불평등(1990년)과 성장(1990~2013년)

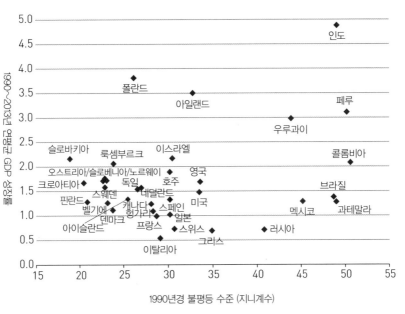

1990년경 불평등 수준 (지니계수)

이 그래프는 한 나라의 (지니계수 퍼센트 단위로 측정한) 1990년경 불평등이 1990년부터 2013년 까지 그 나라의 국내 불변가격으로 측정한 일인당 GDP 연평균 성장률과 어떤 관련이 있는지를 보여준다.

특수한 사정을 이야기하게 된다. 이는—어떤 인과관계도 그 반대 방향 으로 작용할 수 있다는 점에 더해서—이처럼 여러 나라에 걸친 증거를 이용하는 데 심각한 문제를 불러온다.[13] 우리가 경제적 성과에 영향을 미치는 다른 모든 요인을 일정한 상태로 유지하는지는 분명하지 않다. 하나의 푸딩은 다른 것보다 맛이 좋을 수 있으며 우리는 더 맛있는 푸 딩이 더 많은 브랜디를 넣어 만든 것이라는 사실을 알 수 있다. 그러나 푸딩의 다른 모든 성분을 알지 못하는 한, 술을 더 넣었기 때문에 맛이 더 좋아졌다고 할 수 없다. 물론 푸딩이라면 우리는 똑같은 것을 두 개 만들면서 한쪽에 브랜디를 더 많이 넣어볼 수 있다. 그러나 경제적 성과에 대해서 그렇게 하는 것은 쉽지 않다. 앞서 나는 경제학자들이 채택한 '차이들 중의 차이' 접근 방식에 대해 이야기했다. 지금 하는 이야기의 맥락에서 이러한 접근 방식은 **경제적 성과의 변화와 불평등의 변화**를 맞춰보는 것을 가리킨다. 이는 여러 나라의 자료를 시간의 흐름에 따라 살펴보는 것이다. 우리가 앞서 보았듯이 불평등 수준에 변화가 나타난 기간들이 있었다. 실제로 지난 70년 동안 유럽에서는 처음에 불평등 수준이 떨어졌다 다시 올랐다. 두 번째 기간에 경제 성과가 더 뛰어났는지는 분명하지 않다. 하지만 생산과 성장의 다른 잠재적인 결정요인이 여럿 있으며 우리는 그 요인들을 일정하게 유지하지 못한다. 이는 성장에 관한 국가 간 연구에서 잘 알려진 문제다. 스티븐 덜라우프는 이렇게 지적했다. "성장에 관한 실증적인 연구의 문제는 이론들이 다양하다는 점이다. 1998년 덜라우프와 쿠아는 성장을 실증적으로 연구한 논문들을 조사해 아흔 가지 이상의 서로 다른 변수가 제시된 것을 발견했다. (…) 그 조사 이후에도 여러 새로운 변수가 등장했다. 이들 변수 각각은 내가 보기에 적어도 부분적으로는 성장의 결정 요인으로서 최소한 어느 정도는 사전적인 타당성을 지닌다. 이용할 수 있는 자료에 비해 변수가 될 만한 것이 이렇게 많다는 점은 당연히 염려할 만한 사실이다."[14] 연구 대상 국가들의 경우 우리는 관련 변수 가운데 어느 것이 문제의 기간에 변했는지 물어봐야 한다.

우리가 알고 싶어하는 것은 불평등을 낮추기 위해 활용된 도구들, 특히 조세와 재분배 정책이 성장에 어떤 영향을 미쳤는가 하는 것인데, 도표 9.3은 단순히 성장과 불평등 사이의 관계만 보여준다는 비판을 받을 수 있다. 최근 IMF 연구에서 강조한 것처럼 이는 다른 문제다. 이는 또한 여러 나라에 걸쳐 있는 자료를 가지고 답하기는 어려운 문제다. 복잡한 조세-급여 체계가 재분배 효과를 얼마나 내는지를 나타내는 하나의 지수(또는 소수의 지수들)로 그 정책의 영향을 종합해야 하기 때문이다. 조세–급여 체계의 영향을 나타내는 날것 그대로의 매개 변수들은 헤아릴 수 없이 많다. 영국의 경우 제11장에서 제시된 세부적인 방안들의 모의실험에는 서로 다른 서른두 가지 변수가 포함되며 그 각각은 잠재적으로 서로 다른 영향을 미친다. 오스트리, 버그와 창가리데스가 수행한 IMF의 연구에서 재분배를 위해 재정적 수단을 얼마나 활용했는지는 하나의 전반적인 지표로 측정된다. 시장소득의 지니계수와 순소득의 지니계수 사이의 차이가 그것이다.[15] 이는 제2장에서 살펴본 차이와 비슷한 것인데, 제2장에서는 시장소득이 조세와 급여에 충분히 영향을 받을 수 있기 때문에 시장소득 지니계수가 재분배 조치들이 없을 경우에 관찰되는 지니계수와 반드시 같은 것은 아니라고 지적했다. 실제로 이는 논의되고 있는 문제다. 이와 같은 구체적인 분석 모형을 설계하는 문제와 더불어 위에서 이야기한 아흔 가지 넘는 다른 변수 가운데 어느 것을 통계 분석에서 통제변수로 포함해야 하는지를 결정할 필요가 있다. 그 어려움은 오스트리, 버그와 창가리데스가 잘 설명했는데, 이들은 다음과 같이 지적했다. "기준이 되는 모형을 설계하는 데 있어 어느 정도 겸손할 필요가 있다. 성장에 관한 실증 연구에서 정확히 어떤 일련의 통제변수들이 포함돼야 하는지에 대해 모두가 동의하는 합의는 없을 뿐만 아니라 우리의 경우 통제변수 사이의 복잡한 일련의 상관관계가 모형 설계 문제를 상당히 더 까다롭게 만든다.(예를 들어 불평등은 물질적 자본 또는 인적 자본 투자를 통해서뿐만 아니라 다른 경로를 통해서도 성장에 영향을 미친다.)"[16] 심지어 자료를 이용할 수 있는지 그리고 그 질적 수준은 어느 정도인지 고려하기도 전에 우리는 통계 분석 모형을 만드는 데 다른 선택을 할 수 있는 여러 가지 길이 있다는 것을 알 수 있다. IMF가 한 것과 같은 여러 연구의 결론들은 그와 같이 해석해야 한다.(IMF는 "재분배는 일반적으로 성장에 미치는 영향 면에서 양호한 것으로 보인다"고 밝혔다.)

간추리기

—

지금까지의 이야기를 간단히 요약하면, 명백한 증거는 없다는 것이다. 여기서 제안한 것과 같은 불평등을 줄이기 위한 조치 가운데 몇몇은 파이의 크기에 부정적인 영향을 미칠 수 있다. 그 가능성을 배제하기란 힘들다. 그러나 일반적으로 이런 일이 일어나리라고 가정하거나 성장률이 떨어질 것으로 추측할 수는 없다. 공평성과 효율성 사이에 피할 수 없는 충돌이 생길 것이라는 선험적인 견해는 그 바탕에 깔린 가정들을 검토할 경우 사실로 증명되지 않는다. 복지국가의 영향에 대한 표준적인 경제학 분석은 사회적 보호 제도의 설계에 내장된 안전장치들을 무시한다. 이러한 분석은 일반적으로 복지국가가 경제적 성과에 긍정적인 기여를 할 가능성을 무시하는 경제적 행동 모형에 바탕을 두고 있다. 재분배를 하려면 그를 위한 재원 조달이 필요하다. 하지만 더 많은 급여와 마찬가지로 더 많은 세금의 영향에 관한 분석은 교과서의 단순한 모형들이 제시하는 것보다 더 복잡하다. 더욱이 이 제안들은 긍정적인 유인 효과를 지니고 있다. 최저임금을 올리면 노동시장 참여와 기술에 대한 투자를 늘릴 수 있고, 소액 저축자들을 돕는 제안을 실행하면 부의 축적을 촉진할 수 있으며, 기초자본을 나눠주면 젊은이들의 기회가 확대될 것이다.

10장

세계화가
행동을
막는가?

이 책에서 나는 OECD 국가들에서 불평등을 줄이기 위한 방안들을 제시했다. 이에 대해 분명히 다음과 같은 반응이 나올 것이다. "좋은 제안이지만 우리는 그러한 길을 추구하지 못하는 세계에 살고 있다." 우리는 과거에도 그러한 포부를 가졌을 것이다. 그러나 반대론자들이 볼 때 오늘날 세계화된 경제에서 더 공정한 소득 분배는 우리가 가질 만한 여유가 없는 하나의 사치품이다. 어떤 나라든 그 길을 따라가면 세계 시장에서 더 이상 경쟁력을 지닐 수 없기 때문이다. 국내에서 파이의 크기가 줄어들지 않는다고 해도 우리는 외부적 제약들에 부딪힌다. 이러한 관점에서 보면 복지국가와 누진적인 과세, 임금 정책의 구상, 완전고용 목표는 모두 역사 속으로 밀려난다. 이런 것은 21세기에 설 자리가 없다. 여기에는 사실 이 제안들에 대해 서로 관련돼 있지만 다른 두 가지 형태의 반대가 있다. 첫 번째 반대 논리는 전체 OECD 국가 또는 더 좁게 보아 전체 유럽연합 국가들이 새롭게 산업화되고 있는 세계와의 경쟁에 직면했을 때 여기서 제안한 것과 대체로 비슷한 정책들을 추구할 역량이 있느냐 하는 것이다. 두 번째 반대 논리는 다른 OECD 국가들이 현재의 정책을 바꾸지 않고 계속 유지하는 상황에서 단일 국가가 재분배 정책들을 채택하고 사회적 지출을 늘릴 여지가 있느냐 하는 것이다.

이는 실질적인 걱정거리들이며 나는 이를 심각하게 받아들인다. 우리는 세계가 어떻게 발전해나갈지에 대해 아는 것이 거의 없기 때문에 이런 반대를 일축하는 것은 참으로 분별없는 일일 것이다. 내가 이 책을 10년 전에 썼다면 세계 경제의 전망은 2015년의 그것과는 매우 다르게 보였을 것이다. 잠재적으로 세계 경제에 영향을 미칠 수 있는 (특히 기후변화와 중국, 러시아와의 정치적 관계를 비롯한) 중요한 힘들이 있으며, 나는 그것들을 평가할 능력이 없다. 그 대신 나는 경제적인 면에서 우리 미래를 완전히 비관적으로 보지 않는 세 가지 이유를 제시한다. 첫 번째 이유는 제안한 조치들의 주된 요소 가운데 하나—복지국가—가 유럽에서 19세기의 세계화 기간에 발원했다는 사실이다. 그러므로 현재의 세계화 기간이 그와 상반되는 반응을 이끌어내도록 한다는, 즉 내가 여기서 주장한 것처럼 우리가 불평등 증가에 대한 대응으로 복지국가를 강화하기보다 그것을 해체하도록 강요한다는 것은 의아한 이야기다. 오늘날 세계화의 형태는 다를 수 있지만 일자리와 임금 측면의 영향은 비슷하다. 내가 낙관적인 두 번째 이유는 국가들이 세계의 발전에서 단순히 수동적인 대리인이 아니라는 점에 있다. 이 책의 중심적인 주제는 오늘날의 높은 불평등을 우리가 통제할 수 없는 힘들의 산물로 보는 견해는 잘못이라는 것이며, 세계화에 대해서도 마찬가지 논리가 적용된다. 세 번째 이유는 국제적인 협력의 가능성에 대해 다소 낙관할 수 있다는 점이다.

역사 속의 복지국가

—

세계화는 새로운 것이 아니다. 위키피디아의 설명은 다음과 같은 사실을 상기시킨다. "19세기에는 현대적인 형태에 가까운 세계화가 찾아왔다. 산업화는 인구가 빠르게 늘어나면서 상품에 대한 지속적인 수요가 창출되는 동안 규모의 경제를 이용해 가정에서 쓸 물건들을 싸게 생산할 수 있도록 해주었다."[1] 내가 강조하고 싶은 것은 그와 같은 시기에 핵심적인 제도 가운데 하나—유럽의 복지국가—가 나타났다는 사실이다. 그런데 오늘날은 세계화로 그 복지국가의 존립이 위협받고 있다고 한다.

사회적 보호를 위한 핵심적인 제도를 만들어내도록 압력을 가한 것은 산업혁명과 더불어 발전한 현대적인 고용관계였다. 산업사회의 고용이 의미하는 것은 많은 근로자에게 실업이나 질병, 은퇴가 곧 소득을 완전히 잃어버리는 상황에 직면하게 된다는 것이었다. 이는 19세기 말이나 20세기 초에 실업보험, 산업재해 급여, 질병보험, 노령연금 제도를 확립하도록 했다. 산업체에 고용된 근로자들은 산업재해와 같은 개인적인 불운 때문이든 일반적인 경기 침체 때문이든 간에 갑자기 스스로 부양할 수단을 잃어버릴 수 있었는데, 이 새로운 제도들은 그들의 위험을 떠안았다. 그러한 길을 앞장서서 간 독일에서는 비스마르크식 사회보험 체계를 도입하는 데 몇 가지 동기가 있었다. 그중에는 노동자 조직들이 일어나고 사회주의 사상이 퍼지는 상황에 맞닥뜨려 정치적, 사회적 안정을 유지할 필요가 있었다는 점도 포함됐다. 그러나 유럽이 세계화가 진행된 1870~1914년 기간 중 더 격렬한 경쟁에 노출됐을 때 변덕스러운 고용 상황에서 생긴 사회적 보호의 필요성이 커다란 요인이었다.

때로 복지국가가 두 차례 세계대전 사이 기간에 시작됐다는 주장이 제기되기 때문에 현대 복지국가가 일찍이 제1차 세계대전 이전에 나타난 세계화 시대에 기원을 두고 있다는 점은 강조돼야 한다. 미국에서 26대 대통령(1901~1909년 재임) 시어도어 루스벨트가 아니라 32대 대통령 프랭클린 루스벨트가 재임한 1930년대에 노령·유족보험이 시작된 건 사실이다. 여러 가지 유럽 사회보장 프로그램에 따른 지출이 늘어난 때가 두 차례 세계대전 사이의 기간이었다는 것도 맞다. 그러나 이와 같은 제도 가운데 많은 것이 1914년 이전에 시작됐다. 표 10.1을 보라.[2] 미국의 어떤 평론가는 이렇게 묘사했다. "유럽에서 사회보험을 위한 복잡한 법률 체계가 빠르게 발전했다. (…) 노르웨이의 얼어붙은 해안에서 햇살 가득한 이탈리아에 이르기까지, 가장 먼 동쪽 나라에서부터 스페인에 이르기까지 전 유럽이 게르만족이나 색슨족, 라틴족, 슬라브족 가릴 것 없이 같은 길을 따라갔다. (…) 사회보험을 확립하기 위한 운동은 우리 시대의 가장 중요한 세계적인 운동 가운데 하나다."[3] 이는 1913년에 쓴 글이다.

내가 이 시기를 강조하는 이유는 유럽에서 복지국가 프로그램을 도입한 것이 경제적인 목표를 이루는 데 있어 경쟁적인 관계보다는 보완적인 관계를 나타낸 것으로 인식돼야 하기 때문이다. 유럽 복지국가 초기에 사회·경제 정책들은 같은 방향으로 작동하는 것으로 인식됐다. 이러한 견해는 몇십 년 동안 유지됐다. 영국에서 베버리지가 1942년에 전후 사회보장을 위한 계획을 입안했을 때 특히 사회적 이전이 자동적인 경기 안정화 장치들을 제공하는 역할을 함으로써 거시경제 정책과 사회 정책이 함께 작동하도록 보장하기 위해 케인스와 협력했다. 미국에서 모지스 아브라모비츠는 "최저소득 보조, 의료, 사회보험과 복지국가의 다른 요소들은 (…) 그 자체로 생산성 증가의 한 부분"이라고 주장

표 10.1 제1차 세계대전 이전 세계화 시대의 사회보장 입법

1881년	독일 황제 빌헬름 1세, 노령자를 위한 사회보험 제안.
1883년	독일, 산업체 근로자들을 위해 국가가 강제하는 의료·출산보험 도입.
1885년	오스트리아, 강제적인 의료보험 채택.
1889년	독일, 노령자를 위한 사회보험 도입.
1891년	덴마크, 기여금 없는 노령연금 도입.
1891년	헝가리, 강제적인 의료보험 채택.
1895년	핀란드, 산업재해 보상을 위한 법률 채택.
1898년	뉴질랜드, 기여금이 없는 노령연금 도입.
1900년	스페인, 산업재해 보상을 위한 법률 도입.
1901년	네덜란드, 그리스, 스웨덴, 산업재해보상법 채택.
1901년	벨기에, 겐트 시스템Ghent system 실업보험 채택.
1902년	미국, 메릴랜드 주에서 첫 근로자 산업재해 보상법 발효(1904년 위헌 판결).
1905년	프랑스, 실업급여를 주는 자발적 상호부조 단체에 대한 정부 보조금 도입.
1907년	미국, 첫 연방 고용서비스 도입.
1908년	영국, 기여금 없는 연금 도입.
1909년	노르웨이, 강제적인 질병보험 프로그램 도입.
1909년	미국, 의회에서 첫 연방 노령연금제도 도입.
1911년	영국, 실업보험과 국민의료보험 제도를 도입하는 국민보험법National Insurance Act 제정.
1911년	이탈리아, 전국적으로 강제적 출산보험 체계 도입.
1911년	미국, 위스콘신 주에서 처음으로 합헌으로 인정될 산업재해 보상법 발효.
1913년	스웨덴, 보편적 국민연금 체계 도입.

출처: 미국 사회보장청 웹사이트, 사회보험과 사회보장제도의 상세한 연표, http://www.ssa.gov/history/chrono.html.

했다.[4]

　나중에 1980년대와 1990년대에 가서야 지배적인 견해가 바뀌어 사회적 보호가 경제 성과에 보완적이라기보다 방해가 된다고 보게 되었다. 실업급여는 실업을 낳는다고 여겨졌으며, 부과식 국가연금들은 저

축률을 떨어트리고 성장률을 낮추는 것으로 인식됐다. 노벨경제학상을 받은 미국의 경제학자 제임스 뷰캐넌이 1998년에 쓴 글에 따르면 "유럽의 많은 사람이 다른 나라의 어느 정도 더 제한적인 복지국가 모델에 비해 우월하다고 믿는 이 '사회적 모델'은 21세기에 경제적으로 지속 가능하지 않다."[5] 국제기구들도 이러한 견해를 나타냈다. 당시 국제통화기금 총재였던 미셸 캉드쉬는 이렇게 말했다. "우리는 유럽의 경제·통화 동맹의 미래를 위해 회원국들이 충분히 유연한 체제를 유지해 실업급여 또는 지금 같은 세계에 더 이상 적합하지 않고 비용이 매우 많이 드는 사회보장 체계가 재정에 미치는 영향을 줄이는 것이 극히 중요하다고 본다."[6]

21세기 복지국가 vs 음울한 전망

우리가 21세기에 복지국가를 추구할 여유가 없다는 것은 맞는 말인가? 복지국가는 감당할 수 없다는 주장의 핵심에는 세계화 때문에 복지국가를 위해 세금을 올릴 여지가 줄어들었다는 논리가 있다. 이러한 견해에 따르면 국민소득 가운데 세금으로 거둘 수 있는 금액의 비율에는 한계가 있다. 미국의 경제학자 아서 래퍼가 널리 알린 것과 같이 전반적인 세율과 전체 세수를 관련짓는 곡선이 있다. 이 곡선은 처음에는 올라가지만 최대한에 이르면 떨어지기 시작한다. 소문에 따르면 그가 워싱턴의 한 레스토랑에서 닉슨 대통령의 참모로서 나중에 각각 부통령과 국방장관이 된 딕 체니와 도널드 럼즈펠드에게 냅킨에 이 곡선을 그려주었다고 한다. 래퍼 자신도 인정했듯이 '래퍼 곡선'이 새로운 개념은 아니지만 오늘날 자주 인용된다.[7] 핵심적인 내용은 세계화와 기술 변화가 함께 그 곡선을 아래쪽으로 옮겨놓았으며, 그에 따라 세율을 어느 수준에 정하든 정부가 걷는 세수는 줄어들 것이라는 점이다. 이 곡선의 최고점은 왼쪽으로 옮겨갔다. 이런 일이 벌어지는 것은 인터넷 상거래가 확산됨에 따라 간접세를 걷기가 더 어려워지고, 글로벌 노동시장이 발전함에 따라 근로소득에 대한 과세가 제한되며, 국가 간 조세 경쟁으로 기업과 투자소득에 대한 세금 수입이 줄어들기 때문이다. 그동안 세수를 극대화하는 수준에서 세율을 유지하고 있던 나라는 그 세율을 내려야 하고, 지금까지 세율을 더 올릴 여지가 있다고 믿었다면 그러한 여유는 더 이상 없을 것이다.

이런 이야기는 모두 음울하게 들린다. 그러나 설사 우리가 그들이 바탕으로 삼은 전제들을 받아들인다고 하더라도 이 문제의 분석은 더 복잡하며 결론은 그다지 명백하지 않다. 먼저 그와 같은 제한은 정부의 총지출에 적용되는 것이며, 우리는 서로 다른 분야의 지출을 깎는 방안들이 상대적으로 어떤 장점을 지니는지 고려해야 한다. 사회적 이전은 중요한 지출 항목이지만 그 전체 규모만 보고 특정 분야를 감축 대상으로 지목할 수는 없다. 우리는 모든 정부 부처에서 몇십억 달러씩 지출을 줄이는 데 따른 비용과 편익을 비교할 필요가 있다. 예를 들어 국방, 공공기반시설, 연구와 개발 그리고 농업과 교육을 비롯한 모든 분야를 사회적 이전과 비교해야 한다. 이보다는 덜 명백하지만 중요하게 생각해야 할 것은 직접적인 정부 지출과 세제의 틀 안에서 '조세지출'의 형태로 이뤄지는 간접적인 지출을 비교할 필요가 있다는 점이다(제7장 참조). 조세지출을 없애면 세수가 늘어나므로 똑같이 치밀하게 따져봐야 한다. 일부 OECD 국가에서 조세지출은 상당한 규모다. 2004~2007년 기간에 대한 추정치는 영국에서 조세지출이 GDP의 약 8퍼센트이며, 미국과 캐나다에서는 약 6 내지 7퍼센트에 이른다는 사실을 보여준다.(독일, 한국과 네덜란드에서는 그보다 적다.)[8]

우리는 복지국가의 지출을 줄이거나 늘리지 않으면 어떤 일이 벌어질까를 물어야 하기 때문에 조세지출은 이런 맥락에서 지금 하는 것과 같은 주장을 펴는 데 중요한 문제다. 이 물음에 대한 하나의 답은 민간부문의 공급이 늘어나리라는 것이다. 국가가 돕지 않으면 개인들은 민간부문에 의지한다. 지금 이런 일이 일어나고 있다는 사실은 OECD가 민간과 공공부문을 합친 전체 사회적 지출을 국제적으로 비교한 것에서 드러난다. 사회적 지출은 공공부문과 민간부문의 기관들이 개인이나 가족들에게 그들의 복지가 불리한 영향을 받는 상황에서 제공하는 현금 또는 현물 급여로 정의된다. 여기에는 사회보장, 의료 혜택, 주거 혜택과 적극적인 노동시장 프로그램들이 포함된다. 도표 10.1에서 보여주듯이, 2011년에 공공부문에서 제공하는 급여 수준은 (흰색 막대가 나타내는 것과 같이) OECD 국가 사이에 상당한 차이가 있다. 미국의 사회적 지출이 국민소득에서 차지하는 비중은 대부분의 유럽 국가에 비해 작다. 미국의 비율은 체코에 비해 그리 높지 않다. 그러나 민간부문의 지출을 더해 (검은색 막대로 표시한) 총지출을 기준으로 따지면 미국의 순위는 많이 올라간다. 이 비율이 미국보다 높은 나라는 프랑스밖에 없다. 덴마크와 대조해보면 유익하다. 덴마크의 공공 지출은 미국보다 3퍼센트포인트 높지만 총지출은 3퍼센트포인트 낮다. 이는 사회적 지출에 대한 요구는 충족될 것이며, 우리가 공공지출을 포기하면 이는 민간지출로 대체되리라는 것을 시사한다.

이 발견에는 두 가지 의미가 있다. 사회적 요구들에 대한 민간부문의 지출은 줄어든 공공지출을 상쇄하기 위해 늘어나야 하며, 이때 그 비용은 사용자나 가계가 부담하게 된다. 사용자들이 더 많은 비용을 안는 것은 더 많은 세금을 물리는 것과 마찬가지로 그들의 경쟁력을 떨어뜨리게 될 것이다. 사용자들이 의료 급여에 쓰는 비용은 그들에게

도표 10.1 2011년 OECD 국가들의 공공부문과 민간부문의 사회적 지출

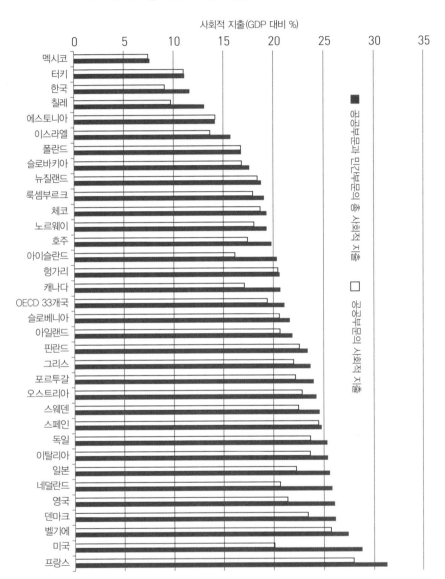

사회적 지출(GDP 대비 %)

근본적인 질문:
할 수 있는가?

물리는 세금과 마찬가지로 입지 결정 때 고려해야 할 사항에 들어갈 것이다. 그 비용을 내는 이들이 종업원이라면 그에 필요한 경비로 인해 그들이 집으로 가져가는 보수가 줄어들며, 이는 임금 인상 요구로 이어질 가능성이 크다. 이전 혜택을 국가가 주는 체제에서 민간이 제공하는 체제로 바뀌면 그 경제적 영향은 어느 한쪽이 다른 쪽보다 효율성이 높은 만큼만 달라진다. 둘째, 연금이나 의료부문과 같은 데서 민간의 사회적 지출이 늘어나면 여기에는 흔히 조세지출이 따르며, 이는 세금과 재정지출 가운데 세금 쪽에 영향을 미친다. 그런 만큼 세계화 시대의 국가들이 안고 있는 재정적인 문제는 사회적 지출을 공공부문에서 민간부문으로 넘기는 것으로는 풀 수 없을 것이다.

복지국가는 글로벌 무대에서 경쟁할 수 있는가

이런 사실이 비용 측면의 예산에 주는 시사점은 무엇인가? 더 높은 세금은 상품을 더 비싸게 만들어 우리가 세계 시장에서 경쟁할 수 없도록 할 것인가? 기업들은 공통적으로 고용에 따르는 세금과 사회보장 부과금들이 그들의 상품과 서비스의 경쟁력을 떨어트린다며 불평한다. 종업원들에게 물리는 세금에서도 같은 효과가 나타날 수 있다. 이 세금은 더 높은 고용 비용으로 전가될 수 있다. 약간은 특별한 사례를 들자면, 영국 프리미어 리그의 축구 선수들이 어떤 수준의 세후 임금을 고집하면 그 클럽은 최고세율을 올릴 때마다 그들의 임금을 올려줘야 하며, 이는 입장권 가격과 방송 중계권료 요구액 인상 등으로 전가될 가능성이 크다. 이에 따라 결국 영국으로 축구 경기를 보러 오는 관광객 수가 줄어들 수 있고, 프리미어 경기의 텔레비전 시청자를 독일 분데스리가, 스페인 라 리가, 이탈리아 세리에 A로 빼앗기는 결과를 불러올 수 있다.

물론 세금이 임금 비용을 늘리는 유일한 요소는 아니다. 내 동료 존 뮤엘바워는 주거 비용의 역할을 강조했다. 사람들에게 큰 금액의 주택 대출이 필요하면 그들은 더 높은 임금을 위해 협상하게 된다. 사람들을 런던과 옥스퍼드, 케임브리지 같은 도시들로 끌어들이려면 봉급을 높여줘야 한다. 그러므로 여기서 제안한 주민세 개혁을 포함해 집값을 낮추는 조치들은 임금 인상 압력을 줄여줄 수 있다. 공공서비스를 제공하는 것 역시 중요하며, 훌륭한 학교와 의료서비스의 이용 가능성은 같은 방향으로 작동하는 요소다.

더 높은 세금이 임금 비용을 높이는 한 이는 영국의 경쟁력을 떨어 트릴 것인가? 나는 언제나 '국가 경쟁력'이라는 용어에 혼란을 느낀다. 어떤 기업이나 대학, 또는 하나의 산업 전체가 경쟁력이 떨어질지도 모른다는 것은 이해할 수 있지만 한 나라가 그렇다는 것은 이해할 수 없다. 그런 까닭에 몇 년 전 노벨경제학상을 탄 국제무역 이론가 폴 크루 그먼이 "경쟁력은 각국의 국민경제에 적용했을 때에는 의미 없는 말"이라며 "내가 책장에 둔 국제경제학 교과서들 가운데 색인에 그런 용어를 담고 있는 책은 한 권도 없다"고 말했을 때 안도했다.[9] 개별 기업과 달리 한 나라는 대외적인 불균형을 조정하는 과정이 있다. 만약 수출이 줄어들고 수입이 늘면—환율이 무역수지에 따라 조정되는 한—그 나라의 통화 가치가 떨어지며, 수출업체들이 상품과 서비스를 해외 시장에 나와 있는 것들과 비교되는 가격으로 팔 수 있는 능력을 회복한다. 마찬가지로 통화 가치가 떨어지면 수입품의 국내 가격이 더 비싸지고 그에 따라 물가가 조정된다.

이 조정은 작동하지 않을 수도 있으며, 조정에 따르는 비용이 없는 것도 아니다. 환율이 단기적이거나 장기적인 자본 이동과 같은 다른 요인들에 따라 움직이기 때문에 이 조정은 작동하지 않을 수 있다. 유로존 국가들과 같이 환율이 고정돼 있어서 조정이 작동하지 않을 수도 있다. 그런 까닭에 하나의 통화지역 안에 있는 개별 국가는 그 지역 밖에 있는 나라에는 적용되지 않는 제약에 부딪힐 수 있다. 두 가지 질문을 따로 떼어 생각하는 것이 중요한 까닭이 여기에 있다. 유로존에 있는 개별 회원국은 유로존 전체에는 적용되지 않는 방식으로 제약을 받는다. 그러나 어떤 차원에서든 환율을 통한 조정에는 비용이 따른다. 통화 가치가 떨어지면 그 나라의 생활수준이 낮아진다는 면에서 그렇다. 1967년의 평가절하로 파운드화의 가치가 2.80달러에서 2.40달러로 떨어짐에 따라 영국 사람들이 100달러로 값이 매겨진 미국산 제품을 사려면 (반올림해) 36파운드가 아닌 42파운드를 내야 했다. 헤럴드 윌슨 총리가 영국 국민에게 그들 주머니에 있는 파운드화는 여전히 같은 가치를 지니고 있다고 한 것은 사실 더 정확히 말해 "지금부터 해외에서 파운드화는 다른 나라 통화들과 비교할 때 14퍼센트가량 가치가 떨어진다"는 이야기의 머리말이었다. 이는 실제로 이 문제의 핵심이다. 사람들이 '경쟁력이 있다'고 말하는 것은 실제로는 그 나라 국민의 생활수준을 유지한다는 의미다. 지금 이야기하는 맥락에서 이는 복지국가와 더 많은 재분배를 위한 재원 조달 방안을 찾아내야 한다는 것을 의미한다. 여기서 제안한 프로그램의 비용은 전체 인구 중 더 부유한 집단의 실질소득을 줄여서 마련해야 한다. 이런 의미에서 이 문제는 전체 자원이 고정돼 있는 나라에서 국내적으로 직면하는 문제와 다를 바 없다.

내가 앞 장에서 말했듯이 재분배로 이득을 보는 이들뿐만 아니라 손실을 보는 이들도 있다는 것은 재분배에 반대하는 결정적인 주장이 못 된다. 만약 정부가 진정으로 불평등을 줄이기를 바란다면 득과 실의 맞교환이 있어야 한다. 이것은 쉽지 않다. 리처드 토니는 그의 논문 「평등Equality」에서 이렇게 밝혔다. "불평등을 용인하기는 쉽다. 불평등은 현재의 조류에 따라 흘러가는 것 이상을 요구하지 않기 때문이다. 반면 평등을 추구하기는 어렵다. 그 흐름을 거슬러 헤엄쳐야 하기 때문이다. (…) 평등에는 그에 대한 대가와 부담이 따른다."[10] 그 어려움은 두 가지 형태를 취한다. 개인적인 차원에서는 '누군가의 물질적 희생'이 따른다는 점이다. 즉 세금 인상을 받아들여야 하는 것이다. 사회적인 차원에서 이는 우리가 어려운 질문을 던져야 한다는 것을 의미한다. 우리는 단순히 시장에서 작용한 결과를 받아들이기보다는 '공정한' 분배가 무엇을 의미하는지 따져봐야 한다.

간추리기

—

나는 지금까지 재분배 조치들, 특히 사회적 지출을 늘리는 것과 관련된 조치들을 취할 여지는 사람들이 때때로 시사하는 것만큼 글로벌 경쟁 때문에 제약받지는 않는다고 주장했다. 제약 조건들이 있긴 하지만 그렇다고 아무 일도 할 수 없다는 뜻은 아니다. 이는 우리가 모든 유형의 경비와 공공부문 및 민간부문 모두의 총 사회적 지출을 고려하면서 예산을 전체적으로 따져볼 때 분명해진다. 재정적 문제가 **있는** 것은 분명하지만 이는 우리의 해결 능력 범위 안에 있지 순전히 외부적인 힘에 따라 결정되는 것이 아니다.

세계화와 우리 운명에 대한 통제

—

낙관적인 생각을 갖게 된 두 번째 근거는 개별 국가들이 세계의 발전을 단지 수동적으로 받아들이기만 하는 것은 아니라는 점이다. 개별 국가의 정책이 얼마나 제약을 받을지는 각국이 변화하는 세계에 어떻게 대응하느냐에 따라 크게 달라진다.

구체적인 예를 들자면, 영국에서는 유럽연합 안에서 근로자들이 자유롭게 이동할 수 있도록 한 것이 노동시장에 어떤 영향을 미칠지에 대해 많은 논의가 이뤄진다. 그 시사점은, 영국은 대응할 힘이 없다는 것이다. 2014년 7월에 공식적인 이민정책자문위원회는 『저숙련 근로자의 이민: 유럽연합 역내와 역외 저숙련 일자리 노동자의 증가와 영국에 미치는 영향』이라는 제목의 보고서를 발간했다. 이 보고서는 다섯 가지 주요 주제를 찾아냈는데, 의미심장한 것은 처음 네 가지가 영국 정부의 통제 아래 있는 정책들과 관련된다는 점이다. 마지막 다섯 번째 주제만 유럽연합과 임금 수준이 낮은 나라로 유럽연합이 확장되면서 발생한 문제들과 관련된 것이었다. 다른 주제들과 관련해 이 위원회는 "이민 노동자에 대한 수요는 이민과 직접적으로 관련이 없는 제도 및 공공정책들로부터 강력한 영향을 받는다"고 밝혔다. 그들은 이에 대해 다음과 같이 더 자세히 설명했다. "어떤 직종에서 이민 노동자에 대한 의존도가 높아지는 것을 다시 낮추는 일은 관련 정책들과 이들 제도가 운영되는 방식에 대한 근본적인 변화 없이는 불가능하다. 여기에는 몇몇 산업부문의 노동시장 규제를 강화하고, 교육과 훈련에 더 많이 투자하며, 공공부문 재원으로 만든 일부 저임금 일자리에 더 나은 임금 및 근로 조건을 제공하고, 일자리의 지위와 경력 관리를 향상시키며, 임금이 낮은 파견 근로를 줄이고, 어떤 경우에도 영시간 근로계약을 남용하지 않도록 막는 조치가 포함될 것이다."[11] 이는 영국 정부의 통제력 범위 안에 있으며 불평등을 줄이는 데 중요한 기여를 할 수 있는 일련의 정책들이다.

영국의 두 번째 사례는 같은 점을 강조한다. 이는 런던의 주택개발 단지에 사는 장기 세입자가 2014년 어느 날 갑자기 2주 만에 집을 비우라는 통보를 받았을 때 느꼈을 곤경에 관한 것이다. 그 주택은 1930년대에 한 자선기금신탁이 근로 계층의 가족들에게 적당한 민간 임대 주택을 공급하려는 목적으로 지은 것이었다. 이 주택이 뉴욕에 본사가 있는 부동산 관리 회사에 팔렸고 새 주인은 집세를 큰 폭으로 올릴 계획이라고 발표했다. 이는 부동산투자신탁의 운용회사와 금융기관들, 공공부문과 민간부문의 연금기금 그리고 국부펀드들을 포함해 그 신탁에 투자한 이들에게—세입자들의 희생의 대가로—커다란 이득을 창출할 것이었다. 이에 따라 대중의 거센 비난이 터져나오자 부동산 관리 회사는 그 계획을 철회하고 해당 부동산을 주택신탁에 맡겼다. 여기서 가장 중요한 것은 이 문제가 자본의 세계화 때문에 생겼다기보다는 기본적으로 영국에서 세입자들에 대한 보호 제도가 부족하기 때문에 발생했다는 점이다. 그 투자신탁이 런던의 금융가 시티 바로 옆에 자리잡고 있었다고 해도 똑같은 문제가 일어났을 것이다. 만약 영국 정부가, 내가 마땅히 그래야 한다고 믿는 것처럼, 세입자가 그들 자신의 주택에 대한 거주권을 안전하게 유지하는 데 관심을 기울였다면 그들을 보호하는 법률을 다시 발효시켜야 한다. 화성에서 온 사람 혹은 해외에서 온 사람이라도, 잉글랜드에서 상업용 건물 세입자가 가정용 주택 세입자보다 더 많은 보호를 받고 있다는 사실을 알면 깜짝 놀랄 것이다. 집주인에게 제공되는 세금 감면과 다른 보조금들에 대해서도 이와 같은 고려를 해야 한다. 대니 돌링이 『가디언』에 썼듯이 "문제는 부동산 매입자가 해외에서 왔다는 것이 아니라 집주인에 대한 보조금이다."[12]

이러한 사례들은 이 책 전반을 관통하는 주장 가운데 한 가닥—부의 소유권과 통제권을 구분해야 한다는 주장—의 중요성을 잘 보여준다. 국내 제도들을 적절하게 설계함으로써 주택에 대한 통제권은 그 나라의 법과 규범에 따라 행동하는 기관의 손에 남겨두면서도 주택에서 얻는 수익에 대한 소유권은 나라 밖의 투자자들에게 넘겨줄 수 있을 것이다. 만약 통제권을 가진 기관이 세입자의 요구와 투자자들의 이해 사이에서 균형을 맞춤에 따라 그들의 정책이 더 낮은 수익을 낸다면 투자자들은 보유 지분을 팔 수 있겠지만 주택의 관리자는 바꿀 수 없을 것이다.

국제적 합의와 대항력

물론 개별 국가의 실행 능력은 국제적인 협정들의 제약을 받을 수 있다. 범대서양무역투자동반자협정TTIP에 대한 염려가 널리 퍼진 것도 바로 이 때문이다. 이 협정은 2015년 현재 유럽연합과 미국 사이에 협상이 이뤄지고 있는 것으로서, 시장 접근에 대한 장벽들을 없애고 투자에 대한 자유화를 보장하며 개별 국가의 규제를 제한하기 위한 것이다. 이 협정이 개별 국가의 규제에 줄 수 있는 시사점은 존 힐러리가 비판적인 평가를 통해 명쾌하게 설명한다. "TTIP의 목적은 대서양 양쪽의 초국적기업들이 창출할 잠재적인 이익을 제한하는 규제 '장벽들'을 제거하는 것이다. 그러나 이 '장벽들'은 사실 우리의 가장 중요한 사회적 규범과 환경 규제들이다. 여기에는 노동자의 권리, (유전자변형식품GMO에 대한 제한을 비롯한) 식품 안전 규칙, 독성 화학물질 사용에 대한 규제, 디지털 세계의 사생활 보호에 관한 법규 그리고 2008년과 같은 금융위기가 되풀이되는 것을 막으려고 도입한 새로운 은행 안전장치까지 포함된다."[13] 제안된 협정의 핵심적인 요소는 투자자-국가 간 분쟁해결 ISDS 절차인데, 이는 기업들이 국가의 규제에 대항해 개별 국가 정부들을 상대로 소송을 거는 것을 허용한다.

여기서 나는 무역협정에 대한 접근 방식에서 균형이 부족하다는 데 초점을 맞추고자 한다. 투자자-국가 소송 절차는 정부나 노동조합, 소비자 단체 또는 개인에게는 기업에 대해 소송을 제기할 어떤 권리도 허용하지 않는다. 그 목적은 투자자들을 보호하는 것이다. 미국의 한 협상 참가자는 다음과 같은 말로 이러한 입장을 분명히 밝혔다. "21세기의 포괄적인 무역협정은 적절한 투자자 보호장치를 포함해야 한다." 소비자나 근로자들에 대한 언급은 전혀 없었다.[14] 유럽연합 집행위원회는 이 정책을 옹호하면서 국내총생산 증가 면에서 기대되는 이득을 언급했지만, 이는 유럽연합 시민들의 복지를 향상시키는 좀더 넓은 목표를 추구하는 것과 관련해 확실히 우려할 만한 사안이다. 어떤 시민이 투자자인 한 그들은 이득을 보겠지만 다른 사람들은 소비자와 근로자로서 역할을 하는 데 영향을 받는다. TTIP의 길을 따라 나아가기 전에 우리는 이 협정이 소비자와 근로자들의 이해라는 관점에서 작성됐더라면 어떤 모습이 됐을까를 물어봐야 한다. 예를 들어 그 분쟁해결 절차는 모든 이에게 개방돼야 하며, 중재재판부는 기업뿐만 아니라 소비자와 근로자 단체의 대표들도 참여하는 3자 재판부로 구성돼야 한다.

요컨대 개별적인 정부들과 유럽연합 같은 다자기구는 세계 경제에 참여하는 조건들에 대해 부분적으로 그들 자신의 책임이 있다. 그들은 제약을 받지만 무기력하진 않다. 그들에게 요구되는 것은 세계화가 재분배에 미치는 영향에 중요성을 부여하고 모든 이해관계자의 목소리를 듣는 것이다.

국제 협력의 가능성

—

내가 낙관적인 세 번째 이유는 TTIP에 관해 표한 염려에도 불구하고 국제적 협력이 진전되고 있다는 데 있다. 국제기구들은 오랜 역사를 지니고 있으며 그들이 현대적인 형태를 갖춘 것은 19세기의 세계화 시대로 거슬러 올라간다. 1863년에 미국은 국제우편회의를 열도록 부추겼는데 이는 1874년 (이름을 바꾼) 만국우편연합 창설로 이어졌다. 이 협정에 따른 여러 이득 가운데서도 편지가 통과하는 나라들의 우표를 붙이라는 규정을 폐지한 것이 큰 진전이었다. 필요한 우표는 단지 그 편지를 부친 나라의 것뿐이었다. 사실 우리는 1865년에 국제전신연합이 설립된 이후 전 세계적인 기구들을 둔 150년의 경험을 가지고 있다.(이 기구는 이제 국제전기통신연합International Telecommunication Union으로 바뀌었다.)

최근의 세계화 시대에는 국제기구의 수와 활동 범위가 급속히 늘어났다. 란지트 랄은 이렇게 설명했다. "지난 몇십 년 동안 국제기구의 숫자, 범위, 자원 면에서 극적인 확장이 이뤄졌다. (…) 1970년부터 2013년 사이에 정부간 기구의 숫자는 242개에서 7710개로 늘어났다…… 이 기간에 국제기구들은 환경보호와 금융, 여성의 권리 같은 다양한 분야의 문제를 다루는 기구들로 가지를 쳐나갔으며, 국가를 바탕으로 한 전통적인 지배 형식들을 전에 없던 방식으로 대체했다."[15] 이러한 성장은 그 자체로 어느 정도 낙관론을 가질 근거가 된다.

국제적인 협력에 대한 포부는 넘쳐나는 멋진 수사와 더불어 커졌다. 그러나 개별 국가의 정부들이 기꺼이 세계적인 관심사를 국가적인 이해보다 우선순위에 둘 것이라는 그 어떤 근거라도 있는가? 결정적인 분야는 조세경쟁이다. 각국은 소득 수준이 높은 개인과 기업들을 끌어들이기 위해 특혜적인 낮은 세율을 제시하거나 은행 비밀주의를 통해 조세 회피자들에게 피난처를 제공하는 금융시스템을 운영하면서 경쟁해왔다.

세계적으로 의견이 충돌하는 다른 많은 논쟁적인 분야와 달리 이 영역에서는 진전이 이뤄질 수 있다는 신호가 확실히 있다. 공개하지 않은 금융자산 보유에 관한 정보가 새나가고 군사적, 정치적 조직들의 자금모집에 대한 염려가 커짐에 따라 이미 제8장에서 일깨웠듯이 세계조세행정기구가 창설될 가능성이 제기되고 있다. 다자간 조세 입법에 관해 OECD가 오랫동안 해온 작업은 최근 몇 년 동안 상당한 진전을 이뤘다. OECD와 주요 20개국G20의 후원 아래 OECD 회원국과 비회원국에서 조세 목적 정보의 투명성과 교환에 관한 글로벌 포럼이 꾸려졌다. 최근의 분류에 따르면 영국과 미국은 이와 관련된 규범을 완전히 준수하는 데에는 못 미치고 있다는 점에 유의하자. 이들 나라는 '대체로 준수하는' 나라로 분류된다. 영국이나 미국의 주권 아래 있는 조세피난처들의 활동을 제한하는 데 더 많은 노력이 필요하다. 유럽연합 안에서는 키프로스와 룩셈부르크가 규범을 '준수하지 않는' 나라로 분류된다(하지만 룩셈부르크에 대해서는 뒤에 나오는 내용 참조). 123개국이 참여하고 잘 알려진 많은 조세피난처가 포함되어 있는 이 기구로부터 머지않아 글로벌 조세기구가 모습을 드러낼 가능성이 있다.

G20의 요청에 따라 OECD는 2014년에 조세 기반 축소와 이익 이전 대응 프로젝트를 통해 OECD 사무총장이 "전 세계적으로 조세 자원과 주권, 공정한 조세 체계에 대한 심각한 위험"이라고 묘사한 문제들을 해결하기 위한 종합 대책을 세우는 작업에 착수했다. 이 제안을 발표하면서 그는 이 문제에 대해 협력할 각국 정부의 '의지'와 그렇게 해야 할 '필요'를 함께 언급했다.[16] 방금 설명한 미흡한 규범 준수를 생각할 때 이는 너무 낙관적인 것으로 보일지 모르지만 실제로 각국은 정보 교환에 관해서는 이미 움직이기 시작했다.

미국에서 2010년에 해외금융계좌 조세 의무 준수에 관한 법률Foreign Account Tax Compliance Act, FATCA이 통과된 것은 여러 면에서 놀라운 일이었다. FATCA는 외국 은행들에게 미국 시민이나 거주자들이 해외에 보유하고 있는 모든 금융계좌와 투자 자산을 미국 재무부에 신고하도록 요구한다. 더욱이 스위스의 사례가 입증하듯이 조세 규범을 따르라는 국제적인 압력이 효과를 내기 시작했다. 2013년에 스위스 의회는 미국 과세 당국과 협력하도록 허용하는 법을 통과시켰으며, 국민투표를 요구해 이 결정을 뒤집으려는 시도는 충분한 서명을 받는 데 실패했다. 기업의 조세피난처들에 대해서도 비슷한 압력이 커지고 있다. 다국적 기업들이 다른 나라에서 세금을 피하도록 해주는 세무 관련 거래를 한 사실이 드러난 후에 룩셈부르크 재무장관은 2014년 11월 다음과 같이 말하면서 뚜렷한 정책 변화를 발표했다. "오늘날의 국제법과 유럽연합 법규, 국내 법률을 적용하면 때때로 기업들이 대단히 제한적인 세율을 적용받는 결과를 초래하거나 심지어 세금을 전혀 내지 않는 결과를 낳을 수 있습니다. 룩셈부르크 정부는 전 세계 대부분의 나라와 더불어 이를 만족스러운 해법이라고 여기지 않습니다. 하지만 이는 어느 한 나라가 풀 수 없는 문제입니다. 이 문제는 국내법들을 바꿈으로써, 유럽 차원에서든 OECD 차원에서든 모든 나라가 함께 국내법을 바꾸거나 국제법과 조화시킴으로써 풀어나갈 필요가 있습니다."[17]

유럽연합

나는 1973년 영국이 유럽공동체에 가입한 이후 줄곧 유럽연합 일에 참여해왔다. 영국이 회원국이 된 초기에는 의료서비스 재원 확보에 관한 전문가 그룹의 위원으로 임명됐다. 일부 회원국은 대부분 일반 조세로 재원을 마련하는 영국의 국민건강보험이 불공정한 경쟁의 잠재적인 원천이 되는 것 아니냐며 의심했다. 다른 회원국들은 종업원과 고용주에게 물리는 부과금으로 의료 비용을 충당했기 때문이다. 이는 결국 영국 정치권의 좌익에서 나중에 유럽연합이 된 이 기구가 평등을 추구하는 정책들과 사회 정의에 대한 염려에 적대적인 것이 아니냐는 의심을 하도록 부추겼다. 당시 이러한 의심은 사실과 맞지 않는 것이었다. 영국이 가입한 이듬해 첫 유럽 사회적 행동 프로그램이 채택됐다. 그 당시에 벌어진 경제·통화동맹에 관한 토론에서 전 유럽연합의 실업급여를 지지하는 진지한 논의가 있었다. 마졸린 보고서는 이렇게 밝혔다. "실업 문제에 대해 유럽공동체가 주도하는 계획은 경제와 사회 전체에 이득이 되는 영향을 미칠 것이기 때문에 특히 시의적절한 것이다. (…) 이 방향으로 한 걸음만 더 단호하게 나아가면 대중의 여론에 대해 공동체의 연대는 현실임을 증명할 수 있을 것이다."[18] 그 후 맥두걸 보고서가 계속해서 그 제안을 지지했다. "이는 개별적인 시민들이 유럽공동체와 직접 접촉하도록 끌어들이는 정치적인 흡인력 외에도 재분배 면에서 중요한 효과를 내고 특정 회원국들이 일시적인 경기 침체의 충격을 줄이는 데 도움을 줄 것이다. 이로써 통화동맹이 유지될 수 있는 상황을 만들어내는 방향으로 조금씩 나아갈 수 있을 것이다."[19] 만약 이 귀중한 조언을 따랐더라면 지난 몇십 년 동안 역사는 상당히 달라졌을 것이다.

실제로는 그 뒤에 역내 시장과 유로 같은 경제와 관련된 의제가 유럽의 프로젝트를 지배하는 시기가 찾아왔다. 유럽이 사회적인 차원에서 앞으로 나아가도록 하는 데 관심을 기울이는 이들이 볼 때 사실은 도표 10.2에서 요약한 것처럼 오르막과 내리막이 잇달아 나타났다. 유럽은 21세기 첫 10년 동안 리스본 의제Lisbon Agenda에 합의함으로써 중요한 한 걸음을 내디뎠다. 2001년 벨기에 라켄에서 열린 유럽이사회는 회원국들의 사회적 성과를 일련의 사회적 지표에 따라 판단해야 한다는 데 합의했다. 이러한 지표에는 빈곤 상태에 빠질 위험을 안고 있는 인구의 비율과 소득불평등, 지역 통합, 장기 실업률, 일자리가 없는 가구의 비율, 학교 조기 중퇴자의 비율이 포함됐다. 되돌아보면 우리가 경제 위기로 진로에서 갑자기 밀려난 사실을 고려하더라도 그동안의 성취는 빈약해 보일 수 있다. 또한 2000년대 첫 10년의 중반에 콕 보고서가 오로지 일자리와 고용에만 초점을 맞추느라 사회적 목표들을 낮

도표 10.2 유럽연합의 사회적 정책의 간략한 역사

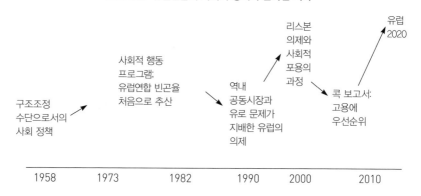

춘 시기도 있었다. 내가 앞서 주장했듯이 완전고용을 이루는 것은 중요한 목표이지만 그것이 빈곤의 끝을 뜻하진 않는다. 이러한 경험에 비춰 볼 때 두 번째 10년 동안의 의제는 구체적인 목표들을 정하는 것으로 옮겨갔다. 유럽 2020 전략은 고용, 연구와 개발 투자, 기후변화에 대한 행동과 교육, 빈곤과 사회적 소외를 포괄하는 다섯 가지 중요한 목표를 정했다. 이 목표 가운데 마지막 것은 빈곤이나 사회적 소외의 위험을 안고 사는 이들의 수를 적어도 2000만 명은 줄이겠다는 뜻이다. 이는 빈곤이나 소외의 위험이 있는 사람 여섯 명 중 한 명꼴이다.[20]

유럽 2020 전략에 대해서는—지표의 선택과 같은—세부적인 내용을 비판할 수도 있고—정치적인 추진력 없이 값싼 수사에 머문다는—일반적인 비판을 할 수도 있다.[21] 그럼에도 불구하고 긍정적인 교훈들을 얻을 수 있다. 회원국들의 역사가 많이 다르고 현재의 정부들이 서로 다른 정치적 관점을 갖고 있는데도 유럽연합을 위한 일련의 목표에 합의할 수 있었다는 것은 놀라운 일이다. 이들은 합의를 통해 일련의 사회적 지표를 만들었으며, 이 지표들은 이제 유럽연합통계국이 정기적으로 발표하고 있다. 나중에는 지금과는 다른 정부들과 지금보다 훨씬 더 많은 유럽연합 회원국이 일련의 구체적인 목표들에 합의할 수 있었다. 우리는 기존의 국민국가들이 자신의 국가적 목표에 관해 명시적으로 밝히는 경우는 드물다는 사실을 잊어버리는 경향이 있다. 오늘날 미국은 일련의 합의된 국가적 목표를 얼마나 갖고 있다고 말할 수 있는가? 유럽연합은 새롭고 진화하는 하나의 정치적 구조물로서 그 포부를 명시적으로 밝혀야 했으며, 그 목표들은 빈곤과 불평등을 줄이는 방향으로 확고하게 정해졌다.

간추리기

—

이 장의 대부분은 본질적으로 경제적이라기보다는 정치적인 문제들에 관한 논의였다. 정책은 경제적 맥락 속에서 만들어져야 하며, 지금의 세계화된 경제에는 많은 제약이 있다. 그러나 나는 이 장에서 이러한 제약들이 선택의 여지를 남겨두고 있다고 주장했다. "대안이 없다"는 말은 사실이 아니다. 각국은 세계 경제에 참여하는 조건들에 대해 그들 스스로 부분적인 책임을 져야 한다. 이러한 조건들이 불평등의 크기에 미치는 영향은 국내 정책에 달려 있다. 이는 각국이 외부에서 오는 비슷한 도전들에 맞닥뜨리고 있는데도 어떤 나라들은 다른 나라보다 불평등이 크게 심화되는 이유 중 하나다.

각국 정부는 개별적으로는 더 많은 제약을 받으며, 특히 유로존 국가들이 그렇다. 불평등을 줄이기 위한 행동은 여러 나라가 함께할 때 더 효과적일 가능성이 크다. 이런 까닭에 나는 유럽연합이 빈곤과 사회적 소외를 줄이려는 유럽 2020 목표를 확실히 이루기 위한 조치들을 우선적으로 실행하는 것이 절실하다고 믿는다. 전 세계적인 차원에서는 2015개발정상회의 이후가 대단히 중요하다. 그러나 여전히 정책결정은 주로 개별 국가의 정부가 하며, 우리가 미래에 불평등을 줄이는 방향으로 나아갈 수 있을지는 많은 부분에서 각국 정책 결정자들의 손에 달려 있다.

11장   =   우리는
그럴 여유가
있나?

미국에서 의회예산처CBO는 법에 따라 의회의 각 위원회가 승인한 법안의 예산 비용 추정치를 산출한다. 이 기관은 하원이나 상원의원들이 논의하고 토론하는 많은 제안에 대해 비슷한 비용 추정치를 제공해야 한다. 1970년대에 채택된 이 절차는 꼭 필요한 규율을 부과한다. 같은 방식으로 나는 불평등을 줄이기 위해 내가 제안한 조치들이 정부 예산에 미치는 영향을 진지하게 고려한다. 나는 불평등을 실질적으로 줄이려면 조세나 재정 지출 이상의 조치들이 필요하다고 강조했지만, 재분배 이전의 소득에 영향을 주고자 설계한 조치들 자체도 예산에 영향을 미친다. 예를 들어 최저임금을 올리면 취업자의 소득 수준에 따라 급여를 주는 정부의 비용은 줄어든다. 최저임금 인상은 또한 추가적인 사회보장 기여금을 낳으며 개인 소득세 체계 아래서 세수를 늘려준다. 반대로 만약 기업들이 경영자의 보수를 제한하는 제도를 채택하면 소득세 세수는 줄어들 것이다. 이러한 조치들을 전체적으로 고려할 때 추가적인 경비와 추가 세수의 균형을 맞추는 것은 어려운 과제다. 비판론자들은 "수지가 맞지 않는다" 혹은 "더 욕심을 부려볼 재정적 여유가 있다"고 말할 것이다.

이 장은 두 가지를 목표로 삼고 있다. 하나는 일반적인 것이고 다른 하나는 좀더 특수한 것이다. 일반적인 목표는 경제학자들이 이러한 재정적 문제들에 어떻게 접근하는지를 설명하고 조세와 급여의 분석 모형에 대한 연구가 어떻게 공개 토론에 필요한 정보를 제공할 수 있는지를 보여주는 것이다. 경제 모형은 흔히 현실에서 벗어난 추상적인 장치로 여겨지지만 이 장에서 활용하는 조세-급여 모형들은 고위급 정책 논의와 정책 변화들이 개인과 가족들에게 주는 의미 사이에 다리를 놓을 수 있도록 해준다. 이러한 다리는 어떤 정책들이 논의되는 자리에서든 필수적인 것이며, 여기서 설명하는 접근 방식은 어느 나라에서든 재정정책 제안들을 발전시키는 데 적용될 수 있을 것이다. 특수한 목표는 영국의 경우 구체적인 형태의 제안들에 대해 어떻게 재원을 마련할 수 있는지 보여주고, 영국 경제의 맥락에서 어떻게 (넓은 의미에서) 재정상의 수지 계산이 맞도록 할 수 있는지 증명하는 것이다.

이 계산은 부득이 여러 조건 아래서 이뤄지지만, 그 결과는 "우리는 그럴 여유가 없다"는 한 가지 이유만으로 이 제안들을 물리쳐서는 안 된다는 것을 시사한다. 이 분석 자체는 특정 국가와 일련의 특수한 환경에 맞춘 것이지만 그 사례는 다른 나라의 독자들에게도 정부가 어떻게 불평등을 줄이기 위한 조치들을 재정적으로 감당할 수 있는지에 관해 교훈을 줄 것이다. 이 계산은 또한 우리가 일련의 제안 가운데 **특정 부분**이 불평등과 빈곤의 정도에 미치는 영향을 살펴볼 수 있도록 해준다. 계산 결과 나타나는 불평등 감소는 단지 전체 이야기의 한 부분일 뿐이라는 점을 강조할 필요가 있다. 다른 제안들에 대해서는 우리가 어떤 효과를 낼지 그 **방향**은 예측할 수 있지만 그 크기는 계량화할 수 없기 때문이다.

조세-급여 모형들

—

조세-급여 체계 개혁을 위한 제안들의 실현 가능성과 시사점들을 평가하기 위해 활용할 수 있는 분석 도구는 최근 몇십 년 동안 크게 발전했다. 이는 과거에 이런 도구들이 없어 정책 결정에 어려움을 겪었던 상황과는 대조적일 것이다. 제2차 세계대전 직후 영국에서 일종의 사회적 배당의 형태인 시민소득이라는 개념은 사회보장을 위한 베버리지 계획에 대한 하나의 대안으로 상당한 지지를 받았다. 그에 따라 그 당시에 설립된 국가조세위원회가 이를 진지하게 검토했다. 사회적 배당의 재분배 효과에 관해 위원회에 제시된 증거를 논의할 때 존 힉스 경은 관련된 수치를 보고 다음과 같이 놀라움을 드러냈다. "마지막 줄에 플러스가 그토록 많고 마이너스가 그렇게 적은 것은 참으로 대단한 것으로 보인다. (…) 이는 기본적으로 재분배 계획이다. (…) 그러므로 모든 것을 고려할 때 어떤 이들이 얻는 것이 있도록 하려면 어떤 이는 잃는 것이 있어야 한다."[1] 지지자들은 그 효과를 거시경제 총량을 바탕으로 계산했기 때문에 그들이 위원회에 제시한 견해는 지나치게 낙관적이었다. 그러나 우리가 이미 보았듯이 이 총계와 가계가 실제로 받는 소득 사이에는 커다란 손실이 있다. 사회적 배당의 계산은 영국 가족들의 실제 상황에 바탕을 두지 않은 것이었으며, 따라서 이러한 손실을 무시했다.

오늘날에는 예산상의 비용에 대해, 그리고 조세-급여 체계 관련 제안들이 개별 가족에 미치는 영향에 대해 훨씬 더 정밀하게 계산할 수 있으며, 이를 위해 조세-급여 분석 모형들을 구축하는 데 대단히 많은 연구가 진행되고 있다. 개별 가구 소득에 대한 조사와 행정 자료를 이용하도록 함으로써 이러한 모형들을 만드는 데 진전을 이룰 수 있다. 나는 앞서 이를 자료 혁명으로 묘사했다. 계산 능력을 발전시키는 것도 똑같이 중요하다. 현재 널리 활용되는 조세-급여 모형들은 부분적으로 연산 능력의 엄청난 발전 덕분에 가능했다. 1960년대에 처음으로 영국의 사회보장 개혁을 위한 제안들의 비용을 (개인별 자료보다는 통계표를 이용해) 추산할 때 나는 (그 당시 주로 천문학자들이 쓰던) 케임브리지의 가장 강력한 메인프레임 컴퓨터에 의지했다. 20년 후인 1988년에 홀리 서덜랜드와 나는 로슨 예산안(당시 대처 정부의 나이절 로슨 재무장관이 제출한 예산안—옮긴이)이 영국 국민의 소득에 미치는 영향을 그가 예산안 연설을 마치기도 전에 재야내각 회의실에서 개인용 컴퓨터를 이용해서 산출해낼 수 있었다.[2] 현재 홀리는 유로모드 프로젝트를 이끌고 있다. 유로모드는 유럽연합 27개국을 대상으로 몇 분 만에 결과를 얻을 수 있는 단일 조세-급여 모형을 구축했다. 이런 투자 덕분에 우리는 조세와 급여 체계의 개혁을 고려할 때 막연한 희망사항이나 '서류 봉투 뒤에 하는' 계산에 만족하지 않고 그 이상을 할 수 있다.

조세-급여 모형은 무엇인가?

이러한 조세-급여 모형들은 어떻게 작동하는가? 기본적으로 이 모형들은 가구소득 가이드에서 보여준 것과 같은 양식을 따른다. 전체 가구를 대표하는 표본을 조사할 때 설문 대상이 된 각 가구에 대해 그 가구가 받은 모든 이전소득과 납부한 각종 세금을 포함해 소득의 여러 요소에 대한 계산이 이뤄진다. 그다음에 이 숫자들을 더하고 곱해서 영국 인구 전체의 소득 총액을 구한다. 이는 만약 이 조사를 2만7000 가구를 대상으로 하고 영국에 총 2700만 가구가 있다면 평균적으로 표본의 숫자를 1000으로 곱한다. 그 표본이 대표성을 갖도록 하는 것이 확실히 중요하다. 이 방법을 쓰려면 모든 가구가 표본에 포함될 확률이 똑같아야 하는 게 아니라 표본에 포함될 확률을 알 수 있고 이를 차등 배율의 형태로 적용할 수 있어야 한다. 그러므로 이 조사는 모형을 만드는 데 결정적으로 중요하다. 그러나 우리는 제2장에서 설문조사에 그것 나름의 한계가 있음을 보았다. 어떤 사람들은 가구에 속해 살지 않고, 어떤 이들은 조사에 참여하려 하지 않으며, 또 어떤 이들은 전체 질문에 답하지 않거나 정직하게 답하지 않는다. 그러므로 전체 인구에 대한 추정치를 계산하기 위해 설문조사에서 나온 숫자를 곱할 때 무응답의 차이를 고려해야 한다. 예를 들어 만일 65세 이상 연령대의 응답률이 65세 미만의 사람들보다 높다면 이 중 나이가 더 많은 집단에 더 작은 배율을 적용해야 한다. 그렇게 하지 않으면 연금생활을 하는 노년층이 지나치게 높은 대표성을 갖게 된다.

가구조사가 각종 조세와 여러 급여를 계산하는 데 편리함을 더해주므로 조세-급여 모형들은 가구조사에 바탕을 두고 구축된다. 가구조사 자료를 가지고 분석하면 그 모형들은 급여를 받을 자격과 세금을 낼 의무가 얼마나 되는지 계산하기 위해 개인과 가구의 특성 그리고 시장소득에 관한 정보를 이용할 수 있다. 그 모형들은 이런 식으로 해서 어떤 사안들에 대해 현재의 상태를 설명할 뿐만 아니라 훨씬 더 많은 정보를 제공한다. 현재 정책의 영향에 대한 계산 그리고 정책을 바꾼다면 가구소득과 세수, 급여 지출에 일어날 변화에 대한 계산을 동시에 병렬적으로 할 수 있다. 도표 11.1에서 보여주는 이런 병렬적인 계산은 정책 변화로 특정 가구가 이득을 볼지 손실을 볼지를 말해준다. 개별 가구들의 변화를 적절한 가중치를 주면서 합산함으로써 우리는 정부 예산에 미치는 전반적인 효과를 알아볼 수 있다. 이 장에서 보여주는 결과는 파올라 드 아고스티니, 크리사 레벤티, 이바 타세바와 홀리 서덜랜드가 유로모드 모형의 영국편을 이용해서 한 계산에 바탕을 두고 있다. 이 모형은 2009~2010년 가족자원조사에서 나온 자료를 최근 정책 연도인 2014~2015년 숫자로 새롭게 해서 활용한다.[3] 여기서 분석하는 세금에는 부가가치세나 관세와 같은 간접세가 포함되지 않는다는 점에 유의해야 한다.

단서들

도표 11.1에 그려놓은 계산의 구조는 단순한 산수처럼 보일 수 있다. 그러나 그 표면 아래에는 해결해야 할 문제들이 있다. 첫 번째 문제는 가구별 환경의 모든 다양성을 고려하면서 서로 다른 조세-급여 정책들을 모형에 넣어야 한다는 점이다. 그 모형이 한 명의 배우자 및 두 자녀와 함께 살면서 평균적인 임금을 벌어들이는 대표적인 개인을 상정하고 실행되는 것은 아니다. 조세-급여 모형들은 가족에 관한 이용할 수 있는 모든 정보를 통합하려고 한다. 정책 결정자에게는 이 모형들이 '인간의 모든 삶'을 담아내도록 하는 것이 긴요하다. 그러지 않으면 정책의 변화를 이끌어내는 것이 예상치 못한 결과를 낳을 심각한 위험이 있다. 정부 부처의 장관이 어떤 개혁에서 손해를 보는 쪽 사람들의 처지에 대해 미리 경고를 듣지 못하고 그들 때문에 곤혹스러운 입장에 처한 경우를 본 것이 한두 번이 아니다. 더욱이 가족 환경만 복잡한 게 아니다. 정책들 자체가 참으로 복잡하다. 해마다 나오는 아동빈곤퇴치행동그룹의 『복지급여와 세액공제 핸드북』은 이제 1700쪽 넘게 늘어났다. 유로모드의 영국편에서 쓰인 변수들에 대한 설명만 38쪽에 이른다. 한 가지 예만 들자면 (새롭게 과세 대상이 되는) 자녀수당을 늘리는

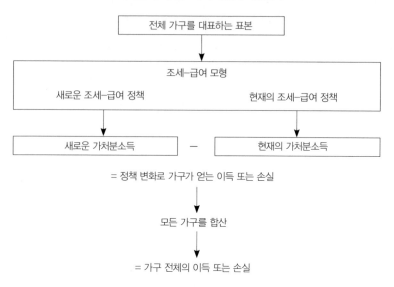

문제를 검토할 때 우리는 이것이 소득 조사를 바탕으로 급여를 받을 자격을 평가하는 데 고려돼야 하는지 물어야 하며, 만약 그렇다면 이는 소득세를 공제하기 전 금액으로 해야 할지 공제 후 금액으로 해야 할지를 따져봐야 한다.

두 번째 문제는 조세-급여 모형들이 개인별 자료를 바탕으로 만들어졌기 때문에 여기서 계산한 세금과 급여들을 가구조사에서 기록된 금액들과 비교해볼 수 있다는 점이다. 이러한 비교는 원자료에서 나타나는 모순점들을 드러낼 수 있다. 응답자들은 세부적인 질문에 답하면서 혼동을 했을 수도 있다. 이러한 작업은 이 모형의 한계점들을 드러내기도 하는데, 이를테면 급여를 받는 조건들을 검증할 (예를 들어 과거에 낸 기여금과 관련한) 정보가 부족할 수 있다. 더 걱정스러운 것은 사람들이 수급 자격이 있는데도 급여를 받지 못할 수 있다는 점이다. 제8장에서 보았듯이 상당히 많은 사람이 소득 조사를 바탕으로 한 급여를 받을 자격이 있는데도 급여를 신청하지 않는다. 만약 단순하게 수급 자격이 있는 모든 가구가 급여를 받는다고 가정한다면 전체 비용은 부풀려지고 급여 체계의 효과는 과장된다. 여기서 설명하는 영국의 조세-급여 모형은 급여를 신청하지 않는 경우를 고려한다. 이 모형은 노동연금부가 추정한 실제 신청자 비율을 활용한다. 예를 들어 연금공제를 받을 자격이 있는 이들 가운데 23.5퍼센트가 급여를 청구하지 않는 것으로 추정되며, 저축공제만 받을 수 있는 사람들에게서는 그 비율이 51퍼센트에 이른다.[4] 정책을 개혁하는 주된 목적 가운데 하나는 소득조사를 바탕으로 한 급여를 받을 자격이 있는데도 받지 않는 이들에게 도움을 주는 것이기 때문에 미신청자들을 고려하는 것은 필수다.

세 번째 문제는 새로운 정책이 행동의 변화를 불러올 수 있다는 점이다. 소득세를 올리면 사람들은 일을 더 할 수도 있고 덜 할 수도 있다. 연금을 올리면 사람들이 저축을 덜 할 수 있다. 여기서 하는 계산에서는, 그리고 일반적으로 공식적인 비용 계산에서는, 그러한 변화들이 일어나지 않는다고 가정한다. 그러므로 정책에 반응하는 행동을 고려할 수 있을 때에 비해 이러한 계산은 완전하지 못하다. 그러나 정책에 반응하는 행동을 검토하는 데 필요한 단계들은 결코 간단하지 않다. 한 가지 접근 방법은 조세-급여 체계를 나타내는 변수가 얼마나 오랫동안 일을 할지 또는 언제 은퇴할지를 선택하는 것과 같은 근본적인 결정에 미치는 영향을 고려하는 것이다. 계량경제학 분야에서 이러한 결정들을 주제로 지금까지 엄청난 양의 분석이 이뤄지고 상당히 흥미로운 연구 결과들을 냈지만, 그 연구들은 특히 노동 공급과 관련된 것을 비롯해 특정 분야의 행동에 한정된 것이었다.[5] 따라서 조세-급여 모형에서 이 연구 결과들을 활용하더라도 잠재적으로 정책에 반응하는 행동의 일부만 다루게 될 것이다. 더욱이 그 결과들은 흔히 전체 인구 중 특수한 하위집단들에만 국한된 것이며, 이처럼 부분적인 결과를 적용하는 것이 만족스러운 효과를 낼지는 확실하지 않다.

다른 한 가지 접근 방법은 여러 결정의 결과로 나타나는 총소득을 검토하는 것이다. 사람들이 얼마나 많은 소득을 올릴지는 그들이 어떤 직업을 선택하는지, 얼마나 오랫동안 일을 하는지, 교육에 대해 과거에 어떤 결정들을 내렸는지, 지금까지 얼마나 많은 저축을 해왔는지, 그들의 자산 구성은 어떤지 그리고 다른 어떤 선택들을 했는지에 달려 있다. 이 모든 결정은 조세와 급여 체계의 변화에 따라 총소득이 어떤 반응을 보일지 추정할 때 그 결과로 나타난다. 그러므로 제7장에서 살펴보았듯이 추정된 반응을 둘러싸고 커다란 오차 범위가 존재할 수 있다는 점은 놀라운 것이 아니다. 더욱이 이러한 변화가 재분배에 미치는 영향을 해석할 때 우리는 그 바탕에 있는 결정 요인들의 수수께끼를 풀어야 한다. 축구 선수의 예는 이 문제를 잘 보여준다. 소득세 세율이 올라도 그의 연봉 총액은 달라지지 않고 그대로라면 그 축구 선수는 소득이 줄어드는 부담을 질 것이고 단순한 조세-급여 모형의 계산은 정확할 것이다. 그런데 이와 달리 그 선수가 세금 납부 후 소득을 기준으로 연봉을 받는다면 소득세를 얼마나 올리든 그 비용은 구단에 떨어질 것이고 이는 이런저런 형태로 관중에게 떠넘겨질 것이다. 그렇다면 이러한 과정이 분배에 주는 의미를 추적해갈 필요가 있는데 이는 쉽게 할 수 있는 일이 아니다.

이러한 이유들로 공식적인 비용 계산은 '행동 불변'의 전제를 따르는 경향이 있으며 여기서도 그에 따랐다. 미국에서 의회예산처는 이 문제를 거시경제적 관점에서 논의했다. "의회예산처의 비용 추정은 일반적으로 재정정책이 바뀜에 따라 얼마가 됐든 노동 공급이나 민간 투자가 달라지는 것과 같이 경제 전체의 생산에 영향을 줄 행동의 변화들은 반영하지 않는다." 의회예산처는 정책 변화가 행동에 미치는 효과들을 반영하지 않는 전통적인 방식을 채택했는데 이는 부분적으로 그 효과에 대한 추정이 "대단히 불확실한" 것이기 때문이다.[6] 그러나 그 효과에 대한 추정치의 크기에 높은 수준의 확실성이 있다고 해도 그에 대한 해석에는 여전히 심각한 문제들이 남아 있다.

영국을 위한 제안과 그 비용

—

이제 2014~2015년 영국이라는 특수한 맥락에서 정책 제안들의 비용을 논의해보자. 여기서는 열다섯 가지 제안을 했으며, 이것들은 세 가지 범주로 다룰 수 있다. 첫 번째 범주에 들어가는 제안은 비용이 무시할 만한 수준으로 짐작되거나 다른 정책 결정들에 따라 달라지기 때문에 예산을 산정하는 과정에 개입되지 않는 것들이다. 두 번째와 세 번째 범주는 모두 예산 수립 과정에 포함되는 것이지만, 두 번째 범주의 경우 총액만 고려되는 반면 세 번째 범주의 제안들은 조세–급여 모형에 바탕을 두고 재분배 효과에 대한 완전한 분석이 이뤄지는 것들이다.

첫 번째 범주를 이루는 제안들은 그에 따른 예산 비용을 산정하기가 어렵거나 무시할 정도일 가능성이 큰 것이며, 그래서 이 제안들은 비용 추정에 포함되지 않는다. 사회적 동반자들의 역할을 강화하거나 과학 연구의 방향을 다시 설정하는 것은 세수와 이전지출에 영향을 미칠 수 있지만, 그 영향은 계량화하기 쉽지 않으며 긍정적인 것일 수도 부정적인 것일 수도 있다. 이러한 경우에는 그러나 최종적인 효과에 대한 추정치가 다른 제안들 때문에 발생하는 수십억 달러의 효과에 비하면 적은 금액일 가능성이 크다. 이런 이유로 나는 표 11.1의 요약에 이

표 11.1 영국을 위한 열다섯 가지 제안 분석

제안	예산 비용 (2014~2015년 기준)	분배에 미치는 영향 분석
1. 기술 변화의 방향 설정	무시 가능	
2. 경쟁 정책, 사회적 동반자들과 사회경제협 의회 역할 강화	무시 가능	
3. 실업률 목표 설정과 공공부문 고용 보장	종합적인 예산 고려	
4. 국가 차원의 임금정책과 최저임금 인상	종합적인 예산 고려	
5. 소액 저축자들을 위한 수익률 보장	쉽게 예측할 수 없음	
6. 기초자본 분배	종합적인 예산 고려	
7. 영국투자공사	무시 가능	
8. 더욱 누진적인 소득세 구조	종합적인 예산 고려	O
9. 근로소득공제	종합적인 예산 고려	O
10. 평생자본취득세	종합적인 예산 고려	
11. 주민세를 재산세로 대체	세수에 중립적	
12. 자녀수당	종합적인 예산 고려	O
13. 참여소득	종합적인 예산 고려	O
14. 사회보험	종합적인 예산 고려	O
15. 해외 원조	종합적인 예산 고려	

런 경우들에 대해 '무시 가능'이라고 표시했다. 국부펀드(제안 7)의 경우 관련 비용은 기금을 운용하는 데 따르는 비용밖에 없다. 이 펀드에 새롭게 투자하려면 정부가 예산에서 그만큼 흑자를 내야 하는데 이는 여기서 계산에 넣지 않는다. 소액 저축자들에게 보장된 수익률을 제공하는 경우에는 예상되는 비용이 미래에 금리가 어떤 길을 따라가는지에 달려 있으며, 나는 이것이 자금 조달 비용을 얼마나 늘어나게 할지 추정하지 않았다.

나머지 열한 가지 제안은 모두 표 11.1에서 가리키는 것과 같이 예산 비용 산정에 들어간다. 물론 제안 11(주민세 개혁)은 세수에 중립적이라고 가정한다. 기초자본의 분배(제안 6)는 상속세 제도 개혁(제안

10)을 통해 재원이 마련된다. (2014~2015년 35억 파운드에 이르는) 현재 상속세 수입의 이전을 통해 나머지 예산에 들어가는 비용이 마련되는 것이다. 실업자들에게 고용을 보장하는 비용은 일주일에 서른다섯 시간씩 52주 동안 생활임금을 주는 것을 기준으로 추정했다. 그에 따른 순비용을 계산할 때 실업자들이 다시 일터로 돌아감에 따라 절감되는 구직자 수당과 다른 소득 기준 급여들, 이 생활임금을 받는 이들이 자녀세액공제를 받을 자격이 있을 경우 그에 따라 늘어나는 공제액, 그들이 내야 할 소득세와 국민연금 보험료를 고려했다. 행정관리에 드는 얼마간의 비용을 고려하면 그 순비용은 65억 파운드 안팎이 될 수 있다.(다른 경우와 마찬가지로 여기서도 간접세로 낸 금액이 달라지는 것은 고려하지 않는다.) 국가 차원의 임금정책으로 최고 소득자들의 보수가 줄어드는 한 소득세와 (사용자들의 기여금을 포함한) 국민연금 보험료 수입이 감소할 것이다. 그와 반대로 국가 최저임금을 생활임금 수준으로 올리면 이러한 수입들을 늘리는 효과가 있다. 후자는 충분히 구체적인 숫자로 나타낼 수 있지만 전자는 그렇지 않으며, 수입을 추정하는 데는 어떤 확고한 기준도 없으므로 나는 단순히 이 두 요소가 대략적으로 상쇄된다고 가정한다. 마지막으로 한 (공적개발원조를 국민총소득의 1퍼센트로 늘리자는) 제안은 2014~2015년 기준으로 약 45억 파운드의 비용이 들 것이다.

그러므로 이 서로 다른 요소들을 함께 고려하면 추가로 올려야 할 수입은 145억 파운드가 된다. 이에 대해 제7장에서 설명한 것처럼 소득세와 국민연금 보험료 수입의 기반이 넓어짐에 따라 추가로 들어오는 수입을 산정할 수도 있을 것이다.(이는 조세-급여 계산에 포함되지 않는다.) 각종 조세지출에 대한 공식적인 비용 산정을 바탕으로 할 때 이는 2013~2014년 기준으로 116억 파운드에 해당되지만, 여기서 제안한 것과 같은 더욱 누진적인 세율 구조 아래서는 추가적인 세수가 그보다 훨씬 많을 가능성이 크다. 이 모든 요소를 함께 고려해서 나는 전체 예산에 중립적인 영향을 미치도록 나머지 정책들이 약 25억 파운드의 흑자를 내야 한다는 생각을 바탕으로 분석을 한다. 이 계산이 매우 개략적이라는 점을 따로 강조할 필요는 없을 것이다.

세 번째 범주는 여기서 조세-급여 모형을 이용해 분배 효과를 추정하는—표 11.1 맨 오른쪽 줄에 'O'로 표시된—제안들로 이뤄진다. 이는 예산상 비용을 더 정확히 산정할 수 있도록 할 뿐 아니라 불평등과 빈곤의 크기에 미치는 영향도 추정할 수 있게 해준다. 여기서는 이 제안들에 대해서만 분배 측면의 결과를 분석한다는 점을 강조하겠다. 이 범주에는 여기서 제안한 열다섯 가지 조치 가운데 다섯 가지만 포함된다.

다섯 가지 제안의 세부 내용

조세-급여 모형에 들어가는 이 다섯 가지 제안은 더 상세하게 설명할 필요가 있다.

A) 제안 8 : 소득세

· 더 누진적인 개인 소득세 세율 체계를 만든다. 과세 대상 소득(과세 기준선을 웃도는 소득)에 대해 처음에는 25퍼센트를 부과하고, 이어서 과세 소득이 한 해 3만5000파운드에 이르면 35퍼센트, 과세 소득이 5만5000파운드에 이르면 45퍼센트, 과세 소득이 10만 파운드에 이르면 55퍼센트를 부과하며, 20만 파운드를 넘는 과세 소득에는 최고세율 65퍼센트를 적용한다.

·국민연금 보험료 요율은 바꾸지 않되 소득 상한선(종업원들은 클래스 1, 자영업자는 클래스 4)을 연간 5만5000파운드로 상향 조정한다.

·더 높은 소득 구간에서 인적 공제가 축소되는 현행 제도를 폐지한다.

·노령자에 대한 추가 공제, 시각장애인 공제, 10퍼센트 저축률을 유지하되 결혼한 부부에 대한 공제는 폐지한다.

B) 제안 9: 근로소득공제

·(자영업 소득과 연금소득을 포함한) 근로소득의 20퍼센트를 공제한다. 근로소득이 2만3333파운드에 이르면 그 이상의 근로소득에 대해 40퍼센트를 차감함으로써 공제율을 낮추고 소득이 3만5000파운드에 이르면 공제가 끝나도록 한다.

·개인 소득세 면세점을 연간 1만 파운드에서 8000파운드로 인하하고 20퍼센트 공제율을 적용한다. 이때 모든 소득이 근로소득인 경우 (1만 파운드의 20퍼센트와 8000파운드를 합하면 총 면세 소득 금액은 1만 파운드이므로) 사실상의 면세점은 변하지 않는다.

C) 제안 12: 자녀수당

·더 높은 소득 구간에 자녀수당을 다시 도입해 모든 자녀에 대해 수당을 받을 수 있도록 하되 부부 중 과세 소득이 낮은 사람에게 자녀수당에 대한 과세를 한다.

·자녀 한 명당 일주일에 40파운드씩 자녀수당을 지급한다(수급 자격은 현재와 같이 정의).

·자녀세액공제와 거주비급여, 주민세급여로 받을 수 있는 액수는

자녀수당 액수가 현재 수준(첫 번째 자녀에 대해서는 주당 20.50 파운드, 그다음 자녀들에 대해서는 주당 13.55파운드인)보다 늘어나는 만큼 어린이와 가족수당 할증액이 감소함에 따라 줄어든다.

이 지점에서 참여소득 또는 사회보험이라는 다음 두 가지 대안이 있다.

D) 제안 13: 참여소득

· 모든 성인에게 지급되는 참여소득을 도입한다. 성인은 16세 이상으로 정의(중등교육 과정에 들어간 16~18세의 미혼자는 제외)한다.[7]

· 참여소득은 개인이 국민연금을 얼마나 받는지를 고려해 개인별로 지급한다. 따라서 T가 어떤 사람에게 지급되는 국가연금을 표시한다면 그는 참여소득 PI와 국가연금 T 가운데 더 높은 금액을 받는다. 그가 참여소득을 받는 경우 국가연금은 계속 지급되지만 참여소득은 (PI–T)와 같다.

· 소득을 기준으로 받는 급여를 계산할 때 개인들이 받는 참여소득을 고려한다.

· 소득세 면세점과 국민연금 보험료의 첫 구간 기준점은 0으로 설정한다.

E) 제안 14: 사회보험

· 국민연금보험(기초연금과 추가적인 국가연금)을 25퍼센트 인상한다.

· 기여금을 내는 구직자수당을 (기존의 기초노령연금과 같은 수준인) 주당 113.10파운드로 올리고, 기여금을 내는 고용지원수당ESA과 사별수당을 25퍼센트 인상한다.

·제안 12에 따른 것보다 큰 폭으로 자녀수당을 인상한다. 첫 자녀에게는 수당을 주당 50파운드 할증(첫 자녀에게 지급되는 수당 총액을 주당 90파운드로 인상)하고, 둘째와 그다음 자녀들에게는 일주일에 20파운드씩 추가로 지급(한 명당 주당 총 60파운드씩 지급)하며, 제안 12에 따라 이 수당에 대해 과세한다.

이 모든 경우에 지금의 연립정부가 적용한 (16세부터 64세에 해당되는 연령대의 사람들에게 지급되는 금액을 제한하는) 급여 상한은 없어진다.

예 산 비 용

첫 단계는 예산상의 순비용을 계산하는 것이다. 이는 단순해 보일지도 모른다. 하지만 이 계산을 할 때는 서로 다른 요소 사이의 상호작용을 고려해야 한다. 예를 들면 우리는 단순히 각 소득 구간에 얼마나 많은 사람이 있는지 그리고 그들이 세금을 얼마나 더 내는지를 보고 이를 그냥 합산해서는 안 된다. 납부한 세금은 세후 소득을 바탕으로 하는 각종 소득 기준 급여들을 받을 자격에 영향을 준다. 세금을 많이 낼수록 납세자들이 수급 자격을 갖게 되는 급여도 늘어난다. 소득 기준 급여에 대한 지출이 늘어나면 여기서 늘어나는 소득세 수입을 빼야 한다. 우리에게 복잡한 조세와 급여에 대한 규정들 및 다양한 가구의 환경을 종합적으로 고려하는 조세-급여 모형이 필요한 것은 바로 이 때문이다.

근로소득공제와 더불어 더 누진적인 소득세 체계로 옮겨가면(A단계 조치와 B단계 조치) 순세입을 2014~2015년 기준으로 약 310억 파운드 늘릴 수 있다. 이는 소득세 수입의 5분의 1쯤 되는 상당히 큰 금액이다. 한 꾸러미의 정책 제안들 중 다른 항목들의 균형을 맞추는 데 필요한 추가적인 세수(25억 파운드—옮긴이)를 고려할 때 지출을 늘리는 방안들에는 285억 파운드를 쓸 수 있다.

정책 조합 중 지출 방안들은 공통적으로 자녀수당 인상안을 담고 있다. 자녀수당을 모든 자녀에 대해 주당 40파운드로 올리면 확실히 (약 160억 파운드에 이르는) 거액의 총비용이 들지만, 그 수당을 과세 대상으로 하고 소득 기준 급여의 수급 액수를 계산할 때 예산 절감액이 늘어나는 것을 고려하면 순비용은 상당히 줄어든다. 그 비용을 산정할 때 제안 8이 효력을 낸다고 가정했다. 다시 말해 이 계산은 누적적인 것이다.[8] 이 대목에서 자녀가 없는 독자들이 주당 40파운드를 눈물 날 만큼 많은 금액이라고 여긴다면 나는 그들에게 이 수당은 과세 대상임을 상기시켜주고 싶다. 첫 과세 구간에 있는 이들에게 그에 따른 세액 증가는 확실히 큰 것이다. 자녀수당은 세금을 내고 나면 주당 30파운드이며, 이 금액을 첫 자녀에게 20.50파운드, 나머지 자녀에게 13.55파운드씩을 주는 현행 수당과 비교해야 한다. 소득이 올라감에 따라 순급여는 점차 줄어든다. 55퍼센트 세율이 적용되는 구간에 있는 이들에게는 세후 순급여가 18파운드에 불과하다. 더욱이 유럽연합의 2013년 빈곤 기준선에 해당되는 자녀 한 명당 양육비는 주당 약 55파운드였으며, (앞에서 생활임금과 관련해 논의한) 최저소득 기준 수당은 자녀 한 명이 늘어날 때 주당 90파운드 이상임을 기억해야 한다.

이처럼 자녀수당을 올리고 나면 229억 파운드를 일단의 정책 중 나머지 지출 항목들을 위해 쓸 수 있을 것이다. 위에서 설명한 조치들이 (반올림해서) 25억 파운드의 필요한 흑자를 내도록 설계됐을 때 229억 파운드를 쓸 수 있는 길은 둘 중 하나다. 첫 번째 길은 참여소득을 통하는 것이다. 이는 기존의 조세와 급여 체계에 추가되는 것이므로 조세-급여 모형을 이용하는 것이 필수적이다. 25억 파운드의 흑자를 확보하면서 참여소득으로 지급할 수 있는 금액은 한 명당 연간 3110파운드이며, 이는 25퍼센트의 최초 세율이 적용되는 현재의 과세 기준선(2500파운드)을 너끈히 넘는다.(제8장에서 지적했듯이 이 계산을 할 때 참여 조건을 부과하지는 않았다. 그만큼 비용은 과대평가된다.) 일주일에 한 사람에게 60파운드씩 지급하는 것은 출발점에 해당된다. 시민소득을 지지하는 이들이 지금까지 자주 제안해왔듯이 더 높은 세율을 적용하는 것도 가능하며 이 경우 참여소득도 더 높아질 수 있다. 참여소득의 수준과 제안 8에 따라 부과되는 세율 사이에는 교환관계가 있다. 최고 세율 65퍼센트를 빼고 모든 구간의 소득세율을 5퍼센트 포인트씩 올린다면 참여소득을 일인당 연간 4061파운드, 주당 80파운드 가까이 올릴 수 있다.

두 번째—대안적인—경로는 새로운 사회보험을 통하는 것이다. 앞서 설명한 제안들의 비용은 정책 패키지의 일부로서 허용된 총비용보다 조금(약 2억5000만 파운드) 더 든다. 이 모형은 (위에 나오는 E 조치에 대한 설명에서 볼 수 있듯이) 제8장에서 한 제안들의 두 가지 요소를 다루지 않는다는 점에 유의해야 한다. 인상된 국가연금은 최저연금 보장의 형태를 취하기보다는 모든 연금생활자에게 지급된다고 가정한다. 그만큼 이 비용은 연금 보장에 대한 제안에 따랐을 경우에 비해 더 커진다. 반대로 이 모형은 기여금을 내는 구직자 수당과 같은 사회보험의 수급 자격을 확대하자는 제안은 고려하지 않는다. 이는 비용을 과소평가하게 한다.

(일부) 제안의 영향

—

그러므로 우리는 지금의 정책들에 비해 세수에 중립적이라는 의미에서 (대략적으로) 수지가 맞아떨어지는 일련의 제안을 얻게 된다. 여러 제 안 가운데 다섯 가지에 대해 우리는 조세-급여 모형을 이용해 불평등 과 빈곤에 미치는 영향을 조사할 수 있다. 바로 제안 8(누진적인 소득 세), 제안 9(근로소득공제), 제안 12(자녀수당), 그리고 제안 13(참여소 득)이나 제안 14(사회보험)다. 그 결과들을 볼 때 우리는 이들과 어우러 져 소득불평등을 줄이는 데 커다란 효과를 낼 가능성이 다른 열 가지 큰 제안이 있다는 점을 기억해야 한다.(그러나 이 제안들의 순비용은 고려됐다.)

이 책 앞부분에서 나는 전반적인 불평등을 지니계수로 가늠할 경우 이 계수가 3퍼센트포인트 이상 떨어져야 불평등이 뚜렷이 줄어든 것으 로 볼 수 있다고 밝혔다. 이 경우 (유로모드 모형으로 계산할 때) 현재 32.1퍼센트인 지니계수가 29.1퍼센트 이하로 떨어져야 한다. 마찬가지로 빈곤 속에 살아가는 이의 숫자가 현저히 줄었다고 하려면 (역시 유로모 드 추정치로) 현재 16.0퍼센트 수준에서 3퍼센트포인트 떨어져야 한다. 마지막에 이야기한 숫자는 빈곤율을 6분의 1을 줄이려는 유럽 2020 전략과 거의 일치할 것이다.(이 목표가 실현되면 빈곤율은 13.3퍼센트 로 떨어질 것이다.)

첫 단계 조치—제안 8의 소득세 개혁과 제안 9의 근로소득공제— 는 지니계수를 32.1퍼센트에서 30.4퍼센트로 낮출 것으로 추정됐다. 이 는 우리를 뚜렷한 불평등 감소로 가는 길의 절반 넘는 곳까지 데려다 준다. 이 숫자들은 추정치라는 점을 강조해야겠다. 여기에는 지니계수 감소 폭 1.7퍼센트포인트에 대한 오차 범위가 있으며, (95퍼센트 신뢰

구간의) 오차 범위는 약 0.2퍼센트포인트다. 자녀수당 개혁은 자녀가 있는 가족과 없는 가족 사이의 공정성을 확보하기 위한 것으로, 지니계수를 30.2퍼센트로 미세하게 낮추는 효과에 그친다. 마지막 단계의 조치로 얻는 효과는 어느 경로를 선택할지에 달려 있다. 참여소득을 도입하고 같은 세율을 유지할 때 지니계수는 28.2퍼센트로 떨어진다.(이 숫자와 아래의 숫자들은 그 효과에 대한 추정이 이뤄진 모든 정책 제안의 효과 전체를 나타내는 것이다. 위의 경우에는 A, B, C, D단계 조치의 전체 효과를 나타낸 것이다.) 모든 구간의 세율이 5퍼센트포인트씩올라 30~60퍼센트에 이르고 65퍼센트인 최고 세율만 그대로 남겨두면(재분배의 관점에서 보면 한계세율이 아니라 평균세율이 중요하다는점을 기억하자), 지니계수는 26.6퍼센트로 떨어질 것이다. 사회보험 개혁이라는 대안을 선택하면 A, B, C, E단계 조치들을 결합한 효과는 지니계수를 29.4퍼센트로 떨어트린다. 이러한 하락 폭은 현저함의 기준인3퍼센트포인트에 조금 못 미친다. 이에 반해 참여소득 제도를 포함한일련의 조치를 결합하면 낮은 세율로도 이 기준을 쉽게 넘는다. 더 높은 세율을 적용하면 사회보험과 결합된 조치들은 지니계수를 5.5퍼센트포인트 낮추는 효과를 낸다.

빈 곤 을 줄 이 는 효 과

전반적인 빈곤에 관한 한 첫 단계 조치—소득세 제도 개혁과 근로소득공제—는 그리 대단치 않은 효과를 내며, 자녀수당 개혁과 결합해도 빈곤율을 16.0퍼센트에서 15.6퍼센트로 낮출 뿐이다. 이처럼 정책들을 바꿀 때 빈곤의 기준선은 변함없이 유지된다는 점에 유의해야 한다. 중위소득은 달라지지만 (중위소득의 60퍼센트인) 빈곤선은 중위소득 기준으로 정해진 수준에 그대로 머문다. 빈곤율에 미치는 영향이 적은 것은 현재 소득 기준 급여를 받고 있는 가족들이 추가로 급여를 거의 받아내지 못한다는 사실을 반영한다. 그러나 (32만8000가족이라는) 무시할 수 없는 숫자가 세액공제와 다른 각종 소득 기준 급여에 대한 의존에서 벗어난다. 가장 많은 이득을 보는 이들은 현재 소득 기준 급여를 받을 자격이 있는데도 이를 신청하지 않는 가족이다. 이들은 현재 가장 가난한 층에 속한다. 이 경우에도 마지막 단계 조치의 효과는 어느 길을 선택하느냐에 달려 있다. 사회보험 개혁을 택하면 빈곤율은 13.9퍼센트로 하락한다.(여기서도 이는 모든 조치의 효과를 합친 것을 나타내며, 위의 경우는 A, B, C, E단계 조치를 결합한 효과다.) 참여소득을 도입하고 종전과 같은 세율을 적용하면 빈곤율은 12.1퍼센트로 떨어진다. 모든 구간의 세율을 5퍼센트포인트씩 높이면 (그러나 최고 세율은 65퍼센트로 남겨두면) 빈곤율은 10.4퍼센트로 떨어지며, 이때 오차 범위는 10.0~10.9퍼센트다. 중요한 것은 이 제안들이 가난의 범위뿐만 아니라 깊이까지도 줄일 것이라는 점이다. 가난이 얼마나 깊은지는 빈곤 갭으로 가늠하는데, 이는 빈곤층의 평균 소득이 빈곤의 기준선에 얼마나 못 미치는지를 퍼센트로 나타낸다. 기준 시점에서 중위소득과 대비하면 이 갭은 4.7퍼센트이지만 참여소득 지급 후 빈곤선 아래에 남아 있는 이들만 보면 2.2퍼센트로 절반 넘게 줄어든다. 그러므로 참여소득 방식의 개혁은 영국이 유럽 2020 목표에 맞출 수 있도록 보장할 뿐만 아니라(사회보험 방식은 그 목표에 거의 맞출 수 있도록 해준다) 또한 여전히 빈곤선 아래에 있는 사람들에게 커다란 도움을 준다.

아동빈곤은 크게 줄어든다. 사회보험의 개혁(A, B, C, E단계 조치)은 아동빈곤율을 16.8퍼센트에서 14.6퍼센트로 낮추며, 어린이들의 빈곤 갭을 4.6퍼센트에서 3.7퍼센트로 줄여준다. 이는 그 후에도 여전히 빈곤선 아래에 남아 있는 이들에게 커다란 이득이 됨을 나타낸다. 참여소득과 현행 세율로는 빈곤율이 13.4퍼센트로 줄어든다. 모든 세율이 5퍼센트포인트씩 인상되면(최고세율은 65퍼센트로 유지) 빈곤율은 12.1퍼센트로 거의 5퍼센트포인트 낮아지고 빈곤 갭은 절반 넘게 줄어들 것이다.

전반적인 재분배 효과

여기서 제안한 소득세 세율 체계는 걱정스러울 만큼 높은 세율을 수반하는 듯 보이지만 앞에서 강조한 것처럼 이목이 집중되는 **한계**세율을 **평균**세율과 구분하는 것이 중요하다. 소득 중 얼마가 세금으로 나가는지를 결정하는 것은 평균세율이다. 평균세율은 훨씬 덜 가파르게 올라간다. 예를 들어 여기서 검토한 세율 체계에 따르면 전체 소득이 6만 3000파운드일 때 소득세 한계세율은 45퍼센트에 이르지만, 소득세 평균세율은 소득이 20만 파운드를 넘을 때까지 45퍼센트에 이르지 않는다. 이와 함께 근로소득공제의 목적은 누진적인 세율 구조를 도입함에 따라 낮은 수준의 근로소득(그리고 연금소득)에 대한 세율이 올라가지 않도록 하면서 동시에 공제 혜택이 모든 구간의 근로소득으로 확대되지 않도록 보장하는 것임을 기억해야 한다. 이는 투자소득이 있는 이들에게 혜택을 주지 않으면서 하위 계층의 근로소득자들에게 도움을 준다. 이는 양면에서 더 낮은 소득세 구간을 새로 도입하는 것과 다르다. 낮은 세율 구간을 신설하면 더 높은 계층의 근로소득자들과 투자소득을 가진 이들 모두에게 혜택을 주게 된다.

각자 제안 8, 9, 12와 결합하는 경우 두 가지 형태의 제안(참여소득과 사회보험)이 낼 효과는 도표 11.2에 나타냈다. 그 효과는 균등화 가구 가처분소득으로 나타낸 소득 분포에서 각 십분위에 속하는 사람들 중 소득의 5퍼센트 이상 이득을 보거나 손실을 보는 이들의 비율로 보여준다. 따라서 '1'은 최하위 10퍼센트 계층이며 여기에 속하는 이들 중 대부분은 이득을 보고 일부는 손실을 본다는 것을 알 수 있다. 이 두 집단 모두 참여소득을 도입하는 경우에 더 많은데, 최하위 계층의 72퍼센트는 이득을 보지만 10퍼센트는 손실을 본다. 이 10퍼센트는 걱정

도표 11.2 제안한 참여소득과 사회보험 프로그램의 계층별 소득 효과

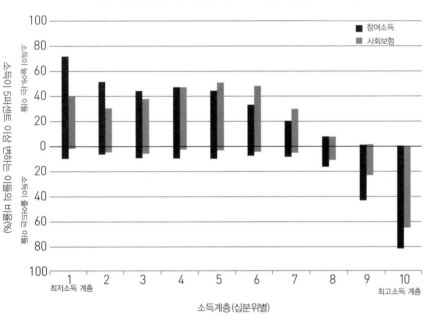

이 그래프는 여기서 제안한 참여소득PI과 사회보험SI이 소득에 미치는 효과를 보여준다. 상세한 제안 내용은 본문의 제안 13과 14를 보라. 그 효과는 소득에 따라 변한다. 여기서는 전체 인구를 열 개의 (십분위) 그룹으로 나누는데, 1그룹은 소득 수준이 가장 낮은 가구들(최하위 10퍼센트)이며 10그룹은 소득이 가장 높은 가구들(최상위 10퍼센트)이다. 각 소득계층에 속하는 가구 중 일부는 소득이 5퍼센트 이상 늘어나고(0 위쪽 막대로 표시) 일부는 소득이 5퍼센트 이상 줄어들 것이다(0 아래쪽 막대로 표시). PI안을 택하거나 SI안을 택했을 경우 둘 다 저소득 가구들은 소득이 늘어나는 경향을 보이는 반면 고소득 가구들은 소득이 줄어드는 경향을 나타낸다. 이러한 결과는 이 책에서 내놓은 열다섯 가지 제안 중 다섯 가지에만 관련되나, 이 다섯 가지 제안은 이 예산 패키지의 다른 부분들의 순비용을 대는 데 필요한 25억 파운드를 창출한다.

거리가 된다. 그러나 손실을 보는 이들은 여기서 제안했지만 이 계산에서는 다루지 않은 다른 조치들로 도움을 받을 수 있다. 예를 들어 그리 많지 않은 투자소득을 가진 은퇴자들은 과세 기준선을 낮춤에 따라 더 많은 세금을 내게 되겠지만, 이들은 소액 저축자들에게 수익률을 올려주기 위해 고안한 조치들 덕분에 이득을 볼 가능성이 크다.

전반적으로 참여소득이 더 큰 재분배 효과를 내며, 그 대안으로 사회보험을 강화하는 경우에 비해 참여소득을 도입하는 경우 5퍼센트 넘게 이득을 보는 이들의 비율이 소득 수준이 높아짐에 따라 더 규칙적으로 떨어진다. 사회보험의 경우 이득을 보는 이들의 비율은 실제로 소득 분포상 중간 계층에서 더 높아진다. 참여소득을 도입하는 경우에 소득 분포상 하위 50퍼센트에 속하는 사람 중 다수(52퍼센트)가 5퍼센트 이상 이득을 본다. 사회보험 제도를 강화하는 경우에 이 비율은 41퍼센트다. 물론 이 숫자도 인상적이다. 만약 더 높은 세율과 더불어 참여소득의 수준이 높아지면 하위 50퍼센트 계층에서 5퍼센트 이상 이득을 보는 이들의 비율은 62퍼센트로 높아진다. 상당히 큰 폭의 재분배가 이뤄지는 것이다.

단서들

위에서 설명한 것처럼 여기서 제안한 정책들이 불평등에 미치는 영향을 검토할 때 우리는 불평등 감소 효과를 나타내는 추정치가 일부 제안만 고려한 결과라는 점을 반드시 기억해야 한다. 실제로 제안 8에 따라 분석 모형에 들어가지는 않았지만 불평등을 줄이는 경향이 있는 조세정책들을 추가로 취할 수 있다. 예를 들어 투자자들을 위한 세제상 특혜는 대체로 상위 소득 계층에 있는 이들에게 혜택을 줄 가능성이 크므로 이를 없앨 수 있다. 더욱이 위에서 인용한 추정 결과들은 그 바탕에 있는 조세-급여 모형의 한계를 고려하면서 봐야 한다. 그 자료들은 풍부하지만, 그리고 그 계산은 앞선 분석 방법들에 비해 훨씬 더 안정적인 기반을 갖고 있지만 그 결과들은 파올라 드 아고스티니와 홀리 서덜랜드가 이 모형을 설명하면서 내놓은 "유해 성분이 있을 수 있다는 경고"에서 자유롭지 못하다. 그들은 특히 "고소득자들, 자영업자 소득, 투자소득은 일반적으로 실제보다 적게 나타나는데, 이는 아마도 이런 유형의 소득을 얻는 사람들 가운데 설문조사에 응답하지 않는 이들의 비율이 높고 특히 고소득층 응답자들이 이런 데서 나오는 소득을 낮춰서 보고하기 때문"이라고 지적했다.[9] 그러므로 분석 결과는 소득세 최고세율을 올림으로써 얻을 추가 세수를 과소평가할 가능성이 크다.

가장 심각한 한계는 이 계산이 조세-급여 체계 변화에 따라 생기는 총소득의 변화를 고려하지 않는다는 데 있다. 최고세율을 인상하는 경우 이는 세수를 과대평가하는 원인이 될 수 있다. 그러나 이 일단의 정책에는 총소득을 늘리는 쪽으로 작용하는 다른 요소들이 있다. 여기서 채택한 전략은 기본적으로 소득 조사에 바탕을 둔 급여 체계에 대한 의존도를 줄이려는 것이다. 소득 기준 급여는 수급 자격이 있는 모든 사람에게 이르는 데 실패했고, 엄청난 복잡성을 초래했으며, 많은 사람에게 일하거나 저축하려는 의욕을 심각하게 떨어트렸다. 사회보험 제도는 소득 기준 급여를 받는 가구에서 사는 인구를 2230만 명에서 1810만 명으로 줄여줄 것이다. 참여소득 제도는 소득 기준 급여를 받는 가구에서 사는 인구를 1710만 명으로 훨씬 더 많이 줄여줄 것이다. 세율이 인상되면 그 숫자는 1540만 명으로 더 줄어들게 된다. 이는 소득 기준 급여에 들어가는 비용을 632억 파운드에서 408억 파운드로, 또는 세율 인상과 함께 할 경우 359억 파운드로 줄여줄 것이다. 이는 큰 폭의 감소다. 500만 명 또는 많게는 700만 명이 소득 기준 급여에서 벗어나게 되는 것이다. 이러한 세액공제와 다른 소득 기준 급여들을 축소하면 높은 한계세율에 직면하는 사람 수는 줄어들게 된다. 뿐만 아니라 이는 행정관리 비용을 줄이고 많은 사람의 생활을 편하게 해준다.

간추리기

—

요컨대 이런 계산들은 세수에 중립적인 이 제안들로 전반적인 불평등과 전체적 빈곤 그리고 아동빈곤을 뚜렷이 줄이는 목적을 이룰 수 있음을 시사한다. 지니계수가 32퍼센트에서 약 28퍼센트로 낮아지면 영국은 불평등을 줄이는 방향으로 나아가는 데 있어 미국처럼 불평등 수준이 높은 나라들과 함께 가기보다는 OECD 국가의 중간쯤 되는 길을 걷게 될 것이다. 이 제안들은 각종 소득 기준 급여에 의존하는 가정에 속한 인구를 크게 줄여줄 수 있다. 영국 정부는 소득 조사 방식을 유지하면서 통합급여로 가는 길을 택했지만 여기서 나는 다른 대안들도 있음을 제시했다.

그러나 이는 단지 불평등을 줄이는 길로 가는 한 걸음일 뿐이다. 이 계산들은 각종 세금과 급여를 통한 전통적인 방식의 재분배로 이룰 수 있는 것에는 한계가 있다는 경고를 던져준다. 이는 과세와 소득이전이 이뤄지기 전 단계의 소득 분배를 덜 불평등하게 만들기 위한 제안들이 중요하다는 사실을 부각시킨다. 완전고용을 확보하고, 임금을 더 공정하게 분배하며, 자본의 소유권을 더 평등하게 나누는 것은 불평등을 줄이려는 어떤 전략에서든 필수적인 요소다.

앞으로
나아갈 길

우리가 불평등의 크기를 줄이길 바란다면 어떻게 그 일을 할 수 있을까? 이 책은 그 물음에 답하려고 쓴 것이다. 불평등과 싸워야 할 이유는 많다. 우리가 경제적 결과의 불평등을 줄이면 이는 현대 민주사회의 핵심적인 특징으로 여겨지는 기회의 평등을 확보하는 데 기여한다. 범죄와 질병 같은 여러 사회적 악은 오늘날 사회의 매우 불평등한 특성에 기인한다. 이런 것들은 빈곤과 불평등 수준을 낮춰야 할 수단적인 이유를 제공한다. 극단적인 불평등은 제대로 작동하는 민주주의와 양립할 수 없다는 두려움 역시 같은 역할을 한다. 그리고 나처럼 지금과 같은 수준의 경제적 불평등은 본질적으로 좋은 사회의 개념과 맞지 않는다고 믿는 이들이 있다. 어떤 이유로 염려하든 간에 질문은 그대로다. 어떻게 하면 불평등을 실질적으로 줄일 수 있는가?

이 책의 목표는 최종 목적지가 아니라 앞으로 나아갈 방향을 그리는 것이다. 나는 궁극적으로 바람직한 국가나 우리 사회의 모습을 묘사하려 하지 않았다. 이 책은 공상적 이상주의의 실행 방안이 아니다. 그보다는 불평등을 줄이는 데 관심을 기울이는 이들에게 방향을 제시하려고 한다. 그리고 바로 지금의 우리 사회에서 출발한다. 1913년 미국 대통령이 된 우드로 윌슨은 첫 취임 연설에서 이렇게 말했다. "우리는 경제 체제를 지금 있는 그대로, 그리고 고쳐나갈 수 있는 것으로 다뤄야 하며, 마치 우리가 깨끗한 종이를 갖고 있다면 그 위에 마음대로 그릴 수 있는 것처럼 다뤄서는 안 됩니다."[1]

우리가 취할 조치들은 사회가 왜 이토록 불평등하며 최근 몇십 년 동안 불평등은 왜 커졌는지, 그 이유가 무엇이냐에 따라 달라진다. 정확히 왜 1980년대 이후 '불평등 회귀'가 나타났는가? 나는 이 물음에 답하려면 경제학의 도구를 쓰고자 할 때 분배의 문제를 분석의 중심에 둘 필요가 있다고 강조했다. 이러한 생각은 경제학자 사이에 유행하지 않지만, 내가 믿기에는 불평등을 이해할 수 있도록 해줄 뿐만 아니라 경제가 어떻게 돌아가는지를 설명하고 오늘날 우리가 마주한 정책적인 도전들에 맞서는 데에도 필수적인 것이다. 우리가 재정적인 불균형이나 인구 고령화, 기후변화, 또는 국제적인 불균형 문제에 부딪혔을 때 이 세계가 같은 자원과 이해관계를 가진 똑같은 사람들로 이뤄져 있다고 가정하는 것은 말이 되지 않는다. 우리가—GDP와 같은—경제 정책의 큰 숫자들을 시민 개개인의 실제 생활 경험과 관련지으려면 분배의 측면을 고려해야 한다.

이 책에서 채택한 접근 방식은 분배 문제를 무대의 중심에 놓는다는 점에서 대부분의 주류 경제학과는 다르다. 이 책은 다음과 같은 점을 강조한다.

· 불평등을 이해하기 위해서는 우리 사회의 모든 측면을 검토할 필요가 있다. 우리 사회가 오늘날 어떤 모습인지, 그리고 과거에 어떻

게 발전해왔는지 둘 다 살펴봐야 한다.

· 역사적인 기록은 장기적인 추세보다 주요 사건들 면에서 더 잘 해석되며, 우리는 불평등이 줄어든 시기로부터 교훈을 얻을 수 있다.

· 불평등을 줄이는 방향으로 나아가는 것은 조세와 재정 지출을 통해서뿐만 아니라 시장소득의 변화를 통해서도 이룰 수 있다.

· 불평등 증가의 근원은 자본시장과 노동시장 둘 다에서 찾을 수 있다. 이는 단지 교육으로 얻은 자격 조건에 붙는 프리미엄이 높아지는 문제만은 아니다.

· 시장의 힘은 중요한 역할을 하며, 우리는 어디서 의사결정이 이뤄지는지 그리고 대항력은 어느 정도인지 살펴볼 필요가 있다.

· 세계는 특히 고용의 특성 및 (소득의 원천으로서) 부와 (통제력의 원천으로서) 자본의 관계 면에서 크게 변화하고 있다.

결정적으로 나는 불평등이 커지는 것이 피할 수 없는 일이라는 생각을 받아들이지 않는다. 이는 우리의 통제 밖에 있는 힘들이 낳은 것이 아니다. 지금과 같은 수준의 불평등을 줄이기 위해 정부가 개별적으로 또는 집단적으로 취할 수 있는 조치들이 있으며, 기업, 노동조합, 소비자 단체 그리고 우리 개개인이 할 수 있는 일들이 있다.

제 안 들

—

맨 앞에서 설명했듯이 나는 교육과 훈련이 중요하며 여기서 제안한 조치들을 보완해줄 것이라 생각하지만 그에 대한 투자에 관해서는 논의하지 않았다. 그보다는 치밀한 검토가 광범위하게 이뤄지지 못한, 더 근본적인 제안들에 초점을 맞췄다. 그 열다섯 가지 제안은 아래에 요약한 것과 같다.

제안 1 정책 결정자들은 기술 변화의 방향에 분명히 관심을 기울여야 하며, 근로자들의 고용 가능성을 높이고 서비스 제공의 인적 측면을 강조하는 형태의 혁신을 장려해야 한다(제4장).

제안 2 공공정책은 이해관계자들 간의 적절한 힘의 균형을 목표로 삼아야 한다. 이를 위해 (a) 경쟁 정책에 뚜렷하게 분배적인 측면을 도입하고, (b) 노동조합들이 대등한 조건으로 근로자들을 대변하도록 허용하는 법적 체계를 보장하고, (c) 사회경제협의회가 아직 존재하지 않는 나라에서는 사회적 동반자와 다른 비정부기구들이 참여하는 협의회를 설립해야 한다(제4장).

제안 3 정부는 실업을 예방하고 줄이기 위한 명시적인 목표를 채택하고 원하는 이들에게 최저임금을 주는 공공부문 고용을 보장해줌으로써 이 목표를 뒷받침해야 한다(제5장).

제안 4 두 가지 요소로 이뤄진 국가 차원의 임금 정책이 있어야 한다. 법령에 따라 생활임금 수준으로 정해진 최저임금과 최저임금 이상의 보수에 대한 실행 규칙이 그것이며, 이는 사회경제협의회와 관련된 '국민적 논의'의 일부로 합의된 것이어야 한다(제5장).

제안 5 정부는 일인당 보유 한도를 둔 국민저축채권을 통해 저축에 대한 플러스 실질금리를 보장해야 한다(제6장).

제안 6 모든 성인에게 지급되는 기초자본(최소한의 상속)이 있어야 한다(제6장).

제안 7 기업과 부동산에 대한 투자 지분을 보유함으로써 국가의 순자산을 축적하는 것을 목표로 삼고 국부펀드를 운영하는 공공 투자 기관이 만들어져야 한다(제6장).

제안 8 우리는 개인 소득세에 대해 더 누진적인 세율 구조로 돌아가야 하며, 과세 대상 소득 구간에 따라 한계세율을 65퍼센트까지 올리면서 이와 함께 과세 기반을 넓혀야 한다(제7장).

제안 9 정부는 개인 소득세에 근로소득 첫 구간에 한해 근로소득공제를 도입해야 한다(제7장).

제안 10 상속받은 재산과 생존자 간 증여 재산에는 누진적인 평생 자본취득세 체계에 따라 과세해야 한다(제7장).

제안 11 최근 시세로 평가된 부동산 가치를 바탕으로 하는 비례적인 재산세 또는 누진적인 재산세를 시행해야 한다(제7장).

제안 12 모든 어린이에게 상당한 금액의 자녀수당을 지급해야 하며 이를 소득으로 여겨 세금을 물려야 한다(제8장).

제안 13 기존 사회적 보호 제도를 보완하고 유럽연합 전역으로 확대된 어린이 기본소득과 더불어 나라별로 참여소득을 도입해야 한다

(제8장).

제안 14 사회보험을 새롭게 해 급여 수준을 늘리고 적용 대상을 넓혀야 한다(제8장).

제안 15 부자 나라들은 공적개발원조 목표를 국민총소득의 1퍼센트로 올려야 한다(제8장).

이러한 제안과 함께 다음과 같은 구상이 필요하다.

실행해야 할 구상 가계가 주택을 담보로 잡지 않은 대출을 받기 위해 신용시장에 얼마나 접근할 수 있는지에 대한 철저한 재검토.

실행해야 할 구상 사적연금기여금을 현재의 '세제 우대' 저축과 같이 '소득세 체계를 바탕으로' 다뤄 세금 납부를 앞당기는 것이 타당한지 검토.

실행해야 할 구상 연간 부유세를 위한 주장과 그 성공적인 도입을 위한 전제 조건들을 재검토.

실행해야 할 구상 개인 납세자들에 대해 총 부를 바탕으로 한 글로벌 조세 체계 확립.

실행해야 할 구상 기업에 대한 최저한세 도입.

비록 이 제안 가운데 몇몇은 특별히 영국을 염두에 두고 설계한 것이지만(그리고 사회보험에 관한 것처럼 몇몇 조치는 단순히 영국이 이웃 나라들과 보조를 맞추도록 하기 위한 것이지만), 기본적으로는 다른 여러 나라에 매우 광범위하게 적용할 수 있는 방안들이다. 예를 들어 자녀수당이 실질적인 역할을 하도록 하는 것은 내가 보기에 미국을 포함한 모든 나라의 재분배 정책에서 주춧돌이 돼야 한다. 이러한 조치는 "어떤 어린이도 뒤에 내버려둬서는 안 된다"는 말이 진정으로 사실이 되도록 보장할 수도 있다. 나는 유럽연합의 모든 어린이가 기초적인 보장을 받으면서 삶을 시작할 수 있도록 유럽연합 차원에서 보편적인 자녀수당 형태의 소득을 보장하는 제도를 발효시킬 수 있을 것이라고 제안했다.

이 제안들은 대담한 것이지만 영국의 경우처럼 우리가 1980년 '불평등 회귀' 이전의 불평등 수준으로 돌아가려면 대담한 조치들이 필요하다. 영국이 불평등 수준이 가장 높은 나라에 속하지 않고 OECD 국가들의 중간쯤을 차지하던 때로 되돌아가려면 기존의 경제적, 사회적 정책 수단들을 만지작거리는 것으로는 충분하지 않다. 경제와 사회생활의 모든 분야에 개입하는 중대한 개혁들이 이뤄져야 한다. 과거에 영국의 역대 정부들은 대담하게 움직였다. 보수당 정부는 지금 금액으로 따지면 약 2000억 파운드를 들여 지방정부의 주택을 세입자들에게 파는 정책을 채택했다. 1997년 노동당 정부는 전국적인 최저임금을 도입했다. 보수당의 인두세처럼, 어떤 정책은 '지나치게 대담한' 것이었다. 하지만 그 정책의 자취에는 주민세가 남았는데, 이 세금은 지방세의 과세 원칙이 담세 능력에 바탕을 두는 것에서 역진적인 혜택을 주는 것으로 크게 바뀌는 모습을 보여주었다.

어떻게 진보를 이룰 것인가

—

불평등 문제에 대해서는 행동하려는 욕구가 있어야 하며, 여기에는 정치적 리더십이 필요하다. 불평등과 정치의 상호관계는 결정적으로 중요한 것이다. 경제적 불평등에 관해 염려하는 중요한 수단적 논리는 부와 소득의 집중으로 정치적 힘과 영향력도 옮겨간다는 것이다. 19세기 미국 상원의원이었던 마크 해나는 다음과 같은 유명한 말을 했다. "정치에는 중요한 것이 두 가지 있다. 첫째는 돈이고 두 번째는 무엇인지 생각나지 않는다." 1980년대 이후 커진 소득불평등은 재분배에 대한 반대론에 다시 힘을 실어주었고 불평등을 심화시킨 시장자유화 같은 경제정책들에 대한 지지를 강화했다. 그 누적적인 과정은 현재진행형이다. 독자들은 내가 정치에 주의를 지나치게 적게 기울인다고 느낄지도 모르겠다. 이는 결코 내가 불평등과 정치의 관계가 갖는 중요성을 낮잡아 보기 때문이 아니다. 그보다는 내 목표가 정치적 메시지가 숨어 있는 한 가지 특별한 방식에 초점을 맞추는 것이었기 때문이다. 우리가 할 수 있는 일은 아무것도 없으며, 지금과 같은 높은 수준의 불평등에 대한 대안이 없다는 견해는 정신을 좀먹는다. 나는 이 견해를 거부한다. 과거에 꼭 전쟁 기간이 아니더라도 불평등과 빈곤을 크게 줄일 수 있었던 시기들이 있었다. 21세기는 무엇보다 노동시장의 특성과 경제의 세계화 면에서 다르지만 우리는 미래를 내다볼 때 역사에서 배울 수 있다.

한 가지 중요한 교훈은 정부의 전 부처에 걸쳐 행동을 취할 필요가 있다는 점이다. 불평등과 빈곤에 맞서 싸우기 위한 정책은 정부의 어느 한 부처나 유럽연합 집행위원회의 한 부문, 또는 유엔의 한 기관에만 맡겨둘 수 없다. 영국의 특수한 맥락에서 나는 이처럼 대단히 중요한 역할을 맡을 수 있는 사회경제협의회를 설립하자고 제안했다. 이러한 기관들이 있는 다른 나라에서는 (2014년 이탈리아가 그랬듯이) 그것들을 폐지할 것이 아니라 정부가 그 구성과 권한을 재검토할 필요가 있다. 내가 보기에 이런 기구는 광범위하게 구성원을 모아 모든 이해관계자를 대변하고 (기업 단체들뿐만 아니라 근로자, 소비자, 비정부기구를 포함한) 모든 사람의 권익을 충분히 고려하도록 보장해야 한다. 이 기구를 통해 (실업률 목표를 정하는 것과 같은) 국민적 목표를 위해 절실히 필요한 '국민적 대화'를 시작할 수 있다. 그러나 그러기 위해서는 또한 힘이 필요하다. 이 기구는 장관들을 불러 불평등을 줄이고 빈곤과 싸우는 정책에 대한 설명을 들을 수 있어야 한다. 이 기구는 또한 정부의 수반에 접근할 수 있어야 하고 입법부에 보고해야 한다.

이 책에서 나는 각국 정부가 무엇을 할 수 있는지 길게 논의했는데, 많은 '무거운 짐'이 그들에게 떨어질 것이다. 그러나 각국의 중앙정부만 행동을 해야 하는 것은 아니다. 여기서 채택한 접근 방식은 지방정부부터 지역정부, 전 세계적인 기구에 이르기까지—옥스퍼드 시의회부터 유럽연합과 세계은행에 이르기까지—모든 차원의 정부와 관련되는 것이다. 지방정부가 지역경제 내의 일자리를 만들거나 도시재생 사업을 발전시키는 역할을 하는 것과 같이, 어떤 경우에는 지방정부 차원의 행동이 가장 적합하다. 글로벌 조세 체계와 같은 다른 어떤 경우에는 정부 간 합의를 통해서만 행동할 수 있다.

정부의 행동과 역할을 강조하면 독자들은 내가 과거 많은 정부 계획이 비참한 실패로 끝났으며 그러므로 이제 와서 야심 찬 프로그램에 착수하는 것은 가망 없는 일이라는 역사적 교훈을 얻지 못했다고 느낄지도 모른다. 실망할 일은 하지 말라는 이 조언에 대해 나는 세 가지답을 갖고 있다. 첫째는 과거에 불평등이 줄어들었을 때 그 바탕을 이론 요인들 가운데 하나(유일한 요인은 아니다)가 성공적인 정부 개입이 었다는 사실이다. 이러한 개입에는 제2차 세계대전 후 몇십 년 동안 만들어진 사회정책 프로그램들, 임금차별 금지법, 교육 기간 확대, 누진적인 자본 과세와 소득세의 운영이 포함됐다. 이러한 조치들은 완벽하진 않았지만 확실히 효과가 있었다. 두 번째 답은 지금까지 정부 프로그램들이 실패한 데에는 사전 계획과 협의가 부족했던 게 하나의 중요한 원인이었다는 사실이다. 정책을 추진하려면 제안들을 상세히 설명하고 공개적인 토론에 부침으로써 토대를 마련할 필요가 있다. 나는 현재의 정책을 이해하는 데 제도의 세부적인 내용을 아는 것이 중요하다고 강조했으며, 마찬가지로 이 책에서 제시한 구상들은 구체적인 법안과 조치로 바꿀 필요가 있다. 이러한 절차는 틀림없이 그 제안들의 형태와 내용을 개선해줄 것이다. 나는 제4장부터 제8장까지 설명한 제안들의 세부 내용에 집착하지 않으며 건설적인 수정 제안을 환영한다는 점을 강조하고 싶다.(이 제안들에 대한 '물타기'에는 그다지 열성적이지 않겠지만 말이다!)

마지막 답은, 내가 각국 정부만이 이 책의 유일한 청중이라고 시사하지 않았으며 그렇게 믿지도 않는다는 점이다. 여기서 제시한 방안을 실행할지 혹은 그 구상들을 추구할지 여부를 궁극적으로 결정하는 주체는 개인들이다. 그들은 표를 던지는 유권자로서 간접적으로 그렇게 할 것이며, 그리고—아마도 오늘날 더 중요한 역할일 수 있는데—보수를 받고 로비를 전문으로 하는 이들에 대항하면서 시민단체나 소셜 미디어를 통해 활동하는 로비스트로서 그렇게 할 수 있을 것이다. 선출된 당신의 대표자에게 이메일 메시지를 보내는 것은 효과가 있다. 그러나 개인들은 소비자로서, 저축자로서, 투자자로서, 근로자로서 또는 사용자로서 그들 스스로의 행동으로 우리 사회의 불평등의 크기에 직접적으로 영향을 미칠 수 있다. 이는 개인적인 자선활동에서 가장 분명히 나타난다. 자선활동으로 자원을 이전하는 것은 그 자체로 값진 일일 뿐만 아니라 우리 정부가 무슨 일을 하기를 바라는지에 대한 강력한 신호이기도 하다. 그러나 내가 정부의 경우에 대해 강조했듯이 각종 이전은 전체적인 이야기의 일부일 뿐이다. 소비자들은 생활임금을 지급하는 업체나 공정무역으로 제품을 거래하는 공급업체에서 물건을 구입함으로써 변화를 만들어낼 수 있다. 독자적으로 또는 집단적으로 행동하는 개인들은 지역에 뿌리를 둔 가게나 기업들을 지원함으로써 변화를 만들 수도 있다. 저축을 하는 이들은 그들이 거래하는 주주 소유 은행이 어떤 임금 정책을 추구하는지 따져 묻고, 투자신탁에 맡긴 그들의 돈을 상호금융기관으로 옮길 수도 있다. 임금의 경우에 대해 내가 강조한 것처럼 시장의 힘은 결과가 나타나는 범위를 제한할 수 있지만 공정성이나 사회 정의에 대한 의식과 같은 다른 관심사들이 개입할 여지를 남긴다. 우리는 개인적인 삶에서뿐만 아니라 경제적인 생활에서도 많은 도덕적인 결정을 내리며, 우리의 결정은—여럿이 함께하면—불평등의 크기를 줄이는 데 기여할 수 있다. 어떻게 하면 그것이 가능할까를 알아보는 데 이 책이 도움이 됐기를 바란다.

낙관하는 까닭

—

나는 긍정적인 마음으로 이 책을 썼다. 시간의 흐름 속에서 뒤를 돌아보는 것이 중요하다고 강조했지만 나는 우리가 빅토리아 여왕이 살았던 때와 같은 세계로 되돌아갔다고 믿지 않는다. 오늘날 OECD 국가의 시민들은 그들의 증조할아버지보다 훨씬 더 높은 생활수준을 누리고 있다. 제2차 세계대전과 전후 몇십 년 동안 덜 불평등한 사회를 이룬 성취가 완전히 뒤집힌 것은 아니다. 전 지구적 차원에서 산업혁명으로 크게 벌어졌던 국가 간 격차는 이제 좁혀지고 있다. 1980년 이후 우리가 '불평등 회귀'를 목격한 것은 사실이며, 21세기는 인구 고령화, 기후변화, 그리고 글로벌 불균형 면에서 여러 도전을 불러오고 있다. 그러나 이러한 문제들에 대한 해법은 우리 손안에 있다. 우리가 오늘날 더욱 거대해진 부를 이러한 도전에 맞서는 데 기꺼이 쓰려고 한다면, 그리고 자원을 덜 불평등하게 나눠야 한다는 것을 받아들인다면, 분명 미래를 낙관할 근거가 있다.

감사의 말

—

이 책은 내가 경제학자로서 대학을 졸업한 1966년 이후 계속해온 불평등 경제학에 대한 연구 결과다. 나는 50년 가까이 많은 빚을 쌓아왔다. 내가 함께 일한 이들, 세계 곳곳의 동료, 학생 그리고 다른 분야의 저자들에게 진 빚이다. 여기서는 몇 사람만 꼽을 수 있을 뿐이다. 나는 오랫동안 (알파벳순으로 꼽자면) 파리경제대학의 프랑수아 부르기뇽, 이탈리아은행의 안드레아 브란돌리니, (지금은 호주 국회의원인) 앤드루 리, 룩셈부르크 CEPS의 에릭 말리어, 런던대학의 존 미클라이트, 옥스퍼드대학의 브라이언 놀런, 파리경제대학의 토마 피케티, 캘리포니아대학 버클리캠퍼스의 이매뉴얼 사에즈, 위스콘신대학 매디슨캠퍼스의 팀 스미딩, 에식스대학의 홀리 서덜랜드와 소득불평등 분야 연구에 힘을 합쳤다. 최근에는 노르웨이통계청의 롤프 오베르게와 외르겐 모달슬리, 옥스퍼드대학 마틴스쿨에 있는 아이넷ΙΝΕΤ 경제학 모델링 프로그램의 파쿤도 알바레도, 살바토레 모렐리, 막스 로저, 코펜하겐대학과 덴마크 재무부의 야콥 쇠고르, 불평등 브리핑(http://inequalitybriefing.org/)의 창립자인 찰스 다이아몬드와 함께 연구했다. 이상적인 연구 환경인 너필드 칼리지에서는 여러 사람 중에서도 밥 앨런, 크리스토퍼 블리스, 던컨 갤리, 존 골드소프, 데이비드 헨드리, 폴 클렘퍼러, 멕 메이어, 존 뮤엘바워와 토론을 즐겼다. 나는 이 모든 이에게 많은 빚을 졌으며, 그들과 함께한 연구가 얼마나 즐거운 것이 없는지를 밝히고 싶다. 최근에 나는 부르기뇽과 함께 2014년 12월 엘스비어출판사에서 낸 『소득 분배 핸드북Handbook of Income Distribution』 제2권을 편집했는데 그 작업은 이 책을 쓰는 데 많은 도움이 되었다. 그 작업에 기여한 50명이 넘는 저자에게 이 자리를 빌려 감사를 표한다.

이 책은 두 번의 공개 강의와 한 논문에서 발전된 것이다. 2013년 5월 스탠퍼드대학 애로 강의Arrow Lecture에서 '불평등은 어디로 가는가'를 주제로 한 것과 2014년 5월 빈에서 열린 오스트리아경제학회 총회에서 '우리는 소득불평등을 줄일 수 있는가'를 주제로 한 강연 그리고 토마 피케티의 『21세기 자본Capital in the Twenty-First Century』(하버드대학 출판부, 2014)에 관한 심포지엄에서 발표한 「피케티 이후」라는 논문이 그것이다. 이 논문은 『영국사회학저널British Journal of Sociology』 65권(2014) 619~638쪽에 실려 있다.

이들 강의와 논문은 내가 런던정경대학에서 센테니얼 교수로 있을 때 준비한 것이다. 이들 프로젝트를 준비하는 동안 그리고 내가 단지 이름만 걸어놓고 있는 동안 지원해준 대학과 그곳 동료들에게 깊이 감사한다. 내용을 확장하는 과정에서는 2012~2013년 ECFIN 펠로십을 가지고 있을 때 발전시킨 생각들을 가져다 썼다. 유럽연합 집행위원회가 이런 방식으로 연구를 지원해준 것에 감사한다.

이 책을 준비하는 데 많은 사람의 도움을 받았지만 제11장의 계산은 에식스대학 사회경제연구소의 홀리 서덜랜드와 그의 동료인 파올라드 아고스티니, 크리사 레벤티, 이바 타세바가 한 것이라는 사실을 특별히 언급해둔다. 1983년 홀리와 나는 영국의 미시 자료에 기반한 조세-급여 분석 모형인 택스모드TAXMOD를 연구하기 시작했다. 이는 머빈 킹, 닉 스턴과 내가 이끈 조세, 유인과 소득 분배에 관한 ESRC 기금 지원 프로그램의 일환이었다. 당시 택스모드는 우호적인 경쟁자인 재정

연구소Institute for Fiscal Studies과 함께 국제적으로 이 분야 연구에서 선두를 달리고 있었으며, 홀리는 계속해서 이 연구를 유럽연합 전체를 대상으로 한 유로모드EUROMOD라는 대단한 분석 모형으로 발전시켰다. 제 11장의 계산은 이 모형 가운데 영국에 맞는 부분을 사용한 것이다. 에식스 팀이 어떤 식으로든 이 장의 내용에 책임이 없다는 점은 말할 나위도 없지만 그들이 기꺼이 통찰력 있는 연구로 협력해주지 않았다면 이 장은 쓸 수 없었을 것이다.

이 책에서 나는 1960년대에 소득 분배에 대한 연구를 시작한 이후 자료의 이용 가능성 면에서 엄청난 개선이 이루어졌다는 점을 말해야겠다. 이 책의 그래프를 그릴 때 특히 모렐리와 내가 만든 '경제적 불평등 도해' 및 알바레도가 책임자로 있는 '세계 최상위 소득 데이터베이스World Top Incomes Database, WITD', 그리고 (내가 소장으로 있는 것을 자랑스럽게 여기는) 룩셈부르크 LIS 국가 간 데이터센터LIS Cross-National Data Center가 펴낸 'LIS 주요 통계'를 이용했다. 그 밖에도 여러 기관이 자료를 이용할 수 있게 해주었다. 일일이 소개하기에는 무척 많으며 그들 모두에게 고마움을 전한다.

나는 시간에 쫓기면서도 이 책 원고 전부나 일부를 읽어주고 이 프로젝트에 대해 관심을 보이며 격려해준 이들에게 가장 깊이 감사한다. 토마 피케티, 롤프 오베르게, 파쿤도 알바레도, 찰스 앳킨슨, 에스텔 앳킨슨, 주디스 앳킨슨, 리처드 앳킨슨, 세라 앳킨슨, 프랑수아 부르기뇽, 안드레아 브란돌리니, 주사 페르게, 데이비드 헨드리, 존 힐스, 크리사 레벤티, 이언 맬컴, 에릭 말리어, 클로딘 매크리디, 존 미클라이트, (그래프 작성을 도와준) 살바토레 모렐리, 브라이언 놀런, 마리 파스코프, 토마 피케티, 막스 로저, 에이드리언 신필드, 팀 스미딩, 홀리 서덜랜드, 이바 타세바가 그들이다. 이 책은 그들의 논평 덕분에 크게 개선됐다.

어떤 경우에는 논평을 듣고 많이 고쳐 쓰기도 했다. 나는 이 책의 어떤 측면들에 대해 줄리언 르 그랜드, 루스 핸콕, 위머 살베르다와는 생산적인 토론을 했다. 샬럿 프로우드먼은 시작 단계에서 도왔다. 마릿 키빌로는 주석에 나오는 참고문헌 정리를 매우 효율적으로 도와주었다. 하버드대학 출판부 편집장인 이언 맬컴 그리고 그의 동료들과 함께한 출간 작업은 즐거운 일이었다. 그들의 도움과 격려가 가장 컸다.

이 책의 바탕이 된 연구를 할 때 나는 옥스퍼드 마틴스쿨의 INET가 지원하는 EMoD 프로그램의 한 부분을 이루는 불평등 그룹의 동료들에게서 큰 도움을 받았다. 이 그룹은 이제 INET의 고용, 평등, 성장 프로그램과 연계되어 있다. 나는 특별히 데이비드 헨드리에게 감사한다. 그는 불평등 그룹을 위해 공간을 마련해주고 내가 지난 18개월 동안 집에만 머물며 계속한 작업을 지원해주었을 뿐만 아니라 불평등의 다른 측면들에 대한 생각을 모아 책을 쓰도록 처음으로 제안해주었다. 물론 그를 포함해 여기서 고마움을 표한 다른 누구에게도 이 책의 분석상의 오류나 이 책에서 나타낸 견해에 책임을 지도록 해서는 안 된다.

2020년 이전에 이 책으로 받을 저작권료는 옥스팸Oxfam, 에마우스 유케이Emmaus UK, 자립을 위한 도구Tools for Self Reliance, 퀘이커 하우징 트러스트Quaker Housing Trust와 같은 자선단체들에 기부될 것이다.

미래는 우리 손에 달려 있다

그는 밝고 활기찼다. 2015년 4월 프랑스 셰르부르의 한 전원주택으로 그를 찾아가 인터뷰를 했을 때였다. 71세의 석학은 건강에 이상이 생겼음에도 조금도 침울한 기색이 없었다. 곧 영국과 미국, 한국에서 출간될 그의 스물세 번째 저서 『불평등을 넘어: 정의를 위해 무엇을 할 것인가』를 이야기할 때 눈빛은 더욱 형형했고 확신에 찬 어조에는 열정이 배어났다.

앤서니 B. 앳킨슨은 미래를 낙관하고 있었다. 1980년대 이후 영국과 미국에서 두드러진 '불평등 회귀'를 누구보다 염려하면서도 우리 삶은 분명히 더 나아질 것이라고 믿고 있었다. 토마 피케티는 『21세기 자본』에서 부와 소득의 불평등이 한껏 심해지도록 내버려두면 우리는 19세기형 세습자본주의로 돌아갈 수 있다고 경고했다. 하지만 앳킨슨은 잉글랜드의 빅토리아 여왕이 살던 시대처럼 국가 권력이 개인의 자유를 억누르고 부가 고스란히 세습되는 때로 돌아가는 일은 없으리라고 확신했다.

이는 막연한 희망을 내비치는 사고가 아니었다. 그가 낙관하는 까닭이 있었다. 무엇보다 "미래는 우리 손에 달려 있다"는 것이 그가 운명론를 거부하는 가장 큰 이유다. 이는 앳킨슨이 이 책에서 가장 힘주어 말하는 메시지다. 앳킨슨은 시종일관 "대안이 없다는 것은 사실이 아니다"라고 역설한다. 그는 정부와 기업, 근로자와 소비자로서의 개인, 시민단체와 국제기구가 어떤 선택을 하느냐에 따라 얼마든지 지금의 불평등을 줄여갈 수 있다는 주장을 설득력 있게 펴나간다.

앳킨슨은 지금까지 우리 사회, 특히 주류 경제학자와 정치인들이 무심코 지니고 있었던 불평등에 대한 사고의 틀과 정책 패러다임을 바꿔야 한다고 강조한다. 무엇보다 기술 변화와 시장의 힘 그리고 세계화가 소득과 부의 불평등을 키우는 것은 어쩔 수 없는 일이라는 생각부터 버려야 한다. 승자독식 체제의 불가피성을 주장하는 논리나 평등을 추구하다 보면 효율이 떨어져 우리 사회가 나눌 수 있는 파이 자체가 줄어들 수밖에 없다는 틀에 박힌 생각도 잘못된 것이다. 그는 "영국이 네덜란드보다 더 불평등했다고 더 빨리 성장했는가" 하고 반문한다. 마음만 먹으면 파이를 더 공평하게 나누면서 더 빨리 키울 수 있으며 때로는 더 작은 파이를 갖는 것이 나을 수도 있다는 것이다.

앳킨슨은 세계적으로 정치인과 학자들 사이에 불평등에 관한 논쟁이 뜨거워지는 가운데서도 현실적인 정책 대안에 관한 논의는 찾아보기 어렵다는 점을 늘 아쉬워했다. 그는 선험적으로 사회 정의가 실현된 최적 상태를 그리기보다는 더 나은 삶을 위한 개혁의 방향과 방법론을 제시하려 한다. 그는 불평등을 줄이는 데 단 하나의 정답은 없다고 본다. 그래서 종합적인 처방을 내놓았다. 이 책에서 내놓은 열다섯 가지 제안은 상당히 급진적인 것도 있고 기존 제도를 조금만 변형하면 쉽게 채택할 수 있는 것도 있다.

그는 "고령화 사회에서 세대 간 격차는 공공정책에서 가장 중요하게 다뤄야 할 문제"라며 "지금처럼 불평등이 심화되면 젊은이들이 가장 불리하다"고 진단했다. 성인이 되는 모든 젊은이에게 기초자본(최소한의 상속)을 나눠주어 배움의 길을 가든 사업을 시작하든 새로운 출발을 할 수 있게 하자고 제안한 것도 그 때문이다. 기본소득과 생활임금, 참여소득, 공공근로 보장에 대한 제안도 여러 나라에서 광범위한 논의를 불러일으킬 것이다.

앳킨슨은 "기술 변화도 신이 결정한 것이 아니다"라며 그에 대한 '대항력'을 이야기한다. 그는 기회의 평등과 교육의 중요성에도 동의하지만 그것만으로는 불충분하다고 본다. "어떤 사람에게 물고기 한 마리를 주면 그를 하루 동안 먹여 살릴 수 있지만 물고기 잡는 법을 깨우쳐주면 평생 동안 먹여 살릴 수 있다"는 말은 우리가 오늘 먹을 수 있는 물고기의 중요성을 과소평가할 우려가 있다는 것이다. 물론 누진적인 소득세와 복지 급여 확대 같은 재분배 정책뿐만 아니라 그 이전 단계에서 시장소득을 늘리는 정책도 입체적으로 실행돼야 한다.

그는 적어도 지금 같은 불평등은 사회 정의에 맞지 않는다고 믿는다. 그러기에 "어떤 이들은 푸드뱅크 앞에 줄을 서 있는데 다른 이들은 사비로 우주여행을 하려고 기다리는 사회가 진정으로 우리가 원하는 것인가"라고 묻는다. 이 책은 불평등에 대한 그의 필생의 연구를 집대성한 것이다. 우리보다 앞서 자본주의 체제에서 발전한 나라들의 불평등에 대한 진단과 처방을 열정적이면서도 친절한 목소리로 이야기해주고 있다. 불평등에 대한 해법을 놓고 갈등의 골이 깊어지고 있는 지금 우리 사회에도 커다란 울림이 있을 것이다.

현재 런던정경대학 센테니얼 교수와 옥스퍼드대학 너필드 칼리지 특임연구원을 맡고 있는 앳킨슨은 반세기 동안 불평등 문제를 연구한 세계적인 석학이다. 경제학자로서 사회 정의를 추구하는 공공정책 설계에 깊이 천착해 최고의 권위를 인정받고 있으며 구미 언론에 해마다 노벨경제학상 수상 후보로 거론된다. 1966년 케임브리지대학을 졸업한 후 지금까지 부와 소득의 분배, 빈곤과 복지국가, 유럽의 사회적 의제, 후생경제학에 관한 강의와 연구를 계속하고 있으며, 1994년부터 11년 동안 너필드 칼리지 학장을 지냈다. 영국경제학회와 계량경제학회, 유럽경제학회, 국제경제학회 회장을 지냈고 350편의 논문과 『불평등의 경제학』(1975), 『사회정의와 공공정책』(1982)을 비롯한 23권의 책을 냈다. 그는 한 사회의 가치 판단을 명시적으로 드러내는 불평등 지표인 '앳킨슨지수'로 널리 알려져 있다. 노벨경제학상 수상자인 제임스 미드의 가르침을 받았고 토마 피케티의 연구에 큰 영향을 미쳤다. 『공공경제학 강의』(1980)를 함께 쓴 노벨경제학상 수상자 조지프 스티글리츠와는 절친한 벗이다.

이 책을 우리말로 옮길 때 조세, 복지, 노동 전문가들의 값진 자문을 받았다. 저자의 뜻을 최대한 존중하기 위해 지나친 의역은 삼갔다. equality와 inequality는 '평등'과 '불평등'으로 옮겼으며, 분배의 형평성에 대한 가치 판단이 담긴 equity는 '공평성'으로 표현했다. earnings는 '근로소득', income은 (종합적인) '소득'으로 구분했고, earned income discount는 제안의 독창성을 살려 '근로소득할인'으로 옮길까 고심하다 우리에게 익숙한 '근로소득공제'로 표현하기로 했다. zero-hour contract는 초단시간근로 또는 호출근로계약이라는 용어가 있지만 '영시간 근로계약'으로 직역했다.

2015년 5월 12일
장경덕

가처분소득Disposable income은 (사회보장 기여금을 포함한) 직접세를 뺀 후의 소득을 말한다.

구매력평가기준Purchasing Power Parity Standards, PPPS은 서로 다른 통화의 구매력을 같게 하는 통화의 교환 비율이다.

국내총생산Gross Domestic Product, GDP은 나라 전체의 생산을 측정한 것으로 보통 연간 기준으로 표시된다. 이는 생산물 가치의 총액과 총지출 그리고 생산에 참여한 이들의 총소득이라는 세 가지 면에서 다른 방식으로 측정된다. 이는 자본재의 가치 감소를 고려하기 전의 측정치이기 때문에 '총'생산이며, 한 나라 안에서 생산된 것들의 총액을 말하기 때문에 '국내'생산이다. 이와 달리 국민총생산Gross National Product, GNP이나 국민총소득Gross National Income, GNI은 그 나라에 속한 자본과 노동으로 생산된 상품과 서비스를 말한다.

국민총소득Gross National Income, GNI은 국민 전체의 소득을 가늠하는 측정치로, 국내총생산에서 국외에 지급해야 할 종업원 보수와 재산소득을 빼고 같은 항목에서 국외로부터 받아야 할 금액을 더한 값과 같다.

귀속임대료Imputed rent는 자가 거주자 주택처럼 사람들이 그들 자신의 소비를 위해 활용하는 자산에서 얻는 관념상의 소득을 일컫는다.

균등화지수Equivalence scales는 가구의 전체 소득을 가족 규모와 구성에 따라 달라지는 필요의 차이를 고려해 조정하는 데 활용한다. 한 가지 단순한 조정 방법은 가구소득을 그 가구의 구성원 수로 나눠 일인당 소득을 내는 것이지만, 대부분의 지수는 가구의 필요가 그 규모에 비례해 늘어나지 않고 그보다 덜 늘어난다고 가정한다. 예를 들어 이 지수가 가구 규모의 제곱근 형태를 취하는 것이다. 통상적으로 활용되는 지수는 수정된 OECD 지수인데, 이는 가족 중 첫 번째 성인에게 1을 부여하고 14세 이상 가구원이 추가될 때마다 0.5를 부여하며 14세 미만 어린이에게는 한 명당 0.3을 부여한다.

기술 진보의 숙련편향 Skill-bias in technical progress은 한 생산요소(숙련 근로자들)가 다른 생산요소(비숙련 근로자들)보다 더 빠르게 생산성이 높아지는 것을 가리킨다.

노동소득분배율Wage share은 전체 국민소득에서 근로자에게 지급되는 (그와 관련된 사용자들의 모든 비용을 포함한) 보상의 총액이 차지하는 비율이다. 국민소득의 측정치는 시장가격 기준 GDP나 (과거에 요소비용으로 알려진) 기초가격 기준 GDP 또는 순국내생산이 될 수도 있다. 어떤 경우에는 노동소득분배율에 자영업 소득의 일부를 포함한다.

누진 과세 Progressive taxation는 소득 수준과 함께 세금으로 내는 금액도 (소득에서 차지하는 비중 면에서) 늘어나는 조세 체계를 말한다. 이 경우 예를 들어 중위소득자가 X퍼센트를 세금으로 낸다면 중위소득 이상을 버는 사람은 X퍼센트 이상을 낸다.

대체탄력성Elasticity of substitution은 (노동과 자본, 또는 숙련 근로자와 비숙련 근로자처럼) 두 생산요소가 있을 때 어느 한쪽이 다른 쪽을 얼마나 쉽게 대체할 수 있는지를 말한다. 만약 두 요소를 반드시 일정한 비중으로 함께 활용해야 한다면 탄력성은 0이며, 두 요소들을 일정한 비율로 바꿔 쓸 수 있다면 탄력성은 무한대다.

독점적 경쟁 Monopolistic competition은 기업들이 시장 지배력을 갖고 있지만 경쟁에 직면하는 상황을 의미한다. 각 기업은 그들 자신의 제품에 대해 아래쪽으로 기울어진 수요곡선을 받아들이며 이 곡선의 위치는 경쟁자들의 결정에 달려 있다.

뚜렷한 감소 Salient reduction란 이 책에서는 지니계수나 빈곤율, 또는 최상위 소득자의 몫이 3퍼센트포인트 (또는 그 이상) 떨어지는 것으로, 그리고 중위소득 대비 최상위 십분위 소득의 비율이 5퍼센트 감소하는 것으로 정의한다.

로렌츠 곡선 Lorenz curve은 소득 분포의 불평등 정도를 나타내는 것으로서, 소득에 따라 사람들에게 순위를 매긴 다음 소득 분포상 낮은 쪽에서 높은 쪽으로 움직여가면서 그때까지 지나친 사람들의 소득이 전체 소득에서 차지하는 누적적인 비중을 점으로 나타내고 이를 연결한 것이다. 이 곡선은 0에서 시작해 100퍼센트에서 끝난다. 모든 사람의 소득이 똑같다면 이 곡선은 이 두 끝 점을 잇는 대각선(완전한 평등을 나타내는 선)을 따라갈 것이다.

목적세화Hypothecation는 어떤 세금으로 얻은 수입을 특정한 지출 목적에만 쓰도록 지정하는 것을 말한다.

물질적 결핍 Material deprivation은 특정 물건들이 부족하거나 어떤 활동에 참여하지 못하는 것을 말한다. 유럽연합은 물질적 결핍을 나타내는 지표들을 승인했다.

발생이익Accrued gains은 일정한 기간에 걸쳐 일어난 자산 가치의 상승을 뜻한다. 이익은 이 자산이 팔렸을 때에만 **실현**된다.

보충성Subsidiarity은 가톨릭의 사회사상에 기원을 둔 하나의 원칙으로, 정치적 행동의 분권화를 지지하는 것이다. 이 원칙을 유럽연합의 법규에 적용하면 연합은 회원국들이 중앙과 지역 또는 지방정부 차원에서 어떤 행동을 실제로 행할 수 없을 경우에만, 그리고 행할 수 없는 한, 행동을 취해야 한다.

복지국가Welfare state는 한 나라에 사는 모든 사람에게 의료, 교육, 사회적 보호를 보장하는 일련의 제도들을 표현하는 일반적인 용어다.

불평등 회귀 Inequality Turn는 이 책에서 1980년 이후 불평등 지표가 움직이는 방향이 바뀐 것을 묘사하기 위해 쓴 표현이다. 1980년 이전에 OECD 국가들의 불평등 수준은 떨어졌지만, 그 후 추세가 반전돼 이 중 많은 나라에서 오늘날 불평등은 더 높아졌다.

빈곤의 함정 Poverty trap은 어떤 사람의 소득이 늘어나기만 하면 그중 일부가 공제되기 때문에 빈곤선 위로 올라가는 데 어려움을 겪는 상황을 말한다. 총소득이 늘어나도 세금과 사회보장 기여금으로 더 많이 내고 소득 기준 이전 혜택은 덜 받게 되기 때문에 순소득은 조금밖에 늘어나지 않는 것이다.

상관관계Correlation는 남편의 소득과 아내의 소득처럼 두 변수가 있을 때 그들 사이의 관련성을 가늠하는 수치다. 피어슨 상관계수Pearson correlation coefficient는 두 변수의 공분산을 각각의 표준편차를 곱한 값으로 나눈 것으로, −1(완전한 부의 상관관계)과 +1(완전한 정의 상관관계) 사이에 있으며 이 값이 0이면 관련성이 없음을 뜻한다. 두 변수 사이의 관련성은 순위의 상관관계 면에서 측정할 수도 있다.

생산요소Factors of production는 자본, 토지, 노동을 포함한다.(노동은 숙련 근로자와 비숙련 근로자를 구분할 수 있다.)

생산함수Production function는 하나의 경제를 총량적으로 볼 때 이용할 수 있는 생산요소들을 가지고 얼마나 많이 생산할 수 있는지를 설명한다. 생산요소로는 보통 자본과 노동이 있지만 생산의 지속 가능성을 평가할 때에는 토지와 천연자원도 고려해야 한다.

수익적 소유권 Beneficial ownership은 자산으로부터 나오는 소득(그리고 자산 매각에서 나오는 수입)을 최종적으로 받아갈 수 있는 자격을 말한다. 수익적 소유권은 법적 소유권과 구분된다. 예를 들어 연금기금은 법적으로 주식을 소유하지만 궁극적인 수익자(수익적 소유자)는 연금 가입자들이다.

순자산가치Net worth는 어떤 가계가 어느 한 시점에 갖고 있는 자산의 총 액에서 부채의 총액을 뺀 값이다.

시장소득Market income은 어떤 가구들이 근로소득, 자본소득, 민간 이전 소득 형태로 얻은 전체 소득을 말한다.(표 1.5를 참조.)

신뢰구간Confidence interval은 어떤 확률(예를 들어 95퍼센트)이 주어졌을 때 모집단의 알려지지 않은 진정한 값을 포함하는 추정치의 범위를 보 여준다.

실질이자율Real rate of interest은 인플레이션율을 빼고 나서 받는 이자율을 말한다.(인플레이션은 화폐 금액으로 표시한 자산의 가치를 떨어트린 다.)

십분위Decile는 모집단을 순서대로 세웠을 때 이를 열 개 집단으로 나눠 주는 아홉 개의 점 각각에 자리하는 변수의 값을 말한다. 예를 들어 소득 분포에서 최하위 십분위는 맨 밑바닥에서 10퍼센트 떨어져 있는 사람의 소득이다. 중간값은 다섯 번째 십분위다. 최상위 십분위는 아 홉 번째 십분위이며 이는 맨 위에서 10퍼센트 떨어져 있는 사람의 소 득이다.

영시간 근로계약 Zero-hours contract은 어떤 최저 근로 시간도 보장하지 않 는 고용계약이다. 근로자는 요청이 있을 때 일을 하기 위해 늘 대기해 야 하겠지만 사용자는 일거리를 제공하거나 대기에 대한 보상을 지급 할 필요가 없다.

완전경쟁Perfect competition은 모두가 시장가격을 주어진 것으로 받아들이는 경제를 말한다. 이때 그들은 사고 파는 가격을 움직일 힘이 없다.

유럽 2020Europe 2020은 빈틈없고, 지속 가능하며, 포용적인 성장을 위해 유럽연합이 2010년에 10년 앞을 내다보고 제안한 성장과 일자리 창출 전략이다. 다음 사이트 참조. http://ec.europa.eu/europe2020/europe-2020-in-a-nutshell/index_en.htm.

유보임금Reservation wage은 어떤 사람이 얼마 이상의 임금을 줄 경우에만 주어진 일자리를 받아들인다고 할 때 그 최소한의 임금을 의미한다. 이런 임금은 근로자가 일자리를 구할 때 탐색 전략의 한 부분을 이룰 수 있다.

응답률Response rate은 설문조사에서 당초 표본으로 추출한 조사 대상자 총수에서 실제 설문에 참여한 사람이 차지하는 비율을 말한다.

이전Transfers은 특정한 필요나 어떤 상황을 고려해 현금을 지급하거나 현물을 제공하는 것이다. 사회적 이전은 정부나 공적 기구가 하는 것이고 민간 이전은 사용자나 연금기금과 같은 민간 기관이 하는 것이다.

이중차이Difference in differences는 한 집단은 어떤 정책(혹은 다른 종류의 '치료')의 영향을 받고 다른 집단은 받지 않을 때 이 두 집단의 **변화**를 비교함으로써 정책의 효과를 알아내는 통계적 방법이다. 사실상 관찰된 자료를 활용해 통제된 실험에서 채택하는 접근 방식을 모방하는 것이다.

일반균형General equilibrium은 경제 내에서 생산요소 시장과 상품 및 서비스 시장을 포함한 여러 시장이 전반적으로 균형을 이루는 것을 묘사한다. 공급이 수요와 일치할 때 (또는 공기와 같이 공급이 수요를 초과하고 가격이 제로일 때) 시장은 균형 상태에 있게 된다.

자본소득Capital income은 어떤 자산을 소유함에 따라 생기는 소득으로 이자소득, 주식에서 나오는 배당소득, 임대료, 그리고 자본이득과 자본손실을 포함한다. 자본소득은 사업체를 보유한 사람에게 발생하는 소득의 일부(자영업 소득)를 포함할 수도 있다.

장자상속Primogeniture은 전형적으로 토지 자산과 같은 부를 자녀들 가운데 맏이에게, 일반적으로 첫째 아들에게 물려주는 관행을 일컫는다.

조세지출Tax expenditures은 세법 규정을 통해 운용하는 정부 지출 프로그램으로, 특정 항목 또는 활동에 쓰는 지출에 대해 소득세나 다른 세금의 감면을 허용해주는 것이다. 예를 들어 과세 대상 소득에서 민간 의료보험료 납부금을 공제해주는 것은 조세지출의 한 형태다.

중간값Median은 집단 전체를 절반으로 가르는 '한가운데'의 값이다. 따라서 전체 집단의 절반은 중간값 아래에 있고 절반은 위에 있다. 중간값은 다섯 번째 십분위다.

지니계수Gini coefficient는 상대적인 불평등을 가늠하는 것으로 0(모든 사람이 똑같은 소득을 갖는 완전한 평등)과 100퍼센트(한 사람이 모든 소득을 갖는 상황) 사이의 값을 갖는다. 어떤 사람들이 마이너스 소득을 가질 때 지니계수는 100을 웃돌 수도 있다. 지니계수는 평균 소득 격차를 평균 소득으로 나눈 값의 2분의 1로 정의된다. 기하학적으로 보면 이는 로렌츠 곡선과 완전한 평등을 나타내는 대각선 사이의 면적을 완전한 삼각형의 면적으로 나눈 것이다.

총소득Gross income은 가구의 근로소득과 자본소득, 민간의 이전소득, 사회적 이전소득을 합친 전체 소득을 말한다. 시장소득과 사회적 이전을 합한 것과 같다.

탄력성Elasticity은 다른 변수의 변동률에 대한 어떤 경제적 양의 반응률을 측정한다. 예를 들어 수요의 가격탄력성은 가격의 변동에 대해 반응하는 수요량의 변화를 보여준다. 탄력성이 0.5라면 가격이 10퍼센트 오를 때 수요는 5퍼센트 떨어진다는 것을 의미한다. 이 경우와 같이 변수들이 반대 방향으로 움직일 때도 탄력성을 플러스로 정의하는 것이 관례이다.

평균세율Average tax rate은 전체 소득 중 세금으로 내는 금액의 비율이다. 평균세율이 25퍼센트라면 납세자가 자신의 소득 중 4분의 1을 세금으로 내고 있다는 뜻이다. 한계세율과 대조해보라.

한계세율Marginal tax rate은 소득이 한 단위 늘어날 때 추가로 내는 세금이다. 한계세율이 65퍼센트라면 추가로 1000달러를 벌어들일 때 세금으로 650달러를 더 낸다는 의미다. 한계세율을 평균세율과 혼동해서는 안 된다.

할인Discounting은 같은 소득을 오늘 얻었다면 이자를 벌어들일 수 있었을 것이라는 사실을 고려해 미래에 받게 될 소득의 가치를 평가하는 절차를 말한다. 연간 이자가 r과 같은 이율로 발생한다면 T년 후에 받게 될 소득 X의 할인된 현재가치는 $(1+r)^{-T}X$와 같다.

머리말

1 Pew Research Global Attitudes Project, http://www.pewglobal.org/2014/10/16/middle-easterners-see-religious-and-ethnic-hatred-as-top-global-threat/.

2 George Santayana, *The Life of Reason, or, The Phases of Human Progress,* vol. 1: *Introduction and Reason in Common Sense* (New York: Charles Scribner's Sons, 1905).

3 예를 들어 '유럽의 친구들' 보고서는 광범위한 사회적 투자 전략의 일환으로서 교육과 훈련에 대한 투자를 강력히 옹호한다. *Unequal Europe: Recommendations for a More Caring EU* (Brussels: Friends of Europe, 2015) 참조.

4 Stella Gibbons, *Cold Comfort Farm* (London: Allen Lane, 1932), xi. 이 책 표지의 소개 글은 이 소설을 '비참하리만큼 하찮은 이야기'로 묘사한다. 아마 이 주석에 대해서도 같은 말을 할 수 있을지 모르겠다. 아래의 주석들은 추가적인 설명, 증거 자료 출처의 안내, 참고문헌의 서지 정보를 제공하는 데 한정될 것이다. 그러나 "그 연설은 경제에 관한 허튼소리만 가득 차 있다"고 할 때 이는 메리엄-웹스터사전에서 쓰는 허튼소리라는 말의 용례라는 점은 지적해야겠다.

제1장_ 불평등과 그 바탕에 있는 것들

1 Richard Tawney, *Equality* (London: Allen and Unwin, 1964, 첫 출간은 1931년): 46-47; and John Roemer, *Equality of Opportunity* (Cambridge, MA: Harvard University Press, 1998).

2 Ravi Kanbur and Adam Wagstaff, "How Useful Is Inequality of

Opportunity as a Policy Construct?" ECINEQ Working Paper 338 (2014): 1-18, 5쪽에서 인용.

3 Joseph E. Stiglitz, *The Price of Inequality* (London: Allen Lane, 2012); and Richard Wilkinson and Kate Pickett, *The Spirit Level*, rev. ed. (London: Penguin, 2010).

4 이 문구는 다음 책의 부제다. Nolan McCarty, Keith T. Poole, and Howard Rosenthal, *Polarized America: The Dance of Ideology and Unequal Riches* (Cambridge, MA: MIT Press, 2006).

5 돌턴의 논문(Hugh Dalton, "The Measurement of the Inequality of Incomes," *Economic Journal* 30 [1920]: 348-361)은 영국 왕립경제학회Royal Economic Society 창립 125주년 기념행사에서 그때까지 학회지 『이코노믹저널Economic Journal』에 게재된 뛰어난 논문들 중 하나로 선정됐다. Anthony B. Atkinson and Andrea Brandolini, "Unveiling the Ethics behind Inequality Measurement: Dalton's Contribution to Economics," *Economic Journal* 125 (forthcoming, 2015) 참조.

6 Amartya Sen, *On Economic Inequality* (Oxford: Clarendon Press, 1973), 16.

7 John Rawls, *A Theory of Justice* (Cambridge, MA: Harvard University Press, 1971).

8 Plato, *The Laws* V.744e (New York: Dutton, 1960), 127쪽에서 인용. 나는 이를 인용하는 데 다음 논문에 빚을 졌다. Ray C. Fair, "The Optimal Distribution of Income," *Quarterly Journal of Economics* 85 (1971): 551-579, 552쪽에서 인용.

9 Rawls, *A Theory of Justice*, 92.

10 Amartya Sen, *The Idea of Justice* (London: Allen Lane, 2009), 66.

11 Amartya Sen, *Development as Freedom* (Oxford: Oxford University Press, 1999).

12 유엔개발계획United Nations Development Programme 웹사이트 http://hdr.undp.org/en/content/human-development-index-hdi 참조.

13 역량 접근 방식에 대해 더 알아보려면 인간개발과역량연합Human Development and Capability Association의 다음 웹사이트 참조. https://-ca.org/.

14 Anthony B. Atkinson, "Bringing Income Distribution in from the

Cold," *Economic Journal* 107 (1997): 297-321.

15 Hugh Dalton, *Some Aspects of the Inequality of Incomes in Modern Communities* (London: Routledge, 1920), vii쪽에서 인용.

16 Agnar Sandmo, "The Principal Problem in Political Economy: Income Distribution in the History of Economic Thought," in Anthony B. Atkinson and Francois Bourguignon, eds., *Handbook of Income Distribution,* vol. 2 (Amsterdam: Elsevier, 2015). 이 인용문은 제라르 드브뢰의 *Theory of Value* (New York: John Wiley, 1959)에서 따온 것이다.

17 N. Gregory Mankiw, *Principles of Microeconomics,* 7th ed. (New York: Worth, 2007), and *Essentials of Economics,* 7th ed. (New York: Worth, 2014).

18 이와 대조적으로 INET 코어 프로젝트CORE Project가 만들고 있는 새로운 강의 자료는 경제적 불평등을 뚜렷이 부각시킨다. "경제학은 무엇에 관한 학문인가"라는 질문에 대한 네 가지 답 중 두 번째 답은 "국가와 사람들의 부와 빈곤을 설명하는 학문"이라고 가르친다. http://core-econ.org/about/.

19 Robert E. Lucas, "The Industrial Revolution: Past and Future," *The Region, 2003 Annual Report of the Federal Reserve Bank of Minneapolis,* 5-20쪽 마지막 단락 인용.

20 Robert M. Solow, "Dumb and Dumber in Macroeconomics" (2003). 온라인으로 보려면 https://www0.gsb.columbia.edu/faculty/jstiglitz/festschrift/Papers/Stig-Solow.pdf 참조.

21 이 지수에는 지니의 이름이 붙어 있지만 사실 그가 너그러이 인정했듯이 기본적인 통계—평균차mean difference—는 약 30년 전에 이미 카를 크리스토퍼 폰 안드라에와 프리드리히 로베르트 헬메르트라는 두 독일 학자가 제안한 것이었다. Corrado Gini, *Variabilità e Mutabilità* (Bologna: Paolo Cuppini, 1912), 58n 참조. 통계학 역사에 관심 있는 이들은 헬메르트 교수가 일찍이 카이제곱분포도 발견했다는 사실을 알 것이다.

22 어떤 사람의 소득 분포상 순위가 F일 때 가중치는 2(1F)로 주어진다. Anthony B. Atkinson and Andrea Brandolini, "On Analysing the World Distribution of Income," *World Bank Economic Review* 24 (2010): 1-17 참조.

23 경제적 불평등의 측정에 대한 기본적인 내용으로는 다음 참조. Stephen

P. Jenkins and Philippe van Kerm, "The Measurement of Economic Inequality," in Wiemer Salverda, Brian Nolan, and Timothy M. Smeeding, eds., *The Oxford Handbook of Economic Inequality* (Oxford: Oxford University Press, 2009): 40-67.

24 Herman P. Miller, *Income Distribution in the United States* (Washington, D.C.: Bureau of the Census, 1966), 2쪽에서 인용. 그가 보여준 것처럼 1960년대까지 미국 통계조사국 숫자는 불평등 감소가 1944년에 이르러 끝났음을 시사한다.

25 이는 위쪽 꼬리가 빌프레도 파레토가 제안한 통계의 형태를 따르는 한 맞는 말이다. 이러한 분포는 소득이 X달러 이상인 사람들의 평균 소득이 X달러의 일정한 배수라는 특성을 갖는다. 다음의 예 참조. Anthony B. Atkinson, "Measuring Top Incomes: Methodological Issues," in Anthony B. Atkinson and Thomas Piketty, eds., *Top Incomes over the Twentieth Century* (Oxford: Oxford University Press, 2007), 24쪽에서 인용.

26 Robert M. Solow, "Income Inequality since the War," in Ralph E. Freeman, ed., *Postwar Economic Trends in the United States* (New York: Harper and Brothers, 1960), 135쪽에서 인용.

27 모든 사람에게 일정한 세율을 적용하고 같은 급여 혜택을 줌으로써 대부분의 소득 구간에 걸쳐 세금과 소득이전 체계를 비슷하게 할 수 있다고 하자.(이는 적당한 일차 근사치의 가정이다.) t를 세율, A를 모든 사람에게 주어지는 혜택이라고 하면 총소득이 Y일 때 순소득은 $(1-t)Y+A$가 된다.(A는 개인 세액공제 금액으로 생각할 수도 있다.) A가 모든 사람에게 똑같이 주어지므로 가처분소득 기준 지니계수는 시장소득 기준 지니계수에 $(1-t)$를 곱하고 이를 평균 시장소득 대비 평균 가처분소득의 비율로 나눈 값이다. 이때 정부가 (의료, 교육, 국방 등과 관련해) 상품과 서비스에 세수의 20퍼센트를 쓴다면 이 비율은 80퍼센트가 된다. 또한 시장소득의 지니계수가 50퍼센트라고 한 번 더 가정하자. 그렇다면 세율 인상 폭이 Δt일 때 가처분소득 지니계수의 감소 폭은 Δt에 0.5를 곱하고 이를 0.8로 나눈 값이다. 이 관계를 뒤집으면 필요한 세율 인상 폭은 원하는 가처분소득 지니계수 감소 폭에 $0.8/0.5(=1.6)$을 곱한 값과 같다는 말이 된다.

28 OECD 국가들의 소득불평등에 대해 개관하려면 다음 자료 참조. Andrea Brandolini and Timothy M. Smeeding, "Income Inequality in Richer and OECD Countries," in Salverda, Nolan, and Smeeding, eds., *The Oxford Handbook of Economic Inequality*, 71–100; Salvatore Morelli, Timothy M. Smeeding, and Jeffrey Thompson, "Post–1970 Trends in Within–Country Inequality and Poverty," in Atkinson and Bourguignon, eds., *Handbook of Income Distribution*, vol. 2; and OECD, *Divided We Stand: Why Inequality Keeps Rising* (Paris: OECD, 2011).

29 Martin S. Feldstein, "Rethinking Social Insurance," *American Economic Review* 95 (2005): 1–24, 12쪽에서 인용.

30 Brian Abel–Smith and Peter Townsend, *The Poor and the Poorest* (London: G. Bell, 1965); and Anthony B. Atkinson, *Poverty in Britain and the Reform of Social Security* (Cambridge: Cambridge University Press, 1969). 이처럼 큰 폭의 세율 인상이 요구된다는 것은 오로지 재정적 수단만으로 불평등 축소를 이룰 수는 없다는 사실을 알려준다. 일단 세율 인상이 유인에 미칠 영향을 고려하면 이러한 결론은 더 확고해진다. 이 책에서 제안하는 많은 정책 수단이 시장소득 분배의 불평등을 줄이는 쪽으로 향하는 것도 그 때문이다.

31 유럽 2020 목표는 유럽연합 집행위원회European Commission 웹사이트에 설명돼 있다. http://ec.europa.eu/europe2020/targets/eu–targets/. 다음 자료도 참조. Anthony B. Atkinson and Eric Marlier, "Living Conditions in Europe and the Europe 2020 Agenda," in Anthony B. Atkinson and Eric Marlier, eds., *Income and Living Conditions in Europe* (Luxembourg: Publications Office of the European Union, 2010), 21–35.

32 유럽연합의 기준선은 해당 국가의 균등화 가구 가처분소득으로 따져 중위소득의 60퍼센트로 설정됐다. 그러므로 이 기준선은 중위소득과 더불어 오르내린다.

33 유럽 2020 전략의 중기 상황 분석으로는 다음 참조. Hugh Frazer et al., "Putting the Fight against Poverty and Social Exclusion at the Heart of the EU Agenda: A Contribution to the Mid–Term Review of the Europe 2020 Strategy," OSE Paper 15 (2014), Observatoire Social Européen, Brussels.

34 Social Protection Committee, *Social Europe: Many Ways, One*

Objective (Luxembourg: Publications Office of the European Union, 2014), 7쪽에서 인용.

35 John Donne, *Meditations XVII, Devotions upon Emergent Occasions* (London: Nonesuch Press, 1962), 538쪽에서 인용. Richard H. Tawney, "Poverty as an Industrial Problem," in *Memoranda on the Problems of Poverty* (London: William Morris Press, 1913).

36 Adam Smith, *An Inquiry into the Nature and Causes of the Wealth of Nations* (London: Routledge, 1903, 첫 출간은 1776년), 78쪽에서 인용. Milton Friedman and Simon Kuznets, *Income from Independent Professional Practice* (New York: National Bureau of Economic Research, 1945), 84쪽에서 인용.

37 균등화지수에 관해 더 알아보려면 다음 참조. Anthony B. Atkinson, Bea Cantillon, Eric Marlier, and Brian Nolan, *Social Indicators* (Oxford: Oxford University Press, 2002), 98-101쪽에서 인용.

38 Rolf Aaberge, Audun Langørgen, and Petter Lindgren, "The Distributional Impact of Public Services in European Countries," Statistics Norway Research Department Discussion Paper 746 (2013), http://www.ssb.no/en/forskning/discussion-papers/_attachment/123883?_ts=13f50d54ab8 참조.

39 이들 수치는 세계 최상위 소득 데이터베이스에서 나왔다. http://topincomes.g-mond.parisschoolofeconomics.eu/.

40 George Eliot, *Silas Marner: The Weaver of Raveloe* (Edinburgh: William Blackwood, 1861).

41 Bill Gates, "Why Inequality Matters," review of Piketty, *Capital in the Twenty-First Century* (2014), http://www.gatesnotes.com/Books/Why-Inequality-Matters-Capital-in-21st-Century-Review.

42 Dirk Krueger and Fabrizio Perri, "Does Income Inequality Lead to Consumption Inequality?" *Review of Economic Studies* 73 (2006): 163-193, 163쪽에서 인용. Dale Jorgenson, "Did We Lose the War on Poverty?" *Journal of Economic Perspectives* 12 (1998): 79-96, 79쪽에서 인용. Bruce D. Meyer and James X. Sullivan, "Winning the War: Poverty from the Great Society to the Great Recession," *Brookings Papers on Economic Activity* (Fall 2012): 163-193, 163쪽에서 인용.

43 Orazio Attanasio, Erik Hurst, and Luigi Pistaferri, "The Evolution of Income, Consumption, and Leisure Inequality in the US, 1980–2010," NBER Working Paper No. 17982, April 2012, http://papers.nber.org/tmp/69610–w17982.pdf.

44 Mark A. Aguiar and Mark Bils, "Has Consumption Inequality Mirrored Income Inequality?" NBER Working Paper No. 16807, http://papers.nber.org/tmp/69610–w17982.pdf , 2쪽에서 인용.

45 John Sabelhaus et al., "Is the Consumer Expenditure Survey Representative by Income?" Finance and Economics Discussion Series, Divisions of Research & Statistics and Monetary Affairs, Federal Reserve Board, Washington, D.C.

46 Jonathan D. Fisher, David S. Johnson, and Timothy M. Smeeding, "Measuring the Trends in Inequality of Individuals and Families: Income and Consumption," *American Economic Review, Papers and Proceedings* 103 (2013): 184–188, 187쪽에서 인용.

47 B. Seebohm Rowntree, *Poverty: A Study of Town Life* (London: Longmans, Green and Co., 1901, new ed. 1922), 117쪽에서 인용.

48 Mollie Orshansky, "Counting the Poor: Another Look at the Poverty Profile," *Social Security Bulletin* 28 (1965): 3–29, 28쪽 표 E.

49 James Tobin, "On Limiting the Domain of Inequality," *Journal of Law and Economics* 13 (1970): 263–277, 264쪽에서 인용. 토빈의 에세이는 오늘날에도 충분히 읽어볼 가치가 있다. 그는 노벨상을 받은 예일대학의 경제학자로 케네디 대통령의 경제자문위원회에 참여했다. 이 자리를 제안받았을 때 토빈 교수는 자신을 "상아탑 경제학자"라고 밝히면서 고사했다. 그러자 케네디는 이렇게 대답했다. "괜찮습니다, 교수님. 나는 당신이 상아탑 대통령이라고 부를지도 모르는 사람입니다." (제임스 토빈의 부음 기사: *Yale Bulletin and Calendar,* vol. 30, no. 22, 15 March 2002).

50 Alessio Fusco, Anne–Catherine Guio, and Eric Marlier, "Characterising the Income Poor and the Materially Deprived in European Countries," in Atkinson and Marlier, *Income and Living Conditions in Europe,* pp. 133–153 참조.

51 Brian Barry, "Social Exclusion, Social Isolation and the Distribution of Income", *CASEpaper* 12, Centre for Analysis of Social Exclusion,

London School of Economics, 8쪽에서 인용.

52 Barbara Wootton, *The Social Foundations of Wage Policy* (London: Allen and Unwin, 1955).

53 당신이 본인의 소득을 써넣을 수 있도록 한 다음 해당 국가 소득 분포상 어느 위치에 있는지 알려주는 재미있는 웹사이트들이 있다. GivingWhatYouCan에서 여러 나라를 대상으로 만들어낸 웹사이트는 다음과 같다. https://www.givingwhatwecan.org/get-involved/how-rich-am-i. 미국에 대해서는 다음의 웹사이트가 있다. http://www.whatsmypercent.com/. 영국에 대해서는 재정연구소가 다음의 웹사이트를 만들었다. http://www.ifs.org.uk/wheredoyoufitin/.

54 Jan Pen, *Income Distribution* (London: Allen Lane, 1971), 9쪽에서 인용.

55 Polly Toynbee and David Walker, *Unjust Rewards* (London: Granta, 2009), 25쪽에서 인용.

56 도표 1.1 출처 참고.

57 국가세입연구소 웹사이트 제공. 도표 1.2 출처 참고.

58 인종별 차이는 내가 여기서 다루지 않는 중요한 주제다. 최고소득에 관한 2013년 미국에서 히스패닉이 아닌 백인 가구 가운데 5.7퍼센트가 한 해 20만 달러 이상의 (세금과 비현금 급여 혜택을 고려하기 전) 총 화폐소득을 얻었다. 흑인과 히스패닉 가구에서 그 비율은 백인의 3분의 1(1.8퍼센트)에 그쳤다.(아시아계 가구의 경우 이와 대조적으로 8.5퍼센트로 더 높았다.) 이들 수치는 다음의 통계에서 나온 것이다. U.S. Bureau of the Census, *Income, Poverty, and Health Insurance Coverage in the United States: 2013*, 표 A-1. 2010년부터 2013년까지 (3년 평균으로) 영국에서 모든 가구 중 22퍼센트가 한 해 5만2000달러 이상의 소득을 올렸다. 아시아인과 아시아계 영국인은 그 비율이 25퍼센트로 전체 가구를 웃돌았다. 그러나 흑인, 아프리카계, 카리브 해 출신, 흑인 계통 영국인 가구는 그 비율이 16퍼센트였으며, 방글라데시인은 11퍼센트였다. 이 수치는 다음 자료에서 나온 것이다. Department of Work and Pensions, *Family Resources Survey (FRS) United Kingdom, 2012/13* (London: Department of Work and Pensions, 2014), 표 2.6.

59 http://www.infoplease.com/business/economy/cost-living-index-us-cities.html, 2015년 1월 1일 내려받음.

60 U.S. Bureau of the Census, *Income, Poverty, and Health Insurance Coverage in the United States: 2013*, 표 A-4.

61 Sophie Ponthieux and Dominique Meurs, "Gender Inequality," in Atkinson and Bourguignon, eds., *Handbook of Income Distribution*, vol. 2.

62 미국 대학의 남녀 비율 통계는 다음 자료에 있다. Claudia Goldin, Lawrence F. Katz, and Iyana Kuziemko, "The Homecoming of American College Women: The Reversal of the College Gender Gap," *Journal of Economic Perspectives* 20(4): 133-156. OECD 국가 통계는 다음 자료에서 볼 수 있다. Ponthieux and Meurs, "Gender Inequality."

63 Doris Weichselbaumer and Rudolf Winter-Ebmer, "A Meta-Analysis of the International Gender Wage Gap," *Journal of Economic Surveys* 19: 479-511, 508쪽에서 인용.

64 Stephen P. Jenkins, *Changing Fortunes* (Oxford: Oxford University Press, 2011), 360-361쪽에서 인용.

65 Peter Gottschalk and Robert Moffitt, "The Rising Instability of U.S. Earnings," *Journal of Economic Perspectives* 23 (2009): 3-24.

66 Wojcich Kopczuk, Emmanuel Saez, and Jae Song, "Earnings Inequality and Mobility in the United States: Evidence from Social Security Data since 1937," *Quarterly Journal of Economics* 125 (2010): 91-128, 91쪽에서 인용.

67 Rebecca M. Blank, *Changing Inequality* (Berkeley: University of California Press, 2011), 93쪽에서 인용.

68 수학적 공식은 $\delta+\varepsilon g$이다. 여기서 δ는 순수한 할인율, ε는 한계소비의 탄력성이며 g는 1인당 소비 증가율이다.

제2장_ 역사에서 무엇을 배울 것인가

1 Simon Kuznets, "Economic Growth and Income Inequality," *American Economic Review* 44 (1954): 1-28.

2 Arthur Sakamoto, Hyeyoung Woo, Isao Takei, and Yoichi Murase, "Cultural Constraints on Rising Income Inequality: A U.S.-Japan

Comparison," *Journal of Economic Inequality* 10 (2012): 565-581; and Dierk Herzer and Sebastian Vollmer, "Inequality and Growth: Evidence from Panel Cointegration," *Journal of Economic Inequality* 10 (2012): 489-503. 첫 번째 논문은 다양한 출처의 자료들을 인용하지만, 그 자료들은 (앞에서 말한) LIS 핵심 통계의 자료와 일관성을 갖는다. 두 번째 논문은 제임스 갤브레이스가 다음 논문에서 설명한 텍사스대학 불평등 프로젝트University of Texas Inequality Project에서 나온 자료를 활용했다. James K. Galbraith, "Inequality, Unemployment and Growth: New Measures for Old Controversies," *Journal of Economic Inequality* 7 (2009): 189-206.

3 그 조정은 이러한 변화들이 기록된 불평등 증가의 절반을 설명할 수 있다는 공식적인 추산에 바탕을 두고 한 것이다. David H. Weinberg, "A Brief Look at Postwar U.S. Income Inequality," *Current Population Reports, P60-191*, U.S. Census Bureau, Washington, D.C., 주 3. 다음 논문도 참조. Richard V. Burkhauser et al., "Recent Trends in Top Income Shares in the USA: Reconciling Estimates from March CPS and IRS Tax Return Data," *Review of Economics and Statistics* 94 (2012): 371-388.

4 오늘날 유선전화를 통한 조사를 하면 같은 문제가 생긴다. 퓨 연구소에 따르면 "국립보건통계센터가 최근 전화 보급 현황을 추정한 결과 미국 가구의 4분의 1이 휴대전화만 갖고 있으며 유선전화로는 연결될 수 없는 것으로 나타났다. 휴대전화만 갖고 있는 성인들은 유선전화를 보유한 가구에 사는 이들과 인구적으로, 정치적으로 다르다. 따라서 오로지 유선전화 보유 가구의 표본에만 의존하는 선거 여론조사는 편향될 수 있다. http://www.pewresearch.org/2010/10/13/cell-phones-and-election-polls-an-update/.

5 Jesse Bricker et al., "Changes in U.S. Family Finances from 2010 to 2013: Evidence from the Survey of Consumer Finances," *Federal Reserve Bulletin* 100 (2014): 1-41, 1쪽에서 인용.

6 Maria L. Mattonetti, "European Household Income by Groups of Households," *Eurostat Methodologies and Working Papers* (Luxembourg: Publications Office of the European Union, 2013), 표 3. 그 패턴은 조사 자료와 국민계정을 비교한 다음과 같은 선행 연구

에서 밝혀진 내용과 일치한다. Anthony B. Atkinson, Lee Rainwater, and Timothy M. Smeeding, *Income Distribution in OECD Countries* (Paris: OECD, 1995), 표 3.7.

7 최상위 소득자들의 몫을 추정하기 위해 소득세 통계를 활용하는 문제에 관한 더 상세한 논의는 다음 논문들을 참조. Anthony B. Atkinson, Thomas Piketty, and Emmanuel Saez, "Top Incomes in the Long Run of History," *Journal of Economic Literature* 49 (2011): 3–71; and Andrew Leigh, "Top Incomes," in Wiemer Salverda, Brian Nolan, and Timothy M. Smeeding, eds., *The Oxford Handbook of Economic Inequality* (Oxford: Oxford University Press, 2009): 150–174.

8 이 차이가 두 나라를 비교하는 데 어떤 영향을 미치는지는 분명하지 않다. 도표 1.1과 도표 1.2의 추정에서와 같이 모든 단위가 같은 가중치를 갖는다면, 부부 기준에서 개인 기준으로 통계 체계가 옮겨가는 데 따른 영향은 부부의 결합된 소득 분포에 달려 있다. 모든 부자가 소득이 전혀 없는 배우자와 살거나 미혼이라면 개인 기준으로 계산 방식이 달라짐에 따라 최상위층의 몫은 커질 것이다. 과세 단위의 총수가 많아진다는 것은 상위 X퍼센트의 몫을 구하기 위해 소득 분포상 더 아래쪽으로 내려가야 함을 의미한다. 반면 가장 부유한 과세 단위들이 소득을 똑같이 나눠 갖는 부부들이라면 개인 소득 기준으로 바뀜에 따라 최상위 소득자들의 몫은 줄어들 수 있다.

9 다음에 나오는 국가별 연구 참조. Atkinson and Piketty, *Top Incomes;* and Anthony B. Atkinson and Thomas Piketty, eds., *Top Incomes: A Global Perspective* (Oxford: Oxford University Press, 2010).

10 시간이 지난 것이지만 영국의 신근로소득 조사New Earnings Survey(근로 시간과 소득에 관한 연례 조사Annual Survey on Hours and Earnings의 전신)와 가족 지출 조사Family Expenditure Survey(가족 자원 조사 Family Resources Survey의 전신)의 상세한 비교는 다음 참조. Anthony B. Atkinson, John Micklewright, and Nicholas H. Stern, "Comparison of the FES and New Earnings Survey 1971–1977," in Anthony B. Atkinson and Holly Sutherland, eds., *Tax-Benefit Models* (London: STICERD, LSE, 1988), 154–222.

11 유산에 관한 개별적인 자료 수집을 바탕으로 한 인상적인 연구로 다음의 논문이 있다. Thomas Piketty, Gilles Postel-Vinay, and Jean-Laurent Rosenthal, "Wealth Concentration in a Developing Economy: Paris

and France, 1807-1994," *American Economic Review* 96 (2006): 236-256. 이들은 1807년에서 1902년 사이에서 10개 연도를 선정하고 각 연도별로 파리에서 사망한 모든 사람의 정보를 수집했다.

12 Centraal Bureau voor de Statistiek, *Statistiek der Rijksfinanciën 1936* ('s Gravenhage: Drukkerij Albani, 1936), 표 XV.

13 이 풍부한 연구 분야를 선도한 이는 토마 피케티다. Thomas Piketty, "Income Inequality in France, 1901-1998," *Journal of Political Economy* 111 (2003): 1004-1042, and *Les hauts revenus en France au XXe siècle* (Paris: Bernard Grasset, 2001).

14 Zvi Griliches, "Economic Data Issues," in Zvi Griliches and Michael D. Intriligator, eds., *Handbook of Econometrics* (Amsterdam: Elsevier, 1986), vol. 3, 1509쪽에서 인용.

15 Statistics Canada, *Income in Canada 2005*, Catalogue 75-202-XIE (Ottawa: Statistics Canada, 2007), p. 125.

16 엄밀하게 계산하면 3.125퍼센트포인트가 나온다. 순소득 지니계수의 변동 폭은 한계세율 변동의 0.625배다.

17 Thomas Piketty, *Capital in the Twenty-First Century*, trans. Arthur Goldhammer (Cambridge, MA: Belknap Press of Harvard University Press, 2014), 275쪽에서 인용.

18 이는 세계 최상위 소득 데이터베이스에서 나온 것이다. 영국의 경우 이 자료는 상위 0.1퍼센트에 관한 것이다. 이는 1914년과 1945년을 비교한 것이지만 프랑스(1915), 일본(1947), 스웨덴(1912), 노르웨이(1913, 1948), 네덜란드(1946), 그리고 덴마크(1908)는 비교 시점이 조금 다르다.

19 Josiah Stamp, *The Financial Aftermath of War* (London: Ernest Benn, 1932), 34쪽에서 인용.

20 Piketty, *Les hauts revenus en France*, 272-279쪽에서 인용.

21 Stephen P. Jenkins, Andrea Brandolini, John Micklewright, and Brian Nolan, eds., *The Great Recession and the Distribution of Household Income* (Oxford: Oxford University Press, 2013), 16-20. 2010년 세계노동포럼Global Labour Forum을 위해 준비한 Anthony B. Atkinson and Salvatore Morelli, "Inequality and Banking Crises: A First Look," http://www.nuffield.ox.ac.uk/Users/Atkinson/Paper-Inequality%20and%20Banking%20Crises-A%20First%20Look.pdf; 그

리고 Anthony B. Atkinson and Salvatore Morelli, "Economic Crises and Inequality," Human Development Research Paper 2011/06 (New York: United Nations Development Programme, 2011), http://dl4a. org/uploads/pdf/HDRP_2011_06.pdf도 참조.

22 Richard M. Titmuss, *Problems of Social Policy* (London: HMSO and Longmans, Green and Co., 1950), 506쪽에서 인용.

23 Claudia Goldin and Robert Margo, "The Great Compression: The Wage Structure in the United States at Mid-Century," *Quarterly Journal of Economics* 107 (1992): 1-34, 23, 27쪽에서 인용.

24 Paul Krugman, *The Conscience of a Liberal* (New York: W. W. Norton, 2007), 47-52쪽을 보라.

25 Richard B. Freeman, "The Evolution of the American Labor Market, 1948-80," in Martin Feldstein, ed., *The American Economy in Transition* (Chicago: University of Chicago Press, 1980), 357쪽과 도표 5.1에서 인용.

26 Nan L. Maxwell, "Changing Female Labor Force Participation: Influences on Income Inequality and Distribution," *Social Forces* 68 (1990): 1251-1266, 1251쪽에서 인용.

27 Lynn Karoly and Gary Burtless, "Demographic Change, Rising Earnings Inequality, and the Distribution of Personal Well-Being, 1959-1989," *Demography* 32 (1995): 379-405, 392쪽에서 인용.

28 Jeff Larrimore, "Accounting for United States Household Income Inequality Trends: The Changing Importance of Household Structure and Male and Female Earnings Inequality," *Review of Income and Wealth* 60 (2014): 683-704.

29 Wojciech Kopczuk and Emmanuel Saez, "Top Wealth Shares in the US, 1916-2000: Evidence from the Estate Tax Returns," *National Tax Journal* 57 (2004): 445-487, 더 길게 쓴 것은 *NBER Working Paper* 10399에서 볼 수 있다.

30 George F. Break, "The Role of Government: Taxes, Transfers, and Spending," in Martin Feldstein, ed., *The American Economy in Transition* (Chicago: University of Chicago Press, 1980), 표 9.17. 이 수치는 "경기 침체 없는nonrecession GNP"에 대비한 비율이다.

31 Karoly and Burtless, "Demographic Change," 392쪽에서 인용.

32 Richard Goode, *The Individual Income Tax* (Washington, D.C.: Brookings Institution, 1964), 283쪽 인용. 나는 다음을 인용할 때 위의 자료에 빚을 졌다. Joseph Schumpeter, *Capitalism, Socialism and Democracy* (New York: Harper and Row, 1962), 3rd ed., 381쪽에서 인용; 그리고 Irving B. Kravis, *The Structure of Income* (Philadelphia: University of Pennsylvania Press, 1962), 220쪽에서 인용.

33 예를 들어 다음 자료의 표 2.1을 보라. Anthony B. Atkinson and Joseph E. Stiglitz, *Lectures on Public Economics* (New York: McGraw-Hill, 1980, reprinted by Princeton University Press, 2015).

34 빈곤율은 다음 자료에서 나온 것이다. Anthony B. Atkinson and Salvatore Morelli, *Chartbook of Economic Inequality*, http://www.chartbookofeconomicinequality.com/.

35 Thomas Piketty, "Income, Wage, and Wealth Inequality in France, 1901-98," in Anthony B. Atkinson and Thomas Piketty, eds., *Top Incomes*, 50쪽에서 인용.

36 이들 수치는 다음 자료에서 나왔다. Anthony B. Atkinson, "Increased Income Inequality in OECD Countries and the Redistributive Impact of the Government Budget," in Giovanni A. Cornia, ed., *Inequality, Growth, and Poverty in an Era of Liberalization and Globalization* (Oxford: Oxford University Press, 2004), 221-248. 다음 자료도 참조. Anthony B. Atkinson, "What Is Happening to the Distribution of Income in the UK?" *Proceedings of the British Academy* 82 (1992): 317-351; and Anthony B. Atkinson and John Micklewright, "Turning the Screw: Benefits for the Unemployed 1979-88," in Andrew Dilnot and Ian Walker, eds., *The Economics of Social Security* (Oxford: Oxford University Press, 1989), 17-51.

37 Richard Hauser, "Personal Primar-und Sekundarverteilung der Einkommen unter dem Einfluss sich andernen wirtschaftlicher und sozialpolitisch Rahmenbedingungen," *Allgemeines Statistisches Achiv* 83 (1999): 88-110 (내가 번역한 것이다).

38 Hannu Uusitalo, "Changes in Income Distribution During a Deep Recession and After" (Helsinki: National Institute for Health and

Welfare, STAKES, 1999).

39 Secretary-General, "Editorial," in OECD, *Divided We Stand* (Paris: OECD, 2011), 18쪽에서 인용.

40 Michael F. Förster and István G. Tóth, "Cross-Country Evidence of the Multiple Causes of Inequality Changes in the OECD Area," in Anthony B. Atkinson and Francois Bourguignon, *Handbook of Income Distribution,* vol. 2 (Amsterdam: Elsevier, 2015), 1803쪽에서 인용.

41 OECD, *Divided We Stand,* 292쪽에서 인용; 적용 대상에 관한 수치는 도표 7.5에서 가져온 것으로, 실업보험과 사회부조의 범위를 나타낸다; 상세한 내용은 다음 참조. Herwig Immervoll, Pascal Marianna, and Marco Mira D'Ercole, "Benefit Coverage Rates and Household Typologies: Scope and Limitations of Tax-Benefit Indicators," *OECD Social, Employment and Migration Working Paper* 20, OECD, Paris, 2004.

42 Nicholas Kaldor, "Alternative Theories of Distribution," *Review of Economic Studies* 23 (1955-6): 83-100, and "A Model of Economic Growth," *Economic Journal* 67 (1957): 591-624. 임금이 차지하는 몫의 불변성은 칼도어의 "새로운" 사실에는 나타나지 않는다는 점에 유의해야 한다. 그 사실들은 다음 자료에 열거돼 있다. Charles I. Jones and Paul M. Romer, "The New Kaldor Facts: Ideas, Institutions, Population, and Human Capital," *American Economic Journal: Macroeconomics* 2 (2010): 224-245. 이들은 그 대신 대학 교육을 받은 사람들과 고등학교 교육을 받은 사람들의 임금 프리미엄 비율이 일정하다고 말한다. 이는 다음 장에서 논의한다.

43 Klaus Heidensohn, "Labour's Share in National Income: A Constant?" *Manchester School* 37 (1969): 295-321, 304쪽에서 인용. 다음에 나오는 수치는 표 1에서 나왔다.

44 Piketty, *Capital,* 221쪽에서 인용.

45 Loukas Karabarbounis and Brent Neiman, "The Global Decline of the Labor Share," *Quarterly Journal of Economics* 129 (2014): 61-103.

46 David Ricardo, *Principles of Political Economy* (London: Dent, 1911, 1817년 첫 출간)의 서문.

47 그러나 이는 한 방향으로만 움직이지 않았다. 1981년 이후 공공 주택 매각

으로 그 비중은 떨어졌으며, 지난 20년 동안 임대 목적 주택 매입이 늘어남에 따라 민간인 주택 소유주의 비율은 다시 늘어나 2011년 18퍼센트에 이르렀다.

48 그렇다면 지니계수는 전체 인구 중 근로자의 비율과 전체 소득 중 그들의 몫 사이의 차이와 같을 것이다. Anthony B. Atkinson and John Micklewright, *Economic Transformation in Eastern Europe and the Distribution of Income* (Cambridge: Cambridge University Press, 1992), 제2장 참조.

49 Daniele Checchi and Cecilia Garcia Peñalosa, "Labour Market Institutions and the Personal Distribution of Income in the OECD," *Economica* 77 (2010): 413–450, 표 7 인용. 95퍼센트 신뢰구간에서 그 계수는 0.4까지 내려간다.

50 Jesper Roine and Daniel Waldenström, "Long Run Trends in the Distribution of Income and Wealth," in Atkinson and Bourguignon, *Handbook of Income Distribution,* vol. 2A, 표 7.A2. 룩셈부르크 소득 연구Luxembourg Income Study는 연구 범위를 넓혀 룩셈부르크 부 연구 Luxembourg Wealth Study로 확장됐지만, 가장 오래된 자료는 1994년 것이다.

51 이는 시계열 자료에서 1959년과 1960년 사이의 단절을 고려한 것이다. Anthony B. Atkinson, James P. F. Gordon, and Alan Harrison, "Trends in the Shares of Top–Wealth–Holders in Britain, 1923–81," *Oxford Bulletin of Economics and Statistics* 51 (1989): 315–332 참조.

52 미국에서 1980년 이후 기간에 대해서는 서로 다른 출처의 자료들이 서로 다른 방향을 가리킨다. 다음 참조. Emmanuel Saez and Gabriel Zucman, "Wealth Inequality in the United States since 1913: Evidence from Capitalized Income Tax Data," Working Paper 20625, National Bureau of Economic Research; and Wojciech Kopczuk, "What Do We Know about Evolution of Top Wealth Shares in the United States?" *Journal of Economic Perspectives,* 근간.

53 Christopher L. Erickson and Andrea Ichino, "Wage Differentials in Italy: Market Forces, Institutions and Inflation," in Richard B. Freeman and Lawrence F. Katz, eds., *Differences and Changes in Wage Structures* (Chicago: University of Chicago Press, 1995): 265–

306, 265쪽 인용. Andrea Brandolini, "The Distribution of Personal Income in Post—War Italy: Source Description, Data Quality, and the Time Pattern of Income Inequality," *Giornale degli Economisti e Annali di Economia* 58 (1999): 183–239; Ignacio Visco, "The Indexation of Earnings in Italy: Sectoral Analysis and Estimates for 1978–79," *Rivista di Politica Economica* 13 (1979): 151–183; Marco Manacorda, "Can the Scala Mobile Explain the Fall and Rise of Earnings Inequality in Italy? A Semiparametric Analysis, 1977–1993," *Journal of Labor Economics* 22 (204): 585–613, Magnus Gustavsson, "Trends in the Transitory Variance of Earnings: Evidence from Sweden 1960–1990 and a Comparison with the United States," *Working Paper* 2004:11, Department of Economics, Uppsala Universitet; Tor Eriksson and Markus Jäntti, "The Distribution of Earnings in Finland 1971–1990," *European Economic Review* 41 (1997): 1736–1779.

54 Checchi and Garcia Penalosa, "Labour Market Institutions," 표 7 인용. 인용된 수치는 추정된 계수 주변의 95퍼센트 신뢰구간에 바탕을 두고 있다.

55 Piketty, *Les hauts revenus en France,* 165쪽 인용(내가 번역한 것이다).

56 Joop Hartog and Nick Vriend, "Post—War International Labour Mobility: The Netherlands," in Ian Gordon and Anthony P. Thirlwall, eds., *European Factor Mobility* (London: Macmillan, 1989). 프랑스에 관해서는 Piketty, *Les hauts revenus en France,* 제3장 참조.

57 "Incomes Policy," Wikipedia, 2014년 10월 5일 내려받음.

58 Jenkins et al., *The Great Recession,* 14–16 참조.

59 International Labour Office, *Year Book of Labour Statistics 1961* (Geneva: International Labour Office, 1961), 202쪽 인용.

60 OECD, *Historical Statistics* (Paris: OECD, 1997), 표 2.15.

61 OECD, *Divided We Stand,* Chs. 3 and 4; and Anthony B. Atkinson and Andrea Brandolini, "From Earnings Dispersion to Income Inequality," in Francesco Farina and Ernesto Savaglio, eds., *Inequality and Economic Integration* (London: Routledge, 2006): 35–64 참조.

62 (시간제 근로자와 자영업자를 포함한) 근로자들 사이의 분배와 근로 연령대

인구 전체를 대상으로 한 분배의 계산은 OECD에서 낸 *Divided We Stand*
의 도표 4.1과 4.6에 나온다.

63 1980년대 후반과 1990년대 초반 노르딕 국가들에서 늘어난 실업이 불평등
에 미치는 영향에 관한 연구는 "경기 침체는 몇 가지 복잡한 메커니즘이 작
동하도록 하며, 실업이 급속히 늘어나는 기간에 소득 분배가 어떻게 변화
하는지 이해하려면 아마도 소득 요소끼리 상호 작용하도록 하는 복잡한
모델이 필요할 것"이라고 결론지었다. Rolf Aaberge, Anders Björklund,
Markus Jäntti, Peder J. Pedersen, Nina Smith and Tom Wennemo,
"Unemployment Shocks and Income Distribution: How Did the
Nordic Countries Fare during Their Crises?" *Scandinavian Journal
of Economics* 102 (2000): 77–99.

64 Anthony B. Atkinson, "Social Exclusion, Poverty and
Unemployment," in Anthony B. Atkinson and John Hills, eds.,
Exclusion, Employment and Opportunity, CASEpaper 4 (London:
LSE, STICERD, 1998): 1–20 참조.

65 Amartya Sen, "Inequality, Unemployment and Contemporary
Europe," *International Labour Review* 136 (1997): 155–171, 169쪽 인용.

66 Source: *SEDLAC*, CEDLAS (Universidad Nacional de La Plata) and
The World Bank, (http://sedlac.econo.unlp.edu.ar/eng/), 2014년 10월
5일 내려받음.

67 Facundo Alvaredo and Leonardo Gasparini, "Recent Trends in
Inequality and Poverty in Developing Countries," in Atkinson and
Bourguignon, *Handbook of Income Distribution*, vol. 2, 726쪽 인용.

68 Giovanni Andrea Cornia, ed., *Falling Inequality in Latin America*
(Oxford: Oxford University Press, 2014), 7쪽 인용.

69 Nora Lustig, Luis F. Lopez-Calva, and Eduardo Ortiz-Juarez,
"Deconstructing the Decline in Inequality in Latin America," in
Robert Devlin, Jose Luis Machinea, and Oscar Echeverria, eds., *Latin
American Development in an Age of Globalization: Essays in Honor
of Enrique V. Iglesias*, 2013.

70 Alvaredo and Gasparini, "Recent Trends."

71 Armando Barrientos, "On the Distributional Implications of Social
Protection Reforms in Latin America," in Cornia, *Falling Inequality*,

356쪽과 358쪽 인용.

72 출처: Atkinson and Morelli, *Chartbook*.

73 OECD, *Divided We Stand*, 22쪽 인용.

제3장_ 불평등의 경제학

1 확실히 이 목록을 늘릴 수도 있다. 예를 들어 나는 소득불평등과 이민 간
의 관계에 대해서는 논의하지 않는다. 이민의 경제학은 그 자체로 중요한
주제이다. 이민이 전반적인 소득불평등을 늘리는 주된 요소인지는 명확하
지 않다. 데이비드 카드는 미국의 이민과 불평등 문제에 대한 분석에서 "이
민은 지난 25년 동안 전반적인 임금 불평등 증가의 비교적 작은 부분(4~6
퍼센트)만 설명할 수 있다"고 결론지었다. "Immigration and Inequality,"
American Economic Review, Papers and Proceedings 99 (2009): 1-19,
19쪽 인용.

2 Jan Tinbergen, *Income Distribution: Analysis and Policies*
(Amsterdam: North-Holland, 1975).

3 대체탄력성은 한 요소의 가격이 오름에 따라 그에 비례하여 그 요소에 대
한 수요가 (다른 요소에 비해 상대적으로) 얼마나 줄어드는지를 측정한다.
숙련 근로자들의 상대적인 임금이 10퍼센트 오를 때 상대적인 수요가 10
퍼센트 줄어들게 된다면 대체탄력성은 1이다. 이 개념을 둘이 아니라 그
보다 많은 요소로 확장하면 여러 정의상의 문제들이 제기된다. Charles
Blackorby and Robert Russell, "Will the Real Elasticity of Substitution
Please Stand Up? (A Comparison of the Allen/Uzawa and Morishima
Elasticities)," *American Economic Review* 79 (1989): 882-888 참조.

4 예컨대 다음 참조. Daron Acemoglu and David Autor, "What Does
Human Capital Do? A Review of Goldin and Katz's *The Race
between Education and Technology*," *Journal of Economic Literature*
50 (2012): 426-463, 이 점을 명료하게 설명한 주 10 인용.

5 현재 가치를 계산할 때, 미래에 벌어들이는 소득은 오늘 번 소득보다 값어치
가 적다는 점을 고려한다. 오늘의 소득 1파운드는 T년 동안 이자 r을 지급
하는 계좌에 저축할 경우 e^{rT}파운드로 불어난다. 이 계산에서는 숙련 노동자
와 비숙련 노동자 모두 일할 수 있는 연령대가 같다고 가정한다.

6 Adam Bryant, "In Head-Hunting, Big Data May Not Be Such a Big Deal," *New York Times*, 2013년 6월 19일 Laszlo Bock와의 인터뷰.

7 Sir John Hicks, *The Theory of Wages* (London: Macmillan, 1932), 124쪽 인용.

8 대체탄력성이 1보다 클 때 장기적인 정상 상태는 불안정하며, 경제는 혁신 가능경계선innovation possibility frontier상에서 비숙련 노동을 늘리는 기술 진보가 (하한선으로 여겨지는) 제로(0)에 이르는 지점까지 정상 상태를 벗어나게 된다. Charles Kennedy, "Induced Bias in Innovation and the Theory of Distribution," *Economic Journal* 74 (1964): 541–547; Paul Samuelson, "A Theory of Induced Innovations along Kennedy–Weisäcker Lines," *Review of Economics and Statistics* 97 (1965): 444–464; and Emmanuel Drandakis and Edmund S. Phelps, "A Model of Induced Invention, Growth and Distribution," *Economic Journal* 75 (1965): 823–840쪽 참조. 유도된 혁신에 관한 1960년대의 논문은 대런 애스모글루가 다음 논문에서 잘 요약했다. 이 논문에서 애스모글루는 더 최근의 "지도된directed" 기술 변화에 관한 논문에 대해 논의하며, 이 이론에 중요한 기여를 했다. Daron Acemoglu, "Localized and Biased Technologies: Atkinson and Stiglitz's New View, Induced Innovations, and Directed Technological Change," *Economic Journal* 125 (2015).

9 Anthony B. Atkinson and Joseph E. Stiglitz, "A New View of Technological Change," *Economic Journal* 79 (1969): 573–578.

10 David H. Autor, Frank Levy, and Richard J. Murnane, "The Skill Content of Recent Technological Change: An Empirical Exploration," *Quarterly Journal of Economics* 118 (2003): 1279–1333; David H. Autor, Lawrence F. Katz, and Melissa S. Kearney, "The Polarization of the U.S. Labor Market," *American Economic Review, Papers and Proceedings* 96 (2006): 189–194; and Acemoglu and Autor, "What Does Human Capital Do."

11 Kenneth Arrow, "The Economic Implications of Learning by Doing," *Review of Economic Studies* 29 (1962): 155–173.

12 Steven Chu, Romanes lecture, University of Oxford, 2014년 11월.

13 Robert M. Solow, *The Labor Market as a Social Institution* (Oxford:

Basil Blackwell, 1990), 3쪽 인용.

14 Eric Newby, *The Last Grain Race* (London: Secker and Warburg, 1956).

15 Peter Diamond, "Wage Determination and Efficiency in Search Equilibrium," *Review of Economic Studies* 49 (1982): 217–227, 219쪽 인용.

16 E. Henry Phelps Brown, *The Inequality of Pay* (Oxford: Oxford University Press, 1977).

17 W. Bentley MacLeod and James M. Malcomson, "Motivation and Markets," *American Economic Review* 88 (1998): 388–411, 400쪽 인용.

18 Truman Bewley, *Why Wages Don't Fall During a Recession* (Cambridge, MA: Harvard University Press, 1999), 84–85쪽 인용.

19 이 임금 규범 모형은 다음 자료에서 설명한다. Anthony B. Atkinson, *Is Rising Inequality Inevitable? A Critique of the Transatlantic Consensus* (Helsinki: UNU/WIDER, 1999); and Anthony B. Atkinson, *The Changing Distribution of Earnings in OECD Countries (The Rodolfo De Benedetti Lecture Series)* (Oxford: Oxford University Press, 2008), 주 2.

20 OECD, *Divided We Stand* (Paris: OECD, 2011), 도표 1.18.

21 Stephen Nickell and Richard Layard, "Labour Market Institutions and Economic Performance," in Orley Ashenfelter and David Card, eds., *Handbook of Labor Economics,* vol. 3.3 (Amsterdam: Elsevier, 1999), 3029–3084, 3078쪽 인용.

22 Jelle Visser, "Wage Bargaining Institutions—from Crisis to Crisis," *European Economy Economic Papers* 488 (2013), European Commission, Brussels, 4쪽 인용.

23 David Card, Thomas Lemieux, and W. Craig Riddell, "Unions and Wage Inequality," *Journal of Labor Research* 25 (2004): 519–562, 555쪽 인용.

24 Trade Union Congress 웹사이트 (http://www.tuc.org.uk), 2014년 10월 24일 내려받음.

25 Daron Acemoglu, Philippe Aghion, and Giovanni L. Violante, "Deunionization, Technical Change, and Inequality," *Carnegie-*

Rochester Conference Series on Public Policy 55 (2001): 229–264. 이 논문을 이용하는 데 다음 자료에 빚을 졌다. Andrea Brandolini, "Political Economy and the Mechanics of Politics," *Politics and Society* 38 (2010): 212–226.

26 Mark Carley, "Trade Union Membership 2003–2008," in *European Industrial Relations Observatory On-Line* (Dublin: European Foundation for the Improvement of Living and Working Conditions, 2009).

27 Michael F. Förster and István György Tóth, "Cross-Country Evidence of the Multiple Causes of Inequality Changes in the OECD Area," in Anthony B. Atkinson and François Bourguignon, eds., *Handbook of Income Distribution,* vol. 2 (Amsterdam: Elsevier, 2015).

28 내가 케임브리지대학에 다니는 학생일 때 그런 생산함수를 썼다면 열띤 논쟁을 불러일으켰을 것이다. "자본이란 무엇인가"라는 물음은 내가 조앤 로빈슨에게서 자주 들었던 것이다. 실제로 자본 총계와 관련해 다뤄야 할 문제들이 있지만 지금 당장의 목적에는 함수 구성만으로 족하다.

29 경계선에 걸친 경우도 있다. 탄력성이 1이어서 자본총량이 늘어나는 것과 같은 비율로 수익률이 떨어지는 경우다. 이때는 시간이 지나도 자본(이윤)의 몫은 변하지 않고 그대로 남아 있다. 이 경우는 콥-더글러스 생산함수에 해당된다. 이 함수에서 산출량 Y는 $aL^\beta K^{1-\beta}$로 주어지며, a와 ß는 일정한 값이다. (나중에 상원의원이 된) 폴 더글러스 교수가 요소소득분배율은 대체로 일정하다는 것을 발견하고 수학자인 동료 찰스 콥에게 어떤 함수가 이 같은 결과를 나타내느냐고 물었다는 일화가 있다. 이는 그보다 일찍이 유명한 스웨덴 경제학자 크누트 빅셀이 제안했던 것이다.

30 Daron Acemoglu and James Robinson, "The Rise and Fall of General Laws of Capitalism," *Journal of Economic Literature,* 근간. Robert S. Chirinko, "σ: The Long and Short of It," *Journal of Macroeconomics* 30 (2008): 671–686. 치링코는 31건의 연구를 검토한 후 단기적인 데이터에서 나온 증거와 우리가 주로 관심을 갖는 장기적인 변수와의 긴장관계를 강조한다. 총대체탄력성과 순탄력성을 구분할 필요도 있다. Matthew Rognlie, "A Note on Piketty and Diminishing Returns to Capital," 온라인으로 보려면 http://www.mit.edu/~mrognlie/piketty_diminishing_returns.pdf. 이 논문에서 보여주듯이 생산함수와 감가상각 후 수익률로 정

의한 순탄력성은 감가상각 전을 기준으로 정의한 총탄력성보다 낮다.

31 Alfonso Arpaia, Esther Perez, and Karl Pichelmann, "Understanding Labour Income Share Dynamics in Europe," *European Economy Economic Papers* 379 (2009), European Commission, Brussels, 2쪽 인용. 그들은 계속해서 "노동의 몫은 지난 30년 동안 줄어들었을 뿐만 아니라 미래에도 자본 축적과 전체 고용에서 숙련노동의 비중이 늘어남에 따라 더 줄어들 수 있다"고 말했다.

32 Lawrence H. Summers, "Economic Possibilities for Our Children," 2013년 마틴 펠드스타인 강의, *NBER Reporter* 4 (2013): 1-6. 첫 번째 자본 항목을 K_1, 두 번째 자본 항목을 K_2로 표시하면 총생산함수는 $F(K_1, AL + BK_2)$가 되며, 여기서 A와 B는 기술 수준에 달려 있다. 오터, 카츠와 커니가 "미국 노동시장의 양극화The Polarization of the U.S. Labor Market"에서 채택한 과업 기반 접근 방식 역시 로봇이 (일상적인 과업들을 수행하는 데) 노동을 완전히 대체하는 경우를 다루었다.

33 만약 (1/A)의 근로자들이 (1/B)의 로봇만큼 생산에 기여한다면 투자 수익률 대비 임금 비율이 A/B보다 낮기 때문에 로봇은 쓰이지 않는다. 투자 수익률 대비 임금 비율이 A/B와 같을 때는 근로자와 로봇이 모두 쓰인다.

34 Carl Benedikt Frey and Michael Osborne, "The Future of Employment: How Susceptible Are Jobs to Computerisation?" Oxford Martin School Working Paper (2013), http://www.oxfordmartin.ox.ac.uk/downloads/academic/The_Future_of_Employment.pdf.

35 James E. Meade, *Efficiency, Equality and the Ownership of Property* (Abingdon: Routledge, 2012), 25-26.

36 Paul Samuelson, "Review," *Economic Journal* 75 (1965): 804-806, 805쪽 인용.

37 Michael Kalecki, "Class Struggle and the Distribution of National Income," *Kyklos* 24 (1971): 1-9, 3쪽 인용.

38 이 분석은 (노조가 고용에 대한 영향을 인식하는) 임금협상 모형과 다음 논문에서 묘사하는 독점적 경쟁 모형을 결합한다. Avinash Dixit and Joseph Stiglitz, "Monopolistic Competition and Optimum Product Diversity," *American Economic Review* 67 (1977): 297-308.

39 John K. Galbraith, *American Capitalism: The Concept of Countervailing Power* (London: Hamish Hamilton, 1952).

40 Office for National Statistics, *Ownership of UK Quoted Shares, 2012* (London: Office for National Statistics, 2013), 표 1.

41 Andrea Brandolini, "Nonlinear Dynamics, Entitlement Rules, and the Cyclical Behaviour of the Personal Income Distribution," Centre for Economic Performance Discussion Paper 84, London School of Economics, July 1992.

42 이질적인 경제 주체들에 관한 거시경제학 문헌으로는 다음 참조. Vincenzo Quadrini and Jose-Victor Rios-Rull, "Inequality in Macroeconomics," in Anthony B. Atkinson and Francois Bourguignon, eds., *Handbook of Income Distribution,* vol. 2 (Amsterdam: Elsevier, 2015).

43 U.S. Census Bureau, *Educational Attainment in the United States: 2013,* 표 1: "Educational Attainment of the Population 18 Years and Over."

44 World Bank, Data on labour force with tertiary education: http://data.worldbank.org/indicator/SL.TLF.TERT.ZS.

45 이 계산을 할 때 근로소득 분포상 위쪽 끝부분이 파레토 분포의 형태를 갖는다고 가정한다. 파레토 분포는 19세기 말 빌프레도 파레토가 처음 제시한 것으로, 소득이 Y 이상인 인구의 비중은 $Y^{-\alpha}$에 비례하는 수학적 형태를 취한다. 여기서 α는 파레토 계수로 알려져 있다. 파레토 분포의 특성상 소득 수준이 Y 이상인 사람들의 평균 소득은 $\alpha/(\alpha-1)Y$와 같다. 영국에서 파레토 계수는 1977년 약 4.5에서 2003년 2.8로 떨어졌다.(Anthony B. Atkinson and Sarah Voitchovsky, "The Distribution of Top Earnings in the UK since the Second World War," *Economica* 78 (2011): 440–459 참조.) 이 값을 바탕으로 본문에 나오는 숫자들을 계산할 수 있다. 예를 들어 α값이 4.5일 때 소득이 Y 이상인 사람들의 평균 소득은 Y에 4.5/3.5(=1.29)를 곱해서 나오는 값이다. 최상위 십분위에 있는 사람이 상위 1퍼센트에 이르려면 소득을 $10^{\frac{1}{\alpha}}$배로 늘려야 한다.

46 Jacob S. Hacker and Paul Pierson, "Winner-Take-All Politics: Public Policy, Political Organization, and the Precipitous Rise of Top Incomes in the United States," *Politics and Society* 38 (2010): 152–204.

47 Atkinson, *The Changing Distribution of Earnings in OECD Countries,* 제4장 참조.

48 Anthony B. Atkinson, "The Distribution of Top Incomes in the United Kingdom 1908-2000," in A. B. Atkinson and Thomas Piketty, eds., *Top Incomes: A Global Perspective* (Oxford: Oxford University Press, 2010), 82-140, 도표 4.11.

49 Thomas Piketty and Emmanuel Saez, "Income and Wage Inequality in the United States, 1913-2002," in Atkinson and Piketty, *Top Incomes,* 153쪽 인용.

50 Jon Bakija, Adam Cole, and Bradley T. Heim, "Jobs and Income Growth of Top Earners and the Causes of Changing Income Inequality: Evidence from U.S. Tax Return Data," Williams College Department of Economics Working Paper, 2010-2022 (revised 2012).

51 Alfred Marshall, *Principles of Economics,* 8th ed.(London: Macmillan, 1920).

52 Thomas Lemieux, W. Bentley MacLeod, and Daniel Parent, "Performance Pay and Wage Inequality," *Quarterly Journal of Economics* 124 (2009): 1-49.

53 Hacker and Pierson, "Winner-Take-All Politics," p. 203.

54 Hacker and Pierson, "Winner-Take-All Politics," p. 192.

55 Facundo Alvaredo, Anthony B. Atkinson, Thomas Piketty, and Emmanuel Saez, "The Top 1 Per Cent in International and Historical Perspective," *Journal of Economic Perspectives* 27 (2013): 3-20, 표 1. 미국에 대한 수치의 출처는 다음 자료다. Christoph Lakner, "Wages, Capital and Top Incomes: The Factor Income Composition of Top Incomes in the USA, 1960-2005," 근간. 미국의 경우는 노르웨이 사례를 연구한 다음 자료와 비교할 수 있다. Rolf Aaberge, Anthony B. Atkinson, Sebastian Konigs and Christoph Lakner, "Wages, Capital and Top Incomes," 근간. 이때 근로소득은 임금과 연금을 더하고 여기에 사업(자영업) 소득의 3분의 2를 추가한 금액으로 정의한다.

56 John Kay and Mervyn King, *The British Tax System* (Oxford: Oxford University Press, 1980), 59쪽 인용.

57 이는 남성들에게는 맞는 말이지만 여성들에게는 반드시 그렇지는 않다. 소득을 기준으로 상위 1퍼센트 계층을 들여다보면 여성들이 지나치게 적다는 사실을 발견할 수 있다. 예를 들어 캐나다에서는 2010년 총소득 상위 1퍼센

트에 드는 사람 중 여성이 단 21퍼센트에 지나지 않았다(Statistics Canada, "High-Income Trends among Canadian Taxfilers, 1982 to 2010," release 28 January 2013). 2011년 영국에서 그 비율은 17퍼센트였다 (Anthony B. Atkinson, Alessandra Casarico, and Sarah Voitchovsky, "Top Incomes and the Glass Ceiling," 근간). 분명한 '유리 천장'이 있는 것이다.

제4장_ 기술 변화와 대항력

1 "The Future of Jobs: The Onrushing Wave," Briefing, *Economist*, 18 January 2014.

2 John M. Keynes, "Economic Possibilities for Our Grandchildren," 제5부 제2장, 처음에는 *The Nation and Athenaeum*(1930년 10월 11일과 18일)에서 출간했다가 *Essays in Persuasion*(London: Macmillan, 1933년)에서 재인쇄했다.

3 매킨지의 라운드테이블 토론, "자동화, 직업, 그리고 일의 미래Automation, Jobs, and the Future of Work," 2014년 12월, 편집된 원고.

4 헌터 롤링스의 말, 미국예술과학아카데미, *Restoring the Foundation* (Cambridge, MA: American Academy of Arts and Sciences, 2014), 10쪽 인용.

5 Mariana Mazzucato, *The Entrepreneurial State* (London: Anthem Press, 2014), 96쪽과 101쪽 인용.

6 Mazzucato, *The Entrepreneurial State*, 193쪽 인용.

7 Steven Johnson, *How We Got to Now* (New York: Riverhead Press, 2014), x쪽 인용.

8 Office of Science and Technology Policy, *American Competitiveness: Leading the World in Innovation* (Washington, D.C.: Domestic Policy Council, 2006), 4쪽 인용.

9 William J. Baumol and William G. Bowen, *Performing Arts: The Economic Dilemma* (New York: Twentieth Century Fund, 1966).

10 William J. Baumol, *The Cost Disease: Why Computers Get Cheaper and Health Care Doesn't* (New Haven: Yale University Press, 2012).

11 이 책에서 나는 인적 자본 투자의 필요성을 길게 논의하지 않는다. 그러한 주장은 특히 유아기와 관련해서는 광범위하게 이뤄져왔다. 예를 들어 다음 참조. James J. Heckman, "Going Forward Wisely," 2014년 12월 10일 백악관 유아기 교육 서밋 연설, Center for the Economics of Human Development, University of Chicago.

12 *Quaker Faith and Practice: The Book of Christian Discipline of the Yearly Meeting of the Religious Society of Friends* (London: Quaker Books, 1995), 23, 57쪽 단락 인용.

13 Milton Friedman, "The Social Responsibility of Business Is to Increase Its Profits," *New York Times Magazine*, 1970년 9월 13일.

14 Kenneth J. Arrow, "Social Responsibility and Economic Efficiency," *Public Policy* 21 (1973): 303-318, 313쪽과 314쪽 인용.

15 Website of MBA Oath: http://mbaoath.org/.

16 Jonathan B. Baker, "The Case for Anti-Trust Enforcement," *Journal of Economic Perspectives* 17 (2003): 27-50, 27쪽 인용.

17 Robert Bork, *The Anti-Trust Paradox* (New York: Free Press, 1978), 66쪽 인용.

18 Sherman 상원의원, *21 Congressional Record* 2728 (1890). 이 자료와 다른 참고문헌들을 인용하는 데 다음 논문에 빚을 졌다. Shi-Ling Hsu, "The Rise and Rise of the One Percent: Considering Legal Causes of Inequality" (Florida State University College of Law, Public Law Research Paper 698; FSU College of Law, Law, Business and Economics Paper no. 14-11, 2014).

19 Hsu, "The Rise and Rise of the One Percent," 24쪽 인용.

20 시장의 구조가 상품들의 공급이 배제되는 것과 어떤 관련을 갖는지에 대한 상세한 분석으로는 다음 참조. Anthony B. Atkinson, "Capabilities, Exclusion, and the Supply of Goods," in Kaushik Basu, Prasanta Pattanaik, and Kotaro Suzumura, eds., *Choice, Welfare and Development* (Oxford: Clarendon Press, 1995): 17-31.

21 은행 서비스 제공의 분배적인 함의에 대한 분석으로는 다음 참조. Babak Somekh, "Access to Banking and Income Inequality," in "Income Inequality and Consumer Markets" (박사학위 논문, University of Oxford, 2012).

22 헨리 사이먼스의 말은 다음 논문에서 재인용했다. James Tobin, "On Limiting the Domain of Inequality," *Journal of Law and Economics* 13 (1970): 263–277, 264쪽 인용.

23 Hsu, "The Rise and Rise of the One Percent," 4쪽에서 인용.

24 Joseph Stiglitz, *The Price of Inequality* (London: Allen Lane, 2012), 64쪽에서 인용.

25 John T. Addison, Claus Schnabel, and Joachim Wagner, "The (Parlous) State of German Unions," *Politics and Society* 28 (2007): 3–18, 8쪽 도표.

26 Ben Roberts, "Trade Union Behavior and Wage Determination in Great Britain," in John T. Dunlop, ed., *The Theory of Wage Determination* (London: Macmillan, 1957), 107–122, 110쪽에서 인용.

27 예컨대 다음 참조. Bruno Palier and Kathleen Thelen, "Institutionalising Dualism: Complementarities and Change in France and Germany," *Politics and Society* 38 (2010): 119–148; and Patrick Emmenegger, "From Drift to Layering: The Politics of Job Security Regulations in Western Europe," *Politics and Society* (2015).

28 Colin Crouch, "The Snakes and Ladders of 21st Century Trade Unionism," *Oxford Review of Economic Policy* 16 (2000): 70–83, 77쪽 에서 인용.

29 오르는 (혹은 떨어지는) 물가와 실질소득에 따라 복지 급여와 과세 기준선을 지수화하는 것은 여기에서 논의하지 않은 중요한 문제다. 유럽의 연구는 그러한 지수의 증감률이 명확한 정책 개혁보다 빈곤율의 변화에 더 많은 영향을 미칠 수 있음을 보여주었다. 다음 참조. Alari Paulus, Holly Sutherland, and Iva Tasseva, "Indexation Matters: The Distributional Impact of Fiscal Policy Changes in Cross-National Perspective," University of Essex, 2014년 12월.

제5장_ 미래의 고용과 임금

1 Jean-Claude Juncker, *A New Start for Europe: My Agenda for Jobs, Growth, Fairness and Democratic Change: Political Guidelines for*

the Next European Commission (Brussels: European Commission, 2014).

2 Robert Salais, Nicolas Baverez, and Bénédicte Reynaud, *L'invention du chômage* (Paris: Presses Universitaires de France, 1986). 이들이 지적했듯이 실업이라는 말은 프랑스와 영국의 언어에서 흥미로운 차이를 보인다. 프랑스에서 이 말은 더 일찍이 다른 뜻으로 쓰였는데, "한낮에 잠시 쉬는 것"을 뜻하는 말이었다. 이에 비해 옥스퍼드 영어사전에 따르면 영국에서 "실업"이라는 말은 1895년에 이르러서야 통상적으로 쓰이게 됐다.

3 Michael J. Piore, "Historical Perspective and the Interpretation of Unemployment," *Journal of Economic Literature* 25 (1987): 1834–1850, 1836쪽에서 인용.

4 Leslie Hannah, *Inventing Retirement* (Cambridge: Cambridge University Press, 1986), 21쪽에서 인용.

5 Isaac M. Rubinow, *Social Insurance* (New York: H. Holt, 1913), 304쪽에서 인용.

6 Kees Le Blansch et al., "Atypical Work in the EU," *Social Affairs Series,* SOCI 106 EN (2000), Directorate-General for Research, European Parliament L-2929 Luxembourg.

7 Günther Schmid, "Non-Standard Employment in Europe: Its Development and Consequences for the European Employment Strategy," *German Policy Studies* 7 (2001): 171–210, 171쪽에서 인용.

8 OECD, *Employment Outlook 2014* (Paris: OECD, 2014), 144쪽에서 인용.

9 James Manyika, Susan Lund, Byron Auguste, and Sreenivas Ramaswamy, "Help Wanted: The Future of Work in Advanced Economies," McKinsey Global Institute Discussion Paper, 2012년 3월, 3쪽과 4쪽에서 인용.

10 Schmid, "Non-Standard Employment," 175쪽에서 인용.

11 Günther Schmid, *Full Employment in Europe* (Cheltenham: Edward Elgar, 2008), 표 5.1. 공무원들과 군인들은 '표준적 고용'의 범주에 포함돼왔다.

12 European Trade Union Institute, *Benchmarking Working Europe 2012* (Brussels: ETUI, 2012), 31쪽에서 인용.

13 European Commission, *Employment and Social Developments in Europe 2013* (Luxembourg: Publications Office of the European Union, 2014).

14 유로스태트 웹사이트, *Employed Persons with a Second Job* (http://epp.eurostat.ec.europa.eu/tgm/table.do?tab=table&init=1&plugin=1&language=en&pcode=tps00074), 2014년 10월 27일 내려받음, 시리즈 tps00074.

15 *The Guardian*, 2014년 10월 28일자, G2섹션, 12쪽에서 인용.

16 Andrea Brandolini and Eliana Viviano, "Extensive versus Intensive Margin: Changing Perspective on the Employment Rate," 2012년 12월 오스트리아 비엔나에서 열린 Comparative EU Statistics on Income and Living Conditions (EU-SILC) 콘퍼런스에서 발표한 논문.

17 International Labour Organisation, "Part-Time Work: Solution or Trap?" *International Labour Review* 136 (1997): 557-578, 562-563쪽에서 인용.

18 European Commission, *Employment and Social Developments,* 41쪽 도표 28 인용.

19 Richard A. Musgrave, *The Theory of Public Finance* (New York: McGraw-Hill, 1959).

20 Joseph A. Kershaw, *Government against Poverty* (Washington, D.C.: Brookings Institution, 1970), 91쪽에서 인용.

21 Peter Gottschalk, "The Impact of Changes in Public Employment on Low-Wage Labor Markets," in Richard B. Freeman and Peter Gottschalk, eds., *Generating Jobs: How to Increase Demand for Less-Skilled Workers* (New York: Russell Sage Foundation, 1998), 83쪽에서 인용.

22 Robert H. Haveman, "The Dutch Social Employment Program," in John L. Palmer, ed., *Creating Jobs* (Washington, D.C.: Brookings Institution, 1978): 241-270, 243쪽에서 인용.

23 Hyman P. Minsky, *Stabilizing an Unstable Economy* (New York: McGraw-Hill, 1986). 약 200만 명에게 적용되는 민스키 프로그램의 추정 비용은 국내총생산의 0.055퍼센트였다. 2014년 9월 미국의 실업자는 총 930만 명이었다.(노동통계국 보도자료, 미국 노동부, *The Employment*

Situation—September 2014, USDL-14-1796).

24 영시간 계약에서는 사용자가 피고용자의 근로 시간을 전일제부터 영시간까지 바꿀 수 있는 재량을 가지고 있다. 이러한 계약을 금지할 만한 충분한 이유가 있으며, 어쨌든 영국에서 계약의 적법성에 대한 의문이 제기돼왔다. 다음 논문 참조. Ewan McGaughey, "Are Zero Hours Contracts Lawful?" 2014년 11월 29일, http://ssrn.com/abstract=2531913.

25 Kershaw, *Government against Poverty,* 92쪽에서 인용.

26 2014년에 수립됐다. 다음 참조. http://ec.europa.eu/social/main.jsp?catId=1079.

27 David T. Ellwood and Elisabeth Welty, "Public Service Employment and Mandatory Work: A Policy Whose Time Has Come and Gone and Come Again?" in Rebecca Blank and David Card, eds., *Finding Jobs: Work and Welfare Reform* (New York: Russell Sage Foundation, 2001): 299-372, 300쪽에서 인용.

28 Melvin M. Brodsky, "Public-Service Employment Programs in Selected OECD Countries," *Monthly Labor Review* 123 (2000): 31-41, 34쪽에서 인용.

29 Lane Kenworthy, *Egalitarian Capitalism* (New York: Russell Sage Foundation, 2004), 153쪽에서 인용.

30 European Commission, *Employment and Social Developments,* 제2장 5.1절의 제목.

31 Ive Marx and Gerlinde Verbist, "The Policy Response: Boosting Employment and Social Investment," in Wiemer Salverda et al., eds., *Changing Inequalities and Societal Impacts in Rich Countries* (Oxford: Oxford University Press, 2014): 265-293, 271쪽에서 인용.

32 OECD, *Extending Opportunities: How Active Social Policy Can Benefit Us All* (Paris: OECD, 2005), 8쪽에서 인용.

33 Winston Churchill MP, Hansard House of Commons, 1906년 4월 24일 155권: 1888번 칼럼.

34 이 정의를 채택하는 데는 Low-Wage Employment Research (LoWER) network의 연구에 빚을 졌다. 다음 자료 참조. Claudio Lucifora and Wiemer Salverda, *Policies for Low-Wage Employment and Social Exclusion in Europe* (Milan: Franco/Angeli, 1998); and "Low Pay,"

in Wiemer Salverda, Brian Nolan, and Timothy Smeeding, eds., *The Oxford Handbook of Economic Inequality* (Oxford: Oxford University Press, 2009), 257–283.

35 Centre for Research in Social Policy, "Uprating the UK Living Wage in 2013," CRSP Working Paper 2013, University of Loughborough.

36 Low Wage Commission, *Work That Pays: The Final Report of the Low Pay Commission* (London: Low Pay Commission, 2014), 22쪽에서 인용.

37 Low Pay Commission, *National Minimum Wage Report 2014* (London: HMSO, 2014), 37번 문단에서 인용.

38 Anthony B. Atkinson and Sarah Voitchovsky, "The Distribution of Top Earnings in the UK since the Second World War," *Economica* 78 (2011): 440–459.

39 High Pay Centre, *Reform Agenda: How to Make Top Pay Fairer* (London: High Pay Centre, 2014).

40 *Impact and Performance Report for Traidcraft 2013–14*, 42쪽에서 인용.

41 Will Hutton, *Review of Fair Pay in the Public Sector: Final Report* (London: HMSO, 2011), 3쪽에서 인용.

42 High Pay Centre, *Reform Agenda*, 17쪽에서 인용.

43 다음 자료에서 나온 내용이다. Annual Survey of Hours and Earnings, ONS website, 표 1.7a, http://www.ons.gov.uk/ons/rel/ashe/annual-survey-of-hours-and-earnings/index.html.

제6장_ 자본 공유

1 J. E. Meade, *Efficiency, Equality, and the Ownership of Property* (London: G. Allen and Unwin, 1964), 48쪽에서 인용.

2 Josiah Wedgwood, *The Economics of Inheritance*, 개정판.(London: Pelican Books, 1939), 115–116.

3 Geoffrey Brennan, Gordon Menzies, and Michael Munge, "A Brief History of Equality," *Economics Discipline Group Working Paper* 17 (2014), UTS Business School, University of Technology Sydney.

4 Christine Schwartz, "Earnings Inequality and the Changing Association between Spouses' Earnings," *American Journal of Sociology* 115 (2010): 1524-1557, 1528쪽에서 인용.

5 John Ermisch, Marco Francesconi, and Thomas Siedler, "Intergenerational Economic Mobility and Assortative Mating," IZA Discussion Papers 1847, Institute for the Study of Labor, Bonn, 2005.

6 Kerwin Kofi Charles, Erik Hurst, and Alexandra Killewald, "Marital Sorting and Parental Wealth," *Demography* 50 (2013): 51-70.

7 Francesca Bastagli and John Hills, "Wealth Accumulation, Ageing, and House Prices," in John Hills et al., eds., *Wealth in the UK* (Oxford: Oxford University Press, 2013): 63-91, 65쪽에서 인용.

8 이 수치는 다음 자료에서 얻었다. Bastagli and Hills, "Wealth Accumulation," 표 4.1.

9 European Central Bank, "The Eurosystem Household Finance and Consumption Survey: Results from the First Wave," *Statistical Paper Series* 2 (2013): 표 1.2에서 인용.

10 Colin Jones and Alan Murie, *The Right to Buy* (Oxford: Blackwell, 2006), 178쪽과 179쪽에서 인용.

11 John Hills and Howard Glennerster, "Public Policy, Wealth, and Assets: A Complex and Inconsistent Story," in Hills et al., *Wealth in the UK*, 165-193, 187쪽에서 인용.

12 Regeneris Consulting and Oxford Economics, *The Role of Housing in the Economy: A Final Report by Regeneris Consulting and Oxford Economics* (Altrincham: Regeneris Consulting Ltd., 2010), 8쪽과 71쪽에서 인용.

13 Office of Fair Trading, *Defined Contribution Workplace Pension Market Study* (London: Office of Fair Trading, 2013), OFT1505, 16쪽과 도표 6.2에서 인용. 이 연구는 2013년 자산운용 계약과 종합적인 신탁 서비스에 대한 (자산 규모별) 수수료의 중간값은 0.71퍼센트였다고 밝혔다.

14 다음 자료에서 설명한 것과 같다. UK Office for National Statistics: Karen Grovell and Daniel Wisniewski, *Changes to the UK National Accounts: Financial Intermediation Services Indirectly Measured* (London: Office for National Statistics, 2014), 2쪽에서 인용.

주

15 John Kay, *Other People's Money* (New York: Public Affairs, 2015). 출간 전 원고에서 인용하도록 허락해준 존 케이에게 감사한다.

16 Jan Pen, *Income Distribution: Facts, Theories, Policies*, Trevor S. Preston 역 (New York: Praeger, 1971), 50. 이 분포가 전체 소득 중 각 계층의 몫을 누적적으로 표시한 것이라면 하위 계층의 몫은 마이너스다. 이는 인구 비율이 달라짐에 따라 전체 소득에서 그 인구가 차지하는 몫의 누적적인 비율이 어떻게 달라지는지를 보여주는—로렌츠 곡선으로 알려진—곡선이 처음에는 제로 이하에서 시작한다는 뜻이다.(로렌츠 곡선의 가로축은 인구의 누적 비율, 세로축은 소득의 누적 비율이다—옮긴이) 이는 부의 불평등을 측정할 때 특히 문제가 되며, 이처럼 하위 계층의 몫이 마이너스이면 지니계수는 높아진다. 순자산이 마이너스인 사람들이 충분히 많으면 지니계수는 이론적으로 100퍼센트를 웃돌 수도 있다.

17 Edward N. Wolff, "Recent Trends in Household Wealth in the United States: Rising Debt and the Middle-Class Squeeze—an Update to 2007," Levy Economics Institute of Bard College, Working Paper 589 (2010), 표 1과 2.

18 Jesse Bricker et al., "Changes in U.S. Family Finances from 2010 to 2013: Evidence from the Survey of Consumer Finances," *Federal Reserve Bulletin* 100 (2014): 1–41, 3쪽에서 인용.

19 Bricker at al., 26쪽에서 인용.

20 Jean-Claude Juncker, *A New Start for Europe: My Agenda for Jobs, Growth, Fairness and Democratic Change: Political Guidelines for the Next European Commission* (Brussels: European Commission, 2014), 8쪽에서 인용.

21 International Monetary Fund (IMF), *World Economic Outlook (WEO) 2014: Recovery Strengthens, Remains Uneven. World Economic and Financial Surveys*, 1쪽에서 인용.

22 Meade, *Efficiency, Equality*, 44쪽에서 인용.

23 이 내용은 다음 논문에 빚을 졌다. Robert J. Shiller, "The Invention of Inflation-Indexed Bonds in Early America," *NBER Working Paper* 10183, 2003년 12월. 그가 밝혔듯이 그보다 일찍이 나타난 사례도 충분히 있을 수 있다.

24 미국 사회보장국Social Security Administration 웹사이트에서 "사회보

험의 역사Social Insurance History"라는 제목으로 소개돼 있다.(http://
www.socialsecurity.gov/history/paine4.html).

25 Peter Lindert and Jeffrey Williamson, "English Workers' Living
Standards during the Industrial Revolution: A New Look," *Economic
History Review*, 36권 (1983): 1-25, 표 2에서 인용.

26 Bruce Ackerman and Anne Alstott, *The Stake-Holder Society* (New
Haven: Yale University Press, 1999).

27 Cedric Sandford, *Economics of Public Finance* (Oxford: Pergamon
Press, 1969); and Anthony B. Atkinson, *Unequal Shares* (London:
Allen Lane, 1972), 제11장.

28 Julian Le Grand, "Markets, Welfare and Equality," in Julian Le Grand
and Saul Estrin, eds., *Market Socialism* (Oxford: Oxford University
Press, 1989); and Julian Le Grand and David Nissan, *A Capital Idea:
Start-Up Grants for Young People* (London: Fabian Society, 2000).

29 (2014년에) 자녀수당을 받을 자격은 부모와 자녀 모두 '현재 거주 조건들'을
충족하고 신청자들이 '상주할 권리 테스트'를 통과하는 경우로 제한된다.

30 Julian Le Grand, "A Demogrant," in *Motivation, Agency and Public
Policy* (Oxford: Oxford University Press, 2006), 120-136.

31 President Dwight Eisenhower, *State of the Union Message* (January
1960).

32 John Hills, "Counting the Family Silver: The Public Sector's Balance
Sheet 1957 to 1987," *Fiscal Studies* 10 (1989): 66-85.

33 Samuel Wills, Rick van der Ploeg, and Ton van den Bremer, "Norway
is right to reassess its sovereign wealth fund" (VoxEU) 참조. http://
www.voxeu.org/article/norway-right-reassess-its-sovereign-
wealth-fund.

34 James Meade, "Full Employment, New Technologies and the
Distribution of Income," *Journal of Social Policy* 13 (1984): 129-146,
145쪽에서 인용.

제7장_ 누진 과세

1 더 정확히 말하면, 세금 납부 후 소득의 몫은 **평균** 보유율을 따라간다.

2 이 그래프는 다음 논문의 표 4를 최신 자료로 바꾼 것이다. Facundo Alvaredo, Anthony B. Atkinson, Thomas Piketty, and Emmanuel Saez, "The Top 1 Per Cent in International and Historical Perspective," *Journal of Economic Perspectives* 27 (2013): 3–20.

3 Michael Brewer, Emmanuel Saez, and Andrew Shephard, "Means–Testing and Tax Rates on Earnings," in Stuart Adam et al., *Dimensions of Tax Design: Mirrlees Review*, vol. 1 (Oxford: Oxford University Press, 2010), 90–173.

4 Brewer, Saez, and Shephard, "Means–Testing," 110쪽에서 인용. 이 계산은 탄력성뿐만 아니라 그들이 설명한 것처럼 소득 분포의 모양과도 관련이 있다. 다음 자료도 참조. Anthony B. Atkinson, *Public Economics in an Age of Austerity* (Abingdon: Routledge, 2014), 제2장.

5 2012년 예산 연설, 국회 의사록*Hansard* 2012년 3월 31일자, 805번 칼럼.

6 Brewer, Saez, and Shephard, "Means–Testing," 110쪽에서 인용.

7 James Mirrlees et al., *Tax by Design: Mirrlees Review, The Final Report* (Oxford: Oxford University Press, 2011), 109쪽에서 인용.

8 Thomas Piketty, Emmanuel Saez, and Stefanie Stantcheva, "Optimal Taxation of Top Incomes: A Tale of Three Elasticities," *American Economic Journal: Economic Policy* 6 (2014): 230–271.

9 William S. Vickrey, "Measuring Marginal Utility by Reactions to Risk," *Econometrica* 13 (1945): 215–236; and James A. Mirrlees, "An Exploration in the Theory of Optimum Income Taxation," *Review of Economic Studies* 38 (1971): 175–208.

10 예를 들어 다음 논문 참조. Stanley S. Surrey and Paul R. McDaniel, "The Tax Expenditure Concept and the Budgetary Reform Act of 1974," *Boston College Law Review* 17 (1976): 679–737, 693쪽 참조.

11 HM Revenue and Customs, *Estimated Costs of the Principal Tax Expenditure and Structural Reliefs*, 표 1.5, 2013~2014년 수치.

12 Mirrlees Review, *Tax by Design*, 335쪽 참조.

13 HM Revenue and Customs, *Estimated Costs* (2013~2014년 수치), 표 1.5

인용.

14 Mirrlees, *Tax by Design*, 490쪽에서 인용. 이 보고서는 종업원들의 연금 기여금에 대해서도 국민연금보험료를 면제하는 대안적인 해법을 제안한다 (338-340쪽). 다시 말해 사용자들의 기여금과 같은 조건이 될 수 있도록 종업원들에게도 EEE 체계를 적용하자는 것이다. 그러나 이 보고서는 아무런 T도 없는 체계는 방어할 수 없다는 점을 받아들였기 때문에 계속해서 연금 지급 때 국민연금보험료를 (2010~2011년의 경우 소득 상한에 대해 연금 지급액의 21.1퍼센트까지) 부과해 양쪽의 기여금 모두에 EET 체계를 만들어내는 방안을 제안한다. 이 제안은 사용자와 종업원의 기여금을 같은 조건 아래 두는 장점이 있지만, 이 보고서도 인정했듯이 이미 국민연금보험료를 낸 이들에게는 그 세금이 불공평할 것이다.(그들은 사실상 TET 체계를 적용 받는다.) 그러므로 연금에 대한 세금은 단계적으로 도입돼야 한다는 제안이 나온다. 그러나 단계적인 도입은 그 개혁이—재정 문제가 심각한 때—세수를 상당히 오랜 기간 지연시키는 두 번째 문제를 악화시킨다.

15 HMRC 세금 징수 웹사이트, https://www.gov.uk/government/statistics/hmrc-tax-and-nics-receipts-for-the-uk; and *Inland Revenue Statistics* (London: HMSO, 1987), 표 1.1.

16 Thomas Piketty, "On the Long-Run Evolution of Inheritance: France 1820-2050," *Quarterly Journal of Economics* 126 (2011): 1071-1131.

17 Anthony B. Atkinson, "Wealth and Inheritance in Britain from 1896 to the Present," CASEpaper 178 (2013): 1-40, STICERD, London School of Economics.

18 Gerald R. Jantscher, "Death and Gift Taxation in the United States after the Report of the Royal Commission," *National Tax Journal* 22 (1969): 121-138, 122쪽에서 인용.

19 다음 논문에서 인용했다. Robert B. Ekelund and Douglas M. Walker, "J. S. Mill on the Income Tax Exemption and Inheritance Taxes: The Evidence Reconsidered," *History of Political Economy* 28 (1996): 559-581, 578쪽에서 인용.

20 HM Revenue and Customs, *Main Tax Expenditures and Structural Reliefs*, 표 1.5, https://www.gov.uk/government/uploads/system/uploads/attachment_data/file/302317/20140109_expenditure_reliefs_v0.4published.pdf.

주

21 Robin Boadway, Emma Chamberlain, and Carl Emmerson, "Taxation of Wealth and Wealth Transfers," in Adam et al., *Dimensions of Tax Design*, 737–814, 798쪽에서 인용.

22 Edwin Cannan, *The History of Local Rates in England*, 2판. (Westminster: P. S. King, 1927), 1쪽에서 인용.

23 이는 잉글랜드와 스코틀랜드에 해당되는 말이다. 이와 달리 웨일스에서는 2005년 4월에 (2003년 4월 부동산 가치를 바탕으로) 재평가가 실시됐으며, 더 높은 아홉 번째 구간 I가 신설됐다.

24 Mirrlees, *Tax by Design*, 383쪽에서 인용.

25 Average Council Tax bill from Department for Communities and Local Government, "Council Tax Levels Set by Local Authorities in England 2014~2015 (개정)," *Local Government Finance Statistical Release*, 2014년 7월 23일. 평균 주택 가격에 관해서는 도표 7.4의 출처 참조.

26 이 수치는 다음 기사에서 인용했다. Andy Wightman, "Listen Up, Griff Rhys Jones, the Mansion Tax Is the Soft Option," *The Guardian*, 2014년 11월 5일자.

27 John Flemming and Ian Little, *Why We Need a Wealth Tax* (London: Methuen, 1974), 33쪽에서 인용.

28 Denis Healey, *The Time of My Life* (London: Penguin Books, 1990), 404쪽에서 인용. 그는 이어서 다음과 같이 말했다. "나는 대처 여사가 무엇으로 [지방세] 세율 체계를 대신할지 아무런 구상도 갖지 않은 채 이를 없애겠다고 약속했을 때 보수당은 훨씬 더 불만스러웠을 것이라고 생각한다." 사실은 대처가 내놓은 답은 그녀를 실각으로 이끈 영국 인두세였다.

29 Martin Weale, "Commentary," in Adam et al., *Dimensions of Tax Design*, 832–836, 834쪽에서 인용.

30 Stuart Berry, Richard Williams, and Matthew Waldron, "Household Saving," *Bank of England Quarterly Bulletin* 49 (2009): 191–201, 191쪽에서 인용.

31 Ehsan Khoman and Martin Weale, "The UK Savings Gap," *National Institute Economic Review* 198 (2006): 97–111, 105쪽에서 인용.

32 Weale, "Commentary," 834쪽에서 인용.

33 Thomas Piketty, *Capital in the Twenty-First Century* (Belknap Press of Harvard University Press, 2014), 533쪽에서 인용.

34 Piketty, *Capital,* 515쪽에서 인용.

35 Oxfam blog, "Number of Billionaires Doubled since Financial Crisis as Inequality Spirals Out of Control," http://www.oxfam.org.uk/blogs/2014/10/number-of-billionaires-doubled-since-financial-crisis-as-inequality-spirals-out-of-control, 2014년 10월 29일.

36 Piketty, *Capital,* 515쪽에서 인용.

37 Groupe de Travail sur les nouvelles contributions financieres internationales, *Rapport a Monsieur Jacques Chirac, President de la Republique,* Paris, 2004년 12월.

38 Piketty, *Capital,* 525쪽에서 인용.

39 Richard A. Musgrave and Peggy B. Musgrave, *Public Finance in Theory and Practice,* 5판. (New York: McGraw-Hill, 1989), 373쪽에서 인용.

40 George F. Break and Joseph A. Pechman, *Federal Tax Reform* (Washington, D.C.: The Brookings Institution, 1975), 78쪽에서 인용.

제8장_ 모두를 위한 사회보장

1 Ive Marx, Brian Nolan, and Javier Olivera, "The Welfare State and Anti-Poverty Policy in Rich Countries," in Anthony B. Atkinson and François Bourguignon, *Handbook of Income Distribution,* vol. 2B (Amsterdam: Elsevier, 2015), 2063-2139, 2081쪽에서 인용.

2 Anthony B. Atkinson, "What Is Happening to the Distribution of Income in the UK?" *Proceedings of the British Academy* 82 (1993): 317-351.

3 Michael Brewer, Emmanuel Saez, and Andrew Shephard, "Means-Testing and Tax Rates on Earnings," in Stuart Adam et al., *Dimensions of Tax Design: Mirrlees Review,* vol. 1 (Oxford: Oxford University Press, 2010), 90-173, 143쪽에서 인용.

4 European Commission, *The Social Situation in the European Union 2008* (Brussels: Directorate-General for Employment, Social Affairs and Equal Opportunities, 2009), 45쪽에서 인용.

5 Manos Matsaganis, Alari Paulus, and Holly Sutherland, "The Take-Up of Social Benefits," Research Note, European Observatory on the Social Situation, 2008, 3-4쪽에서 인용.

6 Dean Plueger, "Earned Income Tax Credit Participation Rate for the Tax Year 2005," *IRS Research Bulletin* 500 (2009): 151-195, 179쪽에서 인용.

7 Brian Abel-Smith and Peter Townsend, *The Poor and the Poorest: A New Analysis of the Ministry of Labour's Family Expenditure Surveys of 1953-54 and 1960* (London: Bell, 1965).

8 HM Revenue and Customs, *Child Benefit, Child Tax Credit, and Working Tax Credit* (London: HM Revenue and Customs, 2012), 13쪽에서 인용.

9 Clair Vickery, "The Time-Poor: A New Look at Poverty," *Journal of Human Resources* 12 (1977): 27-48; and Anthony B. Atkinson, *Poverty in Europe* (Oxford: Blackwell, 1998).

10 Michael E. Rose, *The Relief of Poverty, 1834-1914* (London: Macmillan, 1972), 63-64쪽에서 인용.

11 Lord Beveridge, *Social Insurance and Allied Services* (London: HMSO Cmd 6404, 1942), 12쪽에서 인용.

12 James J. Heckman, "Going Forward Wisely," 2014년 12월 10일 백악관 어린이 조기 교육 정상화의 연설, 시카고대학 인간개발경제학센터.

13 Timothy M. Smeeding and Jane Waldfogel, "Fighting Child Poverty in the United States and United Kingdom: An Update," *Fast Focus* no. 8 (2010): 1-5, 2쪽에서 인용.

14 HMRC, *Child Benefit Statistics: Geographical Analysis August 2013*, 7쪽에서 인용.

15 James A. Mirrlees, "An Exploration in the Theory of Optimum Income Taxation," *Review of Economic Studies* 38 (1971): 175-208.

16 Rolf Aaberge, Ugo Colombino, and Steinar Strøm, "Do More Equal Slices Shrink the Cake? An Empirical Investigation of Tax-Transfer Reform Proposals in Italy," *Journal of Population Economics* 17 (2004): 767-785 참조; 노르웨이에 대해서는 Rolf Aaberge and Ugo Colombino, "Using a Microeconometric Model of Household Labour

Supply to Design Optimal Income Taxes," *Scandinavian Journal of Economics* 115 (2013): 449-475 참조.

17 더욱이 '선택'이라는 말을 쓰는 데에는 신중해야 한다. 자녀가 없는 것은 '선택'이 아닐 수도 있다.

18 Amelia Hill, "Cash-Strapped Parents Choosing to Have Only One Baby, Survey Finds," *The Guardian*, 2014년 10월 31일자.

19 이 셈법에 관해서는 다음 논문 참조. Tobin, "On Limiting the Domain of Inequality," *Journal of Law and Economics* 13 (1970): 263-277, 265쪽 인용.

20 그것이 실행 가능하다 해도 나는 시민권을 가질 자격을 정하는 기준을 둘러싼 민감성 때문에 시민의 지위를 얻는 데 대해 기본소득의 형태로 금전적 보상을 주는 것이 현명한 일인지 상당한 의문을 갖고 있다.

21 Jurgen De Wispelaere and Lindsay Stirton, "The Public Administration Case against Participation Income," *Social Service Review* 81 (2007): 523-549, 540쪽 인용. 다음 번 인용은 545쪽에서 나온 것이다. 같은 저자가 쓴 다음 논문도 참조. "The Many Faces of Universal Basic Income," *Political Quarterly* 75 (2004): 266-274.

22 Philippe Van Parijs, "Why Surfers Should Be Fed: The Liberal Case for an Unconditional Basic Income," *Philosophy and Public Affairs* 20 (1991): 101-131. John Rawls, "The Priority of Right and Ideas of the Good," *Philosophy and Public Affairs* 17 (1988): 251-276, 주 7.

23 Horacio Levy, Christine Luetz, and Holly Sutherland, "A Guaranteed Income for Europe's Children?" in Stephen P. Jenkins and John Micklewright, eds., *Inequality and Poverty Re-Examined* (Oxford: Oxford University Press, 2007), 209-231쪽 인용. 다음 논문도 참조. Manos Matsaganis et al. "Reforming Family Transfers in Southern Europe: Is There a Role for Universal Child Benefits?" *Social Policy and Society* 5 (2006): 189-197.

24 이와 같이 '연금 조사'를 바탕으로 국가 기초연금을 올리는 구상은 처음에 토니 라인즈가 나에게 제시했다. 그는 사회보장에 대한 많은 지혜의 원천이었는데 애석하게도 2014년에 세상을 떠났다. 이는 다음 논문에 매우 상세히 설명해놓았다. Anthony B. Atkinson, "State Pensions for Today and Tomorrow," in Anthony B. Atkinson, ed., *Incomes and the*

Welfare State: Essays on Britain and Europe (Cambridge: Cambridge University Press, 1995), 305-323.(나는 이 접근 방식을 고 도널드 듀어가 1990년대 중반 노동당 대변인이었을 때 그에게 제안했지만, 당시 그림자 내각의 재무장관이었던 고든 브라운이 좋아하지 않았다.)

25 Peter Kenway, *Should Adult Benefit for Unemployment Now Be Raised?* (York: Joseph Rowntree Foundation, 2009).

26 켄웨이가 *Should Adult Benefit*, 주 10에서 그가 활용한 시계열 자료를 그토록 완벽하게 기록해놓은 것에 대단히 감사한다. 그 덕분에 도표 8.4의 수치를 쉽게 최근까지 연장할 수 있었다.

27 이 인용문은 켄웨이의 *Should Adult Benefit*, 13쪽에서 가져온 것이다. 빈곤율은 도표 2에서 가져왔다.

28 Josh Bivens, "Historically Small Share of Jobless People Are Receiving Unemployment Insurance," *Economic Snapshot* (Washington, D.C.: Economic Policy Institute), 2014년 9월 25일.

29 John Hills, *Good Times, Bad Times* (Bristol: Policy Press, 2014), 261쪽에서 인용. 그는 "설문 응답자의 절반이 실업자들에게 전체 지출의 40퍼센트나 그 이상이 쓰인다고 생각했다"는 결과를 인용했다(259쪽).

30 Anthony B. Atkinson and John Micklewright, "Turning the Screw: Benefits For the Unemployed 1979-88," in Andrew Dilnot and Ian Walker, eds., *The Economics of Social Security* (Oxford: Oxford University Press, 1989), 17-51.

31 Anthony B. Atkinson, *Public Economics in an Age of Austerity* (Abingdon: Routledge, 2014), 제3장, 4절. 멀리스 평가보고서의 논의는 다음 자료에 있다. James Mirrlees et al., *Tax by Design: Mirrlees Review, The Final Report* (Oxford: Oxford University Press, 2011), 126-128쪽.

32 Edward J. McCaffery and Joel Slemrod, "Toward an Agenda for Behavioral Public Finance," in Edward J. McCaffery and Joel Slemrod, eds., *Behavioral Public Finance* (New York: Sage, 2006), 3-31, 7쪽과 9쪽에서 인용.

33 *Public Finance* 웹사이트, 2014년 8월 18일.

34 유럽연합 집행위원회의 Mutual Information System on Social Protection (MISSOC) 데이터베이스.

35 여기에 더해 사회보험 방식과 참여소득이 함께 도입되면 16세부터 64세까지 연령대의 사람들이 받는 총급여 혜택을 제한하는 상한이 폐지될 것이다.

36 United Nations, *Millennium Development Goals Report 2014* (New York: United Nations, 2014), 9쪽에서 인용.

37 Harry G. Johnson, *Economic Policies towards Less Developed Countries* (London: Allen and Unwin, 1967), 118쪽에서 인용. 내가 이 주제에 관심을 가진 것은 이언 리틀과 줄리엣 M. 클리퍼드의 연구 덕분이다. Ian Little and Juliet M. Clifford, *International Aid* (London: Allen and Unwin, 1965).

38 Johnson, *Economic Policies*, 119쪽에서 인용.

39 Jim Murphy, Mary Riddell의 인터뷰, "National Interest," *Fabian Review* 126 (2014년 가을호), 16쪽에서 인용.

40 성장을 북돋우지 못하고 그 반대로 작용하는 원조의 효과에 관한 견해는 다음 참조. Martin Ravallion, "On the Role of Aid in the *Great Escape*," *Review of Income and Wealth* 60 (2014): 967-984; and Channing Arndt, Sam Jones, and Finn Tarp, "What Is the Aggregate Economic Rate of Return to Foreign Aid?" UNU−WIDER Working Paper 2014/089. 두 번째 논문은 2쪽에서 "최근까지 경제학 논문의 실증 연구 중 대부분은 긍정적인 영향을 발견했다"고 밝혔다.

41 Angus Deaton, *The Great Escape* (Princeton: Princeton University Press, 2013), 312쪽 인용.

42 *Global Humanitarian Assistance Report 2014*(Bristol: Development Initiatives, 2014)는 이렇게 밝혔다. "국제사회는 2013년에 엄청난 규모의 원조 수요에 220억 달러나 되는 기록적인 기금으로 대응했다. 이는 큰 폭으로 늘어난 것이다. (…) 하지만 이처럼 기록적인 수준의 기금으로도 2013년 유엔의 조정을 거쳐 나온 지원 요청에서 제시한 수요의 3분의 2가 채 안 되는(65퍼센트) 수요만 충족됐다." 13쪽에서 인용.

43 Channing Arndt, Sam Jones, and Finn Tarp, "Assessing Foreign Aid's Long−Run Contribution to Growth in Development," *World Development,* 근간, x쪽에서 인용.

44 David Miller, *National Responsibility and Global Justice* (Oxford: Oxford University Press, 2007), 266-267쪽에서 인용.

45 *The Guardian,* 2014년 12월 2일자.

46 Amartya Sen, *The Idea of Justice* (Cambridge, MA: Harvard University Press, 2009), 8쪽에서 인용.

제9장_ 파이 줄이기?

1 예를 들어 개인의 복지를 그들의 효용으로 나타내는 다음 문헌 참조. Anthony B. Atkinson and Joseph E. Stiglitz, *Lectures on Public Economics* (New York: McGraw-Hill, 1980), 도표 11-5.

2 Jonathan D. Ostry, Andrew Berg, and Charalambos G. Tsangarides, "Redistribution, Inequality, and Growth," IMF Staff Discussion Note SDN/14/02, 2014년 2월, 4쪽에서 인용, http://www.imf.org/external/pubs/ft/sdn/2014/sdn1402.pdf.

3 B점을 배제하는 것은 근로자에 대한 초과 수요가 (초과 공급이) 있을 때 임금이 오른다면 (떨어진다면) B점은 불안정하기 때문이다. 그 경제가 이 점에서 조금만 벗어나면 위쪽의 A점으로 옮겨가거나 아래쪽의 C로 갈 것이다.

4 Harvey Leibenstein, "The Theory of Underemployment in Densely Populated Backward Areas," in *Economic Backwardness and Economic Growth* (New York: John Wiley, 1963), 제6장.

5 Shapiro and Joseph E. Stiglitz, "Equilibrium Unemployment as a Worker Discipline Device," *American Economic Review* 74 (1984): 433-444 참조.

6 Martin Feldstein, "Introduction," in Martin Feldstein, ed., *The American Economy in Transition* (Chicago: University of Chicago Press, 1980), 4쪽에서 인용.

7 Jose Harris, *Unemployment and Politics* (Oxford: Oxford University Press, 1972), 307쪽 참조.

8 Anthony B. Atkinson and John Micklewright, "Unemployment Compensation and Labor Market Transitions: A Critical Review," *Journal of Economic Literature* 29 (1991): 1679-1727 참조.

9 David Card, Raj Chetty, and Andrea Weber, "The Spike at Benefit Exhaustion: Leaving the Unemployment System or Starting a New Job," *American Economic Review, Papers and Proceedings* 97 (2007):

113-118, 113쪽 인용.

10 이 주장은 다음 논문에서 더 공식적으로 발전시킨다. Anthony B. Atkinson, *The Economic Consequences of Rolling Back the Welfare State* (Cambridge, MA: MIT Press, 1999), 제7장.

11 불평등과 성장에 관한 문헌의 재검토는 다음을 보라. Sarah Voitchovsky "Inequality and Economic Growth," in Wiemer Salverda, Brian Nolan, and Timothy M. Smeeding, eds., *The Oxford Handbook of Economic Inequality* (Oxford: Oxford University Press, 2009): 549-574.

12 이는 구매력평가PPP 기준으로 측정한 GDP 성장률과 같은 수치가 아니라는 점에 유의해야 한다. PPP 증감률은 국내 인플레이션 변동률과 반드시 일치하는 것은 아니기 때문이다. 국내 인플레이션은 오로지 그 나라 통계만을 이용해 측정하지만 PPP는 기본적으로 여러 나라의 구매력을 비교해 계산하는 것이다. Anthony B. Atkinson, Eric Marlier, and Anne-Catherine Guio, "Monitoring the Evolution of Income Poverty and Real Incomes over Time," Second Network for the Analysis of EU-Statistics on Income and Living Conditions (Net-SILC2) Working Paper, 2015 참조.

13 중국은 빠르게 성장했기 때문에 불평등 수준이 높을 수 있다.

14 Steven N. Durlauf, "Econometric Analysis and the Study of Economic Growth: A Skeptical Perspective," in Roger Backhouse and Andrea Salanti, eds., *Macroeconomics and the Real World*, 제1권 (Oxford: Oxford University Press, 2001), 249-262. 이 인용문에서 말하는 참고 문헌은 다음 논문이다. Steven N. Durlauf and Danny T. Quah, "The New Empirics of Economic Growth," in John B. Taylor and Michael Woodford, eds., *Handbook of Macroeconomics* (Amsterdam: North Holland, 1999): 235-308.

15 Ostry, Berg, and Tsangarides, "Redistribution."

16 Ostry, Berg, and Tsangarides, "Redistribution," 17쪽 인용. 이 문단에서 마지막 인용은 4쪽에서 나왔다.

제10장_ 세계화가 행동을 막는가?

1 "History of Globalization," "Modern Globalization," http://
en.wikipedia.org/wiki/History_of_globalization, 2015년 1월 19일 내려
받음.

2 다음 글도 참조. Anthony B. Atkinson, "Globalization and the
European Welfare State at the Opening and the Closing of the
Twentieth Century," in Henryk Kierzkowski, ed., *Europe and
Globalization* (London: Palgrave Macmillan, 2002): 249-273.

3 Isaac M. Rubinow, *Social Insurance: With Special Reference to
American Conditions* (New York: Williams and Norgate, 1913), 26쪽
에서 인용.

4 Moses Abramovitz, "Welfare Quandaries and Productivity Concerns,"
American Economic Review 71 (1981): 1-17, 2-3쪽에서 인용.

5 James M. Buchanan, "The Fiscal Crises in Welfare Democracies
with Some Implications for Public Investment," in Hirofumi Shibata
and Toshihiro Ihori, eds., *The Welfare State, Public Investment, and
Growth* (Berlin: Springer, 1998), 3-16, 4쪽에서 인용.

6 미셸 캉드쉬 IMF 총재, 1997년 9월 21일자 『옵저버』 보도.

7 1844년 프랑스 경제학자 쥘 뒤피는 대단히 명료한 설명을 했다. "만일 세율
이 영에서 더 이상 오를 수 없는 지점까지 점차적으로 오르면, 그에 따른 세
수는 처음에는 전혀 없다가 최대한에 이를 때까지 조금씩 늘어나며, 그다음
에는 다시 영이 될 때까지 점차적으로 줄어든다." 다음 책에서 번역한 것이
다. Kenneth J. Arrow and Tibor Scitovsky, eds., *Readings in Welfare
Economics* (London: Allen and Unwin, 1969), 278쪽에서 인용.

8 Joe Minarik, "Tax Expenditures in OECD Countries," 고위 예산 당국자
회의 발표 자료, 2009년 6월 4-5일, OECD, Paris, http://www.oecd.org/
governance/budgeting/42976288.pdf, 슬라이드 22쪽.

9 Paul Krugman, "Competitiveness: A Dangerous Obsession," *Foreign
Affairs* 74/2 (1994): 28-44, 44쪽 인용, and "Making Sense of the
Competitiveness Debate," *Oxford Review of Economic Policy* 1996
(Autumn): 17-25, 24쪽에서 인용.

10 Richard Tawney, Equality, 2차 수정판. (London: Unwin Books, 1931),

270쪽 인용.

11 Migration Advisory Committee, *Migrants in Low-Skilled Work: The Growth of EU and Non-EU Labour in Low-Skilled Jobs and Its Impact on the UK: Summary Report* (London: Migration Advisory Committee, 2014). 인용문은 1쪽과 38쪽에 나온 것이다.

12 Danny Dorling, "Overseas Property Buyers Are Not the Problem: Landlord Subsidies Are," *The Guardian,* 2014년 2월 10일자, http://www.theguardian.com/commentisfree/2014/feb/10/overseas-property-london-landlord-subsidies. 다음 자료도 참조. Danny Dorling, *All That Is Solid* (London: Penguin, 2014).

13 John Hilary, *The Transatlantic Trade and Investment Partnership* (Brussels: Rosa Luxemburg Stiftung, 2014), 6쪽에서 인용.

14 이 인용은 다음 자료에 빚을 졌다. Leif J. Eliasson, "What Is at Stake in the Transatlantic Trade and Investment Partnership?" Saar Expert Papers 2/2014, http://jean-monnet-saar.eu/wp-content/uploads/2013/12/10_07_14_TTIP-Eliasson.pdf.

15 Ranjit Lall, "Beyond Institutional Design: Explaining the Performance of International Organizations," 곧 출간될 원고.

16 2014년 9월 17일 OECD 보도자료와 질문에 대한 구두 답변.

17 Pierre Gramegna, 2014년 11월 11일 브뤼셀에서 열린 유럽연합 경제·재무이사회Ecofin Council 기자회견.

18 Robert Marjolin, 의장, "The Marjolin Report," *Report of the Study Group: Economic and Monetary Union 1980* (Brussels: European Commission, EMU-63, 1975), 34쪽에서 인용.

19 Donald MacDougall, 의장, "The MacDougall Report, vol. 2," *Report of the Study Group on the Role of Public Finance in European Integration* (Brussels: European Commission, 1977), 16쪽에서 인용.

20 Eric Marlier and David Natali, with Rudi Van Dam, eds., *Europe 2020: Towards a More Social EU?* (Brussels: Peter Lang, 2010) 참조.

21 일자리가 없는 가구 구성원에 관한 강력한 비판으로는 다음 자료를 참조. Sophie Ponthieux, "Evolution of AROPE over Time: A Focus on (Quasi-) Joblessness," 2014년 10월 리스본에서 열린 유럽연합 소득과 생활 조건 비교 통계에 관한 국제 콘퍼런스에서 발표된 논문(Net-SILC2).

제11장_ 우리는 그럴 여유가 있나?

1 England Royal Commission on the Taxation of Profits and Income, *Minutes of Evidence Taken before the Royal Commission on the Taxation of Profits and Income.* 첫째 날 회의록. 1951년 6월 21일 등등. (런던, 1952), 질문 444.

2 물론 스코틀랜드국민당 소속 하원의원 앨릭스 샐먼드가 그 연설을 중단시켰다가 하원 회의장에서 퇴장 당하면서 연설이 지연된 것에 도움을 받았다.

3 나는 그들이 이 계산을 한 것에 대단히 감사하며, 그 결론에 대해서는 나에게만 책임이 있다는 것을 분명히 해둔다. 이 모형에 대한 설명은 다음 자료에 있다. Paola De Agostini and Holly Sutherland, *EUROMOD Country Report: UK 2009–2013* (EUROMOD: University of Essex, 2014년 6월).

4 De Agostini and Sutherland, *EUROMOD Country Report*, 59쪽에서 인용.

5 이 분야의 연구에 대한 조사로는 다음 논문 참조. Michael P. Keane, "Labour Supply and Taxes: A Survey," *Journal of Economic Literature* 49 (2011): 961–1075.

6 의회예산처Congressional Budget Office 웹사이트, *Processes,* https://www.cbo.gov/content/processes.

7 참여소득 수급 자격이 없는 이들이 자녀수당을 받을 수 있도록 하고 참여소득이 자녀수당보다 높은 교육 과정에 계속해서 남아 있으려는 반유인을 피할 수 있도록 참여소득 수급 자격 조건들을 자녀수당의 경우와 더불어 조정해야 한다. 사실 학교를 떠날 수 있는 최저 연령까지는 자녀수당을 주고 그 이상 연령대에 대해서는 참여소득을 지급하는 것이 더 나을 것이다.

8 자녀세액공제를 계산할 때에는 총액을 쓴다. 다른 소득 기준 급여들에 대해서는 자녀수당에 물리는 소득세도 고려한다.

9 De Agostini and Sutherland, *EUROMOD Country Report,* 72쪽에서 인용.

결론_ 앞으로 나아갈 길

1 다음 논문에서 인용했다. Martin S. Feldstein, "On the Theory of Tax Reform," *Journal of Public Economics* (1976): 77–104, 77쪽 인용.

표

도표

figure 1.1 Based on Anthony B. Atkinson and Salvatore Morelli, *Chartbook of Economic Inequality*, http://www.chartbookofeconomicinequality.com/. The underlying sources of the US data are as follows. Overall inequality: "Annual Social and Economic Supplement to the Current Population Survey," from *Income and Poverty in the United States: 2013* (Washington, D.C.: U.S. Bureau of the Census, 2014), http://www.census.gov/content/dam/Census/library/publications/2014/demo/p60–49.pdf, Table A-3, "Selected measures of equivalence-adjusted income dispersion," where it has been assumed that half of the recorded change between 1992 and 1993 was due to the change in methods (1.15 percentage points has been added to the values from 1992 back to 1967). This series is linked backwards at 1967 to the series from 1944 given by E. C. Budd, "Postwar Changes in the Size Distribution of Income in the U.S.," *American Economic Review, Papers and Proceedings* 60 (1970): 247–260. Income share of top 1%: Thomas Piketty and Emmanuel Saez, "Income Inequality in the United States, 1913–1998," *Quarterly Journal of Economics* 118 (2003): 1–9; updated figures from Saez's website, http://eml.berkeley.edu/~saez/. Poverty rate: Before 1959 from Gordon Fisher, "Estimates of the Poverty Population under the Current Official Definition for Years before 1959," mimeograph, Office of the Assistant Secretary for Planning and Evaluation, U.S. Department of Health and Human Services, 1970, Table 6. Since 1959 from the U.S. Bureau of the Census website, Historical Poverty Tables, Table 2; and U.S. Bureau of the Census publications, *Income and Poverty in the United States: 2013*, Table B1. Individual earnings: Based on the Current Population Survey (CPS) from the OECD iLibrary, most recent data available at http://www.oecd-ilibrary.org/employment/data/oecd-employment-and-labour-market-statistics_lfs-data-en.These data are linked at 1973 to the estimates of Lynn A. Karoly, "The Trend in Inequality among Families, Individuals, and Workers in the United States: A Twenty-five Year Perspective," in Sheldon Danziger and Peter Gottschalk, eds., *Uneven Tides* (New York: Russell Sage Foundation, 1994), Table 2B.2; and at 1963 to the estimates in Anthony B. Atkinson, *The Changing Distribution of Earnings in OECD Countries* (Oxford: Oxford University Press, 2008), Table T.10. The last of these sources provides information about the definition of the population covered and the time period, which differ across the sources.

figure 1.2 Based on Anthony B. Atkinson and Salvatore Morelli, *Chartbook of Economic Inequality*, http://www.chartbookofeconomicinequality.com/. The underlying sources of the UK data are as follows. Overall inequality: Gini coefficient of equivalised (modified OECD scale) disposable household income for all persons in the United Kingdom (Great Britain up to 2001/02) are from the website of the Institute for Fiscal Studies: http://www.ifs.org.uk/. The data from 1961 to 1992 (financial year 1993/94) are from the Family Expenditure Survey, and thereafter from the Family Resources Survey. The Gini earlier series ("Blue Book series") values are from Anthony B. Atkinson and John Micklewright, *Economic Transformation in Eastern Europe and the Distribution of Income* (Cambridge: Cambridge University Press, 1992), Table BI1; the figure for 1938 is from the Royal Commission on the Distribution of Income and Wealth, *Report No. 7, Fourth report on the Standing Reference*, Cmnd.7595 (London: HMSO, 1979), p. 23. Income share of top 1%: World Top Incomes Database (WTID), http://topincomes.g-mond.parisschoolofeconomics.eu/. Poverty rate: from the website of the Institute for Fiscal Studies (before housing costs series), as described above. Individual earnings: Earnings data from Annual Survey of Hours and Earnings, covering all full-time workers on adult rates whose pay for the survey period was not affected by absence, linked backwards to take account of changes in methodology in 2006 and 2004, linked backwards in 2000 to the data from the New Earnings Survey (NES) from Atkinson, *The Changing Distribution of Earnings in OECD Countries*, Table S.8, taking the series back to 1968 (when the NES began), linked backwards to the income tax data (Schedule E earnings) from the same source, Table S.7.

figure 1.3 LIS Key Figures, http:://www.lisdatacenter.org/data-access/key-figures/download-key-figures/ downloaded 30 November 2014.

figure 1.4 Poverty rates from LIS Key Figures, http://www.lisdatacenter.org/data-access/key-figures/download-key-figures/,downloaded 30 November 2014. Top income shares from the World Top Incomes Database, http://topincomes.g-mond.parisschoolofeconomics.eu/,downloaded 9 December 2014.

figure 1.6 Data for 2000 and earlier are from website of Angus Maddison, *Historical Statistics of the World Economy*, GDP measured at 1990 PPPs, http://www.ggdc.net/maddison/oriindex.htm. Data for 2020 and later are from the Long-term Baseline Projections from OECD Economic Outlook No. 95, May 2014, Dataset, GDP at 2005 US$ PPPs. The series for the UK and the US have been linked using the Maddison values for 2008 and the OECD values for 2010; the figures for China and India did not appear to need adjustment.

figure 2.1 Top income shares from the World Top Incomes Database, http://topincomes.g-mond.parisschoolofeconomics.eu/, downloaded 27 September 2014. Gini coefficients: see Sources for Figures 1.1 (US) and 1.2 (UK); for

Denmark, the coefficients are from Anthony B. Atkinson and Jakob Søgaard, "The Long Run History of Income Inequality in Denmark," *Scandinavian Journal of Economics*, forthcoming, Figure 4.

figure 2.2 Data for Finland, Norway, and Sweden from Anthony B. Atkinson and Salvatore Morelli, *Chartbook of Economic Inequality*, http://www.chartbookofeconomicinequality.com/. Data for top shares for Denmark from the World Top Incomes Database, http://topincomes.g-mond.parisschoolofeconomics.eu/, downloaded 27 September 2014; for the source of data for the Gini coefficient for Denmark, see Figure 2.1 Sources.

figure 2.3 Anthony B. Atkinson and Salvatore Morelli, *Chartbook of Economic Inequality*, http://www.chartbookofeconomicinequality.com/.

figure 2.4 Thomas Piketty and Gabriel Zucman, "Capital Is Back: Wealth-Income Ratios in Rich Countries, 1700–2010," *Quarterly Journal of Economics* 129 (2014): 1255–1310, online appendix table A50, http://gabriel-zucman.eu/capitalisback/. No data are given in the original source for the 1950s for Australia, Canada, Italy, or Japan.

figure 2.5 Anthony B. Atkinson and Salvatore Morelli, *Chartbook of Economic Inequality*, http://www.chartbookofeconomicinequality.com/.

figure 2.6 Socio Economic Database for Latin America and the Caribbean(SEDLAC), (CEDLAS and The World Bank), http://sedlac.econo.unlp.edu.ar/eng/, downloaded 5 October 2014.

figure 2.7 Anthony B. Atkinson and Salvatore Morelli, *Chartbook of Economic Inequality*, http://www.chartbookofeconomicinequality.com/.

figure 3.2 UK Annual Survey of Hours and Earnings (ASHE), and the New Earnings Survey(NES) that preceded ASHE; data for 2006 and after are from the website of the UK Office for National Statistics (ONS); data before 2006 are from Anthony B. Atkinson, *The Changing Distribution of Earnings* (Oxford: Oxford University Press, 2008), Tables S4 and S5. The series are linked forwards in 2000 to join the NES and ASHE data, and in 2004 and 2006 to take account of changes in the methodology.

figure 5.1 I am grateful to David Hendry for supplying this series: David F. Hendry, *Macro-econometrics: An Introduction* (London: Timberlake Consultants, 2015).

figure 5.2 Eurostat, *Labour Market Policy—Expenditure and Participants, Data 2010* (Luxembourg: Publications Office of the European Union, 2012). The UK data are from the 2008 publication because no data were supplied by the UK government for the 2010 report. The expenditure in the UK in 2008 related to the—since abolished—New Deal for 18–24 Voluntary Sector and Environment

Task Force options.

figure 5.3 European Commission, *Employment and Social Developments in Europe 2013*(Luxembourg: Publications Office of the European Union, 2014), Chart 34, p. 158.

figure 5.4 International Labour Organization(ILO), *Global Wage Report 2012/13*, Figure 28.

figure 6.1A The wealth shares are from Anthony B. Atkinson and Salvatore Morelli, *Chartbook of Economic Inequality*; total wealth series is based on Facundo Alvaredo, Anthony B. Atkinson, and Salvatore Morelli, "Top Wealth Shares in the UK: 1895 to 2010." Wealth is adjusted to 2000 prices using the composite consumer price index constructed by the Office for National Statistics: Jim O'Donoghue, Louise Goulding, and Grahame Allen, "Consumer Price Inflation since 1750," *Economic Trends* 604 (March 2004): 38–46, Table 1.

figure 6.1B See Figure 6.1a Sources. National income figures for 1923, 1937, and 1950 are from Charles H. Feinstein, *Statistical Tables of National Income, Expenditure and Output of the U.K. 1855–1965* (Cambridge: Cambridge University Press, 1976), Table 1, column 13 (net national product). Figures for 1975 are from *United Kingdom National Accounts 1997 (The Blue Book)* (London: HMSO, 1997), Table 1.1. *The Blue Book 1997* provides a figure for 1996, but the change to the European System of Accounts 1995 means that figures for later years are not given on the same basis. The 1996 figure has been updated to 2000 by the increase in gross value added at current basic prices from the *Blue Book 2005*, Table 1.4.

figure 6.2 Money interest rate from Bank of England, Statistical Interactive Database, Interest and exchange rates data, Quoted household interest rates, Deposit rates, Fixed rate bonds, and Time (notice accounts), http://www.bankofengland.co.uk/boeapps/iadb/. Rate of inflation from UK Office for National Statistics (ONS), United Kingdom National Accounts online data-set, Consumer Price Index (all items), variable CDID.

figure 6.3 UK Office for National Statistics (ONS), United Kingdom National Accounts online dataset, variables CGRX for the net worth of general government (since 1987) and YBHA for GDP. Net worth of general government and public corporations before 1987 from UK National Accounts 1990, Table 12.12 (1979 to 1986), UK National Accounts 1987, Tables 11.6–11.8 (1975 to 1978); C. G. E. Bryant, "National and Sector Balance Sheets 1957–1985," Economic Trends 403 (May 1987), Table A1 (1966, 1969 and 1972); and Alan R. Roe, *The Financial Interdependence of the Economy 1957–1966* (Cambridge: Chapman and Hall, 1971), Table 34 (1957 to 1963).

figure 6.4 Assets under management from website of Sovereign Wealth Fund Institute, http://www.swfinstitute.org/fund-rankings/,downloaded 15 November 2014. GDP figures from World Bank, World Development Indicators, GDP by country, http://data.worldbank.org/products/wdi. Figures for Alaska and Texas from US Bureau of Economic Analysis, *Quarterly Gross Domestic Product by State, 2005–2013*, news release 20 August 2014, Table 3.

figure 6.5 See sources for Figure 6.3: Total government revenue from UK oil and gas. production (not including gas levy) from *Statistics of Government Revenues from Oil and Gas Production*, Table 11.1, adjusted to real values using the UK Office for National Statistics (ONS) long-term indicator of prices of consumer goods and services, CDKO.

figure 7.1 Share of top 0.1% from the World Top Incomes Database, downloaded 15 October 2014. Marginal retention rate calculated as 1 minus the top income tax (and super-tax or surtax) rate, from annual reports of the Inland Revenue/ HM Revenue and Customs and HMRC website, http://www.gov.uk/government/ publications/rates-and-allowances-income-tax/rates-and-allowances-income-tax.

figure 7.2 Income shares are from the World Top Incomes Database, http:// topincomes.g-mond.parisschoolofeconomics.eu/, downloaded 15 October 2014. Top marginal retention rate data are from Alvaredo et al., "The Top 1 Per Cent," Figure 4, with new data added for Denmark supplied by Jakob Søgaard (the Danish tax rate for the earlier period is taken as that for 1967, in view of the major tax reform in 1966). The data start later for Ireland (1975), Italy (1974), Portugal (1976), and Spain (1981). For Switzerland, the data end in 1995. The data have been updated since the publication of Alvaredo et al., but a linear regression in logarithmic form yields a coefficient of 0.45, close to their reported value of 0.47.

figure 7.3 Author's calculations. The property values are related to Council Tax bands in April 1991 using the UK Office for National Statistics (ONS) average house price series, monthly and quarterly tables, Table 12, for England and Wales, all dwellings, http://www.ons.gov.uk/ons/rel/hpi/house-price-index/ september-2014/stb-september-2014.html, downloaded 19 December 2014, taking quarter 2 for 1991 and quarter 2 for 2014.

figure 8.1 UK Office for National Statistics (ONS), United Kingdom National Accounts online dataset, http://www.ons.gov.uk/ons/rel/naa1-rd/united-kingdom-national-accounts/the-blue-book—2013-edition/tsd--blue-book-2013. html, using variables ACHH, EKY3, and NZGO. The data in that source for 1999 to 2003 for Child Benefit include tax credits and have been replaced by the data for Child Benefit in Table 5.2.4S of the National Accounts Blue Book for 2006.

The data for Child Benefit before 1987 are from the Family Benefits entry in the National Accounts Blue Books for 1987, Table 7.2; 1982, Table 7.2; and 1963–1973, Table 39.

figure 8.2 US data from U.S. Bureau of the Census, Income, Poverty, and Health Insurance Coverage in the United States: 2013, Table B-2; UK data from Department for Work and Pensions, *Households Below Average Income 1994/95–2010/11* (London: Department for Work and Pensions, 2012), Table 4.2tr.

figure 8.3 LIS Key Figures, http://www.lisdatacenter.org/data-access/key-figures/download-key-figures/, downloaded 30 November 2014. Figures are for 2010 except Brazil (2011), Japan (2008), Guatemala and South Korea (2006), Hungary and Sweden (2005), Austria, Czech Republic, India, Peru, Switzerland, and Uruguay (2004), China (2002), and Belgium (2000).

figure 8.4 Household consumption expenditure series ABPB and the total population series EBAQ from 1954 from the UK Office for National Statistics (ONS), Blue Book tables online, http://www.ons.gov.uk/ons/rel/naa1-rd/united-kingdom-national-accounts/the-blue-book—2013-edition/tsd--blue-book-2013.html, downloaded 4 November 2014. Population data for 1948 to 1954 are from C. H. Feinstein, *Statistical Tables of National Income, Expenditure and Output of the U.K., 1855–1965* (Cambridge: Cambridge University Press, 1976), Table 55, where the (minor) break in the series in 1950 has been ignored. Unemployment rates are from the Institute for Fiscal Studies website, Unemployment benefit rates, downloaded 4 November 2014. The benefit rate is that ruling on 1 July of each year.

figure 8.5 OECD, *Divided We Stand* (Paris: OECD, 2011), Figure 7.5.

figure 8.6 OECD Compare your country—Official Development Assistance 2013 website, downloaded 2 November 2014. Aid is expressed as a percentage of GNI.

figure 9.3 Gini coefficients from LIS Key Figures, http://www.lisdatacenter.org/data-access/key-figures/download-key-figures/, downloaded 23 November 2014. GDP annual growth rates from World Bank, World Development Indicators, http://databank.worldbank.org/data/views/reports/tableview.aspx#, annual percentage rate of growth of GDP per capita based on constant local currency. These have been cumulated from 1990 (in some cases later years) to 2013 and the average growth calculated.

figure 10.1 OECD Social Expenditure Database (SOCX), Table "From gross public to total net social spending, 2011," http://www.oecd.org/social/expenditure.htm, downloaded 25 November 2014.

figure 11.2 Calculations using the UK module of EUROMOD (see text).

ㅁ

불평등을 넘어

정의를 위해 무엇을 할 것인가

1판 1쇄	2015년 5월 25일
1판 5쇄	2023년 2월 2일
지은이	앤서니 앳킨슨
옮긴이	장경덕
펴낸이	강성민
편집장	이은혜
마케팅	정민호 이숙재 김도윤 한민아 이민경 정유선 김수인
브랜딩	함유지 함근아 김희숙 고보미 박민재 박진희 정승민
독자모니터링	황치영
펴낸곳	(주)글항아리 ǀ 출판등록 2009년 1월 19일 제406-2009-000002호
주소	10881 경기도 파주시 회동길 210
전자우편	bookpot@hanmail.net
전화번호	031-955-2696(마케팅) 031-955-8897(편집부)
팩스	031-955-2557
ISBN	978-89-6735-206-6 03300

잘못된 책은 구입하신 서점에서 교환해드립니다.
기타 교환 문의 031-955-2661, 3580

www.geulhangari.com